60

ANOS

Stefan Zweig na Zahar
Coordenação: Alberto Dines

Autobiografia: o mundo de ontem

A cura pelo espírito
Em perfis de Franz Mesmer, Mary Baker Eddy e Sigmund Freud

Joseph Fouché
Retrato de um homem político

Maria Antonieta
Retrato de uma mulher comum

O mundo insone
E outros ensaios

Novelas insólitas
Segredo ardente | Confusão de sentimentos | A coleção invisível
Júpiter | Foi ele? | Xadrez, uma novela

Três novelas femininas
Medo | Carta de uma desconhecida | 24 horas na vida de uma mulher

Alberto Dines é presidente da Casa Stefan Zweig, inaugurada em 2012 em Petrópolis com o propósito de homenagear e preservar a memória do escritor austríaco. www.casastefanzweig.org

CASA STEFAN ZWEIG

Stefan Zweig

A cura pelo espírito

Em perfis de Franz Mesmer, Mary Baker Eddy e Sigmund Freud

Tradução:
Kristina Michahelles

Posfácio:
Alberto Dines

ZAHAR

Jorge Zahar Editor Ltda.
rua Marquês de S. Vicente 99 – 1º | 22451-041 Rio de Janeiro, RJ
tel (21) 2529-4750 | fax (21) 2529-4787
editora@zahar.com.br | www.zahar.com.br

Grafia atualizada respeitando o novo
Acordo Ortográfico da Língua Portuguesa

Preparação: Laís Kalka | Revisão: Carolina Sampaio, Carolina Menegassi Leocadio
Revisão técnica: Marco Antonio Coutinho Jorge | Capa: Claudia Warrak, Raul Loureiro
Imagens da capa: Franz Anton Mesmer, gravura de Jules Porreau, 1849, De Agostini Picture Library/A. Dagli Orti/Bridgeman Library; Mary Baker Eddy, fotografia, séc.XIX, coleção particular, Peter Newark American Pictures/Bridgeman Images; Sigmund Freud, fotografia, década de 1930, © Everett Collection/Bridgeman Images

CIP-Brasil. Catalogação na publicação
Sindicato Nacional dos Editores de Livros, RJ

Zweig, Stefan, 1881-1942
Z96c A cura pelo espírito: Em perfis de Franz Anton Mesmer, Mary Baker Eddy e Sigmund Freud/Stefan Zweig; tradução Kristina Michahelles. – 1.ed. – Rio de Janeiro: Zahar, 2017.

Tradução de: Die Heilung durch den Geist
Apêndice
ISBN 978-85-378-1609-7

1. Mesmer, Franz Anton, 1734-1815. 2. Eddy, Mary Baker, 1821-1910. 3. Freud, Sigmund, 1856-1939. 4. Cura pela mente. I. Michahelles, Kristina. II. Título.

CDD: 615.851
16-36939 CDU: 615.851

Sumário

Introdução

> Todo transtorno da natureza é reminiscência de uma pátria mais elevada.
>
> Novalis

A saúde, para o homem, é natural; a doença, antinatural. A saúde, o corpo a toma por evidente, assim como os pulmões consideram evidente o ar e os olhos, a luz; silente, a saúde vive e cresce junto com a vida em geral. Já a doença, intrusa, irrompe quando menos se espera; sem aviso, invade a alma assustada e a sacode, nela despertando uma plêiade de perguntas. Se o terrível inimigo veio de outro lugar, quem o enviou? Permanecerá? Afastar-se-á? Podemos conjurá-lo, suplicar ou domá-lo? Com suas garras duras, a doença oprime o coração, gerando os sentimentos mais contraditórios: medo, fé, esperança, desalento, revolta, humildade e desespero. Ensina o doente a questionar, pensar e orar, ensina-o a erguer o olhar apavorado para o vazio e inventar um ser a quem possa oferecer o seu temor. Foi o sofrimento que inspirou no homem o sentimento da religião, a ideia de um Deus.

Como a saúde é natural do homem, não se explica nem pretende ser explicada. Mas o doente busca sempre um sentido para o seu sofrimento. Que a doença nos assalte sem motivo, fazendo o corpo de repente arder em febre sem fim nem função, com punhais ardentes revirando as entranhas – essa ideia da total falta de sentido de um sofrimento, por si só capaz de destruir a ordem moral: essa ideia a humanidade jamais ousou pensar até o fim. Sempre a doença deve ter sido enviada por alguém, e esse alguém impalpável que a enviou há que ter motivos para querer mandá-la justo para esse corpo terreno. Alguém tem que estar zangado com esse homem, sentir raiva, ódio. Alguém quer puni-lo por alguma culpa, por um sacrilégio, algum mandamento infringido. Esse alguém só pode ser aquele que tudo pode, que lança os raios do céu, que derrama sobre os campos geada e calor e que inflama ou encobre as estrelas, ELE, que tem todo o poder, o Todo-poderoso: Deus. Em sua origem primeira, portanto, o fenômeno da doença está indissoluvelmente ligado ao sentimento do religioso.

Os deuses enviam a doença; apenas os deuses podem retirá-la: essa ideia é imutável no início de qualquer ciência da cura. Ainda totalmente ignorante de seu próprio conhecimento, desamparado, pobre, solitário e frágil, o homem primitivo é consumido na fogueira de seus males e tem por único alívio bradar ao Deus prodigioso para que o deixe em paz. O homem primitivo só conhece como instrumento de cura o brado, a oração, o sacrifício. Não se pode resistir a Ele, ao Todo-poderoso, ao invulnerável nas trevas: por isso, é preciso humilhar-se, obter seu perdão, suplicar, rezar para que afaste da carne o fogo da dor. Mas como chegar até o Invisível? Como falar com Ele, se não se conhece a sua morada? Como dar-Lhe sinais de arrependimento, de submissão? Como prometer e manifestar a disposição ao sacrifício, sinais que Lhe sejam compreensíveis? O pobre e tosco coração ignoto da humanidade primitiva desconhece tudo isso. Deus não se revela ao ignaro, não se digna a descer até sua modesta lida cotidiana, não se digna a lhe conceder sua resposta, não lhe empresta ouvidos. Assim, em sua penúria, o homem perdido e impotente precisa encontrar outro homem para fazer a mediação entre ele e Deus, um homem sábio e experiente, conhecedor de versos e ritos para apaziguar os poderes obscuros e aplacar as forças da ira. E esse intermediário, na época das culturas primitivas, só pode ser o sacerdote.

Lutar pela saúde, nos tempos primordiais da humanidade, portanto, não significa combater uma determinada doença, e sim lutar por Deus. Toda medicina da Terra começa enquanto teologia, culto, rito e magia, enquanto tensão psicológica do homem contra a provação enviada por Deus. Ao sofrimento físico se contrapõe não uma manipulação técnica, e sim um ato religioso. Não se investiga a doença, busca-se Deus. Não se tratam seus sintomas dolorosos, mas busca-se espantá-los através da prece, da expiação, resgatá-los junto a Deus com promessas, sacrifícios e cerimônias, já que a doença desaparecerá pelo mesmo caminho sobrenatural pelo qual chegou. Assim se contrapõe ainda uma unidade completa do sentimento à unidade completa do fenômeno. Só existem uma saúde e uma doença, e para essa, por sua vez, apenas uma causa e um remédio: Deus. E entre Deus e o sofrimento há apenas um mediador: o sacerdote, guardião ao mesmo tempo do corpo e da alma. O mundo ainda não se fragmentou, não se dividiu. No recinto sagrado do templo, a fé e o saber ainda formam uma instância única. A salvação do sofrimento não pode ser obtida sem o uso das forças anímicas, sem rito, exorcismo e oração. Por isso os sacerdotes, conhecedores dos misteriosos movimentos das estrelas, decifradores e intérpretes dos sonhos, dominadores dos demônios, exercem sua arte médica não como ciência prática, e sim exclusivamente enquanto mistério. É uma arte que não se aprende, apenas se transmite aos eleitos, arte que é legada de geração a geração e, embora possuam uma vasta experiência médica, os sacerdotes jamais se limitam a dar um conselho objetivo, sempre exigem que o fenômeno da cura seja atribuído ao milagre, ao local sagrado, à elevação dos corações e à presença dos deuses. Só depois de purificado e santificado no corpo e na alma o doente está apto a receber a sentença da cura: os peregrinos que rumam ao templo de Epidauro, longo e penoso caminho, devem passar a véspera orando, lavar o corpo, sacrificar um animal, dormir no pátio sobre a pele do carneiro sacrificado e relatar os sonhos daquela noite ao sacerdote para que ele os interprete. Só depois este lhes concede ao mesmo tempo a sagração sacerdotal e a ajuda médica para a cura. Mas sempre como primeiro e inevitável penhor está a aproximação religiosa da alma com Deus; quem deseja o milagre da cura deve se abrir para o milagre. Em sua origem, a ciência da cura não pode ser dissociada do ensinamento divino. Na origem, a medicina e a teologia são um só corpo e uma só alma.

Essa unidade inicial logo é rompida. Pois, para se emancipar e assumir a mediação prática entre a doença e o doente, é preciso que a ciência despoje a doença de sua origem divina e elimine a atitude religiosa – sacrifício, culto, oração – como totalmente supérflua. O médico coloca-se ao lado do sacerdote, e logo contra ele – a tragédia de Empédocles –, e, ao reconduzir o sofrimento da esfera sobrenatural para a dimensão do fenômeno geral da natureza, também tenta solucionar as desordens internas por meio de elementos da natureza exterior: ervas, seivas e substâncias minerais. O sacerdote se limita ao culto, ignorando a terapia; já o médico abre mão de qualquer influência espiritual, culto ou magia – e então ambas as correntes seguem, cada uma, o seu próprio caminho. Com esse rompimento da antiga unidade, todos os elementos da arte de curar adquirem um sentido completamente novo e diferente. Acima de tudo, o fenômeno anímico "doença" se fragmenta em incontáveis doenças individuais, perfeitamente catalogadas. E dessa maneira a sua existência se desliga, por assim dizer, da personalidade espiritual do homem. A doença deixa de ser algo que afeta a pessoa inteira e passa a afetar um de seus órgãos. (Como disse Virchow no Congresso de Roma: "Não existem doenças gerais, e sim apenas doenças que acometem órgãos e células.") E dessa maneira a missão inicial do médico de enfrentar uma doença como um todo vai se transformando naturalmente, restringindo-se à tarefa menor de localizar a origem de cada sofrimento e o associar a um grupo de doenças sistematizado e descrito. No momento em que o médico diagnostica corretamente o sofrimento e o nomeia, sua missão está virtualmente terminada, e a partir daquele ponto o tratamento se resolve através da terapia indicada para aquele "caso". Totalmente dissociada da dimensão religiosa, mágica, uma ciência de reconhecimento estudada, a medicina moderna trabalha com certezas objetivas em vez de partir de intuições individuais. E, mesmo que prefira ser designada poeticamente de "arte médica", esse conceito elevado só pode ser visto na perspectiva de um artesanato. Pois há muito a arte de curar já não exige mais de seus discípulos uma eleição sacerdotal, nem forças visionárias misteriosas, nem uma harmonia fora do comum com os poderes universais da natureza: o que era vocação se tornou profissão, a magia se tornou sistema, o segredo da cura se tornou a ciência dos medicamentos e dos órgãos. A cura deixou de ser ato espiritual, fato milagroso, para se tornar um ato racional quase matemático do médico. O aprendizado substitui a espontaneidade; o livro escolar substitui o *logos*, o misterioso exorcismo sacerdotal. Onde a antiga magia exigia uma extrema tensão do espírito, o novo método de diagnóstico clínico reclama o contrário, isto é, a racionalidade espiritual, o equilíbrio nervoso, a mais absoluta tranquilidade.

Essa inevitável objetivação e especialização do processo de curar foi levada a um apogeu exagerado no século XIX, quando entre o homem tratado e o homem que trata interpõe-se um terceiro ser, desprovido de alma: o aparelho. O olhar perscrutador do médico nato, que resume criativamente todos os sintomas, torna-se cada vez menos necessário: o microscópio descobre para ele o germe da bactéria, o estetoscópio fornece a pulsação e o ritmo do sangue, a radiografia o liberta do olhar intuitivo. Cada vez mais o laboratório exime o médico de dar um diagnóstico, o que antes era um dom de conhecimentos pessoais; e quanto ao tratamento, a indústria química lhe entrega o remédio pronto, dosado e embalado, o mesmo medicamento que o doutor da Idade Média ainda media, calculava e misturava com as próprias mãos. A supremacia da técnica, que penetra na medicina mais tarde do que em todos os outros campos, mas também vence no final, objetiva o processo de cura e o limita a um esquema grandioso, cheio de nuances e tabelas. Aos poucos a doença, que antes era a invasão do extraordinário no mundo pessoal, torna-se o preciso oposto do que foi nos primórdios da humanidade: torna-se geralmente um caso "comum" e "típico" com duração calculada e evolução mecanizada, um exemplo que pode ser calculado pela via da razão. A essa racionalização de dentro para fora se soma, como poderoso complemento, a organização externa: nas clínicas, essas gigantescas lojas de departamentos da miséria humana, as doenças são separadas por especialidades com coordenadores próprios, como nas lojas de departamentos, e os médicos também são divididos por áreas, verdadeiras esteiras rolantes que correm de um leito para outro, examinam apenas os "casos" e o órgão doente, geralmente sem tempo para lançar um olhar sequer ao rosto do paciente em que cresce o sofrimento. As enormes organizações dos sistemas de previdência e dos ambulatórios cooperam para apagar a alma e a personalidade desse processo: surge uma organização de massa superaquecida em que nem uma única centelha de contato interior entre o médico e o paciente tem tempo de se acender, em que qualquer movimento daquela força magnética misteriosa entre uma alma e outra se torna cada vez mais impossível, por maior que seja a vontade. E o médico de família, único que ainda conhecia o homem no doente – não apenas sua constituição e suas transformações, mas também a família e, com ela, algumas de suas características biológicas –, torna-se um fóssil pré-diluviano em extinção, último que ainda conservava algo da antiga dualidade do sacerdote com o mediador da cura. Os tempos o enxotam da esteira rolante, pois ele se contrapõe à lei da especialização, da sistematização, assim como a carroça se contrapõe ao automóvel. Por demasiado humano, tornou-se incompatível com a avançada mecânica da medicina.

Desde sempre, a massa ignara, porém intuitiva, resistiu a essa despersonalização e completa ausência de alma na arte de curar. Assim como há milênios o homem primitivo, ainda não "culto" o bastante, hoje enxerga a doença respeitosamente como algo sobrenatural e ainda tenta enfrentá-la com o ato psicológico da esperança, do temor, da oração e da promessa; sua noção primeira ainda não é infecção nem arteriosclerose, e sim Deus. Não há manual nem professor capaz de convencê-lo de que a doença surge pela via "natural", ou seja, totalmente sem sentido e sem culpa. Por isso, o homem primitivo de antemão desconfia de qualquer prática que prometa eliminar a doença através do caminho objetivo, técnico, frio – quer dizer, sem alma. A rejeição pelo povo do médico formado na academia decorre do profundo desejo – um instinto inato – de poder contar com um médico natural, universal, irmanado com animais e plantas, médico que se tornou doutor e autoridade por natureza e não por ter passado nos exames da faculdade. Em vez do especialista conhecedor das doenças, o povo ainda anseia pelo curandeiro com "poderes" sobre elas. Ainda que a atração por bruxas e demônios se tenha dissipado à luz da energia elétrica, a fé nesses homens milagreiros e mágicos permaneceu muito mais viva do que se admite publicamente. E esse respeito atônito que dedicamos ao gênio, ao homem que produz obras inauditas, a um Beethoven, um Balzac, um Van Gogh, até hoje o povo concentra naquele que, acredita, tem poderes terapêuticos acima do normal – o povo ainda prefere o homem vivo e de sangue quente ao intermediário frio, prefere o intermediário que "irradia" poderes. Precisamente por não exercerem o seu ofício de cura enquanto ciência, mas sim como arte, e ainda por cima uma arte proibida, a mulher que entende de ervas, o guardador de ovelhas, o benzedor e o magnetizador atraem muito mais confiança do que o médico do vilarejo que estudou e tem direito a uma aposentadoria. Da mesma forma que a medicina se torna mais tecnológica, racional, especializada, o instinto da massa popular resiste a ela: lá no fundo, essa corrente contra a medicina acadêmica continua existindo há séculos, apesar do maior grau de educação do povo.

Há muito tempo a ciência percebe e combate essa resistência, mas em vão. De nada adiantou que ela se aliasse até ao poder governamental, impondo a elaboração de uma lei contra curandeiros e naturalistas: movimentos profundamente religiosos jamais podem ser reprimidos por completo pela letra fria da lei. Hoje, assim como nos tempos medievais, inúmeros curandeiros sem formação tradicional – portanto, ilegais – continuam atuando, e a guerrilha entre procedimentos naturais, curas religiosas e a terapia científica continua sem cessar. No entanto, os rivais verdadeiramente perigosos da ciência acadêmica não saíram das casas de camponeses ou dos acampamentos ciganos, e sim de suas próprias fileiras. Assim como a Revolução Francesa e todas as outras não arregimentaram seus líderes no povo, assim como o predomínio da nobreza foi abalado pelos nobres que tomaram partido contra ela, na grande revolta contra a medicina tradicional os porta-vozes decisivos sempre foram alguns médicos independentes. O primeiro a lutar contra a privação da medicina de sua alma, contra o desvelamento da cura milagrosa, é Paracelso. Ele investe contra os "doctores" armado apenas de sua rudeza campônia e acusa o seu saber de papel de querer fragmentar e reconstituir o microcosmo humano como se fosse o mecanismo de um relógio artificial. Combate a arrogância, o autoritarismo dogmático de uma ciência que perdeu qualquer conexão com a magia elevada da *natura naturans*, sem intuir nem respeitar as forças elementares ou a aura que irradia da alma individual ou da alma do mundo. Por mais duvidosas que pareçam hoje suas próprias receitas, a influência espiritual desse homem continua crescendo sob a epiderme dos tempos, irrompendo no início do século XIX com a chamada "medicina romântica", um agrupamento do movimento filosófico-poético que, por sua vez, almeja uma unificação mais elevada entre corpo e alma. Com sua fé incondicional na alma universal da natureza, defende a convicção de que a própria natureza é a mestra mais sábia, necessitando do homem, quando muito, apenas como assistente. Parte do pressuposto de que, da mesma forma que o sangue cria antitoxinas contra qualquer veneno sem jamais ter tido qualquer químico por mestre, o organismo que se conserva e se recria por si só geralmente sabe lidar sozinho com sua doença. Por isso, acredita que o sentido geral de qualquer medicina humana não deveria ser o de atravessar de maneira voluntarista a marcha da natureza, e sim fortalecer em caso de doença o eterno anseio interior por saúde. Tal corrente defende que esse impulso muitas vezes pode ser obtido pela via espiritual e religiosa com tanta intensidade quanto com ajuda de aparelhos brutos e meios químicos, pois a verdadeira façanha sempre se dá dentro de nós, nunca fora. A natureza seria o "médico interior" que cada um de nós tem dentro de si desde que nasceu e que, por isso, conhece melhor suas doenças do que o especialista, o qual se limita a tentar descobrir os sintomas apalpando o doente. Pela primeira vez, a doença, o organismo e a questão da cura passam a ser vistos de novo como unidade pela medicina romântica. No século XIX, toda uma série de sistemas nasce dessa ideia original da autorresistência do organismo contra a doença. Mesmer baseia a sua doutrina magnética no "desejo do homem de ser saudável"; a Ciência Cristã, na fé produtiva do autoconhecimento. E, assim como esses mestres da cura utilizam a força interior, outros usam a força exterior da natureza: os homeopatas lançam mão de substâncias puras, não misturadas; Kneipp e os outros mestres da cura natural usam os elementos regeneradores, a água, o sol e a luz, e todos, unânimes, abdicam de qualquer medicamento químico, de todo e qualquer tipo de aparato e, portanto, de todas as decisivas conquistas modernas da ciência. O que todas essas curas naturais, curas milagrosas e "curas pelo espírito" têm em comum contra a patologia local acadêmica pode ser resumido numa única e breve fórmula. A medicina científica considera o doente e sua doença como um *objeto* ao qual ordena que assuma de forma quase desprezível um papel de absoluta *passividade*: não lhe cabe perguntar ou dizer nada, não deve fazer outra coisa senão seguir, obediente e até mesmo sem pensar, as instruções do médico, desligando-se, por assim dizer, do processo do tratamento. É nessa palavra "tratamento" que reside a chave. Pois, enquanto na medicina científica o doente é *tratado* em sua condição de *objeto*, o processo de cura espiritual exige do doente principalmente que ele próprio *aja* com sua alma, que ele, como sujeito, *portador* e principal ator da cura, desenvolva contra a doença a máxima *atividade* que for capaz de desenvolver. Nesse apelo ao doente para que reúna todas as energias a partir de sua alma, para que se concentre em uma unidade de determinação e lance essa totalidade contra a totalidade da doença, reside o verdadeiro e único medicamento de todas as curas psíquicas, e geralmente a ajuda dos mestres se limita a nada mais que a palavra falada. Quem sabe quantos milagres o *logos*, a palavra criadora, é capaz de gerar – aquela mágica irradiação dos lábios no vazio, que construiu e destruiu incontáveis mundos – não se admirará de que também na arte da cura, assim como em outras esferas, a palavra por si só seja capaz de produzir inúmeras vezes verdadeiros milagres, e que palavras de encorajamento e olhares, esses sinais que vão de uma pessoa para outra, sejam capazes de reconstruir a saúde até mesmo em órgãos inteiramente afetados, apenas através do espírito. Maravilhosas, tais curas no entanto não são milagres ou acontecimentos isolados, mas refletem de modo indistinta uma lei ainda secreta de ligações mais elevadas entre corpo e alma que, quem sabe, tempos vindouros haverão de explorar de modo mais profundo; em nosso tempo, basta constatar que já não se renegam as possibilidades de cura pela via puramente psicológica e se revela um respeito algo constrangido por fenômenos que não podem ser interpretados pela ciência pura.

Esses desvios voluntaristas de alguns mestres da cura em relação aos caminhos da medicina acadêmica, a meu ver, constituem alguns dos episódios mais interessantes da história da civilização. Pois nada na história dos fatos históricos ou na história das ideias compara-se em força dramática à façanha psicológica de um indivíduo frágil e isolado contra uma organização gigantesca que abarca o mundo inteiro. Espártaco, o maltratado escravo que se insurge contra as legiões e as coortes do Império Romano, ou Pugachev, o pobre cossaco, contra a Rússia gigantesca, ou Lutero, o monge agostiniano de testa larga, contra a onipotente *fides catholica*: toda vez que um homem não tem nada mais para usar contra todos os poderes aliados do mundo senão sua própria fé interior e se lança em uma luta que parece insensata, dada a total falta de esperança, sua energia contagia os outros homens de maneira criadora, gerando forças incomensuráveis a partir do nada. Cada um dos nossos grandes entusiastas da "cura pelo espírito" atiçou e abalou a mentalidade de seu tempo, cada um transmitiu fluxos poderosos para a ciência. É fantástico imaginar a situação: numa era em que, graças ao lendário aperfeiçoamento técnico, a medicina de fato realiza milagres, numa era em que ela aprendeu a dividir, observar, fotografar, medir, influenciar e modificar os mínimos átomos e as mínimas moléculas da substância humana, numa era em que, solidárias, todas as outras ciências naturais exatas lhe prestam auxílio e em que já não há mais segredo em nada do que é orgânico – justo nesse momento uma série de pesquisadores independentes revela o quanto são supérfluos, em muitos casos, todos os aparelhos. Eles revelam publicamente e de maneira irrefutável que até hoje é possível alcançar curas apenas com as mãos, pela via espiritual, como antigamente – mesmo nos casos em que, antes deles, a grandiosa máquina de precisão da medicina acadêmica trabalhou em vão. Visto de fora, seu sistema é incompreensível, quase ridículo em sua insignificância. Sentados pacificamente lado a lado, médico e paciente parecem se limitar a conversar. Não há placas de raio X, instrumentos de medição, correntes elétricas, lâmpadas de quartzo, nem sequer um termômetro, nada de todo aquele arsenal técnico que forma o orgulho justificável da nossa época. No entanto, o seu método antiquíssimo muitas vezes parece mais poderoso que a terapia avançada. O fato de existirem trens elétricos em nada mudou a constituição psíquica da humanidade. Afinal, todos os anos eles transportam até a gruta de Nossa Senhora de Lourdes centenas de milhares de peregrinos que ali querem alcançar a cura unicamente através do milagre. Tampouco a invenção de correntes de alta-tensão muda a abordagem do mistério, pois, escondidas no bastão mágico de um caçador de almas, criam em 1930 do nada, num passe de mágica, uma cidade inteira em Gallspach, com hotéis, sanatórios e locais de diversão, em torno de um único homem. O milenar sucesso das curas por sugestão e das chamadas terapias milagrosas revelou de maneira mais visível que qualquer outro fato o incrível potencial em energia de fé ainda existente em pleno século XX e o grau de negligência da medicina orientada por bactérias e células em relação às possibilidades práticas de cura, ao negar obstinadamente qualquer possibilidade irracional e excluir a autoajuda psicológica de seus cálculos exatos.

Naturalmente, nenhum desses sistemas de saúde antigos – e novos – abalou um instante sequer a maravilhosa organização da medicina moderna, insuperável em sua perfeição e diversidade. O triunfo de curas espirituais e sistemas isolados está longe de provar que a medicina científica estava equivocada, exceto aquele dogmatismo que renitentemente insiste no mais recente método de cura como o único válido e possível, escarnecendo com impertinência de todos os demais como antiquados, errados e impossíveis. Foi só essa postura autoritária que sofreu um duro golpe. Afinal, os êxitos isolados – e que já não podem ser negados – dos métodos de cura psíquicos que apresentarei aqui ajudaram a introduzir uma saudável reflexão justamente entre os líderes intelectuais da medicina. Em suas fileiras, começou a surgir uma silenciosa dúvida – mas que até nós, leigos, já conseguimos perceber – quanto a se (como até um homem do nível de um Sauerbruch admite publicamente) "a acepção puramente bacteriológica e serológica das doenças não pode ter conduzido a medicina a um beco sem saída", e se efetivamente, por causa da especialização de um lado e, de outro, do predomínio do cálculo quantitativo em vez do diagnóstico pessoal, a arte de curar aos poucos não foi se afastando da missão de servir ao ser humano para se tornar algo que vê a sua função em si mesma, alheia ao homem – enfim, para repetir uma fórmula excelente, se "o médico não se tornou cientista demais". O que, hoje, designamos por "conflito de consciência da medicina", no entanto, não é nenhuma questão setorizada. Está inserido no fenômeno geral da insegurança europeia, da relativização generalizada que, depois de séculos de afirmação ditatorial e da rejeição incondicional em todas as categorias da ciência, ensina os especialistas a finalmente questionarem. Para contentamento geral, uma certa generosidade, normalmente rara entre acadêmicos, começa a se desenhar. Assim, o excelente livro de Aschner sobre a *Crise na medicina* traz uma plêiade de exemplos surpreendentes de como tratamentos que ainda ontem ou anteontem eram ridicularizados e criticados como medievais (por exemplo, a sangria e a cauterização) voltaram a se tornar os mais novos e atuais. Com maior senso de justiça e, por fim, curiosa em relação a suas próprias leis internas, a medicina começa a olhar para o fenômeno das "curas pelo espírito", que ainda no século XIX eram ironizadas e desprezadas pelos cientistas acadêmicos como farsa, mentira e impostura, e atualmente há sérios esforços no sentido de assimilar as suas conquistas extemporâneas, puramente psicológicas, às conquistas clínicas exatas. Percebe-se sem dúvida entre os médicos mais sábios e humanos uma certa nostalgia do velho universalismo, da volta da patologia local para uma terapia constitutiva, do retorno ao conhecimento não apenas das mazelas isoladas que acometem um indivíduo, e sim da personalidade que constitui esse indivíduo. Depois de ter investigado o corpo e a célula até quase a última molécula enquanto substância geral, a curiosidade criativa finalmente volta o olhar para a totalidade do estado da doença, cada vez diferente, e busca condicionalidades mais elevadas por trás das locais. Novas ciências – a doutrina dos tipos, a fisiognomonia, a genética, a psicanálise, a psicologia individual – esforçam-se para colocar em primeiro plano justamente as características de cada indivíduo estranhas à espécie, a unicidade de cada personalidade. E as conquistas da ciência psicológica extra-acadêmica, os fenômenos da sugestão, da autossugestão, as descobertas de Freud e de Adler ocupam com força cada vez maior a atenção de cada médico que reflete sobre sua seara.

Divorciadas durante séculos, as correntes de cura da ciência, a orgânica e a psicológica, se reaproximam, pois necessariamente – vide a metáfora goethiana da espiral! – toda e qualquer evolução tende a voltar, em níveis cada vez mais elevados, ao ponto de partida. No fim das contas, toda mecânica indaga pela lei primordial de seu movimento, o que é isolado retorna à unidade, o que é racional desemboca no irracional; e depois que, durante séculos, a ciência rigorosa unilateral investigou a substância e a forma do corpo humano até os fundamentos, ressurge o questionamento pelo "espírito que constrói o corpo".

Este livro não pretende ser, de modo algum, uma sistematização de todos os métodos psicológicos de cura. Compete a mim apenas apresentar ideias através de personagens. A maneira como uma ideia cresce dentro de um indivíduo e depois supera essa dimensão para ganhar o mundo sempre me pareceu representar essa ideia muito mais do que qualquer abordagem crítico-histórica. Por isso, contentei-me em escolher apenas três personagens que concretizaram o mesmo princípio da cura pelo espírito em centenas de milhares de pessoas, usando caminhos diferentes e até mesmo opostos: Mesmer, através do método da sugestão para fortalecer a vontade de sarar; Mary Baker Eddy, através do êxtase cloroformizante da força da fé; Freud, através do autoconhecimento e, assim, pela autoeliminação dos conflitos psicológicos que pesam no inconsciente. Pessoalmente, não tive oportunidade de testar nenhum desses métodos, nem como médico, nem como paciente. Não estou ligado a nenhum deles pelo fanatismo da convicção ou por uma particular gratidão. Ao escrever sobre essas figuras exclusivamente pelo prazer de criar, espero ter me mantido independente, sem me tornar mesmerista ao retratar Mesmer, nem cientista cristão ao falar de Baker Eddy ou psicanalista ao fazer o perfil de Freud. Tenho plena consciência de que cada uma dessas doutrinas somente pôde se tornar eficaz através da superação de seu princípio; de que cada uma representa uma forma de superação de outra superação. Porém, fiel a Hans Sachs, "não digo que isso seja um erro". Da mesma forma que é próprio da onda querer se superar, faz parte da força evolutiva de qualquer ideia buscar a sua forma extrema. É decisivo para o valor de uma ideia não como ela se realiza, mas quanto ela contém de verdade. Não o que ela é, e sim o que ela provoca. "O mundo só tem valor pelo que é extremo e só adquire consistência pelo que é mediano" – palavras maravilhosas de Paul Valéry.

Salzburgo, 1930

Franz Mesmer

Sabeis que a ação da vontade é um ponto importante na medicina.

PARACELSO

O pioneiro e a sua época

> Nada costuma ser julgado de modo mais leviano do que o caráter de um homem. No entanto, não há nada que exija mais cuidados. Em nenhum outro caso se espera menos pelo todo, que é o que, na realidade, define o caráter. Sempre achei que as pessoas supostamente más ganham, enquanto as boas perdem.
>
> GEORG CHRISTOPH LICHTENBERG

Durante um século inteiro, Franz Anton Mesmer, esse herói da moderna ciência da alma, permaneceu sentado no banco dos réus dos fraudadores e charlatães, ao lado de Cagliostro, do conde de Saint Germain, de John Law e de outros aventureiros de seu tempo. Schopenhauer, solitário rigoroso entre os pensadores alemães, protestou em vão contra esse veredito humilhante das universidades, proclamando o mesmerismo como "a descoberta com mais conteúdo do ponto de vista filosófico entre todas as outras, mesmo se ela oferece muito mais enigmas do que resolve". No entanto, que juízo será mais difícil derrubar do que um preconceito? Maledicências são repetidas irrefletidamente. E assim, um dos mais probos pesquisadores entre os alemães, indivíduo corajoso que fez seu próprio caminho e que, guiado por luz e por fogo-fátuo, indicou uma nova senda à ciência, é visto como sonhador ambíguo, entusiasta que não deve ser levado a sério, sem o menor cuidado de se investigar quantos estímulos importantes e transformadores nasceram de seus equívocos e exageros iniciais já há muito superados.

A tragédia de Mesmer é que ele veio ao mesmo tempo cedo e tarde demais. A época em que ele surgiu é totalmente avessa à intuição – precisamente por se orgulhar tanto de sua razão –, é (para citar mais uma vez Schopenhauer) a época "supersábia" do Iluminismo. À penumbra da Idade Média, que intuía de modo respeitoso, porém confuso, acabara de se seguir a superficialidade dos enciclopedistas – dos que tudo sabem, como deveria ser a tradução mais exata da palavra –, aquela ditadura grosseiramente materialista dos Holbach, La Mettrie, Condillac, para a qual o universo era um mecanismo interessante e ainda passível de correção, e o homem, um curioso autômato pensante. Vangloriando-se de não mais lançarem bruxas à fogueira, de declararem a velha e boa Bíblia como um ingênuo livro de lendas infantis e de terem tirado os raios e relâmpagos da mão do bom Deus com ajuda do invento de Franklin, esses iluministas (e seus cambaleantes imitadores alemães) consideravam fantasia absurda tudo o que não pudesse ser fisgado com uma pinça ou provado com a regra de três, varrendo assim também todo e qualquer grão de misticismo de seu universo claro, transparente (e igualmente frágil) do *Dictionnaire philosophique*. O que não podia ser provado matematicamente como função, sua arrogância veloz decretava ser um fantasma; o que não podia ser apreendido pelos sentidos era não apenas inapreensível, mas simplesmente inexistente.

Numa época tão imodesta e ímpia, que apenas endeusava a sua própria razão autossuficiente, surge de repente alguém que afirma que o nosso universo não é de modo algum um espaço vazio e inanimado, um "nada" morto e passivo em torno do homem, e sim constantemente permeado por ondas invisíveis, intangíveis, que apenas a alma consegue sentir, misteriosas perturbações e tensões que a todo momento se tocam e se energizam, de alma a alma, de sentido a sentido. Que, transferido de uma pessoa para a outra, esse fluido desconhecido, essa substância universal, impalpável e, por enquanto, inominada – quem sabe a mesma energia que irradia de uma estrela para outra e conduz sonâmbulos à luz da lua –, pode gerar transformações em caso de doenças psíquicas e físicas, restabelecendo assim aquela máxima harmonia que chamamos de saúde. Que ele próprio, Franz Anton Mesmer, não é capaz de apontar definitivamente a fonte dessa força original, o seu verdadeiro nome, a sua verdadeira essência, chamando esse fluido ativo, provisoriamente e por analogia, de magnetismo. Mas que as academias e os professores examinassem o efeito surpreendente do tratamento através do simples toque com a ponta dos dedos, investigassem com um olhar livre de preconceitos todas as crises doentias, os estados doentios enigmáticos, as curas quase mágicas que ele, em casos de perturbações nervosas, conseguia gerar unicamente através de efeito magnético (hoje dizemos: sugestivo). Contudo, o Iluminismo professoral das academias se recusa a lançar um único olhar imparcial sobre todos esses fenômenos apresentados e cem vezes provados por Mesmer. Aquele fluido, aquela força de transmissão simpática cuja essência não se pode explicar nitidamente (o que, por si, já é suspeito!), não consta do compêndio de todos os oráculos, o *Dictionnaire philosophique* – portanto, tal coisa não pode existir. Os fenômenos apontados por Mesmer não parecem ser explicáveis pela pura razão. Portanto, não existem.

Franz Anton Mesmer chega com um século de antecedência e, ao mesmo tempo, com alguns séculos de atraso. A medicina, em seus primórdios, teria acompanhado com atenção os seus experimentos extemporâneos, pois a vasta alma da Idade Média ainda acolhia tudo o que era incompreensível. Ainda era capaz do espanto ingênuo e pueril e de crer mais no estremecimento interior do que naquilo que se vê. Era uma época de crença fácil, mas era uma época profundamente pia. Por isso, seus pensadores – os teólogos como os profanos – jamais teriam estranhado ou achado absurdo o dogma de Mesmer de que entre o macrocosmo e o microcosmo, entre a alma universal e a individual, entre o astro e a humanidade, poderia existir um laço transcendental e familiar em substância. Ouso dizer que teriam considerado natural a sua visão de que um homem pode influenciar o outro com poderes feiticeiros através da magia de sua vontade e do procedimento conhecedor. Aquela ciência fausticamente universal teria observado os experimentos de Mesmer sem qualquer desconfiança, com curiosidade, de coração aberto. E é da mesma maneira que a ciência moderna torna a julgar a maioria dos efeitos psicotécnicos desse primeiro magnetizador sem considerá-los miragem ou milagre. Precisamente por sermos surpreendidos a cada dia, a cada hora, por novas incredulidades e novos milagres na física e na biologia, hesitamos bastante e ciosamente antes de tacharmos de inverídico algo que ontem ainda era improvável, e de fato muitas das descobertas e das experiências de Mesmer se inserem sem a menor dificuldade na nossa atual imagem do mundo. Quem ousaria contestar hoje que nossos nervos e nossos sentidos estão sujeitos a misteriosas condicionalidades, que somos "um joguete de cada pressão atmosférica", influenciáveis, por meio da sugestão, por incontáveis impulsos exteriores e interiores? Afinal, nós, que captamos no mesmo segundo uma palavra falada do outro lado do oceano, não aprendemos todos os dias que nosso éter é permeado de impalpáveis vibrações e ondas vitais? Já não nos assustamos com o pensamento mais polêmico de Mesmer de que nosso ser individual irradia uma energia própria única e determinada que pode influenciar para além dos nervos uma vontade alheia e um ser alheio de maneira quase mágica. Mas foi uma fatalidade: Mesmer veio demasiado cedo ou demasiado tarde, e precisamente a época em que ele teve a infelicidade de nascer carece de uma entidade capaz de uma obscura e respeitosa intuição. É uma época que não permite um claro-escuro nas coisas da alma – quer a ordem acima de tudo e luz sem sombras! Justamente onde o misterioso lusco-fusco entre consciente e inconsciente inicia a sua transição criativa, o olhar frio dessa ciência da razão se revela totalmente cego. E, sem reconhecer a alma como potência criadora e individual, a sua medicina conhece na mecânica do *Homo sapiens* apenas os danos dos órgãos ou um corpo doente, jamais uma comoção da alma. Não admira, portanto, que não conheça outro remédio para suas perturbações do que a bárbara sabedoria dos barbeiros-cirurgiões: purgantes, sangrias e banhos gelados. Os doentes mentais são amarrados numa roda e girados até que a espuma lhes escorra pela boca, ou então surrados até a exaustão. Aos epiléticos se dá todo tipo de remédio, todas as afeições nervosas são simplesmente declaradas inexistentes porque não se sabe como resolvê-las. E, quando esse incômodo marginal Mesmer aparece e consegue amenizar tais mazelas com sua influência magnética – a qual, por isso, parece mágica –, a Academia, indignada, desvia o olhar e afirma não ter visto nada senão ilusão e fraude.

Nessa desesperada batalha por uma nova psicoterapia, Mesmer está totalmente só. Seus discípulos e colaboradores estão atrasados meio século, ou um século. Tal isolamento é agravado de maneira trágica pela falta de uma autoestima que possa servir de couraça para esse guerreiro solitário. Pois Mesmer somente pressente a direção, não conhece ainda o caminho. Percebe que está na trilha certa e que, por acaso, está muito perto de um grande e prolífico mistério, mas sabe que não será capaz, sozinho, de decifrá-lo e desvendá-lo por completo. Chocante, portanto, como esse homem, difamado pela falação leviana como charlatão durante um século, pede apoio e ajuda justamente junto aos médicos, seus camaradas. Como Colombo, que antes de sua partida erra de corte em corte com o projeto de seu caminho marítimo para as Índias, Mesmer vaga de uma academia até outra em busca de interesse e auxílio para a sua ideia. Tanto em seu caso como no de seu companheiro de descobertas, há um equívoco na raiz de sua trajetória, pois, totalmente enredado ainda na loucura medieval do arcano, Mesmer acredita que a sua teoria magnética seja a panaceia, a eterna "Índia" da antiga ciência da medicina. Na verdade, sem ter noção, Mesmer encontrou muito mais do que um novo caminho. Como Colombo, descobriu um novo continente da ciência com incontáveis arquipélagos e territórios ainda inexplorados: a psicoterapia. Pois todos os domínios da nova ciência da alma somente hoje descortinados, a hipnose e a sugestão, a Ciência Cristã e a psicanálise, até mesmo o espiritismo e a telepatia estão naquela terra nova que o solitário trágico descobriu sem reconhecer ele próprio que pisava em um continente da ciência que não o da medicina. Outros lavraram seus campos e obtiveram os frutos onde Mesmer semeou. Outros colheram a fama, enquanto seu nome foi enterrado com desprezo na vala comum dos hereges e dos fanfarrões. Seu mundo o processou e o condenou. Agora está madura a época em que os juízes se sentam a seu lado direito.

Retrato

Em 1773, Leopold Mozart relata à mulher, em Salzburgo: "Não escrevi pelo correio anterior porque tivemos um grande sarau musical no jardim da casa do nosso amigo Mesmer na Landstrasse. Mesmer toca muito bem o harmônio de Miss Dewis. É o único em Viena que aprendeu a tocar o instrumento, e ele possui um exemplar de vidro muito mais bonito que o de Miss Dewis. Wolfgang também já o tocou." Vê-se que são bons amigos: o médico vienense, o músico de Salzburgo e seu filho famoso. Alguns anos antes, quando, contrariando ordens imperiais, o famigerado diretor de ópera Afligio (que depois terminou seus dias nas galés) se negou a levar aos palcos *La finta semplice*, a primeira ópera do jovem Wolfgang Amadeus, de apenas quatorze anos, o mecenas musical Franz Anton Mesmer, mais ousado que o imperador e a corte, intervém e oferece o seu pequeno teatro de jardim para a ópera alemã *Bastien und Bastienne.* Dessa forma, ao lado de sua outra fama, garantiu para a história o mérito imorredouro de ter apadrinhado a primeira composição operística de Wolfgang Amadeus Mozart. O pequeno Wolfgang nunca haverá de esquecer esse gesto de amizade. Em todas as cartas fala de Mesmer e sempre prefere estar hospedado na casa de seu "adorado Mesmer". E quando, em 1781, passa uma temporada mais longa em Viena, ruma na diligência dos Correios diretamente da cancela em direção da casa hospitaleira. "Escrevo do jardim de Mesmer na Landstrasse", começa sua primeira carta ao pai, em 17 de março de 1781. E mais tarde, em *Cosi fan tutte*, erigiu um monumento bem-humorado para o amigo erudito. Até hoje, e através dos séculos, um alegre recitativo acompanha os versos sobre Franz Anton Mesmer:

Hier der Magnetstein
Solls euch beweisen.
Ihn brauchte Mesmer einst,
Der seinen Ursprung nahm
Aus Deutschlands Gauen
Und so berühmt ward
*In Francia.**

Mas esse singular doutor Franz Anton Mesmer não é apenas um erudito amante das artes e amigo dos homens. É também um homem próspero.

* "Esta pedra magnética/ lhes servirá de prova./ Foi utilizada por Mesmer,/ que teve sua origem/ nas províncias da Alemanha/ e alcançou fama/ na França." (N.T.)

Poucos burgueses vienenses possuíam então uma casa tão maravilhosa, alegre e animada quanto a da Landstrasse 261, uma verdadeira Versalhes em miniatura às margens do Danúbio. No vasto jardim digno de príncipes, os convidados se divertiam com várias atrações no estilo rococó, pequenos bosques, aleias sombreadas com estátuas antigas, um viveiro de pássaros, um pombal, aquele elegante teatro (que já não existe mais) em que se estreou *Bastien und Bastienne*, um lago circular de mármore que depois, durante os tratamentos magnéticos, testemunhará as cenas mais insólitas e, numa pequena elevação, um belvedere a partir do qual se avista até o Danúbio e o Prater. Não surpreende, portanto, que a animada sociedade vienense, amiga da conversação, goste de se reunir nessa casa; o doutor Franz Anton Mesmer figura entre os burgueses mais famosos desde que se casou com a viúva do conselheiro da corte Van Bosch, dona de mais de trinta mil florins. Conforme relata Mozart, sua mesa está diariamente aberta a todos os seus amigos e conhecidos, bebe-se e come-se às maravilhas na casa desse homem culto e jovial onde não faltam os deleites do espírito. Antes de impressos, escutam-se ali os mais recentes quartetos, árias e sonatas de Haydn, Mozart e Gluck, amigos íntimos da casa, assim como as últimas novidades de Piccinni e Righini. Quem, por outro lado, preferir falar de coisas espirituais também encontrará no anfitrião um interlocutor universalmente culto em todas as áreas. Pois Franz Anton Mesmer, esse suposto farsante, se destaca até mesmo entre os eruditos. Já na época em que – filho de um caçador que servia ao arcebispado, nascido em 23 de maio de 1734 em Iznang, às margens do lago de Constança – segue para estudar em Viena, é um estudioso emérito de teologia em Ingolstadt e doutor em filosofia. Mas isso está longe de bastar a esse espírito irrequieto. Como o doutor Fausto, quer dominar a ciência por todos os ângulos. Assim, ainda cursa direito em Viena para depois ingressar na sua quarta faculdade, a medicina. No dia 27 de maio de 1766, Franz Anton Mesmer, embora já duas vezes doutor *autoritate et consensu illustrissimorum, perillustrium, magnificorum, spectabilium, clarissimorum Professorum*, é promovido ainda a *doctor medicineae*. O lume da ciência teresiana, o mais que famoso professor e médico da corte Van Swieten, assina de próprio punho o seu diploma de doutor. Mas Mesmer, rico por casamento, não pretende logo transformar em ducados a autorização para curar. Não sente pressa em clinicar, preferindo acompanhar, enquanto *dilettante* sábio, as descobertas mais longínquas da geologia, da física, da química e da matemática, os progressos da filosofia abstrata e sobretudo da música. Ele próprio toca piano e violoncelo e é o primeiro a introduzir o harmônio de vidro, para o qual Mozart compõe então um quinteto. Logo os saraus musicais na casa de Mesmer se tornam os prediletos de Viena, e ao lado do salão musical do jovem Van Swieten no Tiefer Graben, onde Haydn, Mozart e depois Beethoven aparecem sempre aos domingos, a casa na Landstrasse 261 é considerada o refúgio mais seleto da ciência e das artes.

Não – esse Franz Anton Mesmer, homem tantas vezes difamado, que depois foi tão maldosamente rebaixado a marginal da medicina e curandeiro ignorante, certamente não é um homem qualquer. Qualquer um que o encontre logo percebe isso. Em toda parte, esse homem de testa larga chama a atenção pela estatura e pelos gestos imponentes. Quando adentra algum salão parisiense acompanhado do amigo Christoph Willibald Gluck, todos os olhares se voltam curiosos para esses dois germânicos filhos de Enaque, bem mais altos do que a média dos outros homens. Infelizmente, os poucos retratos que se conservaram são insuficientes para reproduzir a sua fisionomia. Seja como for, vê-se que o rosto é harmonioso e bem delineado, com lábios cheios, o queixo redondo e carnudo, a testa bem torneada por cima dos olhos claros e agudos como aço; uma segurança benfazeja irradia desse homem poderoso que alcançará uma idade patriarcal com uma saúde de ferro. Nada mais equivocado, portanto, do que imaginar na figura do grande magnetizador um feiticeiro, uma aparição endemoniada de olhos incendiados e raios diabólicos, um Svengali ou um doutor Spallanzani – ao contrário, o que todos os seus companheiros, unânimes, destacam como sua marca é sua paciência infatigável e inabalável. Mais melancólico do que impetuoso, mais tenaz do que selvagem, o gentil suábio observa atentamente os fenômenos e, do mesmo modo que atravessa um cômodo com passos largos, pesados e desajeitados, em suas pesquisas passa lentamente de uma observação para outra – com vagar, mas inabalável. Não raciocina através de surtos de intuição brilhantes e radiantes, mas através de conclusões incontestáveis. Nenhum argumento contrário, nenhum protesto é capaz de abalar a sua profunda calma. Essa calma, essa tenacidade, essa grande paciência obstinada constituem o verdadeiro gênio de Mesmer. E é só à sua discrição incomumente modesta e à sua natureza despretensiosa e fácil que se deve a curiosidade histórica de esse homem ao mesmo tempo relevante e rico em Viena só ter amigos e nenhum inimigo. Por toda parte se elogiam seus conhecimentos, sua natureza simpática e nada exigente, sua mão e sua mente abertas. "A sua alma é como a sua descoberta: simples, benfazeja e sublime." Até mesmo os colegas, os médicos vienenses, têm Franz Anton Mesmer na mais alta estima como excelente profissional – naturalmente só até o momento em que ele revela a ousadia de trilhar caminhos próprios e fazer sem a aprovação da Academia uma descoberta que move o mundo. Nesse momento, cessa subitamente a sua popularidade e começa uma batalha pelo "ser ou não ser".

A centelha decisiva

No verão de 1774, um elegante estrangeiro chega a Viena com sua mulher e esta, acometida por uma súbita cólica estomacal, pede que o conhecido astrônomo Maximilian Hell, um sacerdote jesuíta, confeccione uma pedra magnética que ela possa aplicar na região abdominal com finalidade terapêutica. Pois a ideia de que o ferro magnético possui uma energia terapêutica especial, essa suposição algo estranha para nós, era tida como fato indubitável para a medicina primitiva, baseada na magia e na simpatia. A Antiguidade já se interessava pelo comportamento insólito do ímã – mais tarde designado por Paracelso de "monarca dos mistérios" –, porque entre todos os minerais esse elemento revela características bastante especiais. Enquanto o chumbo e o cobre, a prata, o ouro, o estanho e o ferro comum, sem alma ou vida própria, obedecem apenas à lei da gravidade, esse elemento único e especial entre todos os outros expressa algo como uma alma, uma atividade própria. Autoritário, o ímã atrai o outro ferro, morto, inerte. Único sujeito entre os objetos, é capaz de expressar algo como uma vontade própria. E involuntariamente o seu comportamento autossuficiente faz supor que ele obedece a outras leis – quem sabe siderais – que não as leis terrenas do universo. Cortado em forma de agulha, mantém seu dedo férreo apontado na direção do polo Norte, guia dos navegantes e dos perdidos: assim, parece conservar uma reminiscência de sua origem meteórica no seio da Terra. Particularidades de tal forma características em um metal não podiam deixar de fascinar, desde sempre, a clássica filosofia natural. E, como o espírito humano tende a pensar constantemente em analogias, os médicos da Idade Média atribuem ao ímã um poder simpático. Durante séculos experimentam se ele consegue erradicar determinadas doenças do corpo humano pela força de atração, assim como faz com fragmentos de ferro. Sempre onde dominam as trevas, o espírito investigador de Paracelso se aproxima com brilho de curiosidade em seus olhos de coruja. Sem hesitação, a sua fantasia volátil, ora lúdica, ora genial, sempre inconstante, transforma a suposição difusa de seus antecessores em patética certeza. Para o seu espírito facilmente inflamável logo se torna claro que, como a energia que age no âmbar (portanto, eletricidade antes de atingir a maioridade), a energia do ímã aponta para a existência de uma natureza sideral, ligada aos astros, em um corpo terreno, adamítico – e imediatamente Paracelso inclui o ímã na lista dos remédios infalíveis. "Tudo o que resultou de meus experimentos com o ímã me permite sustentar clara e abertamente que há nele um altíssimo segredo, sem o qual nada se pode fazer contra várias doenças." Em outro trecho, escreve: "O ímã permaneceu muito tempo diante dos olhos de todos sem que ninguém tenha pensado se seria possível utilizá-lo para outros fins e se ele possuiria outras forças além de atrair o ferro. Os desprezíveis doutores muitas vezes me jogam na cara que não quero seguir os mais velhos, mas em que deveria eu segui-los? Tudo o que têm falado do ímã é praticamente nulo. Coloquem na balança o que eu disse e julguem. Se eu tivesse seguido os outros às cegas, sem fazer meus próprios experimentos, hoje não saberia mais do que qualquer camponês: o ímã atrai o ferro. Acontece que um homem sábio deveria se pôr a investigar, e assim descobri que o ímã, além da força visível a todos de atrair o ferro, tem outra, oculta." Sem hesitar, como era do seu costume, Paracelso ainda dá instruções precisas de como o ímã deve ser utilizado para fins terapêuticos. Sustenta que ele possui um ventre (o polo que atrai) e costas (polo negativo) e que, posicionado de maneira adequada, pode projetar sua energia através do corpo inteiro. E sobre essa forma de tratamento – a qual, de maneira verdadeiramente intuitiva, antecipa a forma da energia elétrica a ser descoberta muito mais tarde – o eterno polemista diz que "vale mais do que tudo o que os galenistas ensinaram a vida inteira. Se, em vez de se jactar, tivessem olhado para o ímã, teriam conseguido mais do que com todas as suas falas verborrágicas. O ímã cura os fluxos dos olhos, dos ouvidos, do nariz e dos membros extremos. Dessa maneira, também se curam úlceras, fístulas, o câncer, os fluxos de sangue das mulheres. O ímã ainda resolve rupturas, extrai a icterícia e a hidropisia, como vi muitas vezes na prática; acontece que é inútil mastigar tudo para os ignorantes". Nossa atual medicina naturalmente não levará muito a sério esse anúncio tonitruante; mas tudo o que Paracelso disse vale para a sua escola como regra e lei ainda durante dois séculos. Assim, além de muitas outras exuberantes tolices da mágica cozinha feiticeira de Paracelso, seus discípulos também cultivam e cuidam respeitosamente da teoria da eficácia curativa do ímã. Seu discípulo Helmont e, depois dele, Goclenius, que publicou em 1608 o livro *Tractatus de magnetica cura vulnerum*, defendem apaixonadamente, leais a Paracelso, a potência curativa orgânica do ímã, e assim esse método terapêutico já então acompanha a medicina oficial como uma corrente subterrânea. Um desses partidários anônimos da arte terapêutica simpática deve ter receitado à forasteira viajante aquele ímã.

Hell, o padre jesuíta procurado pela paciente forasteira, é astrônomo e não médico. Nem se importa se o ímã efetivamente exerce um efeito terapêutico em caso de cólicas estomacais ou não. Compete-lhe apenas soldar um ímã numa determinada forma. E ele o faz, ciente de sua missão. Mas relata o caso curioso ao seu amigo, o erudito doutor Mesmer. Este, *semper novarum rerum cupidus*, sempre desejoso de aprender, conhecer e experimentar novos métodos da ciência, pede ao amigo Hell que o mantenha informado sobre o efeito da terapia. Mal ouve dizer que as cólicas estomacais da paciente de fato cessaram por completo, visita-a e se espanta com a rápida melhora provocada pela utilização da pedra magnética. O método o interessa. Imediatamente, decide experimentá-lo também. Pede a Hell que confeccione ímãs de formato semelhante e faz experimentos com uma série de outros pacientes, aplicando o aço imantado em forma de ferradura ora no pescoço, ora no coração, sempre sobre a parte do corpo afetada. E, curioso: em alguns casos, para sua própria surpresa, consegue êxitos terapêuticos nunca esperados ou imaginados, principalmente no caso de uma certa srta. Österlin, a qual consegue curar de suas cólicas, e do professor de matemática Bauer.

Um curandeiro ignorante abriria a boca para gritar aos quatro ventos a descoberta de um novo talismã terapêutico: o ferro magnético. Parece claro como água e muito simples: basta aplicar o mágico ferro magnético sobre o corpo do doente em caso de cólicas e convulsões epiléticas, sem se preocupar com o como e o porquê, para que – veja só! – o milagre da cura se complete. Mas Franz Anton Mesmer é médico, cientista, filho de uma nova era que raciocina sobre causas e efeitos. Não lhe basta a simples constatação a olho nu de que o ferro magnético ajudou de maneira quase mágica vários de seus pacientes. Médico sério e competente, que justamente não acredita em milagres, quer explicar a si e aos outros por que esse mineral misterioso é capaz de provocar tantos milagres. Com seu experimento, por enquanto só tem em mãos um denominador da terapia misteriosa: o repetido efeito terapêutico do ímã. Mas para a conclusão lógica ele ainda precisa do outro dado, a justificativa causal. Só então o novo problema estaria não apenas colocado para a ciência como já propriamente solucionado.

Estranho: parece que um diabólico acaso lhe enviou o outro termo da equação. Pois quase dez anos antes, em 1766, o mesmo Franz Anton Mesmer obteve o grau de doutor com uma dissertação insólita, tingida de um certo misticismo, intitulada *De Planetarum influxu*. Sob a influência da astrologia medieval, Mesmer supunha que os astros tinham um efeito sobre o homem e levantou a tese de que alguma força misteriosa, derramada "pelas vastidões dos céus, influi sobre o interior de qualquer matéria, e que um éter primevo, um fluido misterioso, penetra o cosmo inteiro e, assim, também o homem". Esse fluido original, esse princípio final, o sábio cuidadoso designou na época de maneira ainda bastante indefinida de *gravitas universalis*, a gravidade geral. É provável que o homem maduro já tivesse esquecido então sua própria hipótese juvenil. Mas, quando, durante o tratamento com o ímã, que, como pedra de meteoro, também provém dos astros, Mesmer vê um efeito tão inexplicável, esses dois elementos – o empírico e o hipotético, a paciente curada pelo uso de um ímã e a tese da dissertação – fundem-se em uma teoria uniforme. Agora Mesmer acredita que sua suposição filosófica se confirmou de maneira irrefutável por esse efeito visível de cura e crê ter encontrado o nome correto para aquela difusa *gravitas universalis*: a força magnética, a cuja atração o homem obedece da mesma maneira que os astros do universo. Portanto, o magnetismo – assim comemora apressadamente seu espírito de descoberta – é a *gravitas universalis*, o "fogo invisível" de Hipócrates, o *spiritus purus, ignis subtilissimus*, o fluxo criador que inunda o éter do universo e a célula do corpo humano! Em sua ebriedade do acaso, Mesmer acredita ter encontrado a tão procurada ponte que une o mundo das estrelas à humanidade. Sente-se orgulhoso e excitado: quem a atravessa com coragem adentra um território desconhecido.

A centelha se incendiou. Um experimento que, por acaso, tangenciou uma teoria provocou a explosão de uma ideia dentro de Mesmer. Mas o primeiro tiro sai numa direção totalmente errada. Em seu entusiasmo precipitado, Mesmer acredita ter encontrado na pedra com ferro magnético o meio universal, a pedra filosofal. Um equívoco, uma conclusão obviamente errada forma o ponto de partida e o fim do seu caminho. Mas é um equívoco criador. Como Mesmer evita segui-lo apressadamente, de olhos fechados, preferindo avançar passo a passo, conforme manda o seu caráter, consegue progredir, apesar do desvio. Ainda haverá de seguir muitos caminhos tortuosos e errados. Mas enquanto os outros, rudes e grosseiros, insistem em seus métodos obsoletos, o solitário doutor prossegue nas trevas, às apalpadelas, avançando lentamente a partir das fantasias infantis e medievais até o ciclo de ideias do tempo presente.

Os primeiros experimentos

Franz Anton Mesmer, até então simples médico e apaixonado pelas belas ciências, possui agora uma ideia que inspira a sua vida – ou melhor: a ideia é que o possui. Pesquisador incansável, até o seu último fôlego perseguirá esse *perpetuum mobile*, essa força motriz do universo. A partir de agora, dedicará toda a sua vida, seus bens, sua reputação e seu tempo a essa ideia. Nessa obsessão, nessa teimosia rígida, porém ardorosa, residem a grandeza e a tragédia de Mesmer, porque aquilo que ele procura – o mágico fluido universal – jamais poderá encontrar com provas claras. E o que ele encontra – uma nova psicotécnica – não buscou e nunca reconheceu durante a sua vida. Assim, vive um destino trágico parecido com o de seu contemporâneo, o alquimista Böttger, que pretende produzir ouro químico durante a sua prisão e por acaso encontra algo mil vezes mais importante: a porcelana. Nos dois casos, a ideia original dá apenas um impulso psicológico importante e é como se a descoberta acontecesse por si mesma durante a experimentação apaixonada.

Inicialmente, Mesmer tem apenas o conceito filosófico de um fluido universal. E tem o ímã magnético. Mas o raio de ação do ímã é relativamente restrito, de apenas algumas polegadas. Isso, Mesmer descobre já em seus primeiros experimentos. Mesmo assim, sua intuição mística não se deixa confundir na crença de que o ímã esconde energias muito mais fortes, latentes, que podem vir à luz com determinados artifícios e ser potencializadas através da aplicação correta. Assim, começa a lançar mão dos artifícios mais curiosos. Em vez de aplicar apenas uma simples ferradura na região afetada, como fizera o jesuíta inglês, aplica dois ímãs no doente; um do lado esquerdo superior e o outro embaixo, à direita, para que o fluido misterioso possa percorrer o corpo inteiro em um circuito fechado, restabelecendo através de fluxo e refluxo a harmonia desequilibrada. Para multiplicar a sua própria influência, leva colado ao pescoço um ímã dentro de uma bolsinha de couro e, não satisfeito ainda, transmite essa corrente vivificadora a todos os objetos imagináveis. Magnetiza a água, faz com que os doentes se banhem nela e a bebam; magnetiza por meio de fricção xícaras e pratos de porcelana, roupas e camas; magnetiza os espelhos para que reflitam o fluido, magnetiza instrumentos musicais, para que também as vibrações sonoras disseminem a energia curativa. Cada vez mais fanático, encastela-se na ideia fixa de que (como mais tarde se fará com a energia elétrica) a energia magnética possa ser transmitida através de condutores, acumulada em garrafas e coletada em acumuladores. Assim, chega a construir a célebre "cuba da saúde", o tão ridicularizado *baquet*, um recipiente de madeira com tampa em que duas fileiras de garrafas cheias de água magnetizada correm convergentes para uma barra de aço, a partir da qual o paciente pode aplicar algumas pontas condutoras móveis na região com dor. Os doentes se reúnem em torno dessa bateria magnética, tocando-se respeitosamente com a ponta dos dedos e formando uma corrente, porque Mesmer quer assegurar-se de que a corrente magnética aumenta através da transmissão por vários organismos humanos. Mas não lhe bastam os experimentos com pessoas. Logo começa a incluir neles gatos e cães. Por fim, magnetiza até as árvores em seu jardim e a piscina, em cujo espelho d'água trêmulo os pacientes mergulham devotos seus pés descalços, as mãos presas às árvores por meio de cordas, enquanto o mestre toca em seu harmônio igualmente magnetizado, a fim de tornar os nervos mais dóceis para o bálsamo universal, com os seus ritmos sutis e delicados.

Disparate, farsa e coisa de crianças, diria naturalmente o nosso sentimento atual, indignado ou compadecido, sobre essas práticas extravagantes que, de fato, fazem lembrar Cagliostro e outros doutores da superstição. Os primeiros experimentos de Mesmer – e por que negar? – erram desajeitados e trôpegos pelas selvas das ervas daninhas medievais. A nós, sucessores, naturalmente parece mero absurdo pretender transmitir energia magnética para árvores, água, espelhos e música por meio de simples fricção e querer obter efeitos terapêuticos. Mas, para não pecarmos por injustiça, consideremos imparcialmente o estado da física daquela época. Três novas forças atiçavam então a curiosidade da ciência, três forças minúsculas, mas que eram verdadeiros Hércules ainda no berço. Graças à marmita de Papin e às novas máquinas de Watt era possível pressentir a força motriz do vapor e a potente energia do ar atmosférico, que para as gerações precedentes era apenas um nada passivo, um gás incolor e impalpável. Apenas mais uma década, e pela primeira vez um balão elevará o homem acima do solo. Um quarto de século ainda e, também pela primeira vez, um navio a vapor terá vencido outro elemento, a água. Naquele momento, porém, a imensa potência do ar comprimido ou rarefeito só é percebida nas experiências de laboratório. Da mesma forma pequena e reduzida se revela a eletricidade, esse *ifrit*, encerrado então na minúscula garrafa de Leyden. Pois: o que é considerado como efeito elétrico em 1775? O próprio Volta não fez ainda sua observação decisiva, apenas se obtêm algumas inúteis faíscas azuis com umas baterias minúsculas, de brinquedo, e se conseguem transmitir uns choques fracos nas articulações dos dedos. É tudo o que a época de Mesmer sabe sobre a potência criadora da eletricidade, tanto – ou tão pouco – quanto sabe sobre o magnetismo. Não obstante, um surdo pressentimento deve ter pressionado maravilhosamente a alma humana, um pressentimento de que, graças a uma dessas forças, o futuro viria a transformar o mundo, talvez mediante o vapor comprimido, talvez mediante a bateria elétrica ou magnética, assegurando aos mamíferos bípedes o domínio sobre a Terra durante milhões de anos – um pressentimento dessas energias até hoje desconhecidas em sua abrangência, dominadas pela mão humana, que agora inundam nossas cidades com luz, sulcam o céu e transmitem o som do equador aos polos numa fração infinitesimal de segundo. Nesses humildes princípios existem potências gigantescas ainda em germe – é o que sente o mundo, e Mesmer também o percebe. Só que ele, assim como o príncipe do *Mercador de Veneza*, em sua adversidade pega a caixinha errada entre as três e concentra a imensa expectativa da época no mais fraco dos elementos, o ímã. Um erro inegável, mas compreensível em sua época; um erro humano.

O que espanta, portanto, não são os primeiros métodos de Mesmer, a fricção do espelho, o tanque magnetizado. O que espanta, para nós, em seus processos, é apenas o efeito terapêutico inimaginável que um indivíduo sozinho consegue obter com esse ímã insignificante. Avaliadas à luz da psicologia, porém, mesmo essas curas aparentemente maravilhosas perdem o seu caráter milagroso; pois é provável e certo que desde os primórdios da medicina a humanidade doente tenha se curado através de métodos de sugestão muito mais vezes do que imaginamos e do que a ciência está disposta a admitir. Nunca, na história do mundo, um método terapêutico foi tão paradoxal que não pudesse ter ajudado o paciente durante certo tempo através da crença. Nossos avós e pais foram curados por remédios que no máximo conseguem arrancar um sorriso piedoso da nossa atual medicina, a mesma medicina, por sua vez, cujos procedimentos deverão ser ironizados pela ciência dos próximos cinquenta anos, com o mesmo sorriso. Pois, onde quer que venha a ocorrer uma cura surpreendente, a sugestão tem um papel fundamental. Das fórmulas de esconjuro da Antiguidade até a teriaga e os excrementos de rato cozidos da Idade Média e o rádio de um Valentin Zeileis, todos os métodos terapêuticos de todos os tempos devem uma grande parte de sua eficácia à vontade despertada no próprio paciente, e isso em tão elevado grau que o respectivo veículo dessa fé em sarar, seja ímã, hematita ou injeção, em muitas doenças é quase desimportante em relação à energia que o paciente envia ao medicamento. Portanto, não chega a ser milagroso, mas totalmente lógico e natural que a última terapia descoberta sempre atinja os resultados mais inesperados, porque, por ser desconhecida, desperta o máximo em esperança no paciente. E assim aconteceu também com Mesmer. Mal a notícia do efeito curativo dos seus ímãs magnéticos em alguns casos especiais começa a se disseminar, ela se espraia por Viena e por todo o país. De perto e de longe acorrem os peregrinos até a margem do Danúbio, e todos querem receber a aplicação do milagroso ímã. Magnatas nobres chamam o médico vienense para seus castelos, os jornais trazem matérias sobre o novo método, discute-se, debate-se, elogia-se, difama-se a arte de Mesmer. Mas todos querem experimentá-la ou conhecê-la. Reumatismo, convulsões, zumbidos no ouvido, paralisia, cólicas estomacais, desarranjos menstruais, insônia, dores hepáticas – as mil e uma doenças até então infensas a qualquer tratamento são curadas pelo seu ímã magnético. Um milagre sucede ao outro naquela casa da Landstrasse 261 onde até agora só reinava a alegria. Menos de um ano depois que aquela forasteira viajante atraiu a curiosidade de Mesmer para o remédio milagroso, a fama do médico até então desconhecido já ultrapassou as fronteiras da Áustria, tanto que os doutores de Hamburgo, de Genebra, das cidades mais distantes pedem que ele lhes explique a forma de aplicar sua terapia magnética supostamente tão milagrosa, para que eles próprios possam continuar suas experiências e, por sua parte, examiná-las cuidadosamente. E – perigosa tentação para a autoestima de Mesmer! – os dois doutores a quem o médico vienense se confia por carta, o doutor Unzer, de Altona, e o doutor Harsu, de Genebra, confirmam em todo o seu conteúdo a fantástica ação terapêutica conseguida com ajuda do ímã segundo o método de Mesmer, e ambos mandam espontaneamente publicar um artigo entusiasmado sobre as terapias mesmerianas. Graças a esses testemunhos tão convictos, Mesmer encontra adeptos cada vez mais apaixonados. Por fim, até o príncipe-eleitor da Baviera manda chamá-lo. O que se manifestou de maneira tão surpreendente em Viena confirmou-se de maneira estupenda em Munique. Ali, a aplicação do ímã causa tanta sensação no caso da paralisia total e da debilidade óptica do conselheiro acadêmico Osterwald que este manda imprimir em Augsburg, em 1776, um relatório sobre a sua cura por Mesmer: "Tudo o que ele conseguiu aqui com as doenças mais diferentes faz supor que ele arrebatou à natureza uma de suas engrenagens mais misteriosas." Com precisão clínica, o paciente curado descreve o estado desesperador em que Mesmer o encontrara e narra como a aplicação magnética o libertou repentinamente de uma dor antiga que não cedera até então a nenhuma ação terapêutica. E para enfrentar de antemão qualquer possível objeção por parte dos médicos, o sensato conselheiro da Academia escreve: "Se alguém quiser dizer que a história dos meus olhos não passa de pura fantasia, fico tranquilo e não peço a nenhum médico do mundo nada além de que ele consiga me persuadir de que eu me imagine curado." Sob a impressão desses irrefutáveis êxitos, Mesmer é reconhecido oficialmente pela primeira (e última) vez.

No dia 28 de novembro de 1775, a Academia Bávara o nomeia solenemente seu membro, "pois está persuadida de que os esforços de um homem tão conspícuo, que perenizou a sua fama através de demonstrações especiais e irrefutáveis de um método e descobrimento tão inesperados como úteis, hão de trazer grande lustre à instituição". Em um ano apenas Mesmer conseguiu a vitória mais completa e poderia se dar por satisfeito: uma distinção acadêmica, uma dúzia de médicos e centenas de pacientes curados em êxtase e gratidão provam de maneira inegável a eficácia do ímã.

Mas vejam que estranho: precisamente no momento em que testemunhos imparciais lhe dão razão, ele se desmente a si próprio. No decurso desse ano, percebera o erro de origem, ou seja, que o efeito não era do ímã, e sim de sua própria mão. E que, portanto, sua influência surpreendente sobre o paciente não emanava do mineral morto e sim dele próprio, o homem vivo; que não era o ímã o feitiço da cura e sim ele, o magnetizador. Com essa descoberta, o problema de repente ganhou outra dimensão: um passo a mais e seria descoberta a causalidade verdadeira, a causalidade pessoal. No entanto, a energia intelectual de Mesmer não é grande o bastante para saltar todo um século. Ele só avança passo a passo pelos seus caminhos e descaminhos. Mas ao repelir, honrado e decidido, a sua pedra mágica, o ímã, libertou-se do mágico pentagrama das quimeras medievais, alcançando o ponto em que sua ideia se torna compreensível e fecunda para nós.

Intuições e descobertas

Impossível fixar hoje a data em que Mesmer empreendeu essa reviravolta histórica em seu sistema de tratamento. Mas já em 1776 o seu agradecido paciente Osterwald escreve da Baviera que "o doutor Mesmer atualmente executa a maioria de suas terapias sem qualquer ímã artificial, limitando-se a tocar direta ou indiretamente as regiões afetadas". Portanto, não durou nem um ano para Mesmer perceber que o ferro imantado era de todo supérfluo nas chamadas curas magnéticas. Pois mesmo quando ele se limita a friccionar os nervos com a mão, polo acima e polo abaixo, os doentes percebem idêntica intensificação ou alívio. Basta que Mesmer toque seus pacientes para que os nervos se tensionem em bruscas convulsões e se manifeste, sem qualquer instrumento ou medicamento, uma transformação da doença no organismo, primeiro excitante e em seguida tranquilizante. Dessa maneira, não cabe mais dúvida: a sua mão irradia algo totalmente desconhecido, mais misterioso do que o ímã, para o qual não existe explicação nem em Paracelso, nem na medicina antiga ou na moderna. Espantado, o descobridor olha para a sua própria descoberta. Em vez do método magnético, encontrou outro totalmente novo.

Nessa circunstância, Mesmer deveria admitir com franqueza: "Equivoquei-me, o ímã não ajuda em nada, toda a energia que eu lhe atribuía, na verdade, não lhe pertence, e aquele efeito curativo que obtenho todos os dias para o meu próprio espanto vem de mim mesmo, de origens que desconheço." E, claro, deveria deixar imediatamente de continuar a chamar suas curas de magnéticas e parar, por ser supérfluo, com todo o grotesco aparato de garrafas carregadas, a cuba preparada, as taças e árvores enfeitiçadas. Mas: quão poucos homens da política, das ciências, das artes e da filosofia, mesmo os mais corajosos, têm coragem de admitir claramente que suas opiniões de ontem foram erro e disparate! Também Mesmer. Em vez de abandonar com clareza a teoria insustentável sobre a energia curativa do ímã, ele escolhe uma saída tortuosa; começa a utilizar de maneira ambígua o conceito "magnético", explicando que o ímã mineral, na verdade, não tem nenhuma eficácia, mas que o que age em suas terapias é outro magnetismo, um magnetismo "animal", a força inerente ao homem vivo que é análoga àquela misteriosa força do metal morto. De modo complicado e confuso, esforça-se em sustentar que nada de essencial mudou em seu sistema. Mas na realidade esse novo conceito de "magnetismo animal" – que, na verdade, deveria ser chamado com mais propriedade de "magnetismo vital" – significa algo totalmente distante da metaloterapia até então anunciada, e a partir desse momento é preciso concentrar toda a atenção para não se deixar confundir pela equivalência artificial das palavras. A partir de 1776, para Mesmer, "magnetizar" *não* significa mais tocar ou influir com o ímã, e sim pura e simplesmente transmitir para outras pessoas a energia secreta ("animal") que irradia das terminações nervosas dos dedos. E se, até os dias de hoje, os praticantes dessa terapia simpática do toque ainda se denominam magnetopatas, não fazem jus ao nome, pois é provável que nenhum deles tenha em casa um ferro imantado. Sua terapia se baseia exclusivamente na influência pessoal, na terapia por sugestão ou fluidos.

Portanto, um ano depois de sua primeira descoberta, Mesmer já deixou atrás de si seu equívoco mais perigoso; mas como era belo e confortável aquele equívoco! Naquela época Mesmer ainda supunha que bastava aplicar um ímã no corpo do doente em casos de convulsão ou crise nervosa, friccionando um pouco, para provocar a cura. Agora, depois que essa confortável ilusão da mágica virtude do ímã se dissipou, o pesquisador voltou a ficar perplexo diante de seu próprio efeito mágico, que ele consegue diariamente apenas com suas próprias mãos. De que elemento se origina esse efeito milagroso que acontece quando ele fricciona as têmporas do doente, quando o bafeja com o seu hálito, quando, através de determinados movimentos circulares ao longo dos músculos, provoca aquele súbito tremor nervoso, aquelas surpreendentes convulsões? Será um fluido, uma "força vital" que se desprende dele, do organismo de Franz Anton Mesmer? E surge uma nova pergunta: essa energia especial só irradia de sua natureza particular, ou de qualquer pessoa? Pode ser potencializada pela vontade? Pode ser dividida e reforçada com a ajuda de outros elementos? E como se produz essa transmissão de energia? Pela via anímica ou talvez enquanto irradiação química e evaporação de minúsculas partículas invisíveis? Será uma força terrena ou divina? Material, física ou espiritual? Vem dos astros, ou será uma fina essência do nosso sangue, produto da nossa vontade? Mil perguntas invadem de repente esse homem simples que, longe de ser brilhante, é apenas um dedicado observador. Mil perguntas que estão muito além de sua capacidade e entre as quais a mais importante – se as chamadas curas magnéticas se dão pela via anímica ou se são transmitidas por um fluido – até hoje não foi ainda respondida de maneira satisfatória. Em que labirinto ele se meteu, incauto, desde que imitou o disparatado tratamento com a ferradura magnética naquela forasteira! E quão longe o levou esse equivocado caminho inicial! Passam-se anos sem que ele veja luz no fim do túnel. Mesmer só está certo de uma coisa, baseado em sua experiência surpreendente, e sobre essa certeza constrói a sua doutrina: mais do que todos os medicamentos químicos, o homem vivo muitas vezes pode ajudar a um outro em diversas crises pela sua mera presença e através da influência sobre os nervos. "De todos os corpos da natureza, é o próprio homem que atua com maior eficácia sobre o homem." Para Mesmer, a doença é um desequilíbrio da harmonia no homem, uma perigosa interrupção da alternância rítmica entre fluxo e refluxo. Mas em cada pessoa existe uma força curativa íntima, a vontade de ser saudável, aquele infinito impulso original vital (que a medicina mecanicista efetivamente desprezou por tanto tempo), e a tarefa da nova terapêutica magnética, para ele, é fortalecer essa energia por meio da influência magnética (hoje diríamos: sugestiva). Segundo a concepção de Mesmer, psicologicamente correta, que mais tarde a Ciência Cristã elevará a um grau superlativo, essa vontade psicológica de sarar, de ter saúde, efetivamente pode produzir milagres no processo da cura: o dever do médico é, portanto, provocar esses milagres. O magnetopata, por assim dizer, apenas convida os nervos fatigados para o impulso decisivo, recarrega e fortalece a bateria de defesa do organismo. Que ninguém se assuste durante essas tentativas de aumentar a energia vital, quando os sintomas da doença, em vez de cessarem, tornarem-se a princípio mais convulsivos e violentos, adverte Mesmer, pois essa é precisamente a missão de qualquer tratamento magnético: a de levar cada doença a seu ápice, até a crise e a convulsão. Não é difícil identificar nessa famosa "teoria da crise" de Mesmer o velho exorcismo da Idade Média e os métodos do padre Gassner, que ele conhecia bem. Sem saber, desde 1776 Mesmer põe em prática verdadeiras terapias sugestivas e hipnóticas, e o segredo primordial de seus êxitos reside sobretudo na veemência de sua personalidade especialmente forte e de uma impressionante força de irradiação, uma força quase mágica. Seja como for, mesmo sabendo pouco sobre a origem de seus efeitos, já naqueles primeiros anos esse estranho solitário realizou algumas importantíssimas observações sobre a ciência da alma, que se tornaram decisivas para o desenvolvimento ulterior. Principalmente, Mesmer observa que vários de seus pacientes são especialmente sensíveis ao magnetismo (diríamos: são especialmente propensos à sugestão ou à mediunidade) e outros, totalmente insensíveis. Portanto, que determinadas pessoas agem mais como emissores e outras, como receptores. E quando se aumenta o número dos participantes, desenvolve-se uma intensificação de energia por meio da sugestão de massa. Com tais observações, Mesmer de repente amplia as possibilidades de diferenciação da caracterologia contemporânea. De forma totalmente inesperada, o espectro da alma se torna diferente e mais rico em cores com esse novo foco de luz. Um sem-número de novas sugestões é lançado na época por esse homem solitário e abandonado a si próprio que, sem querer, viu-se às voltas com um imenso problema. Mas ninguém será capaz de lhe explicar esse fenômeno até hoje sem solução, segundo o qual alguns indivíduos especialmente talentosos, médicos e mágicos ao mesmo tempo, conseguem obter curas pelo simples toque de sua mão e pela influência de sua personalidade, curas que nem a ciência mais profunda e esclarecida consegue entender.

Os doentes, no entanto, não se preocupam com o fluido, nem com o como ou o porquê. Atraídos pela fama de sua novidade e pela curiosidade, acorrem aos magotes. Logo, Mesmer se vê obrigado a instalar um hospital magnético em sua propriedade na Landstrasse. Os doentes chegam de países remotos desde que ouviram falar da célebre cura da jovem srta. Österlin e leram os incontáveis escritos de gratidão de seus outros pacientes. Acabou-se o tempo da música e dos galantes folguedos de jardim na Landstrasse 261: Mesmer, que até agora não usara o seu diploma de doutor, trabalha febrilmente de manhã até de noite com as varinhas, as cubas e os mais insólitos aparelhos em sua nova fábrica de saúde. Em torno do tanque de mármore do jardim, onde antes pululavam os peixinhos-dourados, sentam-se agora os doentes em fileira cerrada, mergulhando devotamente os pés na água milagrosa. Cada dia que passa registra um novo triunfo das curas magnéticas, cada hora traz novos fiéis, pois a fama das curas milagrosas penetra através de janelas e portas. Logo a cidade inteira, curiosa, não fala de outra coisa senão desse Teofrasto Paracelso ressuscitado. No meio de tantos êxitos, no entanto, o mestre Mesmer em pessoa permanece infenso à ebriedade. Hesita e resiste à pressão de seus amigos de se pronunciar definitivamente sobre esse maravilhoso fluido. Só num texto de vinte e sete parágrafos esboça de maneira vaga uma primeira teoria do magnetismo animal. Mas se recusa obstinadamente a ensinar os outros enquanto percebe que primeiro cabe a ele aprender o segredo da própria virtude.

O romance da srta. Paradies

À medida que Franz Anton Mesmer ganha fama em Viena, ele perde em popularidade. Toda a comunidade intelectual, os eruditos e os professores, gostava desse homem de tanto conhecimento, sem ambição, o rico, hospitaleiro, simpático e nunca arrogante, enquanto ele brincava com novas ideias, diletante. A partir do momento em que Mesmer leva a coisa a sério e suas modernas terapias causam sensação, de repente nota entre os seus colegas médicos uma resistência inicialmente surda e aos poucos cada vez mais aberta. Em vão, convida seus antigos colegas para visitar sua clínica magnética e lhes provar que não opera com crendices e arlequinadas, e sim com um sistema com bases justificadas. Nenhum dos professores e doutores convidados quer se confrontar a sério com os estranhos fenômenos de cura. Esse tipo de terapia com base no mero toque com a ponta dos dedos, sem intervenção clínica, sem medicamentos ou remédios prescritos, essa manipulação com varetas de condão e cubas magnéticas, não lhes parece muito séria – e isso é fácil de entender. Logo Mesmer sente um ar gelado na nuca. "A frieza com que minhas primeiras ideias foram recebidas aqui me assombra", escreve naqueles dias para Munique. Ele esperara encontrar pelo menos oposição ou discussão entre os grandes sábios de sua nova cidade, entre seus antigos amigos cientistas e parceiros musicais. Mas os colegas acadêmicos antes tão solidários sequer conversam com ele; limitam-se a ironizá-lo e escarnecer dele. Por toda parte, encontra uma resistência *a priori* que o deixa amargurado. Em março de 1776, Mesmer relata ao secretário da Academia Bávara de Ciências que em Viena a sua ideia está sendo "perseguida por causa de sua novidade". Dois meses mais tarde, repete a queixa com mais ênfase: "Sigo com descobertas físicas e médicas em minha área, mas não vejo atendida a minha expectativa de ver o meu sistema explicado, uma vez que sou incessantemente obrigado a enfrentar as chicanas mais vis. Aqui, sou tido como um enganador, e todos os que acreditam em mim também são reputados como insensatos. É o que ocorre com a nova verdade."

O inamovível destino dos pioneiros o alcançou: o imorredouro conservadorismo da Academia fareja e hostiliza nele uma descoberta que se avizinha. Secretamente, inicia-se em Viena uma caça às bruxas contra as terapias magnéticas: revistas francesas e alemãs publicam – obviamente, sem assinatura – artigos enviados de Viena que ridicularizam o método de Mesmer. Mas o ódio ainda é obrigado a entrar pela porta dos fundos, pois a conduta pessoal irrepreensível de Mesmer não permite ataques a ele. Não é possível chamar de farsante, ignorante ou charlatão um doutor por duas faculdades, que há mais de uma década ostenta em seu diploma médico a assinatura de autoridades como Van Swieten e Van Haen. Tampouco se pode acusá-lo de exploração ou de cobiça financeira, porque esse homem rico trata totalmente de graça a maioria de seus pacientes. E o que é ainda mais constrangedor: não pode ser tachado de fanfarrão ou falastrão, pois não exagera nem um pouco o alcance de sua descoberta. Nunca sustentou (como fará depois Mary Baker Eddy com sua Ciência Cristã) ter descoberto uma terapia universal que torne supérfluo qualquer outro tratamento médico; empenha-se em afirmar com cautela que o seu magnetismo animal só é mesmo diretamente eficaz em casos de doenças nervosas, podendo apenas influenciar suas manifestações físicas pela via indireta. Assim, a secreta irritação de seus colegas requer uma boa dose de paciência, até conseguirem passar uma rasteira no odiado inovador.

Tão ansiada ocasião enfim chega. O caso decisivo é o episódio da srta. Paradies, uma simples novela que sem dificuldades se transforma em um drama eficaz, pois raras vezes na história de uma doença a cena esteve tão preparada e cheia de efeitos. Maria Theresia Paradies, uma jovem superdotada, desde os quatro anos era cega em consequência de uma paralisia do nervo óptico, e seu especial talento como pianista a tornara conhecida em Viena. A imperatriz em pessoa assumira sua proteção. Concedeu aos pais do jovem prodígio musical uma pensão de duzentos ducados, além de custear a sua educação. A srta. Paradies chegou a dar vários concertos, um deles até na presença de Mozart, e um grande número de suas composições inéditas está até hoje na Biblioteca de Viena.

Essa jovem é levada até Mesmer. Antes disso, fora tratada durante muitos anos, mas sem resultado, pelos melhores oftalmologistas de Viena, o especialista em cataratas professor Barth e o médico da corte Stoerk. Mas certos sintomas (um tremor convulsivo nos olhos, que saem das órbitas, dores no baço e no fígado que causavam verdadeiros acessos de loucura) fazem supor que a cegueira da srta. Paradies não provinha de uma lesão no nervo óptico, e sim de um desequilíbrio psíquico. A título de experimento levam-na até Mesmer, que diagnostica uma comoção geral do sistema nervoso e, por isso, afirma que seu caso é passível de ser curado através do seu método. A fim de supervisionar a evolução do tratamento magnético, hospeda a jovem em sua casa, tratando-a gratuitamente junto com outras duas pacientes.

Até esse ponto, todos os relatos contemporâneos coincidem. Mas a partir daí começa uma controvérsia total entre as afirmações de Mesmer, que sustenta ter restituído quase completamente a visão à jovem, e as dos professores, que negam qualquer suposta melhora como sendo fantasia e embuste. (Esse termo "fantasia" desempenhará a partir desse momento um papel decisivo em todos os juízos acadêmicos sobre Mesmer.) Naturalmente, hoje, cento e cinquenta anos depois, não será fácil decidir entre duas assertivas tão antagônicas. Em favor dos médicos está o argumento de que Maria Theresia Paradies nunca mais recuperou a visão. Em favor de Mesmer, em compensação, além do testemunho da opinião pública, existe o relato manuscrito redigido pelo pai da jovem cega e que me parece demasiadamente eloquente para poder ter sido inventado. Pois eu conheço poucos documentos que, sob o ponto de vista psicológico, descrevem com tanta acuidade a primeira descoberta do mundo da luz por uma pessoa gradualmente curada de sua cegueira, e seria necessário um poeta e psicólogo muito mais genial do que o velho secretário da corte, o sr. Paradies, ou uma pessoa tão prosaica quanto Mesmer, para poder inventar observações de tal forma sutis e acertadas do ponto de vista da psicologia. Em essência, o relato diz o seguinte: "Depois de um breve e intenso tratamento magnético por parte do dr. Mesmer, ela começou a distinguir os contornos dos corpos e das figuras que lhe apresentavam. No entanto, o novo sentido era tão sensível que ela só conseguia reconhecer essas coisas em um cômodo muito escuro, com venezianas e cortinas nas janelas. Quando se passava com uma vela acesa perto de seus olhos vendados por uma faixa com cinco voltas, ela caía ao chão, como que atingida por um raio. A primeira figura humana que ela viu foi o próprio dr. Mesmer. Ela o contemplou com muita atenção e seguiu os diversos movimentos que ele fazia com seu corpo para testá-la. Pareceu bastante horrorizada e disse: 'Mas isso é espantoso! É assim a imagem de um homem?' A seu pedido, trouxeram-lhe um grande cachorro, muito manso e que desde sempre era seu favorito, e ela o olhou com atenção. 'Prefiro esse cachorro ao homem; o seu aspecto me parece bem mais suportável.' Os narizes nos rostos a chocaram principalmente. Ela não conseguia conter o riso e disse o seguinte: 'Parece que eles me ameaçam e querem furar meus olhos.' Depois de ter visto vários rostos, acostumou-se. A maior dificuldade para ela é conhecer as cores e os graus de distância, uma vez que em relação ao sentido novo do rosto ela é tão inexperiente e inábil quanto uma criança recém-nascida. Nunca erra na diferenciação dos matizes de cores. Em contrapartida, confunde os seus nomes, principalmente quando não a ajudam a fazer comparações com cores que ela já conheceu. Ao avistar a cor preta, declara que é a imagem da sua cegueira anterior. Essa cor sempre provoca nela uma certa tendência à melancolia, que a acometia muitas vezes durante o tratamento. Naquele tempo, repetidamente irrompia num súbito pranto. Certa vez, teve um acesso tão violento que se atirou em um sofá retorcendo as mãos, arrancou a venda, arremessou tudo para longe e, entre queixas e soluços, mostrou-se tão desesperada que madame Sacco ou qualquer outra atriz famosa não poderiam ter tido melhor modelo para uma pessoa atemorizada pelo sofrimento. Poucos instantes depois, essa tristeza já havia passado e ela voltou ao seu estado de espírito normal, alegre e tranquilo, embora a próxima recaída não tardasse. Como nos primeiros dias a notícia de sua cura se disseminou, atraindo numerosos parentes, amigos e pessoas de alta posição social, ela se mostrou contrariada. Foi assim que expressou para mim a sua irritação: 'Por que me sinto menos feliz agora do que antes? Tudo o que vejo me provoca uma impressão desagradável. Ah! Como era mais calma em minha cegueira!' Consolei-a, dizendo que a sua comoção apenas decorria da percepção da esfera estranha na qual estava flutuando. Quando se acostumasse a ver, ficaria tão calma e satisfeita como os outros. 'É bom que seja assim', respondeu. 'Pois, se, ao ver as novas coisas, eu sentir a mesma agitação, prefiro imediatamente voltar à cegueira.'

"Como o novo sentido a colocou num estado natural primitivo, ela está isenta de convenções e nomeia as coisas pela impressão que nela causam. Julga a partir da expressão do rosto e deduz, a partir dela, o estado da alma. A contemplação de um espelho provocou grande surpresa nela. Não compreendia como a superfície do vidro espelhado podia captar os objetos e apresentá-los de novo aos olhos. Levaram-na a um magnífico aposento com um grande espelho de parede. Ela não se cansava de olhar. Fazia as contorções e posições mais estranhas diante dele, e o que mais a fazia rir era que a imagem ali refletida aproximava-se ou se afastava conforme ela o fazia. Todos os objetos que ela nota a uma determinada distância lhe parecem diminutos e aumentam, a seu ver, à medida que são aproximados. Ao levar à boca um pedaço de pão torrado, este lhe pareceu tão grande que não acreditou que conseguiria abocanhá-lo.

"Em seguida, foi conduzida até o tanque, que ela chamou de 'uma grande sopeira'. Os parreirais que o flanqueavam pareciam estar andando junto, e ao voltar aos aposentos acreditou que a casa é que vinha ao seu encontro, sendo que as janelas iluminadas lhe agradavam especialmente. No dia seguinte, para satisfazê-la, foi preciso levá-la ao jardim com a luz do dia. Voltou a contemplar todos os objetos com atenção, mas já com menos prazer do que na véspera. Chamou o Danúbio de uma faixa branca, comprida e larga, assinalando com exatidão os lugares onde via o começo e o fim do rio. Achava que conseguiria tocar as árvores do Prater, a uns mil passos de distância, do outro lado do rio. Como era um dia claro, não conseguiu suportar muito tempo a vista livre no jardim. Ela própria pediu que voltassem a lhe vendar os olhos porque a sensação da luz era demasiadamente aguda para sua percepção débil e lhe causava vertigem. Vendada outra vez, já não se aventura a dar um só passo sem ajuda, ela que, nos tempos anteriores de cegueira, costumava andar sozinha na sala que conhecia bem. A nova fragmentação dos sentidos faz com que, ao piano, precise se concentrar bem mais para tocar uma peça, ela que anteriormente tocava grandes concertos de maneira irrepreensível, sendo capaz de, ao mesmo tempo, conversar com os circunstantes. De olhos abertos, agora tem mais dificuldade de tocar uma peça. Ela observa seus dedos saltando sobre o teclado e erra a maior parte das teclas."

Será que essa descrição clara e quase convencional causa a impressão de uma falsificação dos fatos? Pode-se admitir que um grande número de testemunhas ilustres se tenha deixado ludibriar tão completamente, falando aos jornais sobre uma cura milagrosa sem se certificar, a duas ruas de distância, da condição da antiga cega? Mas, justo por causa da balbúrdia causada por esse tratamento magnético, a corporação dos médicos intervém acaloradamente. Pois dessa vez Mesmer invadiu a sua esfera mais própria, mais pessoal, e em particular o oftalmologista especializado em extirpar cataratas, o professor Barth, com quem a srta. Paradies tentara em vão obter a cura, abre guerra contra o tratamento indesejado. Ele sustenta que a srta. Paradies deve continuar sendo considerada cega "porque muitas vezes não conhece ou confunde os nomes dos objetos que lhe apresentam" – erro muito explicável e muito provável no caso de uma cega desde a infância que vê pela primeira vez os objetos; um argumento, portanto, não muito sustentável. Mas os médicos oficiais são numericamente superiores. Primeiro, a intervenção dos médicos influentes impede a intenção de Mesmer de apresentar pessoalmente sua paciente em vias de cura à imperatriz Maria Teresa. Logo depois os colegas irritados empenham todas as suas forças para evitar que Mesmer continue com o tratamento magnético. Cabe-nos perguntar objetivamente: com que direito? Pois mesmo no pior dos casos o tratamento sugestivo não pode matar mais ainda o nervo óptico já morto da srta. Paradies, nem aumentar a cegueira de uma pessoa totalmente cega. Portanto, por mais que se queira, não é possível encontrar uma justificativa legal para, no meio do tratamento, tirar a paciente de um médico graduado. E, como, além disso, a srta. Paradies está fielmente ao lado de seu salvador, os adversários de Mesmer recorrem a um golpe sujo para lhe arrebatar o objeto de suas experiências: procuram atemorizar os pais da jovem de que, se a filha de fato voltar a enxergar, eles perderão a pensão imperial de duzentos ducados por ano, e que a sensação de uma pianista cega terá um fim. Esse argumento do dinheiro em risco tem efeito imediato sobre a família. O pai, até então totalmente devotado a Mesmer, arromba a porta da casa, exige a filha imediatamente de volta e o ameaça com o sabre desembainhado. Mas curiosamente não é o doutor quem se recusa a entregá-la. Ao contrário: aliada com o seu mestre seja por laços hipnóticos ou eróticos, a srta. Paradies declara que não quer voltar para a casa dos pais, e sim ficar com Mesmer. Isso enfurece por sua vez a mãe, que, cega de ira, arremete contra a filha rebelde que prefere o homem estranho aos seus próprios pais, batendo nela com tanta brutalidade que ela cai em convulsão. Mas, apesar de todas as ordens, ameaças e surras, não se consegue convencer a srta. Paradies a abandonar o seu benfeitor (e talvez amante). Ela continua na clínica magnética. Mesmer obteve uma vitória, mas é uma vitória de Pirro. Pois, em decorrência de todas essas excitações e agressões, a fraca luz obtida com tanto esforço se apaga novamente. O tratamento deve recomeçar, é preciso reavivar os nervos alterados. Mas esse tempo não é concedido a Mesmer. A Academia vem com a artilharia mais pesada. Mobiliza o arcebispo, o cardeal Migazzi, a imperatriz e a corte e, ao que parece, o poder máximo da Áustria então: a famosa Comissão de Costumes. Como presidente da corporação dos médicos da Áustria, em nome da imperatriz, o professor Stoerk sentencia que se deve "acabar com essa impostura". Assim, o poder do Estado quebra o poder do magnetizador sobre a sua médium. Mesmer precisa interromper imediatamente o tratamento, entregando a srta. Paradies aos pais, não curada ainda, apesar de suas queixas desesperadas. As demais consequências desse caso constrangedor não podem ser esmiuçadas por falta de documentação. Pode ser que Mesmer tenha sido expulso da Áustria como "estrangeiro indesejado", pode ser que ele estivesse farto dos colegas médicos vienenses. Seja como for, logo depois desse caso ele abandona sua magnífica residência na Landstrasse 261 e muda-se de Viena, procurando uma nova pátria primeiro na Suíça, depois em Paris.

A Faculdade de Viena pode se dar por satisfeita, o seu objetivo foi atingido. Eliminou o incômodo pesquisador solitário, desacreditou os primeiros fundamentos de um tratamento psicoterapêutico ainda difuso, porém já bastante próximo dos modernos conceitos, e os eliminou para o mundo inteiro, segundo crê. Agora volta a reinar na Faculdade de Viena, durante um século e um quarto, uma maravilhosa calmaria em *rebus psychologicis*, até surgir outro inovador irritante: Sigmund Freud, com a psicanálise, que seus professores combatem com o mesmo preconceito e a mesma ira, mas dessa vez felizmente com êxito bem menor.

Paris

O século XVIII é cosmopolita no modo de pensar e de viver. A ciência e a arte na Europa ainda formam uma única e grande família; ainda não se inventou para o homem intelectual a atual segregação míope em vários governos. O artista e o sábio, o músico e o filósofo ainda vagam de uma corte a outra sem qualquer entrave patriótico, sentindo-se em casa por toda parte onde podem viver o seu talento e a sua missão, amigos dedicados de todas as nações, de todos os povos e de todos os príncipes. Por isso, mudar-se de Viena para Paris não representa nenhuma decisão especial para Mesmer, que desde a primeira hora não precisa lamentar essa mudança. Seus pacientes aristocráticos da Áustria lhe abrem a porta da legação; Maria Antonieta, vivamente interessada em tudo o que é novo, singular e divertido, promete apoiá-lo, e a então onipotente maçonaria, à qual ele pertencia, o conduz logo ao centro da intelectualidade francesa. Além disso, sua teoria aparece em um momento excelente, pois Voltaire e os enciclopedistas, com seu ceticismo agressivo, ao ridicularizarem a fé na Igreja e a expurgarem da sociedade do *dix-huitième*, haviam apenas encurralado em estranhos desvios e recantos místicos a indestrutível necessidade de fé enraizada no homem, em vez de destruí-la (*"écrasez l'infâme!"*). Nunca antes Paris fora mais ávida de inovações e supersticiosa do que naqueles dias das Luzes incipientes. Desde o momento em que não se crê mais nas lendas dos santos bíblicos, procuram-se novos e estranhos santos, que são encontrados entre os charlatães alquimistas, da Rosacruz e da Sociedade Philalethes, que acorrem aos montes, pois tudo o que é inverossímil, tudo o que se opõe de maneira audaz às teorias da ciência oficial, encontra uma recepção entusiasmada na enfastiada sociedade parisiense que se maquiava com a moda filosófica. A paixão pela ciência do mistério, pelas magias branca e negra, penetra até os círculos mais elevados. Madame de Pompadour, que dirige os destinos da França, sai à noite por uma porta lateral das Tulherias e esgueira-se até a casa de madame Bontemps para que esta leia o seu futuro na borra de café; a duquesa de Urfé (segundo se pode ler em Casanova) manda construir uma árvore de prata para rejuvenescer da maneira mais fisiológica; a marquesa de l'Hôpital é atraída por uma velha a um local afastado para encontrar Lúcifer em pessoa durante uma missa negra, mas, enquanto a boa marquesa e sua amiga esperam nuas pelo diabo anunciado, a velha ladra foge com suas roupas e a bolsa de dinheiro. Os homens mais considerados da França estremecem de respeito quando o lendário conde de Saint Germain comete um sofisticado ato falho durante o jantar e trai a sua idade milenar, afirmando ter conhecido pessoalmente Jesus Cristo e Maomé. Ao mesmo tempo, os donos de restaurantes e estalagens de Estrasburgo ficam satisfeitos quando o príncipe de Rohan hospeda em um dos palácios mais nobres da cidade o farsante Balsamo, da Sicília, que se faz conhecer como conde Cagliostro. De todos os lados da França chegam os aristocratas, em diligências, em liteiras e a cavalo, a fim de comprar poções e feitiços desse charlatão analfabeto. Damas da corte e senhoritas de sangue azul, princesas e baronesas instalam cozinhas de alquimia em seus castelos e em seus palácios, e logo essa epidemia da idolatria da magia contamina também o próprio povo. Mal se espalha a notícia de diversas curas milagrosas ocorridas no túmulo do arcediago de Paris no cemitério de Saint-Médard, este é sitiado por milhares de pessoas acometidas pelas mais violentas convulsões. Não há extravagância que pareça exagerada, nem milagre que pareça suficientemente maravilhoso, e a vida nunca foi mais fácil para os embusteiros do que nessa época ao mesmo tempo sensata e ávida de sensações e de qualquer excitação nervosa, uma época que dá crédito a qualquer disparate e logo se entrega a qualquer feitiçaria. Sendo assim, um médico com um novo método universal já era vencedor de antemão.

Mesmer, porém – e isso sempre deve ser enfatizado de novo –, não quer de forma alguma concorrer com um Cagliostro ou um Saint Germain pelos veios de ouro da idiotice humana. Médico graduado, muito orgulhoso de sua ideia, fanático pela sua ideia e até prisioneiro dela, quer e deseja apenas uma coisa: ser reconhecido pela ciência oficial. Ele despreza o entusiasmo valioso dos seguidores da moda: o laudo favorável de um único acadêmico seria, para ele, mais importante que a gritaria de cem mil tolos. Mas os digníssimos professores recusam-se a sentar com ele à mesa experimental. A Academia Berlinense responde laconicamente "Está equivocado!" às suas explanações, e a de Viena o chama publicamente de impostor. Compreende-se, pois, o seu desesperado afã de por fim se ver honrado com uma sentença sincera. Mal chegado em Paris, em fevereiro de 1778, sua primeira visita o leva a Le Roy, o presidente da Academia das Ciências. Através dele, insta todos os membros a lhe darem a honra de examinar com rigor a sua nova terapia em seu hospital provisório em Créteil, perto de Paris. De acordo com o regulamento, o presidente põe a proposta em debate. Mas aparentemente a Academia de Viena chegou antes, pois a Academia das Ciências declara de maneira concisa sua recusa em se ocupar das experiências de Mesmer.

Acontece que um homem apaixonadamente convicto de que fez alguma coisa importante e nova em prol da humanidade não cede com tanta facilidade quando quer ver reconhecida cientificamente uma ideia científica. Ele se volta agora para a recém-fundada Sociedade de Medicina. Ali, como médico, pode reclamar seu direito indiscutível e irrefutável. Renova a oferta de apresentar seus pacientes curados em Créteil e responder a todas as perguntas. Mas a Sociedade de Medicina tampouco se mostra disposta a se colocar contra sua irmã vienense. Declina do embaraçoso convite com a desculpa esfarrapada de que só pode julgar curas tendo conhecido o estado anterior dos doentes, o que não seria o caso.

Cinco vezes Mesmer tentou obter, em todas as faculdades do mundo, o reconhecimento ou ao menos um exame atento de seu sistema: era impossível ser mais transparente, honesto e científico. Agora que os pedantes sábios o condenaram com seu silêncio, sem dedicar ao menos um olhar nos processos e nos fatos, ele se volta para a instância máxima e decisiva: a opinião pública, todas as pessoas cultas e interessadas, lançando em 1779 em língua francesa o seu *Tratado sobre a descoberta do magnetismo animal*. Com palavras eloquentes e realmente honradas, Mesmer solicita ajuda para os seus experimentos, pede interesse e boa vontade, sem prometer milagres ou coisas impossíveis: "O magnetismo animal não é de modo algum um remédio misterioso, como pensam os médicos. É uma ciência com princípios, consequências e regras. Até hoje ainda é desconhecida, admito. Mas por isso mesmo seria paradoxal pretender escolher como juízes homens que não entendem nada daquilo do que devem julgar. Não preciso de juízes, e sim de discípulos. Por isso, a minha ambição é obter de algum governo uma casa onde eu possa receber doentes para tratar e onde, com pouco esforço, sem ter de depender de outras considerações, se possa demonstrar plenamente os efeitos do magnetismo animal. Então eu assumiria a função de instruir um determinado número de médicos e deixar ao cuidado do governo a conveniência de difundir essa descoberta, de maneira generalizada ou restrita, com rapidez ou lentamente. Caso minhas propostas sejam rejeitadas na França, sairei do país, embora contra minha vontade. Caso sejam rejeitadas por toda parte, ainda espero encontrar em algum lugar um recanto aprazível. Envolto pela minha honradez, com a consciência tranquila em relação a todas as acusações, congregarei à minha volta uma pequena parte da humanidade à qual eu tanto desejei servir de modo mais generalizado, e então terá chegado o tempo de não consultar mais ninguém sobre o que devo fazer, senão a mim mesmo. Se eu agisse de outra forma, o magnetismo animal seria visto como uma moda. Todos quereriam brilhar com ele e encontrar nele mais ou menos do que de fato existe. Abusar-se-ia dele e seu benefício degeneraria em um problema cuja solução aconteceria provavelmente só depois de séculos."

Será essa a linguagem de um charlatão? A fanfarronice ou o desatino de um homem desonesto? Seja como for, na exposição transcrita de Mesmer, até esse momento suplicante, há pela primeira vez um tom que denuncia o sucesso. Pois já nesses poucos meses o seu método do tratamento sugestivo de doenças nervosas conquistou importantes adeptos e influentes simpatizantes; sobretudo Charles Deslon, o médico particular do conde d'Artois, colocou-se publicamente ao lado de Mesmer com uma brochura. Abriu-lhe o caminho até a corte. Ao mesmo tempo uma dama da corte de Maria Antonieta, curada por Mesmer de uma paralisia, pede ajuda para o médico à sua superior. A alta aristocracia, madame de Lamballe, o príncipe de Condé, o duque de Bourbon, o barão de Montesquieu e sobretudo o herói do dia, o jovem marquês de Lafayette, declaram-se partidários apaixonados de sua teoria. E assim, apesar da postura hostil da Academia, apesar do fracasso em Viena, por ordens da rainha o governo começa a negociar diretamente com Mesmer, para reter na França o fundador de ideias de tão amplo alcance. Por ordens superiores, o ministro Maurepas lhe oferece um soldo vitalício de vinte mil libras, além de outras dez mil libras para o aluguel, pagas tão logo três alunos qualificados pelo Estado reconheçam os benefícios da magnetoterapia. Mas Mesmer está farto de enfrentar o mesquinho preconceito dos especialistas e decide não mais ceder na negociação. Recusa esmolas. Orgulhoso, declina: "Nunca poderia assinar um acordo com um governo que não comece por reconhecer expressamente e de maneira irrefutável a verdade da minha descoberta." Escorraçado de Viena, Mesmer já se tornara tão forte depois de dois anos de tratamentos magnéticos em Paris que pode ameaçar deixar a cidade e dirigir um ultimato à rainha: "Unicamente por respeito a Vossa Majestade ofereço-me a prolongar minha estadia na França até o dia 18 de setembro, podendo durante esse tempo aplicar o meu tratamento em todos aqueles doentes que continuarem a me honrar com sua confiança. Busco, Majestade, um governo que reconheça a necessidade de não introduzir no mundo de modo leviano uma verdade a qual, pela sua influência sobre a fisiologia humana, pode causar transformações que desde o início devem ser dirigidas por um saber e uma força idôneos. Numa questão que interessa a toda a humanidade, o dinheiro aos olhos de Vossa Majestade deve ficar em segundo plano; quatrocentos ou quinhentos mil francos gastos para esse fim nada significam. A minha descoberta e eu mesmo devemos ser recompensados por uma generosidade digna do monarca ao qual me dirijo." Esse ultimato de Mesmer não é aceito, provavelmente devido à resistência de Luís XVI, cujo espírito seco e econômico rejeita todo experimento fantástico. Fiel à sua resolução, Mesmer deixa Paris e se dirige para Spa, em terras alemãs.

Mas esse autoexílio desafiador é diferente daquele de Viena, que parecera uma fuga ou uma expulsão. Mesmer deixa o reino dos Bourbon como se fosse um potentado, um pretendente ao trono, e um verdadeiro enxame de adeptos entusiasmados acompanha o mestre em seu exílio voluntário. Em Paris e na França permanecem outros, dispostos a trabalhar para ele. Aos poucos, a indignação geral de que se deixou um homem daqueles sair da França só por causa das intrigas da Academia provoca uma verdadeira febre. Dezenas de artigos saem em sua defesa. Em Bordeaux o padre Hervier prega do púlpito da catedral o dogma do magnetismo; Lafayette, pouco antes de partir para a América, comunica a Washington como matéria importante que, além de fuzis e canhões para a guerra da independência, leva aos americanos a nova doutrina de Mesmer ("*un docteur nommé Mesmer, ayant fait la plus grande découverte, a fait des élèves, parmi lesquels votre humble serviteur est appelé un des plus enthousiastes ... Avant de partir, j'obtiendrai la permission de vous confier le secret de Mesmer, qui est une grande découverte philosophique*").* E a maçonaria, defensora de toda novidade revolucionária, tanto na ciência quanto na esfera política, fecha com o seu irmão. Assim, contra o governo, o rei, o Colégio Médico, contra a Academia, esses

* "Um doutor chamado Mesmer, tendo feito a maior descoberta, atraiu discípulos, entre os quais esse vosso humilde servidor é um dos maiores entusiastas ... Antes de partir, obterei a permissão de confiar-vos o segredo de Mesmer, que é uma grande descoberta filosófica." Em francês no original. (N.T.)

adeptos entusiasmados conseguem exigir a volta de Mesmer para Paris nas condições que ele próprio estabeleceu: o que o rei lhe recusou, agora a aristocracia e a burguesia lhe oferecem com meios próprios. Vários de seus discípulos, liderados por Bergasse, o célebre advogado, fundam uma sociedade anônima a fim de fornecer ao mestre a possibilidade de fundar uma nova academia contra a Real; cem adeptos subscrevem no ato, com cem luíses de ouro cada um, *"pour acquitter envers Mesmer la dette de l'humanité"*,* em troca dos quais Mesmer se compromete a instruí-los em sua ciência. Mal emitidas, as ações magnéticas já se esgotam. Em doze meses se subscreveram trezentos e quarenta mil libras, muito mais do que Mesmer havia pedido. Além disso, seus discípulos se associam e constituem em várias cidades uma Sociedade da Harmonia – uma em Bordeaux, outra em Lyon, em Estrasburgo, em Ostende e uma até nas colônias, em Santo Domingo. Triunfalmente solicitado, disputado, festejado, rei sem coroa de um invisível reino espiritual, Mesmer volta à França. O que um rei lhe negou foi-lhe concedido pela sua própria força: liberdade de pesquisa, independência. Se a ciência acadêmica oficial lhe declarar a guerra, agora ele está preparado.

Mesmeromania

Mesmer, que promete conseguir acalmar todos os estados de excitação com o seu método magnético, traz para Paris uma verdadeira doença de excitação: a mesmeromania. Há décadas não havia nada que colocasse a boa sociedade do Faubourg Saint-Germain, enfastiada com o seu luxo, num estado tão apaixonado, num verdadeiro paroxismo do entusiasmo, como a terapêutica magnética. Em poucos meses, Mesmer e o magnetismo se tornam *la grande mode, le dernier cri* em Paris. Diante de sua luxuosa residência na place Vendôme, de manhã até de noite estacionam os carros e cabriolés da nobreza; lacaios esperam nas cores das mais altas famílias da França junto às liteiras adornadas de brasões, e, como os consultórios

* "A fim de quitar com Mesmer a dívida da humanidade." Em francês no original. (N.T.)

são muito apertados e só existem três grandes cubas da saúde para os pacientes abastados, estes já alugam com dias de antecedência um lugar no *baquet*, como se faz hoje com um camarote para a estreia de uma ópera. Mas, como a filantropia também está na moda então, Mesmer instala ainda outros *baquets*, menores, para os menos favorecidos, para que todos, ricos ou pobres, possam participar dessa cura da "harmonia". Apenas exclui da cura doentes com feridas abertas, epiléticos, doentes mentais ou aleijados, admitindo assim abertamente que só pode obter melhoras no estado geral a partir dos nervos, sendo incapaz de modificar a estrutura do organismo através de um milagre.

É para esses aposentos magnéticos e logo também para o seu próprio *palais*, o Hôtel Bouillon na rue Montmartre, onde Mesmer instala sua clínica, que durante cinco anos acorrem pacientes de todos os estamentos, doentes reais e imaginários, curiosos e esnobes. Cada parisiense curioso que se preze – e que parisiense da boa sociedade não é um curioso? – precisa ter experimentado pelo menos uma vez o fluido milagroso para depois se vangloriar nos salões elegantes dessa sensação que faz cócegas nos nervos, com a mesma superficialidade diletante com a qual hoje se fala no chá das cinco sobre a teoria da relatividade ou a psicanálise. Mesmer virou moda, e, por isso, a sua ciência, que ele leva muito a sério, é vista pela sociedade não como ciência, e sim como teatro.

Mesmer nunca negou que de fato existe na encenação de seu tratamento algo intencionalmente teatral – ao contrário, até o admitiu abertamente. *"Mes procédés, s'ils n'étaient pas raisonnés, paraîtraient comme des grimaces aussi absurdes que ridicules, auxquelles il serait en effet impossible d'ajouter foi."** Como bom conhecedor da alma, sabe que qualquer cura através da fé necessita de um determinado cerimonial mágico ou religioso para aumentar sua eficácia. Assim, por convicção psicológica, envolve sua própria pessoa com uma aura mágica; como todo médico que conhece a alma, amplifica sua autoridade por meio do mistério. Já a sala impressiona

* "Se meus procedimentos não fossem pensados, pareceriam caretas tão absurdas quanto ridículas nas quais seria de fato impossível ter fé." Em francês no original. (N.T.)

o visitante, o inquieta e excita, pela sua disposição particular. As janelas são escurecidas por cortinas a fim de produzir um claro-escuro crepuscular. Pesados tapetes e tapeçarias nas paredes abafam o som, espelhos refletem de todos os lados a luz matizada de ouro, estranhos signos cabalísticos despertam a curiosidade, sem, porém, satisfazê-la. A indefinição sempre aumenta a expectativa, assim como o mistério aumenta a tensão, o silêncio, a força mística do sentimento; por isso, nesses cômodos enfeitiçados, todos os sentidos – visão, audição e sensibilidade – são ao mesmo tempo ocupados e estimulados da maneira mais sofisticada. No meio da sala de pé-direito alto repousa, larga como uma fonte, a grande "cuba de saúde". Em profundo silêncio, como em uma igreja, os doentes sentam-se em volta desse altar magnético sem ousar respirar; ninguém pode se mexer, ninguém deve emitir um som sequer para não perturbar a intensa vibração do ambiente. De vez em quando, a um sinal, os pacientes em torno da cuba formam a famosa corrente magnética, que depois será adotada pelos espíritas. Cada um toca as pontas dos dedos de seu vizinho para que a suposta corrente, potencializada pela transmissão de um corpo a outro, percorra o ambiente devoto. Nesse silêncio sepulcral, interrompido só de vez em quando por leves suspiros, ressoam, vindos do cômodo ao lado, acordes de um piano invisível ou delicados coros vocais; às vezes, o próprio Mesmer toca em seu harmônio de vidro a fim de acalmar a excitação com ritmos delicados ou aumentá-la através de outros mais vibrantes. Assim, durante uma hora o organismo é carregado com energia magnética (ou, como diríamos hoje: é preparada a tensão sugestiva através do estímulo nervoso da monotonia e da expectativa). Então, finalmente o próprio Mesmer entra em cena.

Entra sério, tranquilo, lento, com gestual altivo, irradiando calma na inquietação geral, e, mal se aproxima dos doentes, um leve tremor percorre a corrente, como que levado pelo vento. Veste uma larga bata de seda lilás, lembrando Zoroastro ou as vestes de um mago indiano, e sério, totalmente concentrado como um domador de feras que, com uma diminuta vara na mão, consegue deter o salto apenas pela força da vontade, caminha com sua fina vareta de ferro de um doente para o próximo. Para junto a um deles, pergunta-lhe em voz baixa pela sua dor, passa a vareta magnética em uma determinada direção de um lado do corpo, voltando na direção do outro polo, enquanto prende, ao mesmo tempo severo e persistente, o olhar de expectativa do doente. Em alguns casos, prescinde de qualquer contato com a vareta, limitando-se a circunscrever gravemente a testa ou o centro da dor, desenhando uma aura invisível no ar, mas sempre concentrando a atenção no doente, com a pupila rígida, e assim prendendo a atenção do mesmo. Enquanto dura esse procedimento, os demais detêm respeitosamente a respiração, e durante algum tempo não se escuta outra coisa na sala abafada pelos tapetes senão seu passo lento e, às vezes, uma respiração aliviada ou comprimida. Mas geralmente não demora até que um dos doentes comece a tremer sob o toque da mão de Mesmer, espasmos convulsivos agitam seus membros, ele começa a suar, gritar, suspirar ou gemer. E mal um primeiro deu mostras da hipertensão nervosa, os outros naquela corrente fechada também acreditam estar sentindo a famosa "crise" salvadora. Os espasmos percorrem a roda de pacientes como choques elétricos, irrompe uma psicose coletiva; um segundo e um terceiro pacientes entram em convulsões e de repente a dança das bruxas se completa. Alguns se contorcem no solo com os olhos revirados, outros irrompem em risadas, gritos, gemidos, alguns dançam como diabos, possuídos por espasmos nervosos, ou então desmaiam ou caem em um sono hipnótico sob a influência da vareta ou sob o olhar penetrante de Mesmer – todas essas observações podem ser vistas perfeitamente em gravuras da época. Um sorriso quieto e mudo nos lábios, os desmaiados ficam deitados em rigidez cataléptica, enquanto ao lado segue a música a fim de aguçar mais e mais o estado de tensão, pois, segundo a famosa "teoria da crise" de Mesmer, toda doença de fundo nervoso precisa ser levada ao seu ápice para possibilitar a cura. Os que foram violentamente atacados pela crise, que gritam, se enfurecem e se contorcem em espasmos, são logo levados por criados e auxiliares para um cômodo contíguo bem acolchoado e impermeável a ruídos, a chamada "sala de crises", para ali se acalmarem (o que, claro, dava motivo a inúmeras sátiras afirmando que ali as damas nervosas eram tranquilizadas por meios altamente fisiológicos). As cenas mais espantosas se produzem todos os dias no gabinete mágico de Mesmer: doentes que saem pulando da cuba, desprendem-se da corrente humana e se declaram curados; outros que se ajoelham e beijam a mão do mestre; outros que suplicam para que aumente a corrente e volte a tocá-los. Aos poucos, a crença na magia de sua personalidade, em sua energia mágica, se torna uma espécie de fanatismo religioso para seus pacientes, fazendo dele um santo e salvador de incontáveis pessoas. Basta que Mesmer saia para a rua e os doentes chegam para tocar em suas roupas; princesas e duquesas pedem de joelhos a graça de uma visita; os atrasados, que não conseguiram mais lugar em seu *baquet*, compram pequenas cubas para uso particular, para poderem se magnetizar em casa segundo o seu método. E um belo dia Paris presencia o fenômeno de, em plena rue Bondi, centenas de pessoas se amarrarem com cordas a uma árvore magnetizada por Mesmer, esperando pela "crise". Nunca um médico experimentou um êxito tão rápido e avassalador; durante cinco anos a sociedade parisiense não fala de outra coisa senão de seu tratamento mágico-magnético.

Mas nada de mais perigoso pode acontecer a uma ciência em gestação do que virar moda e assunto da sociedade. Contra a sua vontade, Mesmer entra num perigoso quiproquó: como médico honesto, quis mostrar um novo processo de cura à pesquisa, e agora, na realidade, forneceu à moda e a todos os bisbilhoteiros um tema agradável para matar o tédio. Discute-se contra ou a favor de Mesmer com a mesma falta de seriedade com que se discute contra ou a favor de Gluck ou Piccinni, Rousseau ou Voltaire. Além disso, uma época como o século XVIII logo desvia tudo para o campo erótico: os homens da corte procuram como principal efeito do magnetismo recuperar a sua força viril, e das damas diz-se que buscam na sala de crises um sedativo natural dos nervos. Cada literatelho lança no debate o seu folheto idiota, extático ou de desprezo, anedotas e panfletos alimentam literariamente o conflito médico e até o teatro acaba se apoderando da mesmeromania. Em 16 de novembro de 1784, a companhia real italiana encena uma peça intitulada *Os doutores modernos*, em que Radet, um poeta de terceira categoria, faz do mesmerismo uma farsa. Mas é um desastre, pois os fanáticos adeptos de Mesmer não permitem que nem o teatro ridicularize o seu salvador. Assim, as famílias nobres – demasiadamente nobres para gastar sua saliva – mandam seus lacaios para vaiar a peça. No meio da apresentação, um conselheiro real joga de seu camarote um folheto impresso em defesa do mesmerismo, e no dia seguinte, quando o infeliz Radet quer visitar o salão da duquesa de Villerois, ela manda que os criados o ponham porta afora e o informem de que ela não receberá um indivíduo que ousou "ironizar o novo Sócrates como um Aristófanes". A cada dia aumenta a loucura, e quanto mais leigos participam da nova brincadeira, mais grotesco e feroz se torna o exagero; em Charenton, na presença do príncipe da Prússia e de todos os magistrados em trajes oficiais, alguém magnetiza um cavalo velho. Nos palácios e parques surgem bosques e grutas magnéticas, e nas cidades, círculos secretos e lojas maçônicas. Há pancadarias e duelos entre adeptos e detratores – em breve, a energia conjurada por Mesmer ultrapassa a sua própria esfera, a da medicina, inundando a França inteira com um temível fluido contagioso de esnobismo e histeria: a mesmeromania.

A Academia intervém

Diante de uma epidemia que se alastra tão furiosamente, não será mais possível ignorar Mesmer do ponto de vista científico. A possibilidade ou impossibilidade do magnetismo animal saiu da esfera da bisbilhotice para se tornar uma questão de Estado, e a batalha acirrada deve por fim ser decidida diante do fórum da Academia. A intelectualidade parisiense e a nobreza se decidiram quase que unanimemente a favor de Mesmer; na corte, a rainha Maria Antonieta, sob influência da princesa de Lamballe, está totalmente do seu lado, e todas as damas do palácio endeusam o "divino alemão". Só uma pessoa no palácio dos Bourbon olha com desconfiança para a mágica agitação: o rei. Totalmente livre de neurastenias, os nervos acolchoados em fleugma e gordura, um comilão rabelaisiano de fácil digestão, Luís XVI não consegue sentir curiosidade por uma cura psicológica, e quando Lafayette se despede dele antes de sua partida para a América o monarca bonachão zomba dele e diz: "O que pensará Washington do fato de o senhor se apresentar como aprendiz de farmácia do sr. Mesmer?" O bom e roliço rei Luís XVI não gosta de agitação e desassossegos e, por um profético instinto, despreza as revoluções e inovações também do espírito. Homem objetivo e amante da ordem, deseja que se resolva de uma vez e com clareza essa disputa sem fim em torno do magnetismo. E em março de 1784 assina uma ordem à Sociedade dos Médicos e à Academia para que se abra de imediato um inquérito sobre o magnetismo e suas consequências úteis ou prejudiciais.

Raras vezes a França viu comissão mais imponente do que a eleita pelas duas sociedades para aquele intuito: quase todos os nomes são famosos até hoje. Entre os quatro médicos havia um certo dr. Guillotin, o qual sete anos depois inventaria aquela bela máquina que em um segundo cura todas as doenças terrenas: a guilhotina. Entre os outros nomes reluzem o de Benjamin Franklin, inventor do para-raios; o de Bailly, astrônomo e futuro prefeito de Paris; o de Lavoisier, o renovador da química; e o do célebre botânico Jussieu. Mas toda a erudição não permite que esses maravilhosos espíritos cosmopolitas antecipem que dois entre eles, o astrônomo Bailly e o químico Lavoisier, poucos anos mais tarde serão decapitados pela máquina de seu colega Guillotin, com quem agora tão amistosamente examinam o mesmerismo.

A precipitação contraria a dignidade de uma academia e deve ser substituída pelo método e pelo trabalho sistemático e exaustivo. Assim, passam-se alguns meses antes que a ilustre assembleia redija o seu voto definitivo. Honesto e honrado, esse documento oficial começa reconhecendo os efeitos inegáveis dos tratamentos magnéticos. "Alguns [pacientes] se mostram tranquilos, quietos e enlevados, outros tossem, cospem, sentem uma leve dor, um calor no corpo inteiro e têm acessos de suor, outros ainda são sacudidos por convulsões. As convulsões são extraordinárias em número, duração e força. Quando começam em um deles, manifestam-se logo nos outros. A comissão viu algumas que duraram três horas, acompanhadas da expulsão de uma água turva e viscosa produzida pela violência dos esforços. Há nesses escarros alguns traços de sangue. Tais convulsões se caracterizam por movimentos rápidos e repentinos de todos os membros e do corpo inteiro, tremores na glote e na região abdominal (hipocôndrio) e do estômago (epigástrio); por confusão mental e rigidez ocular, gritos agudos, soluços, choro e risos selvagens; são seguidas por prolongados estados de cansaço e abatimento, languidez e prostração. Ao menor ruído ficam sobressaltados, e notou-se que mudanças de tom e compasso nas melodias tocadas no pianoforte influenciam os doentes, fazendo com que um ritmo mais acelerado os excite ainda mais, aumentando a violência de seus surtos nervosos. Não há nada mais espantoso do que o espetáculo dessas convulsões, e quem não as viu não é capaz de imaginá-las. Fica-se supreso, por um lado, devido à calma de uma série de doentes e, por outro, à excitação dos outros, devido aos eventos que se repetem e à simpatia que se forma entre os doentes; veem-se doentes que sorriem uns aos outros, que conversam delicadamente entre si, e isso suaviza seus espasmos. Todos estão subjugados àquele que os magnetiza. Ainda que se encontrem num estado aparente de prostração, o seu olhar e a sua voz os reanimam num instante."

Portanto, fica oficialmente constatado que Mesmer exerce uma influência sugestiva ou de outra natureza sobre os seus pacientes. Algo está em jogo, algo inexplicável e desconhecido, constatam os professores, apesar de toda a sua erudição. "Diante dos efeitos constantes, não se pode negar uma determinada força que influi sobre as pessoas e as domina e cujo portador é o magnetizador." Com essas últimas palavras, a comissão pôs o dedo perto da ferida: nota imediatamente que esses surpreendentes fenômenos partem do homem, da personalidade especial do magnetizador. Mais um passo em direção a essa relação inexplicável entre magnetizador e médium e teria sido dado um salto de cem anos, trazendo o problema para o ângulo da observação moderna. Mas a comissão não dá esse passo. Para cumprir a ordem régia, limita-se à tarefa de constatar se existe ou não um fluido magnético animal – portanto, um novo elemento físico. Por isso, como na escola, ela apresenta apenas duas perguntas: (a) se esse magnetismo animal pode ser provado e (b) se é útil enquanto terapia. "Pois de um lado o magnetismo animal pode existir e não ser útil, mas de outro não pode de forma alguma ser útil se não existe", argumenta a comissão, *more geometrico*, de maneira geométrica.

Portanto, a comissão não se preocupa com o contato misterioso entre médico e paciente, entre magnetizador e médium – ou seja, o verdadeiro problema –, e sim unicamente com a presença sensível do misterioso fluido e a prova de sua existência. Pode ser visto? Não. Pode ser cheirado? Não. Pode ser pesado, apalpado, medido, saboreado, observado no microscópio? Não. Portanto, em primeiro lugar a comissão constata a impossibilidade de se perceber esse fluido do ponto de vista exterior. *"S'il existe en nous et autour de nous, c'est donc d'une manière absolument insensible."** Depois dessa dedução não muito difícil, a comissão se põe a investigar se pelo menos se pode demonstrar um efeito dessa substância invisível. Para esse fim, os investigadores se fazem magnetizar a si próprios. Mas, como se sabe, o tratamento sugestivo não tem nenhum efeito sobre pessoas céticas ou totalmente saudáveis. "Nenhum de nós sentiu qualquer coisa ou ao menos algo que se possa explicar como reação ao magnetismo; apenas um sentiu à tarde uma certa irritação dos nervos, mas nenhum chegou à crise." Já bem mais desconfiados, consideram com crescente prevenção o fato inegável dos efeitos em outros pacientes. Preparam uma série de armadilhas aos pacientes; apresentam, por exemplo, várias xícaras a uma mulher, da qual apenas uma contém água magnetizada, e de fato a paciente se engana, escolhendo outra. Assim, parece estar demonstrado que a tal eficácia é pura burla, imaginação, fantasia. Mas ao mesmo tempo os acadêmicos são obrigados a admitir que a mesma paciente imediatamente tem uma crise no momento em que o magnetizador lhe entrega ele próprio uma xícara. A solução, pois, está próxima e praticamente dada. Bastaria que constatassem dentro da lógica que aqueles fenômenos eram gerados por um contato especial entre magnetizador e médium, e não através de uma matéria mística. Mas, assim como o próprio Mesmer, os acadêmicos deixam de lado o problema tão evidente do efeito da influência pessoal através da transmissão psicológica sugestiva ou fluidal e proclamam solenemente a "nulidade do magnetismo". Onde não se vê, não se sente ou cheira nada,

* "Se existe em nós e à nossa volta, tal acontece de uma maneira absolutamente insensível." Em francês no original. (N.T.)

nada existe, declaram eles. E aqueles estranhos efeitos se baseiam em pura imaginação e fantasia, o que naturalmente é sinônimo do conceito de sugestão, ignorado por eles.

Com essa solene declaração da inexistência do magnetismo, evidentemente também se resolve a segunda pergunta, a da utilidade geral do tratamento magnético (nós dizemos: psicológico). Pois um efeito cuja causa a Academia desconhece não pode de forma alguma ser apresentado ao mundo como algo útil ou terapêutico. Assim, os especialistas (quer dizer: os que desta vez não entenderam nada do assunto) declaram que o método do sr. Mesmer significa um risco, porque essas crises e convulsões provocadas artificialmente poderiam se tornar crônicas. E, em uma frase de fôlego extremamente longo, dão por fim o seu veredito: "Os membros da comissão, tendo constatado que o fluido do magnetismo animal não pode ser percebido por nenhum dos nossos sentidos, uma vez que não exerceu influência nem sobre eles próprios nem sobre os doentes que a ele submeteram; tendo constatado que os toques e as fricções só raramente produziram transformações benéficas no organismo e sempre comoções perigosas na força da imaginação; e tendo, por outro lado, provado que a imaginação também consegue gerar convulsões sem o magnetismo, e o magnetismo, sem imaginação, não consegue, decidiram por unanimidade que não há provas de um fluido animal magnético e que esse fluido, o qual não pode ser demonstrado, não tem utilidade alguma; que os poderosos efeitos que têm sido observados durante o tratamento público podem ser parcialmente atribuídos ao toque, à imaginação por ele suscitada e à imaginação automática que nos força contra a própria vontade a repetir processos que atuam sobre os nossos sentidos. Ao mesmo tempo sentem-se os membros da comissão obrigados a acrescentar que esses toques e as reiteradas excitações a crises podem ser nocivos e que a visão de tais crises pode se tornar perigosa pela pressão de imitação que a natureza nos impôs e que, por isso, todo tratamento público com o tempo só pode trazer consequências funestas."

A esse relatório público do dia 11 de agosto de 1784 a comissão ainda anexa outro relatório manuscrito secreto para o rei que, com palavras sombrias, aponta para os perigos aos bons costumes existentes na excitação nervosa e na promiscuidade dos gêneros. Com esse voto da Academia e o relatório igualmente negativo da Câmara dos Médicos, o método psíquico, a cura através da influência pessoal, está definitivamente encerrado para o mundo erudito. Não importa que, meses mais tarde, os fenômenos do sonambulismo, da hipnose e da transmissão de vontade medial sejam descobertos e apresentados mediante inúmeras experiências irrefutáveis, mergulhando o mundo intelectual num espanto extraordinário: depois de ter expressado por escrito a sua opinião no século XVIII, e até pouco antes do século XX, não existe, para a ilustre Academia de Paris, nenhum fenômeno sugestivo e extrassensorial. Quando, em 1830, um médico francês volta a querer lhe mostrar uma prova, ela nem quer ouvir. Ainda recusa em 1840, quando Braid, com sua *Neuripnologia*, já há muito tempo transformou a hipnose em um instrumento inegável da ciência. Em toda aldeia, em toda cidade da França, da Europa, da América, desde 1820 magnetizadores diletantes produzem os efeitos mais surpreendentes em salões lotados de público. Nenhum erudito de meia-tigela tenta negá-los. Mas a Academia de Paris – a mesma que rejeitou o para-raios de Franklin e a vacina contra a varíola de Jenner, que qualificou de utopia o navio a vapor de Fulton – resiste em sua arrogância néscia, fecha os olhos, sustentando que nada vê e nada viu.

E assim se passa exatamente um século até o sábio francês Charcot por fim conseguir, em 1882, que a ilustríssima Academia se digne a tomar conhecimento oficialmente da hipnose; durante todo esse tempo, durante cem longos anos, o voto equivocado da Academia de Paris sobre Franz Anton Mesmer atrasou um reconhecimento que, com uma atenção justa e clara, poderia ter enriquecido a ciência já em 1784.

A batalha dos relatórios

Mais uma vez – quantas vezes já? – o método de cura psicológico foi aniquilado por um tribunal acadêmico. Mal a Sociedade de Medicina publica sua sentença negativa, irrompe a mais louca alegria no campo dos inimigos de

Mesmer, como se toda cura psicológica tivesse sido aniquilada para sempre. Nas livrarias vendem-se divertidas gravuras em cobre que representam a "vitória da ciência" até para analfabetos: envolta por uma aura luminosa, a comissão de sábios desenrola o decreto reprovador, e diante dessa "luz sete vezes rutilante" Mesmer e seus discípulos, cada um deles ornado com uma cabeça e um rabo de asno, fogem montados em vassouras de bruxa. Outra gravura representa a ciência lançando raios contra os charlatães, que, tropeçando sobre a cuba quebrada, se precipitam para o inferno. Uma terceira mostra Mesmer magnetizando um asno orelhudo, com a legenda: "*Nos facultés sont en rapport*".* Dúzias de folhetos satíricos são publicadas, e nas ruas se canta uma nova canção:

Le magnétisme est aux abois,
La faculté, l'Académie
L'ont condamné tout d'une voix
Et même couvert d'infamie,
Après ce jugement, bien sage et bien légal,
Si quelque esprit original
Persiste encore dans son délire,
Il sera permis de lui dire:
*Crois au magnétisme... animal!***

E durante alguns dias tudo faz crer que, como outrora em Viena, agora também em Paris a terrível bordoada do cetro acadêmico tenha esmagado definitivamente o pescoço de Mesmer. Mas estamos em 1784. Embora a tempestade da Revolução Francesa não tenha ainda eclodido, a inquietação e a rebeldia já saturam perigosamente a atmosfera. Um decreto do rei cristianíssimo e promulgado solenemente pela Real Academia, sob o Rei

* "Nossas capacidades estão em sintonia." (N.T.)

** "O magnetismo está em apuros/ a faculdade, a Academia/ o condenaram de uma só voz/ e mesmo coberto de infâmia,/ depois do julgamento, sagaz e legal,/ se qualquer espírito original/ persistir ainda em seu delírio,/ será permitido dizer:/ acredita no magnetismo... animal!" Em francês no original. (N.T.)

Sol, ninguém teria ousado se opor a uma sentença tão esmagadora. Mas, com o fraco Luís XVI, um selo real não significa mais nenhuma proteção de zombarias e discussões. Há muito que o espírito revolucionário penetrou na sociedade e se compraz em se opor à opinião régia. Assim, um verdadeiro enxame de publicações apologéticas inunda Paris e a França a fim de justificar o mestre Mesmer. Advogados, médicos, comerciantes, membros da mais alta nobreza publicam com seus nomes completos relatos de gratidão sobre suas curas, e em meio a muitos escritos diletantes e vazios se descobrem nesses panfletos palavras ousadas e claras. Assim, por exemplo, J.B. Bonnefoy, do Colégio de Cirurgiões de Lyon, pergunta energicamente se os senhores da Academia teriam melhor tratamento para oferecer. "E como lidar com enfermidades nervosas, essas doenças até hoje ainda completamente desconhecidas? Prescrevem-se banhos quentes e frios, remédios excitantes, refrescantes, tônicos e sedativos, e nenhum desses míseros paliativos produziu até hoje efeitos semelhantes ao método psicoterapêutico de Mesmer." Em "Dúvidas de um provinciano", um anônimo acusa a Academia de nem sequer ter se aproximado do verdadeiro problema, por completa arrogância estreita. "Não basta, meus senhores, que o seu espírito se eleve acima dos preconceitos do século. Seria necessário também esquecer o interesse da própria classe em prol do bem-estar." Um advogado escreve com palavras proféticas: "Com base em suas descobertas, o sr. Mesmer erigiu um grandioso sistema. Esse sistema pode ser tão ruim quanto todos os que o precederam, pois é sempre perigoso voltar às primeiras origens. Mas se, independentemente desse sistema, esclareceu algumas ideias esparsas que seja, se uma única grande verdade lhe deve sua existência, ele tem o direito inalienável ao respeito dos homens. Nesse sentido será julgado por épocas futuras, sem que todas as comissões e todos os governos do mundo lhe possam tirar o seu mérito."

Acontece que academias e corporações eruditas não discutem: decidem. E, uma vez tomada a decisão, preferem ignorar com arrogância qualquer objeção. Mas nesse caso particular acontece algo muito constrangedor e inesperado, pois de suas próprias fileiras se levanta um homem para acusá-las, um membro da comissão, e nem é o mais insignificante: o famoso botânico Jussieu. Por ordem do rei, assistiu aos experimentos, examinou-os com mais profundidade e menos preconceitos do que a maioria dos outros e, por isso, recusou-se a assinar a versão definitiva da sentença condenatória. Ao olhar aguçado do botânico, acostumado a observar com paciência as mais diminutas fibras e vestígios de germes, não escapou o ponto frágil da investigação, a saber, o fato de a comissão ter-se limitado a bater contra as asas do moinho de vento da teoria, acertando no vazio, em vez de pesquisar, a partir do efeito indubitável da cura mesmérica, suas possíveis causas. Sem entrar nas fantasmagorias de Mesmer, sem se ocupar de suas magnetizações de árvores, espelhos, água e animais, Jussieu simplesmente constata o que há de novo, verdadeiro e espantoso, ou seja, que nesse novo tratamento existe alguma força que age sobre o doente. E embora, assim como os outros, não consiga demostrar a palpabilidade e a visibilidade desse fluido, admite como lógica possibilidade a existência de "um agente que é transmitido de uma pessoa para outra e muitas vezes exerce uma visível influência nela". Que tipo de fluido será esse – magnético, psíquico ou elétrico –, isso o honrado botânico empírico não ousa dizer; possivelmente é a "força vital", diz ele, mas sem dúvida há uma força em jogo, e teria sido o dever de sábios isentos de preconceitos investigar essa força e seus efeitos em vez de negar de antemão com uma palavra tão imprecisa e vaga como "fantasia" esse fenômeno. Tão inesperada defesa por parte de um homem absolutamente imparcial significa para Mesmer um apoio moral imenso. Agora, ele mesmo toma a ofensiva, dirigindo uma queixa ao Parlamento porque a comissão, em seu veredito, se voltou unicamente para Deslon em vez de interrogar a ele, o verdadeiro descobridor do método, e exige uma nova investigação imparcial. Mas a Academia, feliz por ter finalmente afastado esse caso embaraçoso, nem responde. Para ela, o estímulo que Mesmer deu à ciência está definitivamente aniquilado desde o momento em que o seu veto foi impresso.

Porém a Academia de Paris volta a passar por um infortúnio nesse caso. No momento em que expulsa das portas do templo da medicina o fenômeno indesejado e desconhecido da sugestão, ele volta a entrar por outra, a da psicologia. Esse mesmo ano de 1784, em que a Academia julga ter aniquilado com seu laudo o método terapêutico natural suspeito de magia, é, na verdade, o ano do nascimento da moderna psicologia, pois é quando Puységur, discípulo e assistente de Mesmer, descobre o fenômeno do sonambulismo artificial, lançando uma nova luz sobre as relações invisíveis entre corpo e alma.

O mesmerismo sem Mesmer

A vida é sempre mais rica do que qualquer romance. Nenhum artista teria sido capaz de inventar símbolo mais irônico para o trágico infortúnio que perseguiu Mesmer a vida inteira e até muito depois de sua morte do que o fato de não ter sido o próprio desesperado experimentador a fazer sua descoberta mais decisiva. Ou seja, o que chamamos de mesmerismo não é nem a doutrina de Franz Anton Mesmer, nem o seu achado. Ele foi o primeiro a provocar aquela expressão de força que se tornou decisiva para o conhecimento da dinâmica da alma, mas – ironia do destino! – não a percebeu. Vislumbrou-a, mas passou-lhe por cima. Mas como, segundo convenção geral, uma descoberta não pertence àquele que a prepara, e sim àquele que a registra e formula, a fama de provar pela primeira vez a influenciabilidade psíquica do homem através da hipnose, iluminando assim todo o reino imenso que existe entre consciência e inconsciência, não coube a Mesmer e sim a seu fiel discípulo, o conde Maxime de Puységur. Pois no fatal ano de 1784, em que Mesmer se digladia com seus queridos moinhos de vento, o fluido magnético, as academias e as sociedades eruditas, esse discípulo publica um *Relatório das curas operadas em Bayonne através do magnetismo animal, endereçado ao sr. abade de Poulanzet, conselheiro do Parlamento de Bordeaux, 1784*, escrito em linguagem totalmente objetiva e sóbria e que esclarece de maneira inequívoca através de fatos inegáveis tudo aquilo que o alemão metafísico buscara em vão no cosmo e em seu místico fluido universal.

Os experimentos de Puységur forçam a entrada para o mundo da alma de um lado totalmente insuspeito. Desde tempos imemoriais, na Idade Média assim como na Antiguidade, a ciência observou com espanto sempre renovado as manifestações dos lunáticos, dos sonâmbulos, como um evento anormal. Entre centenas de milhares ou milhões de seres normais, sempre nasce um desses estranhos sonâmbulos que, atingido pelo luar durante o sono, levanta da cama de olhos fechados, sobe por escadas até o telhado de olhos fechados, sem ver nem apalpar, atravessando os beirais, cimos e cumeeiras mais vertiginosos para depois, ainda de pálpebras fechadas, voltar ao seu leito, sem no dia seguinte ter a menor lembrança ou ideia do seu passeio noturno pelo inconsciente. Antes de Puységur, todas as explicações falharam diante desse fenômeno claro e patente. Não se podia considerar essa gente como doentes mentais, pois no estado de vigília exerciam suas ocupações com zelo e confiabilidade. Tampouco podiam ser vistos como pessoas normais, já que sua conduta durante o sonambulismo vai contra todas as leis naturais; pois quando um homem assim anda no escuro de olhos fechados, a pupila completamente coberta, sem a visão diurna, percebendo os menores desníveis, quando passa pela escada estreita (que, desperto, jamais conseguiria vencer) com certeza sonambúlica – quem o guia para que não caia? Quem o segura, quem ilumina seus sentidos? Que tipo de visão interior possui atrás das pálpebras cerradas? Que outro sentido anormal, que outro senso interior ou "segunda visão" conduz por cima de todos os obstáculos, como um anjo alado, esse homem que dorme acordado? É a pergunta que se fazem os sábios desde a Antiguidade: durante mil ou dois mil anos o espírito investigador esteve diante de um daqueles mágicos enigmas da vida que a natureza de vez em quando lança em meio à ordem das coisas, como se quisesse lembrar a humanidade, com um desses desvios incompreensíveis das suas leis, que é preciso ter respeito diante do irracional.

De repente, muito incômodo e indesejado, um discípulo desse endiabrado Mesmer – e nem sequer é médico, mas um simples magnetizador diletante – constata através de experimentos irrefutáveis que esse fenômeno do estado de sonolência não é um lapso no programa da natureza, não é uma anomalia isolada como uma criança com cabeça de boi ou irmãos siameses em meio à multidão da normalidade humana, e sim um fenômeno de grupo orgânico. Mais importante e mais constrangedor: que esse estado sonâmbulo, esse relaxamento da vontade e o agir inconsciente no sono magnético (nós dizemos: hipnótico) pode ser provocado artificialmente em quase todas as pessoas. Puységur, um conde distinto, rico, filantrópico ao extremo conforme a moda, desde o princípio fora arrebatado com fervor pela doutrina de Mesmer. Por diletantismo humano e curiosidade filosófica, pratica em sua propriedade de Buzancy curas magnéticas de acordo com as prescrições do mestre, sem cobrar por isso. Seus pacientes não são marquesas histéricas ou aristocratas decadentes, e sim soldados da cavalaria, jovens camponeses – material rude, saudável e sem neurastenias (e por isso duplamente importante) para seus experimentos. Mais uma vez, uma série de pessoas ávidas por tratamento o abordou, e o filantrópico conde se esforça para produzir crises violentas em seus doentes, fiel à prescrição de Mesmer. Mas de repente ele se espanta e se assusta. Pois um jovem pastor chamado Victor, em vez de responder à fricção magnética com os esperados espasmos, convulsões e cólicas, simplesmente tem sono e dorme em paz sob suas mãos. Como esse comportamento foge à regra pela qual o magnetizador deve acima de tudo provocar convulsões e não o sono, Puységur tenta acordar o rapaz. Mas em vão! Puységur grita com ele – o rapaz nem se mexe. Sacode-o, mas estranho! Esse filho de camponês dorme um sono totalmente diferente do normal. E, de repente, quando o conde lhe ordena mais uma vez que se levante, o rapaz efetivamente se levanta, começa a dar alguns passos, mas de olhos fechados. Apesar das pálpebras cerradas, comporta-se perfeitamente como alguém que está desperto, de posse de todos os seus sentidos. Em plena luz do dia ele se tornou um sonâmbulo. Espantado, Puységur procura falar com ele e lhe fazer perguntas. E pronto, o camponês, em seu estado de sonolência, responde a cada pergunta de modo totalmente inteligente e claro e até numa linguagem mais rebuscada do que antes. Excitado pela nova descoberta, Puységur repete o experimento. E com efeito: não apenas no caso do jovem pastor consegue provocar aquele estado de dormente vigília, de sono acordado, através de um tratamento magnético (melhor: sugestivo), mas também em uma série de outras pessoas. Entusiasmado com a descoberta inesperada, Puységur prossegue com seus experimentos, agora com zelo redobrado.

Dá as chamadas ordens pós-hipnóticas, isto é, ordena à pessoa em estado de sonolência que faça determinadas ações e, efetivamente, também depois de recuperarem a consciência os médiuns cumprem as tarefas que lhes foram dadas no estado sonâmbulo. Agora, basta que Puységur anote em sua brochura os processos surpreendentes e o Rubicão rumo à moderna psicologia terá sido atravessado, registrando-se pela primeira vez o fenômeno da hipnose.

Naturalmente, a hipnose não se manifestou no mundo pela primeira vez com Puységur, mas foi com ele que surgiu pela primeira vez em manifestação consciente. Paracelso já relatara que em um convento da região da Caríntia, na Áustria, os monges desviavam a atenção dos doentes por meio de objetos cintilantes; na Antiguidade, desde a época de Apolônio de Tiana, encontraram-se traços de procedimentos hipnóticos. Além da esfera humana, no reino dos animais, há muito se conhecia o efeito do olhar fixo e paralisante da serpente. E o próprio símbolo mitológico da Medusa, o que significa senão a paralisação da vontade por um poder sugestivo? Pois bem, essa paralisação coercitiva nunca havia sido aplicada enquanto método, nem mesmo pelo próprio Mesmer, que a praticara incontáveis vezes de modo inconsciente através de seus contatos e fricções. Muitas vezes reparara que alguns de seus pacientes, sob a influência de seu olhar ou de suas fricções, ficavam com os olhos pesados, bocejavam, relaxavam, as pálpebras começavam a tremer e baixavam lentamente; o próprio Jussieu, testemunha casual, menciona em seu relatório um caso em que um paciente se levanta subitamente de olhos fechados, magnetiza outros pacientes, volta ao seu lugar de olhos fechados e senta, mudo, sem ao menos intuir alguma coisa de seus atos, sonâmbulo em pleno dia. Durante os tantos anos de prática, dezenas de vezes, centenas de vezes talvez, Mesmer observou tal letargia dos pacientes, que caem em sono e se tornam insensíveis. Mas, como ele buscava unicamente a crise e tentava apenas provocar a convulsão enquanto meio terapêutico, passou tenazmente por cima de tais curiosos estados de sonolência. Hipnotizado pela sua ideia do fluido universal enquanto ele próprio hipnotiza outros, esse filho da fatalidade olha obstinadamente sempre para o mesmo ponto e se perde em sua teoria, em vez de agir segundo as sábias palavras de Goethe: "O principal seria compreender que todos os fatos já são a teoria. Não se deve procurar por trás dos fenômenos, eles próprios constituem a doutrina." Assim, Mesmer não enxerga a ideia-mestra de sua vida, e dessa forma aquilo que semeou como pioneiro ousado cai no colo de outro enquanto colheita. O fenômeno decisivo do "lado noturno da natureza", a hipnose, foi descoberto pelo seu discípulo Puységur bem sob seus olhos. E, a rigor, o mesmerismo leva o nome de Mesmer com tão pouca justiça como a América leva o de Américo Vespúcio.

A amplitude do efeito dessa – aparentemente diminuta – observação específica do assistente de Mesmer não pode ser desprezada pelas futuras gerações. Da noite para o dia, é como se o campo de observação se tivesse ampliado para dentro, é como se uma terceira dimensão houvesse sido descoberta. Pois ao se constatar, com o caso daquele simples rapaz do campo de Buzancy, que existe no mundo espiritual do homem toda uma série de estados intermediários deslizantes, oscilantes e flutuantes entre preto e branco, entre sono e vigília, entre a vontade e a submissão, entre consciente e inconsciente, inaugurou-se uma primeira distinção daquela esfera que chamamos de alma. Aquele experimento em si totalmente insignificante demonstra de modo irrefutável que mesmo os fenômenos psíquicos mais incomuns, que parecem se projetar como meteoros do espaço da natureza, obedecem a determinadas normas. O sono, percebido até então unicamente como estado negativo, como ausência de vigília e vácuo negro, trai nessas recém-descobertas gradações intermediárias quantas forças secretas há em jogo no cérebro humano ao lado da razão consciente, e revela que precisamente pelo desvio da censura consciente a vida psíquica se torna visível – uma ideia então apenas esboçada de maneira desajeitada, e que cem anos mais tarde a psicanálise levará a um desdobramento produtivo. Todos os fenômenos do espírito adquirem um sentido totalmente novo por essa nova dimensão do inconsciente, incontáveis novas ideias acorrem para entrar por essa porta escancarada por mãos humanas graças a um acaso. "Através do mesmerismo somos obrigados pela primeira vez a investigar os fenômenos da concentração e da desconcentração, do cansaço, da atenção, da hipnose, das crises nervosas e da simulação que, juntos, representam a moderna psicologia" (Pierre Janet). Pela primeira vez, a humanidade pode compreender como lógica muita coisa que lhe parecia até extrassensorial e mágica.

Essa súbita dilatação do mundo interior como resultado da minúscula observação de Puységur logo suscita um entusiasmo indescritível entre todos os seus contemporâneos. E não é fácil descrever o efeito veloz que o "mesmerismo", enquanto noção inicial dos fenômenos até então ocultos, suscita entre todas as pessoas instruídas da Europa. Montgolfier acabara de conquistar o éter, e Lavoisier, de redescobrir a ordem química dos elementos. Agora se obtivera o primeiro avanço no campo extrassensorial. Não admira que uma esperança exagerada de que enfim o mistério original da alma se desvendasse completamente tenha tomado conta de toda uma geração. Poetas e filósofos, os eternos geômetras dos reinos espirituais, são os primeiros a avançar rumo aos novos continentes, mal as margens desconhecidas foram descobertas. Uma obscura intuição lhes sugere o grande número de tesouros que existem naquelas profundezas. O Romantismo já não busca o romântico e o excepcional nos bosques dos druidas, nas cavernas distantes e nas cozinhas das bruxas, e sim nessas novas esferas sublunares entre o sonho e a vigília, entre a vontade e a submissão. Entre todos os poetas alemães, é Heinrich von Kleist, o mais vigoroso, o mais profundo, quem se sente mais atraído por esse "lado noturno da natureza". Como todo abismo o atrai, ele se entrega por completo ao prazer de se lançar criativamente nessas profundezas e representar em sua poesia as vertiginosas sensações nas falésias entre a vigília e o sonho. De um golpe, com a força impetuosa que lhe é particular, penetra até os mistérios mais recônditos da psicopatologia. Nunca ninguém descreveu um estado de sonambulismo de maneira mais genial que na *Marquesa de O*, nunca se pintou o sonambulismo tão bem do ponto de vista clínico e, ao mesmo tempo, de maneira tão poética quanto em *Catarina de Heilbronn* e *O príncipe de Homburg*. Enquanto Goethe, já então ponderado, acompanha os novos achados apenas com prudente curiosidade, a juventude romântica se lança a eles apaixonadamente. E.T.A. Hoffmann, Tieck e Brentano e os filósofos Schelling, Hegel e Fichte se declaram fervorosos seguidores das transformadoras ideias. Schopenhauer encontra no mesmerismo o argumento decisivo para o primado da vontade sobre a razão desperta, que quer demonstrar. Na França, Balzac traça praticamente uma biologia da força de vontade transformadora em seu livro mais pessoal, *Louis Lambert*, e lamenta que a magnitude da descoberta de Mesmer – "tão importante e tão mal apreciada" – ainda não tenha penetrado em toda parte. Do outro lado do Atlântico, Edgar Allan Poe esculpe com clareza cristalina a novela clássica da hipnose. Vê-se que, onde quer que a ciência rasgue uma fenda na negra e misteriosa muralha do universo, a fantasia dos poetas logo entra como um gás colorido, animando a esfera recém-inaugurada com fatos e figuras. Com a renovação da psicologia começa também uma nova literatura psicológica – e Freud é um exemplo disso. E, ainda que cada palavra, cada teoria e cada ideia de Mesmer fossem cem vezes equivocadas (o que é muito duvidoso!), ele foi mais criativo do que todos os sábios e pesquisadores de seu tempo e apontou os rumos de uma nova ciência há muito tempo necessária ao dirigir o olhar da próxima geração aos mistérios do espírito.

A porta foi escancarada e a luz inunda um espaço até então nunca iluminado conscientemente. Mas sempre acontece o mesmo: mal uma porta dá acesso a alguma novidade, junto com os pesquisadores sérios apressa-se um bando confuso de curiosos levianos, entusiastas, néscios e farsantes. Pois a humanidade tem a ilusão ao mesmo tempo útil e perigosa de poder transpor de um só golpe e salto as fronteiras do terreno e se unir ao mistério do cosmo. Se em algum lugar se ampliam em uma polegada os domínios da ciência, sua confiante ignorância crê receber a chave para o universo inteiro com esse único achado. Também foi assim dessa vez. Apenas descoberto que um paciente hipnotizado é capaz de responder a perguntas no sono provocado artificialmente, acredita-se que médiuns possam dar resposta a qualquer pergunta. Com imprudente precipitação, os sonhadores são logo declarados videntes, equiparando-se sonhos despertos com sonhos proféticos de verdade. A explicação é que um outro sentido do ser humano, interior e mais profundo, desperta com esse enfeitiçamento. "Na clarividência magnética, o espírito do instinto que conduz as aves através dos mares para países que nunca viram, o instinto que impele o inseto ao previdente trabalho em prol de sua ninhada ainda não nascida, torna-se uma linguagem inteligível: ele responde às nossas perguntas" (Schubert). Os mesmeristas radicais anunciam literalmente que, "no estado de crise, os sonâmbulos podem ver o futuro, e os seus sentidos podem se dilatar em todas as direções e em qualquer distância". Podem profetizar, perceber no estado de introspecção o que se passa dentro do próprio corpo e de qualquer corpo estranho e, por isso, diagnosticar infalivelmente qualquer doença. Em transe, conseguem falar latim, hebraico, aramaico e grego sem jamais ter aprendido essas línguas, citar nomes nunca ouvidos, resolver brincando os cálculos matemáticos mais difíceis; jogados na água, os sonâmbulos supostamente não afundam; sua clarividência consegue ler livros "com o coração"; conseguem ver eventos que se passam em outras partes do mundo com nitidez clara; descobrir crimes cometidos há dezenas de anos – em suma, não há enigma, por absurdo que seja, que não possa ser desvendado por um médium. Os sonâmbulos são conduzidos a porões onde se supõe a existência de tesouros escondidos e enterrados até a altura do peito para que o seu contato permita descobrir ouro ou prata. Ou então são levados de olhos vendados a uma farmácia para que, graças aos seus "sentidos mais elevados", intuam o medicamento certo para um doente e, vejam só, entre centenas de remédios escolhem o único correto. Tudo o que há de mais inacreditável é atribuído aos médiuns, todos os fenômenos e práticas ocultos que se usam até hoje em dia em nosso mundo, a vidência, a interpretação dos pensamentos, a conjuração dos espíritos, as artes telepáticas e teleplásticas – todas derivam do entusiasmo inicial pelo "lado noturno da natureza". Não demora para surgir uma nova profissão: o sonâmbulo profissional. E, como um médium é julgado pela sensação que produz com suas revelações, logo prestidigitadores e farsantes elevam suas forças "magnéticas" ao incomensurável através de truques e fraudes. Já nos tempos de Mesmer começam aquelas célebres sessões espíritas em quartos escuros onde se conversa com Júlio César ou os apóstolos; os espíritos são vigorosamente conjurados e "realizados". Todas as pessoas crédulas, fanfarronas e supersticiosas, todos os semipoetas como Justinus

Kerner e semieruditos como Ennemoser e Kluge asseguram a veracidade dos milagres do sonambulismo artificial. Assim, é mais do que compreensível que a ciência primeiro dê de ombros diante dos seus disparatados e ruidosos exageros e depois se afaste, irritada. Aos poucos, o mesmerismo no século XIX vai caindo em descrédito. O ruído excessivo em torno de uma ideia sempre a torna incompreensível. E nada faz uma ideia criativa retroceder tanto em seu efeito como o exagero.

Regresso à pátria em esquecimento

Pobre Mesmer! Ninguém mais aterrorizado com a invasão tumultuada do mesmerismo do que ele próprio, inocente padrinho. Onde ele quis criar honradamente um método de tratamento, agora irrompe um enxame bacântico de levianos necromantes, pseudomagos e ocultistas, em plena desordem e presas do delírio, e, por causa da infeliz denominação, Mesmer se sente responsável por possíveis danos morais. Em vão o inocente culpado se defende de seus sucessores, os quais nem convocou: "Na leviandade, na imprudência dos que imitam o meu método, reside a culpa por vários preconceitos que se levantaram contra mim." Mas como desmentir seus próprios exageradores? Desde 1785, o "magnetismo animal" de Mesmer foi atropelado e aniquilado pelo mesmerismo, o seu bastardo mais bruto. Tudo o que os seus inimigos aliados, a Academia e a ciência, não conseguiram fazer, seus selvagens e ruidosos sucessores conseguiram com êxito: agora, por décadas, Mesmer será visto como leviano charlatão e inventor de uma charlatanice de quermesse.

Em vão o homem Mesmer vivo protesta e luta alguns anos contra aquele mal-entendido, o mesmerismo. Mas sempre o equívoco de milhares de pessoas ganha contra a verdade de um indivíduo. Todos agora são contra ele: seus inimigos, por ter ido longe demais; seus amigos, porque ele se recusa a participar de seus exageros; e sobretudo ele é abandonado pela época, até então tão propícia. A Revolução Francesa lança no esquecimento de um só golpe o trabalho ao qual Mesmer dedicou tantos anos de sua vida. Uma hipnose coletiva, mais selvagem do que as convulsões diante do *baquet*, sacode o país inteiro. Agora, é a guilhotina que assume suas infalíveis terapias de aço no lugar das magnéticas de Mesmer. Agora, os príncipes, as duquesas e os filósofos aristocratas não têm mais tempo de manter conversações espirituosas sobre o fluido. Acabaram-se as sessões nos palácios, eles próprios destruídos. Amigos e inimigos, a rainha e o rei, Bailly e Lavoisier caem vítimas da lâmina afiada. Não – foi-se o tempo em que todos se comoviam filosoficamente com magias e seus mestres; agora o mundo só pensa em política e, mais do que isso, em salvar a própria cabeça. Mesmer vê sua clínica decaindo, a cuba abandonada, o milhão de francos ganho com tanto esforço evaporar-se e virar letras sem valor; nada lhe resta exceto a vida, e mesmo esta se encontra ameaçada. Logo o destino de seus compatriotas alemães Trenck, Cloots, Kellermann e Adam Lux lhe ensinará quão frágil é uma cabeça estrangeira em tempos de terror, e que um alemão faria melhor saindo do país. Assim, em 1792, Mesmer fecha a sua casa e foge de Robespierre e de Paris, totalmente pobre e esquecido.

Hic incipit tragoedia, aqui começa a tragédia. Arrancado da noite para o dia da fama e da fortuna, aos cinquenta e oito anos e sozinho, um homem cansado e desiludido abandona o cenário de seus triunfos europeus, sem saber o que começar de novo e onde repousar a sua cabeça. O mundo de repente não precisa mais dele, não quer mais quem ainda ontem festejava como redentor, cumulando-o de honras e homenagens. Não seria mais aconselhável esperar por tempos melhores na tranquila pátria, às margens do lago de Constança? Mas então ele se recorda que ainda possui uma casa em Viena, herdada com a morte da esposa, a bela propriedade da Landstrasse. É lá que pretende encontrar o sossego para sua velhice e seus estudos. Quinze anos devem bastar para amortecer mesmo o ódio mais acalorado, imagina ele. Os velhos médicos, seus inimigos de outrora, já há muito tempo repousam no túmulo, Maria Teresa morreu e, depois dela, dois imperadores, José II e Leopoldo – quem pensará ainda no infeliz caso da srta. Paradies?

Assim, o velho homem crê achar tranquilidade em Viena. Mas a ilustríssima Polícia da Corte tem ótima memória. Apenas chegado, no dia 14 de setembro de 1793, o "famigerado médico" dr. Mesmer deve comparecer e responder pela sua "localização anterior". Como indica ter estado apenas na região de Constança, as autoridades vienenses consultam imediatamente o departamento de Freiburg sobre suas "opiniões suspeitas". A engrenagem burocrática da velha Áustria começa a ranger e se põe em movimento. Infelizmente, o chefe da guarda municipal de Constança envia informes favoráveis, dando conta de que Mesmer ali se portou "irrepreensivelmente bem", tendo vivido "solitário" e que "ninguém observou o menor motivo que levasse a suspeitar de princípios perigosos". É preciso esperar, pois, para lhe preparar uma armadilha mais consistente, como no caso da srta. Paradies. E, de fato, não demora para que se construa um novo incidente. No pavilhão do jardim da casa de Mesmer mora uma certa princesa Gonzaga. Homem cortês e bem-educado, o dr. Mesmer faz uma visita de cortesia à sua inquilina. Como acaba de chegar da França, a princesa naturalmente lhe fala dos jacobinos e se refere a eles com as mesmas palavras com que hoje se fala nos mesmos círculos sobre os revolucionários russos. Em sua indignação, ela os chama – e cito literalmente o relatório dos delatores redigido em francês – *"ces gueux comme des régicides, des assassins, des voleurs"*, "esses indigentes como regicidas, assassinos, ladrões". Para Mesmer, embora ele próprio um fugitivo do terror e tendo perdido toda a sua fortuna na Revolução, tais definições de um acontecimento da história universal são demasiado simplistas. Ele replica dizendo que, no fundo, esses homens lutam pela liberdade e não são ladrões, apenas cobram impostos dos ricos em favor do Estado, e afinal o imperador austríaco também cobra impostos. A pobre princesa Gonzaga quase desmaia. Um jacobino em carne e osso, em sua própria casa! Mal Mesmer fecha a porta, ela corre para contar a terrível notícia ao irmão, o conde Ranzoni, e ao conselheiro da corte Stupfel. Logo se manifesta também um alcaguete (estamos na antiga Áustria), um tal de "cavalheiro" Desalleur, que o relatório policial designa apenas por um "tal" Desalleur (certamente, sabe bem mais sobre ele). Esse denunciante vislumbra uma excelente oportunidade de ganhar algumas notas e escreve imediatamente um informe submisso à ilustre chancelaria. A denúncia provoca idêntico horror no conde Colloredo: um jacobino na nobre cidade de Viena! Apenas Sua Majestade, o imperador Francisco, volta da caça, transmitem-lhe com as devidas precauções a terrível notícia de que um adepto da "falta de rédeas da França" está morando na sede do seu império, e Sua Majestade resolve imediatamente que se proceda a uma detalhada investigação. Assim, "evitando todo escândalo", o pobre Mesmer é levado no dia 18 de novembro para uma cela separada na chefatura de polícia.

No entanto, fica demonstrado mais uma vez como é desprovido de inteligência confiar em informes de delatores. A informação imediata da polícia para o imperador se revela bastante inócua. Pois "a minuciosa investigação revela que aqueles discursos atentatórios à segurança do Estado não foram admitidos por Mesmer e tampouco provados de maneira juridicamente consistente", e, um tanto desajeitado, o ministro da Polícia, o conde Pergen, propõe em seu "respeitosíssimo" relatório que Mesmer deve ser posto em liberdade "após enérgica advertência e severa recomendação". Não resta alternativa ao imperador Francisco senão anunciar sua "elevadíssima resolução": "Mesmer deve ser libertado, e como ele próprio manifestou a intenção de seguir em breve para sua região natal deve-se cuidar para que ele parta logo e que, durante o tempo de sua permanência, por mais curta que seja, evite conversas suspeitas." Mas a digníssima Polícia não se sente bem com essa decisão. Já antes o ministro dissera que a detenção de Mesmer "provocou comoção nada pequena junto a seus seguidores, dos quais ele tem muitos por aqui". Agora, teme-se que Mesmer interponha recurso público contra o infame tratamento. Assim, para despistar o caso, *ad mandatum Excellentissimi*, a Polícia redige o seguinte informe, que deveria figurar em um museu como exemplo modelar do velho estilo curial austríaco. "Considerando que a libertação de Mesmer não pode valer como prova de sua inocência, pois distorcendo artificialmente falas duvidosas comprovadamente expressadas por ele não se livrou de forma alguma da suspeita restante, razão pela qual só foi poupado do *consilium abeundi* por ter apresentado por si próprio sua intenção de partir sem demora: assim se anuncie que a publicação não acontecerá, e também Mesmer faria bem em abrir mão de qualquer justificativa pública e em reconhecer o tratamento suave que recebeu." A publicação não ocorre, o caso é abafado, e tão bem que durante cento e vinte anos nada se soube dessa nova expulsão de Mesmer de Viena. Mas a Faculdade pode se dar por satisfeita: agora, esse incômodo médico está para sempre liquidado na Áustria.

Para onde agora, pobre velho? A fortuna está perdida, na cidade natal de Constança a polícia imperial está à espreita, na França domina o terror, em Viena o espera o cárcere! Uma guerra incessante e impiedosa entre todas as nações transborda por todas as fronteiras. E ele, o pesquisador idoso e sofrido, o homem empobrecido e esquecido, sente repulsa por esse louco tumulto do mundo. Só quer tranquilidade e um pouco de pão para poder submeter sua obra a experiências sempre novas, para finalmente poder revelar à humanidade a sua adorada ideia. Assim, Mesmer foge para o eterno asilo da Europa intelectual, a Suíça. Estabelece-se em um lugar qualquer, num pequeno cantão, em Frauenfeld, e dedica-se ao mísero exercício de sua profissão. Durante décadas vive ali obscuramente, e no minúsculo cantão ninguém suspeita que aquele homem quieto de cabelos grisalhos, que pratica sua arte médica entre camponeses, queijeiros, ceifadores e criadas, é o mesmo dr. Franz Anton Mesmer combatido e cortejado por imperadores e reis, cujos salões ficavam lotados com a nobreza e os gentis-homens da França, contra quem lutaram todas as academias e faculdades da Europa e sobre cuja doutrina foram publicadas centenas de folhetos e brochuras em todas as línguas, mais, provavelmente, do que sobre qualquer um de seus contemporâneos, incluindo Rousseau e Voltaire. Nenhum de seus antigos discípulos e fiéis o procura, e provavelmente durante todos aqueles anos de trevas ninguém soube seu nome e seu paradeiro, tão isolado vive esse solitário nas sombras desse remoto povoado nas montanhas, trabalhando sem cessar durante todo o difícil tempo napoleônico. Em toda a história universal não se encontra outro exemplo de um homem que tenha despencado tão rapidamente dos píncaros da glória para as profundezas do esquecimento. Raramente se encontrará uma biografia em que o mais completo olvido seja tão próximo do mais surpreendente triunfo como no destino insólito e único de Franz Anton Mesmer.

Mas nada atesta mais o caráter de um homem do que a prova de ouro do sucesso e a prova de fogo do infortúnio. Assim como Mesmer, nos seus tempos de fama desmedida, não se mostrou insolente ou fanfarrão, agora, em seu esquecimento, o homem velho se revela grandiosamente modesto e pleno de sabedoria estoica. Sem opor resistência, diríamos quase de boa vontade, ele recua para a escuridão e não esboça a menor tentativa de dirigir mais uma vez a atenção para si. Em vão alguns dos amigos que se mantiveram fiéis o convidam em 1803 a voltar para a Paris já agora tranquila e em breve imperial para ali reabrir a sua clínica e reunir novos discípulos. Mesmer recusa. Não quer mais brigas, querelas e intrigas. Lançou sua ideia ao mundo – que ela sobreviva ou afunde. Com nobre resignação, responde: "Se, apesar de meus esforços, não fui feliz em esclarecer meus contemporâneos sobre seus próprios interesses, tenho a satisfação interior de ter cumprido a minha obrigação para com a sociedade." Só para si, quieto e solitário, prossegue suas experiências no mais completo anonimato, sem perguntar se interessam ou não ao mundo agitado ou indiferente: é o futuro, não o presente, assim intui profeticamente, que fará justiça ao seu trabalho, e sua ideia só começará a viver depois que ele morrer. Suas cartas não contêm impaciência, nenhuma queixa sobre a fama apagada e o dinheiro perdido, apenas a convicção secreta, base de toda grande paciência.

Mas só a glória terrena pode se extinguir como uma luz, nunca um pensamento vivo. Este, uma vez caído no coração da humanidade, pode hibernar enquanto duram as adversidades para voltar a florescer quando menos se espera; nenhum estímulo se perde por completo para o espírito científico eternamente curioso. A Revolução e as guerras napoleônicas dispersaram os adeptos de Mesmer e desestimularam a vinda de mais seguidores. Olhando de maneira superficial, poderia parecer que aquele germe imaturo fora esmagado sob as botas das colunas militares. Entretanto, recôndita, a doutrina original de Mesmer continua viva em meio ao tumulto do mundo no cérebro de alguns silenciosos, sem que o próprio Mesmer, o olvidado, o sinta. Pois, de modo maravilhoso, é precisamente o tempo de guerra que provoca e aumenta nas naturezas reflexivas a necessidade de se refugiar da brutalidade e da violência para o mundo espiritual. O símbolo mais belo é o caso do verdadeiro sábio Arquimedes, que continua desenhando seus círculos enquanto a soldadesca já adentra a sua casa. Assim como Einstein, em meio à guerra mundial, calcula seu princípio transformador do mundo sem se deixar desconcertar pela bestialidade da Europa, da mesma forma, enquanto as tropas de Napoleão atravessam a Europa marchando, enquanto o mapa muda todos os anos de cor, enquanto dezenas de reis são destituídos e novos criados, alguns pequenos médicos nas províncias mais remotas continuam refletindo sobre os impulsos de Mesmer e Puységur e seguem atuando no porão da concentração de acordo com os seus ensinamentos. Todos esses homens trabalham individualmente na França, na Alemanha e na Inglaterra, em geral sem saber um do outro e nenhum sabe de Mesmer, o desaparecido, nem Mesmer sabe deles. Calmos em suas observações, cautelosos em suas conclusões, checam e rechecam os fatos revelados pelo mestre, e o novo método continua se disseminando pela via subterrânea, no caminho através de Estrasburgo e por meio das cartas de Lavater da Suíça. Particularmente na Suábia e em Berlim aumenta o interesse; o famoso Hufeland, clínico da corte prussiana e membro de todas as comissões eruditas, influencia pessoalmente o rei. Assim, por fim uma ordem de gabinete resolve nomear uma comissão para, mais uma vez, investigar o mesmerismo.

Em 1775, Mesmer se dirigira pela primeira vez à Academia de Berlim – o leitor recordará com que deplorável êxito. Agora, quase quarenta anos depois, em 1812, quando a mesma instância deseja investigar o magnetismo, o legítimo fundador do problema já foi de tal modo esquecido que a palavra mesmerismo nem evoca mais o nome de Franz Anton Mesmer. A comissão reage com total surpresa quando, de repente, um de seus membros se ergue e propõe na sessão que se convoque o próprio descobridor do magnetismo, Franz Anton Mesmer, para Berlim, para que justifique e explique o seu método. Como?, perguntam todos, espantados. Franz Anton Mesmer ainda está vivo? E por que está tão calado, por que não se apresenta, altivo e triunfante, agora que a glória o espera? Ninguém consegue explicar como tão grande homem, de fama universal, pôde se retirar para o esquecimento, modesto e mudo. Imediatamente um convite urgente chega ao médico do vilarejo em Frauenfeld para que se digne a honrar a

Academia com sua visita. O próprio rei quer recebê-lo, a Alemanha toda o aguarda – quem sabe, será a reabilitação triunfal após tanta injustiça indizível. Mas Mesmer declina, está demasiado velho, cansado. Não quer voltar à luta. Assim, no dia 6 de setembro de 1812, o professor Wolfart é enviado como comissário real para visitar Mesmer com poderes para "com sua viagem solicitar ao descobridor do magnetismo, dr. Mesmer, a informação sobre todos os fatos que possam servir para confirmar, retificar e esclarecer esse importante assunto e facilitar a tarefa da comissão".

O professor Wolfart parte imediatamente. E, depois de trinta anos de mistério, enfim voltamos a receber notícias do homem desaparecido. Wolfart relata:

> Minhas expectativas foram superadas no primeiro encontro pessoal com o descobridor do magnetismo. Encontrei-o dedicado ao círculo beneficente por ele mesmo fundado. Sua avançada idade torna ainda mais admiráveis o modo amplo, claro e penetrante do seu espírito, seu incansável e vívido afã de se comunicar, sua retórica clara e animada, muito própria pela agilidade de suas comparações, bem como a sofisticação de seus modos e sua amabilidade. Acrescente-se a isso um tesouro de conhecimentos positivos em todos os ramos do conhecimento, raro em um erudito, e uma bondade imensa do coração que se expressa em todo o seu ser, em suas palavras, suas ações e seu ambiente, e acrescente-se ainda uma força ainda atuante e quase maravilhosa de influência sobre os doentes com o olhar penetrante ou apenas o gesto da mão, tudo isso somado a uma estatura nobre, que inspira respeito – assim se terá nos traços principais a imagem do homem que encontrei na pessoa de Mesmer.

Sem reservas, Mesmer revela ao visitante suas experiências e suas ideias, convida-o a participar das sessões de tratamento dos doentes e entrega a compilação de todo o seu trabalho ao professor Wolfart para que ele o transmita às futuras gerações. No entanto, repele com magnífica serenidade todo convite à glória, à homenagem. "Como me resta percorrer ainda apenas um curto trecho na senda da minha vida, não conheço nada mais importante do que dedicar o resto dos meus dias à aplicação prática de um remédio cuja extraordinária eficácia me têm demonstrado minhas observações e a minha experiência, para que esse meu último trabalho multiplique o número dos fatos." Assim, inesperadamente, chegou até nós uma imagem crepuscular desse homem singular que percorreu todas as fases da fama, do ódio, da prosperidade, da pobreza e finalmente do esquecimento, para, convencido da eternidade e da importância da obra de sua vida, caminhar em direção à morte, sereno e grandioso.

Seus últimos anos são os de um sábio, de um pesquisador esclarecido e experimentado. Não o atormentam mais as preocupações de dinheiro, pois o governo francês lhe concedeu uma renda vitalícia como indenização pela perda de um milhão de francos em títulos públicos desvalorizados. Assim, independente e livre, pode voltar à pátria, às margens do lago de Constança, encerrando desse modo simbolicamente o círculo de sua existência. Ali, como uma espécie de nobre rural, vive entregue ao seu prazer, que é o mesmo até o fim: servir à ciência e à pesquisa com sempre novas experiências. Com a vista, a audição e o espírito claros até o último momento, exerce sua força magnética sobre todos que acodem a ele confiantes; muitas vezes percorre horas e horas a cavalo ou a carroça para visitar um doente interessante e, se possível, curá-lo com o seu método. Entrementes, faz experiências físicas, esculpe e desenha e nunca perde o concerto semanal na casa do príncipe Dalberg. Nesse círculo musical, todos os que o encontram elogiam a extraordinária cultura universal desse ancião sempre ereto, afável e bondoso, que com um doce sorriso fala de sua glória passada e, sem ódio ou amargura, dos seus adversários mais fervorosos e encarniçados. Quando, em 5 de março de 1814, aos oitenta anos, sente aproximar-se o fim, pede a um seminarista que toque o seu amado harmônio. Ainda é o mesmo em que o jovem Mozart tocou na residência da Landstrasse, o mesmo de que Gluck conseguiu tirar novas e desconhecidas harmonias em Paris, o mesmo que o acompanhou em todas as viagens e aventuras de sua vida e agora até a morte. Seus milhões se dissiparam, sua fama se dispersou: depois de tanto ruído, tanta discussão e briga em torno de sua doutrina, nada mais restou ao velho solitário do que esse instrumento e a sua amada música. Assim, na crença inabalável de estar regressando para a harmonia, para o fluido universal, um homem desprezado pelo ódio como charlatão vaidoso e fanfarrão vai ao encontro da morte como um verdadeiro sábio, e o seu testamento mostra de forma comovente o desejo de total esquecimento, pois quer ser enterrado sem pompas, como qualquer homem comum. Esse último desejo é cumprido. Nenhum jornal informa o mundo de sua morte. Como um desconhecido qualquer, é enterrado no lindo cemitério de Meersburg, onde também jaz a poetisa Annette von Droste-Hülshoff – um homem velho cuja fama um dia encheu o mundo e cuja realização pioneira só a nossa época está voltando a compreender. Amigos cobrem seu túmulo com uma lápide simbólica, um bloco de mármore com sinais místicos, um relógio de sol e uma bússola, para representar alegoricamente o movimento no espaço e no tempo.

Mas o destino de todo ser extraordinário é provocar sempre o ódio do homem: mãos ímpias sujam e destroem o relógio de sol e a bússola, esses emblemas no túmulo de Mesmer para eles incompreensíveis, assim como escritores e pesquisadores mesquinhos fazem com seu nome. Anos precisam se passar até que a pedra derrubada em seu túmulo seja reerguida, e outros anos ainda até que uma nova geração mais ilustrada se recorde do seu nome esquecido e se dê conta do destino pioneiro desse grande médico alemão.

A sucessão

Há sempre uma tragédia espiritual quando uma descoberta é mais genial do que o seu próprio descobridor, quando uma ideia vislumbrada por um artista ou um pesquisador não lhe é palpável e ele precisa deixá-la escapar de suas mãos, ainda em gestação. Foi assim com Mesmer. Ele descobriu um dos principais problemas da nova era sem dominá-lo: lançou uma pergunta aos quatro ventos e se torturou para encontrar uma resposta. Embora tenha trilhado o caminho errado, foi precursor, pioneiro e guia:

todos os métodos psicoterápicos atuais e uma boa parte de todos os problemas psicotécnicos levam de volta diretamente a esse homem, Franz Anton Mesmer, o primeiro a ter provado de maneira visível a força da sugestão – de uma forma incipiente e ainda rudimentar, mas não deixou de prová-la contra as zombarias, a ironia e o desprezo de uma ciência meramente mecanicista. Só isso basta para tornar sua vida uma façanha e ligar o seu nome à história.

Como primeiro médico diplomado da era moderna, Mesmer experimenta e provoca repetidas vezes a virtude terapêutica que, partindo de uma personalidade sugestiva, de sua proximidade, suas palavras, suas ordens, exerce a cura em doentes perturbados. Mas não consegue interpretá-la e vê ainda magia medieval nessa mecânica da alma que não compreende. Falta-lhe (como a todos seus contemporâneos) o conceito decisivo da sugestão, daquela transmissão de energia de efeito terapêutico sobre a psique que se dá por meio da ação da vontade ou pela irradiação de um fluido interior (e sobre esse ponto divergem as opiniões ainda hoje). Seus discípulos já se aproximam mais do problema, cada um a partir de uma direção diferente. Constitui-se uma escola fluidística e uma outra animística. François Deleuze, o representante da teoria fluidística, continua fiel à teoria de Mesmer sobre a exalação de uma substância nervosa corporal, acreditando – como os espíritas na telecinesia e outros pesquisadores na doutrina da energia vital – que seja de fato possível um desprendimento orgânico da substância corpórea do nosso "eu". Já o discípulo animista de Mesmer, o cavalheiro Barbarin, nega qualquer transmissão do magnetizador para o sujeito magnetizado e vê apenas uma transmissão meramente anímica da vontade para o consciente alheio. Assim, nem necessita da hipótese mesmeriana do misterioso fluido. "*Croyez et veuillez*", creiam e queiram, resume a sua fórmula mágica – abordagem que depois será adotada pela Ciência Cristã, pela Mind Cure e por Coué. Mas cada vez mais se impõe a sua descoberta psicológica de que a sugestão é um dos fatores de poder mais decisivos de todas as relações da alma. E esse processo do domínio da vontade, da violação da vontade, em suma, da hipnose, é mostrado em 1843 por James Braid em sua *Neuripnologia* de maneira experimental e totalmente irrefutável.

Um magnetizador alemão de nome Wienholt notara já em 1818 que um sonâmbulo pegava no sono mais rapidamente quando ele próprio vestia uma casaca com determinados botões brilhantes de vidro. Mas esse observador diletante não soube descobrir a relação decisiva de causa e efeito, qual seja, que o olhar concentrado no brilho estimula o cansaço do sentido exterior e, com isso, a frouxidão da consciência. Braid é o primeiro a praticar a técnica de cansar o olhar do médium através de pequenas bolinhas brilhantes de cristal, antes de começar com suas fricções sugestivas; com isso, a hipnose é introduzida na tão desconfiada ciência como tratamento técnico. Pela primeira vez, alguns catedráticos na França ousam agora – a bem dizer, inicialmente só com doentes mentais – usar o tão caluniado e proscrito hipnotismo em seus auditórios: Charcot na Salpêtrière em Paris, Bernheim na faculdade de Nancy. No dia 13 de fevereiro de 1882, Mesmer é reabilitado em Paris (embora, claro, sem a mínima alusão ao injustamente indeferido): a mesma faculdade que durante um século o proscreveu reconhece a sugestão – anteriormente chamada de mesmerismo – como procedimento terapêutico científico. Agora que a proscrição foi suspensa, a psicanálise, longamente barrada, tem um êxito após o outro. Um jovem discípulo de Charcot, o neurologista Sigmund Freud, vai à Salpêtrière e ali conhece a hipnose – e ela lhe serve como uma ponte que ele queima tão logo põe o pé no reino da psicanálise; e será ele também outro herdeiro de Mesmer, em terceiro grau, saboreando os frutos das sementes que seu predecessor aparentemente lançou em terra estéril. O mesmerismo tem efeito igualmente criador sobre os movimentos místico-religiosos da Mind Cure e da autossugestão. Mary Baker Eddy nunca poderia ter fundado a sua Ciência Cristã sem conhecer o lema *"veuillez et croyez"*, sem a terapia da persuasão de Quimby, que, por sua vez, tira sua ideia de outro discípulo de Mesmer, Poyen. O espiritismo seria inconcebíveis sem a cadeia primeiro utilizada por Mesmer, sem os conceitos do transe e da clarividência, assim como inconcebíveis seriam Blavatsky e sua comunidade teosófica. Todas as ciências ocultas, todos os experimentos telepáticos e telecinéticos, os videntes, os reveladores de sonhos, em última instância têm sua origem no laboratório "magnético" de Mesmer. Um novo ramo da ciência tem origem na convicção tão desprezada desse homem esquecido – de que, através da ação sugestiva, as forças psíquicas do homem podem ser aumentadas a um grau que nunca será alcançado pelo mero tratamento médico tradicional. Um homem que, honrado em seus propósitos, certo em seus pressentimentos, só se equivocou em suas tentativas de explicar a sua importante realização.

Talvez – tornamo-nos cautelosos numa época em que uma descoberta supera a outra, em que as teorias de ontem murcham numa noite e outras, seculares, de repente se renovam –, talvez errem precisamente aqueles que, arrogantes, ainda hoje qualificam de fantasia a polêmica ideia de Mesmer sobre um fluido pessoal transmissível de uma pessoa para outra, pois é bem possível que o futuro próximo transforme em verdade essa pura hipótese. Nós, a cujos ouvidos chega no mesmo segundo uma palavra falada em Honolulu ou em Calcutá, sem auxílio de fio nem membrana, nós que sabemos o éter agitado por invisíveis transmissões e ondas, e que cremos sem esforço que ainda existem incontáveis estações transmissoras desconhecidas agindo cosmicamente sobre nós, não temos mais a coragem de rejeitar de antemão a ideia de que da pele viva e do nervo excitado se irradiem correntes influenciadoras que Mesmer chamou, com insuficiente precisão, de "magnéticas", que nas relações entre as pessoas talvez aja um princípio parecido com o "magnetismo animal". Por que a proximidade do corpo humano, a mesma que reaviva o brilho e a radiante força vital de uma pérola, não deveria ser capaz de desenvolver uma aura de calor ou de luz que atue de forma excitante ou tranquilizadora sobre outros nervos? Por que não podem acontecer correntes secretas e refluxos entre corpos e almas, atrações e rejeições, simpatias e antipatias entre indivíduos? Quem arriscará hoje nessa esfera um claro "sim" ou um ousado "não"? Talvez uma física que trabalhe com aparatos métricos cada vez mais sofisticados possa demonstrar já amanhã que aquilo que hoje supomos ser mera onda psíquica de fato representa uma substância, uma onda de calor visível, um efeito elétrico ou químico, energia mensurável – ou seja, que devemos levar muito a sério o que nossos antecessores consideravam disparates. Talvez, portanto, a ideia de Mesmer sobre uma energia psíquica irradiante e criadora também ainda ressuscite, pois o que é a ciência senão a constante realização de velhos sonhos da humanidade? Todo novo invento sempre revela e confirma apenas pressentimentos de um indivíduo. Em todos os tempos, cada fato foi precedido por uma ideia. Mas a história, demasiado apressada para ser justa, sempre serve apenas ao sucesso. Só enaltece a vitória, coroada com êxito, e não a tentativa ousada, perseguida por má vontade e ingratidão. Só glorifica aquele que aperfeiçoa, nunca os precursores, só eleva à luz o vitorioso, enquanto lança os guerreiros nas trevas. Assim aconteceu com Mesmer, o primeiro dos psicólogos modernos, que, de maneira injusta, carregou a sorte eterna de quem chega antes do tempo. Pois sempre se cumpre a lei mais antiga e bárbara da humanidade, antigamente no sangue e hoje ainda no espírito, o mandamento inexorável segundo o qual, em todas as épocas, os primeiros hão de ser sacrificados.

Mary Baker Eddy

Oh the marvel of my life! What would be thought of it, if it was known in a millionth of its detail? But this cannot be now. It will take centuries for this.*

MARY BAKER EDDY, em carta a mrs. Stetson, 1893

* "Oh! Que maravilha a minha vida! O que se pensaria dela se fosse conhecida em todos os seus milhões de detalhes? Mas isso não é possível agora. Levará séculos para que seja." Em inglês no original. (N.T.)

A vida e a doutrina

O instante mais misterioso de uma pessoa é quando ela se dá conta de sua personalidade individual; na esfera da humanidade, o instante mais misterioso é o nascimento das religiões. Aquele instante em que uma única e só ideia, partindo de um indivíduo, inunda como uma torrente centenas, milhares e centenas de milhares de pessoas; o instante em que uma centelha acidental de repente incendeia a Terra inteira, como uma estepe em fogo. Tais momentos são os verdadeiramente místicos, os mais sublimes da história das ideias. No entanto, na maioria das vezes não é possível, mais tarde, desenterrar a origem dessas correntes religiosas. Jaz soterrada pelo esquecimento, e, assim como o indivíduo raras vezes é capaz de precisar o segundo exato de suas decisões mais íntimas, a humanidade raramente consegue registrar o ponto de partida de suas paixões religiosas.

Portanto, sorte de todos os que amam a psicologia de massas e do indivíduo o fato de enfim podermos observar de perto o surgimento, o crescimento e a expansão de um poderoso movimento religioso. Pois a Ciência Cristã, a Christian Science, surgiu pouco antes da virada do nosso século, na esfera da luz elétrica e das ruas asfaltadas, numa era de claridade que já não permite mais vida privada nem segredos, que, com seu aparelho de informação jornalística, registra até o mais discreto dos movimentos. No caso dessa cura religiosa, podemos acompanhar pela primeira vez dia por dia a curva de crescimento através de contratos, processos, talões de cheques, contas bancárias, hipotecas e fotografias; pela primeira vez, somos capazes de levar para o laboratório psicológico o milagre ou o fato prodigioso de uma sugestão espiritual das massas. E é uma desproporção, que torna ainda mais prodigioso o milagre de sua expansão mundial, o fato de, no caso de Mary Baker Eddy, um efeito amplo, universal, ter surgido a partir de uma ideia pueril em termos filosóficos e assustadoramente simples; um grão de areia intelectual ter provocado uma avalanche. Se outros grandes movimentos de fé dos nossos tempos, como o anarquismo cristão de Tolstói e a resistência pacífica de Gandhi, tiveram influência sobre milhões de pessoas, podemos compreender esse avanço avassalador em milhares de almas, e aquilo que nossa razão acha compreensível em última instância nunca parece miraculoso. No caso desses grandes intelectuais, força gerou força e o seu poderoso impulso teve efeitos poderosos. Tolstói, cérebro magnífico, gênio criador, nada mais fez do que infundir sua palavra viva e sua energia criadora à ideia de rebelião contra a autoridade do Estado que ainda vagava amorfa no fundo da alma russa. Gandhi, no fim das contas, nada fez senão transformar a antiquíssima passividade de sua raça e sua religião em uma nova atividade. Ambos construíram sobre as bases de convicções primevas, ambos foram levados pela corrente da época. De ambos se poderia dizer que não expressaram um pensamento, mas sim que o gênio de sua nação neles se expressou, e assim não foi milagre que sua doutrina, uma vez enunciada, conquistasse milhões de adeptos, antes o contrário de milagre – ou seja, um efeito absolutamente lógico e regular. Mas: quem era Mary Baker Eddy? Uma mulher qualquer, nem bela nem atraente, nem completamente sincera nem inteligente, de baixa erudição, uma individualidade anônima e isolada, sem posição social, sem dinheiro, sem amigos, sem relações sociais. Não se apoia em nenhum grupo ou seita, não tem na mão senão uma pena e em seu limitadíssimo cérebro senão uma única ideia. Desde o primeiro instante, tudo é contra ela: a ciência, a religião, as escolas, as universidades e, mais ainda, o senso comum, e nenhum outro país parece menos propício à primeira vista para uma doutrina tão abstrata quanto a sua pátria, os Estados Unidos, a mais objetiva, fria e menos mística de todas as nações. A todos esses obstáculos, ela nada tem a opor senão a sua crença tenaz, quase estupidamente obsessiva nessa ideia, e é só com essa obsessão monomaníaca que faz o inverossímil se tornar verdade. O seu êxito é de uma absoluta falta de lógica. Mas a incongruência em relação à realidade costuma ser precisamente o sintoma mais visível do maravilhoso.

Essa americana teimosa tem apenas uma única ideia, e ainda assim bastante polêmica, mas não pensa em outra coisa, não tem outro ponto de vista. É nela que se aferra, os pés fincados no chão, imóvel, inabalável, surda a qualquer objeção, tirando o mundo do eixo com a sua frágil alavanca. Em vinte anos, cria uma nova ciência terapêutica a partir de uma barafunda metafísica, uma ciência professada por milhões de adeptos e dotada de universidades, jornais, mestres e tratados; erige igrejas com cúpulas de mármore, uma assembleia de pregadores e sacerdotes e, para si própria, uma fortuna particular de três milhões de dólares. Mas, para além de tudo isso, dá um impulso à psicologia contemporânea com os seus exageros, garantindo para si uma página especial na história da ciência da alma. Na pujança dos efeitos, na rapidez do sucesso, no número de seus adeptos, essa mulher de cultura e erudição medianas, saúde frágil e caráter ambíguo superou todos os líderes e pesquisadores de nosso tempo: nunca, em nossa época, uma pessoa desse nível irradiou tanta inquietação espiritual e religiosa como essa filha de agricultores americanos, "*the most daring and masculine and masterful woman that has appeared on Earth in centuries*", como disse, furioso, seu compatriota Mark Twain.*

A vida fantástica de Mary Baker Eddy foi descrita em duas versões totalmente antagônicas. Existe uma biografia oficial, aprovada pela sua Igreja e consagrada pela direção da Ciência Cristã; de próprio punho, o *pastor emeritus* – ou seja, a própria Mary Baker Eddy – recomendou esse seu retrato de vida à comunidade de crentes, crentes demais. Portanto, seria razoável imaginar que essa biografia fosse autêntica, mas na realidade não passa do arquétipo de uma novela bizantina. Nessa biografia, escrita por Sibyl Wilbur "à maneira do Evangelho de São Marcos" (cito textualmente) para edificar e fortalecer os adeptos já convictos, a descobridora da Ciência

* "A mulher mais ousada e masculina e magistral que apareceu na Terra nos últimos séculos." Em inglês no original. (N.T.)

Cristã aparece com uma auréola e tingida de uma luz rósea (por isso, ao longo do presente estudo eu me refiro a ela como biografia cor-de-rosa). Plena de graça divina, dotada de sabedoria supraterrestre, mensageira dos céus na Terra, suprassumo da perfeição, Mary Baker Eddy se apresenta imaculada ao nosso olhar indigno. Tudo o que faz é bem feito, todas as virtudes do breviário se concentram nela, seu caráter brilha nas sete cores do arco-íris, bondosa, feminina, maternal, filantrópica, modesta e doce; por antítese, todos os seus adversários surgem como pessoas ridículas, vis, invejosas, viciadas e cegas. Em resumo, nem um anjo é tão puro. Com lágrimas nos olhos enternecidos, a discípula piedosa olha para aquela imagem construidamente celestial da qual todo traço terreno (e, por isso, característico) foi devidamente apagado. Esse espelho dourado é atacado de maneira resoluta com o fino cajado dos documentos pela outra biógrafa, miss Milmine, que trabalha tão bem com a cor negra quanto a outra autora com a cor rosa. No seu retrato, a grande descobridora aparece como uma plagiadora vulgar que roubou toda a sua teoria da escrivaninha de um precursor inocente, mentirosa patológica, histérica vil, negociadora calculista, megera ardilosa. Num admirável trabalho de repórter, a autora colige todos os testemunhos existentes que possam enfatizar o que há de hipocrisia, mentira, embuste e cobiça na pessoa de Baker Eddy, todo o absurdo e ridículo de sua teoria. Naturalmente, a comunidade da Ciência Cristã persegue essa biografia com a mesma tenacidade com que venera a outra, a cor-de-rosa. E, por uma estranha transação secreta, quase todos os exemplares sumiram de circulação na maioria das livrarias (e também uma terceira biografia, de Frank A. Dakin, lançada há pouco tempo, foi retirada das vitrines imediatamente na maioria das livrarias).*

Assim, o evangelho e o libelo, o livro rosa e o livro negro, se enfrentam, decididos. Mas que coisa singular: para o observador imparcial desse caso psicológico, os dois livros estranhamente têm efeito trocado. A biografia de miss Milmine, que se esforça a todo preço em ridicularizar Mary Baker Eddy, torna-a interessante sob o ponto de vista psicológico. E precisamente

* O autor se equivoca quanto ao nome do biógrafo: Edwin Franden Dakin. (N.T.)

a biografia rosa, com seu endeusamento rastejante e desmedido, é que torna essa mulher interessante irremediavelmente ridícula. Pois a graça de sua alma complicada reside justo no amálgama dessas características opostas, no enredamento inimitável de ingenuidade intelectual com ganância prática, no acasalamento único de histeria e cálculo. Da mesma forma que o carvão e o salitre, dois elementos tão diferentes, quando misturados na proporção correta produzem pólvora e um inacreditável potencial de explosão, assim essa mistura única de talento místico e comercial, histérico e psicológico, forma uma concentração inacreditável. E, apesar de Ford e Lincoln, de Washington e Edison, os Estados Unidos talvez não tenham gerado nenhum tipo intelectual que encarne de tal forma o idealismo e a competência universal americanos como Mary Baker Eddy. Claro, sou obrigado a admitir, numa distorção caricatural, num quixotismo psicológico. Mas, assim como Dom Quixote em seu exagero nefelibata, em sua louca ignorância, soube representar – melhor do que todas as novelas de cavalaria sérias de sua época – o idealismo de fidalgo espanhol de maneira plástica, essa mulher batalhadora, que também luta heroicamente pelo absurdo, nos ensina a entender o romantismo americano de um modo mais eficiente do que todo o idealismo catedrático de um William James. Todo Dom Quixote do absoluto, como sabemos, traz dentro de si um louco, e atrás dele sempre vem, trotando, montado no seu burrico manso, o eterno Sancho Pança, a razão banal. Mas, assim como o cavaleiro da Mancha descobre no ensolarado reino de Castilha o elmo encantado do Mambrino e a ilha Baratária, essa mulher seca e ignorante de Massachusetts descobre o reino da utopia entre arranha-céus e fábricas, em meio ao mundo árido dos números da bolsa de valores, dos bancos, dos trustes e dos cálculos. E quem quer que venha ensinar uma nova ilusão ao mundo sempre enriquece a humanidade.

Quarenta anos perdidos

Uma pequena casa de madeira de um só andar, sem pintura, em Bow, próximo a Concord. Ela foi construída com as próprias mãos pelos Baker, família de agricultores de médio porte, nem rica nem pobre, de origem anglo-saxônica e estabelecida em New Hampshire há mais de cem anos. O pai, Mark Baker, um lavrador pesado, muito severo, muito devoto, muito teimoso, a cabeça dura como o punho; "*you could not more move him than you could move old Kearsarge*",* é o que os vizinhos diziam dele, aludindo à velha montanha da região. Essa teimosia pétrea, essa irrefreável veemência, também foi herdada pela sétima criança que nasceu na família, em 16 de julho de 1821, Mary Baker, que, no entanto, não herdou nem a saúde de ferro nem o bom equilíbrio. Ela é uma menina volúvel, frágil, pálida e nervosa, suscetível e até mesmo hipersensível. Se alguém grita com força, ela estremece, cada palavra mais áspera a agita sobremaneira: não consegue nem seguir as aulas da escola do distrito, pois não suporta barulhos e a algazarra de suas colegas. Assim, a criança frágil é deixada em casa, e se permite que Mary aprenda o que quiser – e isso, como se pode imaginar, não é muito numa granja americana isolada, a milhas de distância do próximo povoado ou da próxima cidade. A pequena Mary não chama a atenção pela beleza, embora as pupilas redondas e grandes brilhem com uma luz inquieta cor de aço e lábios firmes e apertados confiram ao seu rosto estreito uma expressão enérgica. No entanto, chamar a atenção é o que essa menina estranha e nervosa mais quer. Quer sobressair em todo lugar e sempre, ser diferente dos outros; desde cedo começa a se esboçar esse traço predominante do seu caráter. Desde menina quer ser considerada algo "superior", especial, e, para isso, a pequena filha de agricultor não encontra coisa melhor do que se encher de caprichos. Assume um ar superior, inventa uma maneira de caminhar especial, introduz na conversa diversos estrangeirismos que pesca secretamente no dicionário e emprega de maneira errada; nos trajes, no porte e no comportamento mantém distância do meio demasiado "vulgar". Mas agricultores americanos não têm discernimento nem tempo para notar tais artificialidades em uma criança. Ninguém admira ou se espanta com a pequena Mary. O

* "Impossível movê-lo, assim como não se move o velho Kearsarge." Em inglês no original. (N.T.)

que, portanto, seria mais natural do que essa vontade represada de se sobressair – uma das mais fortes do século, veremos – vir a recorrer a meios mais grosseiros para se tornar visível? Todo impulso de poder que não consegue se expandir para fora rebate para dentro e rasga os próprios nervos num primeiro momento. Já antes da puberdade a pequena Mary fora acometida frequentemente por convulsões, cãibras e excitações incomuns. E, como logo percebe que tais acessos resultam em mais afeto e atenção em casa, seus nervos – consciente ou inconscientemente, as fronteiras são flexíveis – aumentam cada vez mais a quantidade de tais surtos histéricos. Ela tem ou finge (repetindo: quem pode diferenciar os verdadeiros ataques histéricos dos falsos?) surtos de pânico e alucinações agudas; de um momento para outro solta gritos lancinantes e cai no chão, como morta. Os pais supõem que se trate de um caso de epilepsia, mas o médico meneia a cabeça, duvidando. Não leva o caso muito a sério, "*hysteria mingled with bad temper*"* é o seu diagnóstico um tanto quanto irônico. E, como essas crises se repetem com frequência sem jamais se tornarem perigosas, ocorrendo estranhamente quando Mary quer fazer valer suas vontades ou não quer aceder a alguma demanda externa, até o pai, leigo em assuntos clínicos, começa a desconfiar. Quando, depois de uma cena de excitação, ela volta a cair no chão, ele a deixa deitada, sem se incomodar, e vai trabalhar. Ao voltar para casa, à noite, encontra-a tranquilamente sentada em seu quarto, lendo um livro, sem que ninguém a tivesse ajudado a se levantar.

No entanto, há algo que ela consegue com essa brincadeira dos nervos (ou melhor, deixando seus nervos brincarem), e é precisamente o que ela mais queria: uma situação privilegiada dentro de casa. Não precisa esfregar o chão, cozinhar, costurar, ordenhar as vacas como suas irmãs. Não precisa ir ao campo, como os irmãos. Já cedo é dispensada do trabalho cotidiano "vulgar" e banal das mulheres. E isso que a jovem de quinze anos consegue dos pais, a mulher madura depois imporá em toda parte e contra todos. Nunca, nem mesmo nos anos da mais amarga privação e necessidade, Mary Baker desempenhará as tarefas femininas normais do lar.

* "Histeria misturada com mau gênio." Em inglês no original. (N.T.)

Desde o início a sua vontade mais íntima e secreta consegue imprimir à sua vida uma direção "especial" e mais elevada. De todas as doenças, sem dúvida a histeria é a mais inteligente, a mais ligada ao impulso pessoal, conseguindo sempre revelar os desejos mais secretos de um indivíduo, tanto na investida quanto na defesa: por isso, não existe poder no mundo capaz de obrigar Mary Baker, essa mestra da vontade, a fazer o que ela, no íntimo do seu ser, não quer. Enquanto as irmãs se matam de trabalhar no estábulo e na lavoura, essa pequena madame Bovary lê livros, conta com os cuidados e a compaixão dos outros. É calma enquanto ninguém a contraria; mas, no instante em que alguém tenta obrigá-la a fazer qualquer coisa que não lhe agrada, começam seus acessos e os nervos entram em cena. Sob o teto paterno, essa natureza imperiosa e solipsista, que não quer se amoldar a nenhum ambiente, já não é uma boa companhia. E, como é de lei, essa vontade tirânica não cessará de produzir tensões, conflitos e crises em todos os lugares, pois Mary Baker não tolera igualdade, mas apenas submissão ao seu imenso "eu", para o qual o espaço do universo mal é suficiente.

Portanto, essa Mary Baker, aparentemente tão suave e calma, é uma companhia desagradável e perigosa. Por isso os pais, burgueses ordeiros, consideram um duplo feriado o Natal de 1843, quando o simpático comerciante Washington Glover, apelidado de "Wash", tira de sua casa a jovem de vinte e dois anos e a leva ao altar. Depois do casamento, os noivos viajam para os estados sulinos, onde Glover tem o seu negócio, e durante esse breve interlúdio de um apaixonado e jovem matrimônio com o alegre e saudável Wash não mais se ouve sobre alucinações e histerias. As cartas de Mary falam exclusivamente de felicidade incondicional e respiram saúde. Como tantas outras irmãs de destino, a vida sexual com um jovem robusto bastou para pôr em ordem seus nervos em frangalhos. Esse período bom e saudável, no entanto, dura pouco, apenas um ano e meio, pois já em 1844 a febre amarela que grassa na Carolina do Sul leva Wash Glover, em apenas nove dias. Mary Baker Glover fica numa situação terrível. O pouco dinheiro do dote se dissipou; grávida e desesperada ela está diante do ataúde do esposo em Wilmington, sem saber para onde ir. Felizmente, alguns maçons, companheiros do marido, reúnem um punhado de dólares, suficientes para despachar a viúva pelo menos até Nova York. Ali o irmão a busca, e pouco depois ela dá à luz um menino na casa dos pais.

A sorte nunca sorriu para Mary Baker. Aos vinte e três anos, a vida a joga de volta pela primeira vez ao lugar de onde partiu; depois de cada tentativa de emancipação ela acaba sempre de novo na família; até os cinquenta anos, Mary Baker só come pão dado ou mendigado, só dorme em camas estranhas e se senta a mesas alheias. Logo ela, de vontade tão férrea, sem na verdade saber o que quer, tão desmesuradamente orgulhosa sem a menor legitimação ou mérito, sempre é obrigada, com sua certeza secreta de ser alguém especial, a incomodar pessoas indiferentes que, segundo sua convicção, lhe são inferiores. Primeiro, o pai acolhe a jovem viúva, depois ela se muda para a casa de sua irmã Abigail; ali fica nove anos como hóspede cada vez mais constrangedora e desagradável. Pois, desde a morte de Wash Glover, a jovem viúva a toda hora sofre de ataques nervosos e, apesar de ser hóspede indesejada, sua irritabilidade tiraniza a casa inteira. Ninguém ousa contradizê-la para não provocar surtos; todas as portas precisam ser fechadas com cuidado, todos precisam andar na ponta dos pés a fim de não molestar a "doente". Às vezes, ela vaga pela casa, o olhar fixo como uma sonâmbula; outras vezes permanece dias e dias na cama em estado de total imobilidade, dizendo não poder andar ou ficar em pé e que qualquer movimento lhe produz dor. Apressa-se em se desfazer do próprio filho – essa alma endurecida não quer se dedicar a nenhum estranho, nem se tratando de seu próprio sangue. Seu "eu" agitado só consegue se ocupar de si próprio. Ela exige que toda a família lhe dedique a maior atenção e corra para atender a seus desejos mais esdrúxulos: tal qual *O negro do barco*, o conhecido romance de Joseph Conrad, ela deprime a família inteira pela sua mera existência passiva e fatal, pelo fato de permanecer deitada no quarto e querer ser poupada de tudo. Por fim, ela inventa uma nova mania. Descobre que só pode acalmar os nervos se for embalada em uma rede. Evidentemente, fazem de tudo para vê-la sossegada: a família arranja um sofá de balanço e os meninos de Tilton encontram uma nova maneira de ganhar dinheiro, embalando Mary Baker Glover por alguns centavos a hora. Contando assim parece grotesco, mas na realidade é terrivelmente sério. Quanto mais ela se queixa, mais se agrava o seu estado físico, pois em consequência de seu desconforto mental a saúde física de Mary Baker piora visivelmente ao longo desses nove anos. Sua fragilidade e seu cansaço assumem formas patológicas. No fim, não consegue nem mais descer a escada sozinha, os músculos já não respondem e o médico suspeita de paralisia da medula espinhal. Seja como for, em 1850 Mary Baker Glover é uma criatura sem forças, uma doente crônica, aleijada.

Até que ponto essas manifestações inegáveis de paralisia da jovem viúva são um problema físico real e até que ponto são mero produto da vontade e da imaginação? Seria preciso ter muita ousadia para responder a isso, pois a histeria, comediante mais genial do mundo patológico, consegue tanto simular a doença aparente com seus sintomas mais incríveis quanto de fato produzi-la. Simula a dor, mas contra sua vontade esse jogo pode se tornar realidade, e o histérico, que originalmente apenas quer persuadir os outros de que está doente, acaba por fim persuadindo a si mesmo. Por isso, não dá para querer diferenciar num caso de tal maneira complexo, que ocorreu há cinquenta anos, se tais crises catalépticas de Mary Baker eram realmente estados de paralisia ou apenas uma fuga nervosa para a doença. Continua sendo suspeito que, com a mera força de vontade, ela consiga controlar sua dor de uma hora para a outra. Um episódio de seus últimos anos de paralisia justifica a desconfiança: como tantas vezes, está em sua cama, imóvel, impotente, uma aleijada sem forças, quando ouve seu futuro marido gritando por socorro lá embaixo. Ele se envolveu em uma briga e parece estar sendo seriamente ameaçado pelo seu adversário. E vejam só: de um salto, a paralítica pula da cama e desce correndo a escada para acudir. Tais episódios (esse não foi o único) permitem suspeitar que Mary Baker poderia ter superado as manifestações mais rudes de sua paralisia pela simples força de vontade, mas é provável que ainda não fosse capaz de fazê-lo. Provavelmente o seu instinto egocêntrico (bem por baixo da camada da consciência) sabia que, se estivesse em estado de plena saúde, logo se exigiria que ela, hóspede, ajudasse nos afazeres domésticos. Mas ela nunca quer trabalhar com outros, para outros e ao lado de outros. E, para garantir sua autonomia, envolve-se em sua doença como em um arame farpado elétrico – sem dúvida a histeria, como em tantos outros casos, opera aqui como defesa do impulso mais íntimo do destino: a fuga para a doença. E ninguém é capaz de romper essa muralha nervosa ao redor do seu "eu" secreto; essa mulher de vontade férrea prefere destruir o próprio corpo a se dobrar à vontade alheia.

O potencial de extraordinária energia espiritual que residia já então no corpo frágil dessa mulher surpreendente fica patente em 1853. Aos trinta e dois anos, o nono de sua viuvez, aparece em Tilton um dentista itinerante, "doutor" de faculdade própria, o dr. Daniel Patterson, homem garboso de barba comprida que agrada às mulheres. Com sua exagerada elegância urbana, sempre usando fraque e cartola de seda rigorosamente alisada, esse dândi das estepes conquista sem esforço algum os corações pouco mimados das mulheres de Tilton. Mas – pasmem! – ele nem olha para as mais exuberantes, esforçadas ou ricas: a única que o enfeitiça é essa mulher pálida, adoentada, nervosa que jaz numa cama, essa aleijada. Pois, quando Mary Baker quer ser alguma coisa, pode sê-lo imediatamente, inclusive sedutora, e de sua doçura dolorosa e sorridente irradia um encanto que conquista irresistivelmente esse homem de ombros largos. E já em 21 de junho de 1853 ele pede a sua mão.

Alguma vez se viu uma mulher sendo desposada nesse estado? A noiva de Daniel Patterson está tão alquebrada que sequer consegue transpor os poucos passos até a igreja. Decidido, o robusto noivo pega nos braços a inválida e a carrega escada abaixo. Na porta da casa, ela é colocada num carro, voltando ao seu quarto como senhora Patterson nos braços do marido. Mas a carga que ele segurou com tanta facilidade agora pesa durante anos em sua vida. Não demora para o dr. Patterson descobrir a esposa complicada que arranjou: a cada deslocamento, a eterna paciente precisa ser colocada no carro e, com ela, o infalível sofá de balanço; na administração da casa, ela se revela de tal maneira incompetente que, apesar dos minguados recursos, Patterson precisa contratar uma governanta. Enquanto isso, a heroína de seus próprios sonhos "mergulha nos livros", como a biografia cor-de-rosa diz, em tom de admiração – isto é, ela passa as horas neurastênica e exausta deitada no divã ou na cama lendo romances; em lugar de mandar vir o filho do primeiro casamento que está embrutecendo em algum lugar do oeste entre pessoas ignorantes, ocupa-se com ocultismo e lê jornais, às vezes escrevinhando redaçõezinhas ou poemas sentimentais para pasquins provincianos. Pois mesmo nesse novo casamento a sua verdadeira vocação ainda não despertou. Em sua letargia impotente, sua vaidade confusa espera e sonha incessantemente com alguma coisa grande e importante, e assim um dos talentos mais geniais do século espera, desocupado porém certo de sua vocação misteriosa, pela deixa decisiva, pelo papel a ele destinado. Mas durante muitos anos, quase dez, continuará desempenhando o mesmo de sempre, o papel monótono da mulher doente, deplorável, "incompreendida", considerada incurável por todos os médicos e amigos. Bem rápido, o bom Patterson também percebe o que muitos antes e todos depois dele notaram: que não dá para ter uma vida agradável com essa déspota voluntariosa, essa mulher que só deseja ser admirada. O lar e o casamento tornam-se cada vez mais insuportáveis. Inicialmente, ele prolonga suas viagens. Por fim, a Guerra Civil que eclode em 1863 lhe oferece a oportunidade bem-vinda de sair em definitivo do casamento. Incorpora-se ao exército do Norte como médico de campanha, mas vai preso no primeiro combate e fica internado até o fim da guerra. Mary Baker Patterson volta a ficar tão só e sem recursos quanto vinte anos antes como viúva de Glover. Mais uma vez naufraga na mesma praia, outra vez cai na casa da irmã. Agora, aos quarenta anos, seu destino parece definitivamente sepultado em pobreza e obscuridade, e a sua vida, liquidada.

Mary Baker tem quarenta anos e ainda não sabe para que ou para quem vive. O primeiro marido jaz sob a terra, o segundo está a mil milhas de distância na prisão, seu filho está na casa de estranhos e ela continua vivendo de esmola em casas alheias, sem amar ninguém, sem ser amada por ninguém, a criatura mais inútil entre os oceanos Atlântico e Pacífico. Tenta em vão se ocupar. Dá aulas em escolas, mas seus nervos não lhe permitem nenhuma atividade regular, lê livros e escreve artiguinhos para jornalecos interioranos; mas seu instinto profundo sabe que tais escrevinhações não são ainda a coisa certa, não representam a essência do seu ser. Assim, vaga pela casa da irmã sem objetivo e mal-humorada, e as forças imensas e demoníacas dessa mulher enigmática permanecem muradas, profundas e invisíveis. E, quanto mais essa mulher de quarenta e um anos percebe a sua situação exterior como paradoxal, mais fermenta e ferve em seu corpo a energia vital represada e escondida, jamais libertada. Suas crises nervosas irrompem de maneira cada vez mais violenta, as convulsões e cãibras se tornam mais dolorosas, os ataques de paralisia, mais graves. Mesmo em seus melhores dias, já não consegue caminhar meia milha sem se cansar. Jaz na cama cada vez mais pálida, fraca, abatida e imóvel, um pedaço desmaiado de corpo humano, doente crônica que sente repugnância por si mesma e que se torna um peso para todos os demais. Os médicos desistiram de lutar com os seus nervos. Em vão recorreu aos experimentos mais exorbitantes, ao mesmerismo e ao espiritismo, tentando todas as ervas, todas as curas. Agora, a irmã tenta uma última cartada, mandando-a para uma estação hidroterápica em New Hampshire. Mas o tratamento ali só piora o seu estado em vez de melhorá-lo. Depois de duas aplicações não consegue dar mais um passo sequer; apavorada, declara-se irremediavelmente perdida; nenhum ser humano, nenhum médico será capaz de salvá-la! Um milagre, um autêntico milagre precisaria acontecer para transformar essa mulher inválida, de alma e corpo destroçados, de novo em um ser vivo.

É por esse milagre, esse prodigioso redentor, que Mary Baker, aos quarenta e um anos de vida até agora inútil, espera com todo o ardor de seu desespero e todas as forças de seu coração fanático.

Quimby

Há algum tempo circulam em New Hampshire rumores e notícias de milagres e de um verdadeiro curandeiro: dizem que um certo médico chamado Phineas Pankhurst Quimby é capaz de curas milagrosas e incomparáveis, graças a um novo e misterioso método. Dizem que, mesmo sem empregar massagem, nem medicamentos, nem magnetismo, nem eletricidade, esse curandeiro atinge facilmente resultados em casos onde os outros médicos e seus medicamentos fracassaram. O rumor se transforma em notícia e a notícia, em certeza. Não demora e logo acorrem doentes de todos os cantos do país em busca do milagroso doutor em Portland.

Esse lendário dr. Quimby, é bom constatar logo, não é doutor, não é um latinista erudito nem médico graduado, e sim um ex-relojoeiro de Belfast, filho de um pobre ferreiro. Artesão honesto, ativo e inteligente, consertou pacientemente Deus sabe quantos relógios, até que em 1838 um certo dr. Poyen chega para dar palestras em Belfast, apresentando pela primeira vez ao público experimentos hipnóticos. Esse médico francês, aluno de Mesmer (em todo lugar do mundo encontramos os traços desse homem extraordinário), despertou a atenção dos Estados Unidos inteiros com suas apresentações de hipnose. Nas emocionantes novelas de Edgar Allan Poe encontramos o imortal sedimento dessa curiosidade pelo "lado noturno da natureza". Pois o solo americano, de aparência seca e árida, torna-se, precisamente por não ser cultivado, o campo ideal para todos os empenhos extrassensoriais. Ali, academias eruditas e sociedades reais não rechaçam orgulhosamente, como na Europa cética dos tempos de Mesmer, os fenômenos de sugestão mais visíveis como simples "fantasia", e o espírito ingênuo e otimista dos americanos, a quem de antemão nada parece impossível, abre-se, curioso, a esses estímulos insuspeitos. Uma imensa onda espiritualista (e espiritista) segue as palestras do mesmerista francês. Em todas as cidades, em todos os povoados, vê-se e discute-se com ardor as suas apresentações. O humilde relojoeiro Quimby também faz parte do grupo das pessoas totalmente fascinadas. Não perde uma só apresentação, nunca se cansa dos enfeitiçamentos por hipnose. Em sua sede de saber, segue o dr. Poyen de um lugar ao outro, até que finalmente esse homem simpático de ombros largos, com seus olhos americanos duros e inteligentes, chama a atenção do doutor entre todos os espectadores. Ele o examina e logo constata uma inegável qualidade hipnótica ativa. Várias vezes, serve-se dele para fazer dormir os médiuns, e, espantado, Quimby identifica nessas oportunidades a sua própria capacidade – até então desconhecida – de transmitir a vontade. Decidido, o enérgico artesão larga a relojoaria e transforma suas qualidades sugestivas em negócios. E descobre um médium ideal na pessoa de um rapaz alemão de quinze anos chamado Lucius Burgmayr; unem-se – o magnetizador ativo e Burgmayr como dócil objeto de sugestão. A partir de agora, o novo doutor percorre o país com Burgmayr, como um adivinhador com o seu macaco ou o seu papagaio, praticando com ele nos povoados, nas vilas e nas cidades uma modalidade especial de tratamento médico, a terapia hipnótica vidente.

Inicialmente esse novo método terapêutico do relojoeiro Quimby se baseia na ilusão, há muito superada, do mesmerismo primitivo – a suposta capacidade de introspecção do sonâmbulo. É sabido que, logo depois da descoberta do sono hipnótico, grassou a opinião de que toda pessoa hipnotizada seria capaz de responder a qualquer pergunta, quer se tratasse do futuro ou do passado, de coisas visíveis ou invisíveis – e por que não seria capaz também de perceber a doença oculta em outra pessoa, podendo determinar suas possibilidades de cura? No lugar de um diagnóstico clínico, que precede qualquer tratamento, Quimby, convencido de sua força mediúnica, emprega o diagnóstico vidente. Seu método, na verdade, é muito simples. Começa por fazer dormir Lucius Burgmayr diante do público. No momento em que este cai em transe, o doente é trazido, e então Burgmayr, de olhos fechados, diz qual é a doença e prescreve o medicamento adequado, sempre dormindo. Ainda que esse tipo de diagnóstico nos possa parecer engraçado e menos confiável do que hemogramas e radiografias, é impossível negar que muitos doentes ficam estranhamente emocionados ao escutar da boca de um sonâmbulo, como se fosse do além, a descrição dos seus males e os remédios para eles. Em todo lugar acorrem pacientes aos borbotões e a Companhia Limitada Quimby & Burgmayr faz excelentes negócios.

Assim, depois de ter achado um truque desse naipe, bastaria ao bom "doutor" continuar empurrando sua carroça e ir em frente medicando em sociedade com o seu bravo médium. Mas Quimby, embora inculto e destituído de responsabilidade científica, no fundo não é nenhum farsante, e sim um homem honesto e honrado, cheio de curiosidade pelo extrassensorial. Não lhe basta continuar acumulando dólares mediante seu método grotesco; o velho relojoeiro, o mecânico experiente dentro dele, não sossega enquanto não descobre onde está a engrenagem mais recôndita dessas espantosas curas milagrosas. Finalmente, o acaso lhe proporciona um sinal. Mais uma vez Burgmayr, em seu transe, prescreveu um remédio a um paciente, mas esse doente é um pobre-diabo para quem o remédio profetizado é caro demais: assim, Quimby o substitui por outro, mais barato. E, pasmem!, o efeito terapêutico é o mesmo! É então que, pela primeira vez, Quimby é assaltado pela criativa suspeita de que não são nem o transe, nem a profecia hipnótica, nem os comprimidos, nem as poções que curam, e sim unicamente a fé dos doentes nesses comprimidos e nessas poções – a sugestão, ou a autossugestão, provocando sozinha a mágica da cura –, enfim ele tem a mesma experiência que, outrora, Mesmer com seu ímã mineral. Da mesma forma que Mesmer, ele afasta, num primeiro momento, o elemento intermediário – assim como o médico alemão abriu mão do ímã, Quimby abre mão da hipnose. Rompe o contrato com seu médium Burgmayr, deixa de lado toda a arte da vidência e fundamenta seu tratamento tão só na eficácia conscientemente sugestiva. O seu método de cura, chamado Mind Cure (e que Mary Baker depois transformará em Ciência Cristã, apresentando-a como sua descoberta inspirada por Deus), no fundo é muito simples. Com base em suas próprias experiências de vidência, Quimby chegou à conclusão de que muitas doenças estão enraizadas na fantasia e que o melhor modo de eliminar o mal é destruir a crença do doente em sua doença. A natureza precisa se ajudar, e o médico psicólogo existe apenas para fortalecê-la nessa autoajuda. Por isso, Quimby passa a não mais tratar seus pacientes pelo procedimento tradicional, que combate as doenças com medicamentos, e sim eliminando a ideia psicológica da doença, ou seja, dissuadindo seus pacientes de estarem doentes. No folheto de propaganda de Quimby está escrito textualmente: "Como a minha prática difere de qualquer outra prática médica, quero enfatizar que não prescrevo remédios nem trato do paciente por fora, e sim sento-me a seu lado, explicando o que eu acho de sua doença, e essa minha explicação já significa a cura. Se eu conseguir mudar a sua postura equivocada, transformo o fluido em seu sistema orgânico e restabeleço a verdade. A minha terapia é a verdade." Esse homem ingênuo, mas ponderado, tem plena consciência de que, com esse método de cura, transpôs as fronteiras da ciência, adentrando a esfera da religião. "Perguntam-me", escreve ele, "se minha prática pertence a alguma ciência conhecida. E eu respondo: não! Ela pertence a uma sabedoria que está acima dos homens e que foi ensinada há dezoito séculos. Desde então, nunca mais teve espaço no coração dos homens, mas ela está no mundo, embora o mundo a ignore." Quimby, portanto, formulou antes da Ciência Cristã essa alusão a Jesus como o primeiro *healer*, o primeiro médico da alma – naturalmente, com a diferença (e isso os hostis críticos de Mary Baker não notam) de que Quimby praticava apenas um tratamento individual, baseado no poder simpático e sugestivo de sua pessoa, enquanto Mary Baker, bem mais ousada e absurda, ampliou a negação da doença e a onipotência da fé sobre a dor para um sistema que se propõe a explicar e melhorar o mundo inteiro.

A nova prática de Phineas Quimby, embora muitas vezes mágica nos seus efeitos, não tem nada de magia. Esse homem bonachão de cabelos grisalhos e olhos claros confiáveis e firmes senta-se em frente ao doente, prende-lhe os joelhos entre os seus, fricciona-lhe a cabeça com os dedos umedecidos (últimos resquícios da influência magnético-hipnótica para fins de concentração), em seguida faz o paciente descrever seus males e se põe a dissuadi-lo obstinadamente. Não investiga os sintomas de modo científico, mas limita-se a afastá-los através da negação; não retira a sensação de dor do corpo com analgésicos, mas através da sugestão do sentimento do paciente. Um pouco simplória essa cura pela simples afirmativa de que não há dor, algo primitiva, dir-se-á. É muito cômodo negar a doença em vez de tratá-la; mas de fato há apenas a distância de um passo entre o método do relojoeiro de 1860 e o método altamente reconhecido pela ciência do farmacêutico Coué, de 1920. Não faltam êxitos ao desconhecido Quimby, como ao seu célebre sucessor: milhares de pacientes acorrem para a Mind Cure, e Quimby acaba obrigado a introduzir até tratamentos à distância através de cartas e circulares, os chamados *absent treatments*, pois o seu consultório não dá conta da quantidade de pacientes e a fama do doutor começa a se propagar muito além do município.

As notícias dessa prodigiosa Science of Health do ex-relojoeiro Quimby já haviam chegado há anos até o casal Patterson em seu pequeno vilarejo no estado de New Hampshire. E no dia 14 de outubro de 1861, pouco antes de sua partida para os estados do Sul, o "doutor" (ou melhor: "não doutor") Patterson escreve para o médico milagroso, perguntando se pode ir a Concord. "Há vários anos, a minha mulher está entrevada devido a uma paralisia da medula, só consegue sentar de lado, e gostaríamos de experimentar a sua maravilhosa energia." Mas a imensa clientela não permite ao doutor famoso esse tipo de viagem, e ele recusa educadamente. No entanto, Mary Baker se aferra renhidamente a essa última esperança de salvação. Um ano mais tarde – Patterson já está preso pelos exércitos sulinos – a doente acamada manda mais um sinal de S.O.S., ainda mais fanático e intenso, perguntando se Quimby não poderia vir para "salvá-la". Ela (que mais tarde riscará de todos os seus escritos o nome de Quimby) escreve textualmente: "Antes de mais nada, preciso vê-lo pessoalmente! Tenho plena confiança em sua filosofia, tal qual apresentada em suas circulares. O senhor poderia me visitar? Morrerei se não puder me salvar. A minha doença é crônica, já não consigo me virar, ninguém é capaz de me mover a não ser o meu marido. Sou vítima das dores mais terríveis, por favor me ajude! Perdoe os erros desta carta, escrevo na cama e sem condições adequadas." Mais uma vez, Quimby declina, e a mulher desesperada, agora em sua clínica hidroterápica, escreve pela terceira vez para saber se pode ousar fazer a viagem. "O senhor acredita que minha confiança seja suficiente para viajar, o senhor imagina que eu seja capaz de chegar à sua casa sem morrer em consequência da viagem? Estou tão excitada que espero ainda poder chegar com vida. Mas a pergunta é se a sua ajuda bastará para me reanimar." A esse apelo desesperado, Quimby responde que ela deve empreender a viagem sem preocupação.

Agora falta apenas uma coisa: o dinheiro para a viagem. Abigail, a irmã que sempre foi generosa, não sente a menor confiança nesse obscuro curandeiro que, sem intervenções cirúrgicas ou tratamento, cura apenas *by mind*, ou seja, pela mente. Está definitivamente farta das eternas loucuras da irmã. Severa, declara que não dará um centavo sequer para uma farsa tão evidente. Mas, quando Mary Baker, a obstinada, quer alguma coisa, derruba qualquer obstáculo. Recorre a amigos, a conhecidos e a estranhos para pedir dinheiro emprestado. Finalmente, junta o resgate, o dinheiro da libertação, finalmente ela pode comprar uma passagem para Portland no fim de outubro de 1862. Sabe-se apenas que conseguiu chegar, abatida e alquebrada, à cidade estranha. O mais lógico e natural seria descansar um pouco antes do exame médico. Mas essa alma selvagem não se permite nenhum descanso, a grande fanática consegue reunir energias desmedidas quando quer alguma coisa. Cansada, exausta, empoeirada, ela se arrasta diretamente da estação até o International Hotel, onde o dr. Quimby instalou o seu consultório, e suas forças vão até o primeiro lance de escada. Dali, não consegue passar. Criados e outros ajudantes casuais carregam e arrastam escada acima a mulher pálida e seca. A porta se abre, o corpo indefeso é empurrado para dentro; impotente, ela cai na poltrona – uma inválida em frangalhos. Suplicante, dirige seu olhar amedrontado ao homem grisalho manso, que se senta a seu lado, acariciando suas mãos, suas têmporas e dizendo-lhe suaves palavras de consolo.

E uma semana mais tarde – ó milagre! – a mesma Mary Baker, esse aleijão desenganado por todos os médicos, está completamente curada. Flexíveis e frescos, os músculos, os tendões e os membros lhe obedecem. Consegue andar e correr, sobe brincando os 110 degraus da torre da cidade de Portland, fala, pergunta, jubila – uma mulher radiante, rejuvenescida, quase bonita, tremendo de vontade de agir e cheia de uma nova energia, sem igual mesmo em sua pátria, os Estados Unidos. Uma energia que não tardará a subjugar milhões de pessoas.

Psicologia do milagre

Como a cor azul despenca do céu em pleno dia claro? Como pôde acontecer tal prodígio, contrariando todas as regras médicas, todo o bom senso? Em primeiro lugar, acredito, pela incondicional predisposição de Mary Baker para o milagre. Da mesma forma que o raio não cai simplesmente da nuvem, precisando para isso de uma carga especial e de uma tensão polar da atmosfera, assim o milagre, para se realizar, sempre exige uma determinada predisposição, um estado anímico de tensão nervosa e mística; nunca acontece com alguém que já não o esteja esperando ansiosamente, há muito tempo, em seu íntimo. É sabido que "o milagre é o filho predileto da fé", mas mesmo esse tipo de fecundação intelectual demanda uma polaridade como a que existe entre macho e fêmea. Se a fé é a mãe, então com certeza o desespero é o pai do milagre: somente através do casamento entre uma esperança ilimitada e a total falta de perspectiva é que o milagre consegue se materializar na Terra. Naquele dia de outubro de 1862, Mary Baker está no auge do desespero. Phineas Quimby é sua última cartada e os poucos dólares em sua bolsa são o seu último recurso. Está consciente de que, se esse tratamento não tiver êxito, não há mais esperança para ela. Ninguém mais lhe emprestará dinheiro para novas tentativas e ela terá que seguir em frente, paralítica irremediável, malquista por todas as pessoas, um peso para a família e repugnante para si mesma. Se o doutor não a salvar, ninguém mais a salvará. Por isso, sente-se possuída pela confiança quase demoníaca do desespero, a força de todas as forças; de um só golpe, arranca de seu corpo alquebrado aquele poder elementar da alma que Mesmer chamou de "vontade de ter saúde". Em suma: ela se cura porque o seu instinto reconhece a última possibilidade de cura na Terra; o milagre acontece porque precisa acontecer.

Além disso, essa prova desafia finalmente a mais recôndita disposição psicológica de Mary Baker. Desde a sua primeira juventude, essa filha de agricultor americano, assim como sua irmã ibseniana, esperava pelo "maravilhoso". Sempre sonhou que através dela e dentro dela algum dia se produziria algo de extraordinário, que todos os seus anos perdidos não tinham sido mais do que o prenúncio do gozo desse instante mágico. Desde os quinze anos, vivia no delírio de que o destino previra algo especial para ela. Agora se acha diante da prova. Caso fracasse e saia mancando, será motivo de zombaria por parte da irmã, exigirão de volta o dinheiro emprestado e sua vida terá acabado definitivamente. Caso se cure, terá sido um milagre e – sonho desde a infância! – será admirada. Todos quererão vê-la, falar com ela, finalmente o mundo se interessará por ela, e pela primeira vez não por piedade, e sim com um olhar de admiração, por ter superado sua doença de um modo mágico e sobrenatural. Por isso, entre as milhares de pessoas ávidas por ajuda nos Estados Unidos que ao longo de vinte anos recorreram ao mágico Quimby, nenhuma esteve tão predisposta a uma cura pela via psíquica como Mary Baker.

Aqui confluem de forma impetuosa, portanto, uma grande vontade de curar por parte do médico e um apaixonado e titânico desejo de se curar por parte da paciente. Por isso, na verdade, desde o primeiro encontro a cura já se consumou. Já a maneira como esse homem tranquilo, sério e gentil olha para ela com seus olhos cinzentos e pacíficos a acalma. E também a tranquiliza a sua mão fria, que ele passa magneticamente em sua testa, e sobretudo o fato de que ela pode lhe falar de sua doença, de que o seu caso o interessa. Pois é por isso que essa "doente incompreendida" anseia. Durante anos, estava acostumada a que as pessoas à sua volta contivessem a vontade de bocejar quando ela falava do seu sofrimento; agora, pela primeira vez, está sentada vis-à-vis com alguém que o leva a sério, e sua ambição é afagada pelo fato de que ele quer curá-la mediante um princípio espiritual e que finalmente uma pessoa procura energias psíquicas e espirituais em sua personalidade desacreditada. Com muita fé, escuta as explanações de Quimby, devora suas palavras, pergunta e deixa que ele pergunte. E, com o apaixonado interesse por esse método espiritual novo, esquece a própria doença. Seu corpo se esquece de ficar paralítico ou de produzir paralisia; seu estado convulsivo se descontrai; o sangue lhe corre pelas veias mais veloz e vermelho; a febre de sua exaltação se transmite aos órgãos exaustos em forma de aumento da vitalidade. Mas o bom Quimby também tem motivos para se surpreender. Acostumado a ver seus pacientes – geralmente trabalhadores e operários rudes – cedendo à sua sugestão de boca e alma escancaradas e lhe deixando alguns dólares depois de encontrar o alívio sem pensar mais nele ou em seu método, vê-se agora de repente diante de uma mulher especial, literata, "autora", que absorve suas palavras com avidez por todos os poros. Enfim uma paciente não fleugmática, e sim curiosa e apaixonada, que não apenas quer sarar logo, mas também compreender por que e como se curou. Isso agrada bastante ao bravo e ambicioso relojoeiro, que há anos luta com seriedade, honestidade e em solidão pela sua "ciência" e que também nunca encontrou ninguém na Terra para conversar sobre suas ideias confusas e estranhas. Eis que um bom vento lança na sua casa essa mulher que transforma imediatamente toda a sua força vital reconquistada em interesse espiritual. Pede que ele lhe conte tudo, seu método, seu tratamento, pede para ler suas anotações, seus registros, seus manuscritos, em que ele esboçou – de maneira ainda rudimentar – suas teorias vagas. Mas para ela esses papéis são reveladores. Ela copia (detalhe importante) uma por uma, página por página, principalmente o escrito chamado "Perguntas e respostas", que forma a quintessência do método e da experiência de Quimby; pergunta, discute, tira do bom Quimby tudo o que ele tem a dizer. Com a intempestividade que lhe é particular, envolve-se com suas teorias e seus pensamentos e suga deles um entusiasmo selvagem e fanático. E é esse entusiasmo de Mary Baker pelo novo método terapêutico que gera nela a nova saúde. Pela primeira vez essa natureza egocêntrica – que nunca se envolveu com nada ou ninguém, cujo erotismo foi deslocado por uma autoestima exagerada, cujo instinto maternal foi sufocado por sua obstinação obsessiva – sente agora uma verdadeira paixão, uma paixão espiritual. E uma paixão elementar sempre revelou ser a melhor válvula de escape para as neuroses. Foi só porque Mary Baker até então não soube controlar seus nervos em trajetórias claras que seus nervos tomaram conta dela de forma tão maligna. Mas agora ela sente a sua fragmentada e represada vontade de viver pela primeira vez de tal forma concentrada que não tem mais tempo de pensar em nada, não tem mais tempo para a sua doença – e, no momento em que não tem mais tempo para a doença, esta desaparece. Libertada, a sua força vital represada pode agora ser descarregada em atividades criadoras: aos quarenta e um anos, Mary Baker finalmente descobre a sua missão. Desde esse mês de outubro de 1862, essa existência descontrolada e confusa ganha pela primeira vez um rumo e um sentido.

Uma piedosa euforia toma conta desse Lázaro ressuscitado: a vida lhe parece maravilhosa desde que voltou a ter um sentido. E esse sentido, a partir de agora, é contar a todos sobre si e a nova doutrina. Ao voltar para casa, é uma nova mulher diante de seu velho mundo. Tornou-se interessante, afinal. E enfim todos prestam atenção nela. Todas as pessoas a olham com espanto, e o vilarejo inteiro não fala de outra coisa senão de sua cura milagrosa. "Para todos os que me veem agora e que já me conheciam", escreve ao mestre, em tom de júbilo, "sou um monumento vivo do seu poder. Como, bebo, sou feliz e me sinto como uma prisioneira libertada." Mas não basta a essa alma insaciável a admiração das irmãs e tias, dos parentes e dos vizinhos – não, o país todo, o mundo inteiro precisa saber da mensagem e do homem milagroso de Portland! Ela não consegue pensar ou falar de mais nada. Aborda seus conhecidos e estranhos na rua com relatos apaixonados, faz palestras públicas sobre os "princípios de cura" do novo salvador, e no pasquim local, o *Portland Courier*, publica um relato entusiasmado de sua "ressurreição". Afirma que todos os tratamentos fracassaram, magnetismo, água gelada, eletricidade; que todos os médicos desistiram porque não identificaram o novo princípio genial de cura. "Os que trataram de mim acreditavam que existia uma doença independente da mente. Assim, eu não podia ser mais sábia do que meus mestres. Mas, agora, pela primeira vez compreendo o princípio que rege as obras de dr. Quimby e, à medida que compreendo essa verdade, a minha cura prossegue. A verdade que ele transmite para o corpo do doente o cura sem que este perceba, e a partir do momento em que o corpo se enche de luz, deixa de ficar doente." Em seu entusiasmo exagerado e fanático, não hesita em comparar o novo salvador Quimby com Jesus Cristo. "Cristo curava os doentes, mas não com charlatanices e remédios. E, como Quimby fala e cura como nenhum outro desde Jesus Cristo, ele não se torna uno com a verdade? E não é Ele que vive dentro dele? Quimby empurrou a pedra do sepulcro do erro para que a saúde ressurja – mas sabemos que a luz brilha na escuridão e que a escuridão não compreende."

Ao pasquim concorrente, o *Portland Advertiser*, essa comparação parece um tanto quanto blasfema, em se tratando de um velho relojoeiro. E, assim, o jornal se apressa em espargir sal nessa fermentação de uma mente fanática. As pessoas já começam a sacudir a cabeça, duvidando dessa insensata sonhadora. Mas zombarias e escárnios, incredulidade e dúvida, todas essas resistências à razão desperta já não têm mais poder sobre a alma arrebatada de Mary Baker. Quimby, Quimby, Quimby e a cura pelo espírito! Durante anos, essa segue sendo sua única ideia, sua única palavra. Nenhum dique da razão consegue deter essa torrente. A pedra começou a rolar e se transformará em uma avalanche.

Paulo entre os gentios

O homem mais forte é sempre aquele que tem uma única ideia. Pois tudo o que nele se armazenou em força, energia, vontade, inteligência e tensão nervosa ele emprega unicamente nessa direção, produzindo um impacto ao qual o mundo raras vezes resiste. Mary Baker é uma dessas típicas monômanas da história do intelecto: a partir de 1862, não tem senão uma única ideia, ou melhor, é possuída por essa ideia. Não olha para a direita e nem para a esquerda, caminha só em frente, sempre em frente, numa única direção. E não irá se deter enquanto essa ideia da cura pelo espírito não conquistar o seu país e o mundo.

É bem verdade que ela ainda nem sabe ao certo, naquele momento de euforia inicial, o que quer conseguir e realizar. Ainda não tem um sistema, uma doutrina – isso só se formará mais tarde: conta apenas com um sentimento fanático de gratidão, como se tivesse recebido a missão de anunciar o apostolado de Quimby na Terra. Mas basta essa intenção, a concentração da vontade, para transformar completamente o corpo e a alma dessa mulher displicente, eternamente acamada, convulsiva. Seu porte se enrijece, seus nervos convergem para uma energia orientada, da tímida neurastênica irrompe irresistivelmente a personalidade poderosa e, com ela, uma série de talentos ativos. Da noite para o dia, uma mulher sentimentalmente imatura se tornou uma escritora enérgica e habilidosa; a mártir cansada, uma oradora exaltada; a sofredora doente, uma agitadora ardorosa em prol da saúde. E, quanto mais poder conquista, mais poder e influência ambicionará essa criatura insaciável; mais viva e vital e ativa aos cinquenta e sessenta anos do que aos vinte e aos trinta.

Uma pessoa não parece muito encantada com essa espantosa transformação: o marido retornado do campo de prisioneiros de guerra, dr. Patterson. Já antes não lhe agradava especialmente viver sob o mesmo teto com uma histérica nervosa, voluntariosa, que requeria atenção contínua e vivia na cama, mas isso ele tolerara com paciência. Diante da mulher curada, cheia de autoestima, da profetisa fanática e mulher-apóstolo, ele recua, com medo. Prefere pagar pensão vitalícia de duzentos dólares por ano, abrindo mão de qualquer convivência. Depois de algumas brigas violentas, desaparece para sempre do casamento e pede o divórcio. A biografia cor-de-rosa naturalmente encobre esse episódio delicado, explicando a desavença em um tom salmódico e moralista: "Não era tarefa fácil guiar seu belo e inculto marido, cuja natureza almejava por bons pratos de carne, pelas plumas e os paetês do mundo sentimental e que pouco se impressionava com a luz e a graça." Mas é curioso: nem a irmã, durante tantos anos solícita, parece notar algo da "graça" e da "luz" de "Mother Mary". Ela também não suporta mais o comportamento dominador e autoritário da mulher tão repentinamente curada. Acontecem cenas violentas que acabam obrigando Mary Baker a buscar outro lugar para morar. Desde aquele dia, as duas irmãs nunca mais se encontraram. A impaciente Mary rompe assim o último laço com a família.

Aos cinquenta anos Mary Baker voltou a ficar só no mundo.* Enterrou o primeiro marido, o segundo a deixou, seu filho vive em algum lugar a milhas de distância. Está só na vida, sem dinheiro, sem profissão, sem atividade; não admira que sua pobreza logo se torne horrível. Muitas vezes, não consegue nem pagar pontualmente o dólar e meio de aluguel semanal em sua hospedaria miserável, durante anos não pode comprar um vestido, um chapéu, luvas. Precisa juntar os centavos para fazer a menor despesa. Durante anos, antes de experimentar a ascensão mais grandiosa de uma mulher no século XIX, essa batalhadora inflexível pelo absurdo precisa despencar para as humilhações mais vis, para a miséria mais profunda da vida.

---

* O autor erra nas contas: Mary Baker tem aqui pouco mais de quarenta anos. (N.T.)

Tentar se refugiar na casa de alguém – ou, digamos com mais clareza, ser parasita – é a única salvação que Mary Baker tem para não morrer de fome, uma vez que continua rejeitando com a mesma obstinação arrogante qualquer possibilidade "banal" de trabalho doméstico. Em todos esses anos de miséria, ela nunca viveu de outra coisa além do seu trabalho intelectual e nunca para outra coisa senão sua ideia. E nada demonstra melhor o seu gênio psicológico e a irresistível força sugestiva de seu ser do que o fato de que, apesar disso, em todos esses anos de "caminho espinhoso" (é como o evangelho oficial chama esses anos de errância) sempre encontra beneméritos voluntários que convidam essa apátrida para a sua casa, cheios de veneração. São quase exclusivamente pessoas pobres, de dinheiro e de espírito, que por um tocante amor pelo "elevado" percebem o convívio com essa estranha profetisa como dádiva e retribuem com comida e bebida. No mundo todo, em toda cidade, todo povoado, toda vila do nosso globo terrestre existe a mesma espécie (muito simpática) de gente com um abafado sentimento religioso que, em meio ou à margem de sua profissão cotidiana, é tomada pelo mistério da existência – pessoas que se orientam pela fé, mas não têm força suficiente para criar uma fé para si. Essa espécie de criaturas em geral puras, só que algo frágeis, todas ansiando inconscientemente por um mediador pelo qual querem ser guiados e conduzidos, sempre foi e continua sendo o melhor solo para todas as seitas e doutrinas neorreligiosas. Não importa se são ocultistas, antropósofos, espíritas, adeptos da Ciência Cristã, intérpretes da Bíblia ou seguidores de Tolstói, todos estão ligados por uma vontade metafísica uniforme, uma nostalgia obscura por um "sentido mais elevado"; por isso, todos se tornam discípulos gratos e fiéis de qualquer pessoa, farsante ou não, que aumente a força mística e religiosa dentro deles. Tais pessoas surgem em todo lugar, tanto nas estepes das planícies quanto nas mansardas das grandes cidades, nas vilas cobertas de neve dos Alpes e nas aldeias da Rússia, e é entre o povo americano, supostamente tão realista, que existem mais dessas células religiosas, pois, numa renovação constante, a austera doutrina protestante gera ali novas e florescentes seitas. Milhares, centenas de milhares de crentes, para os quais a Bíblia ainda significa o principal e único livro e sua interpretação é o real sentido da vida, vivem ainda hoje nas metrópoles ou espalhados pela imensa superfície do país.

Junto a essas personalidades místico-religiosas Mary Baker sempre encontra abrigo durante seus anos de pobreza. Ora é um sapateiro que, à noite, cansado de seu trabalho mecânico e embrutecedor na fábrica, quer aprender algo "mais elevado" e interpretar com alguém as palavras da Bíblia. Ora é uma velha ressequida que treme ao pensar na morte e para quem qualquer mensagem sobre a imortalidade já representa um consolo. Para essas pessoas ingênuas, que oscilam entre o espírito e a matéria comprimidas em um ambiente tacanho, o encontro com Mary Baker se torna um acontecimento. Escutam-na com devoção e incompreensão quando, sentados à modesta mesa de jantar, ela lhes fala de curas maravilhosas. E olham com veneração quando, depois, some em seu cubículo no sótão para passar a noite inteira escrevendo sua misteriosa "bíblia" à luz trêmula de uma lamparina de petróleo. Impossível fazer menos por uma mensageira da palavra espiritual sem lar nesta Terra do que lhe oferecer uma cama sob um teto, uma mesa para o trabalho e um prato para que não passe fome. Como os monges piedosos da Idade Média, como os peregrinos russos, Mary Baker vai de casa em casa naqueles anos; e nunca essa mulher demoníaca centrada em si se sente desonrada ou devedora por esse acolhimento, nunca tem a sensação de estar recebendo uma esmola. Durante esses anos de dependência, ninguém nunca a viu de cabeça baixa ou humilhada em seu amor-próprio.

No entanto, ela não consegue permanecer muito tempo em nenhum lugar. Entre ricos ou pobres, em sótãos ou mais tarde em sua mansão de mármore, em tempos de privação ou de opulência, com a família, com amigos ou com estranhos, em todos os lugares cumpre-se depois de pouco tempo a trágica lei de sua existência, ou seja, que qualquer comunhão com outros explode devido à sobrecarga de tensão de sua vontade. Invariavelmente, sua postura dominadora, sua obstinação tirânica gera irritações por toda parte. O conflito com o mundo é o seu destino; a discórdia com as pessoas é a consequência inevitável de sua estranha presunção. Assim é que sua veia demoníaca a obriga a correr de porta em porta, de cidade em cidade, mas cada vez mais longe! Durante algum tempo, em sua odisseia através de todos os mares da miséria encontra refúgio na casa de um certo Hiram Graft em Lynn. De dia, ele é um sapateiro que remenda saltos, de primeira qualidade. À noite, um sonhador e metafísico da escola de Jakob Böhme e Hans Sachs. Ela já conseguiu entusiasmá-lo a tal ponto pela sua divina doutrina de cura que ele pensa em largar a sapataria e publica um grande anúncio no jornal, informando que ele, dr. Hiram Craft, é capaz de curar todas as doenças por um novo método, dispondo-se a devolver o dinheiro a qualquer pessoa com quem não conseguir o resultado desejado. Mas a honorável esposa do futuro doutor, que continua limpando fogão, preparando refeições, costurando e limpando sapatos, enquanto a intrusa metafísica se recusa altivamente a prestar qualquer tipo de ajuda, começa a suspeitar que essa velha mirrada possa querer lhe roubar o marido com tal maldita insensatez. Assim, bate na mesa e exclama: "Ela ou eu!" E, da noite para o dia, Mary Baker volta para a rua, desabrigada. No que acontece agora não acreditaríamos nem num romance. Novamente despojada de mesa e cama, Mary Baker não conhece ninguém que queira acolhê-la. Não pode pagar por uma pensão, rompeu com sua família, nunca soube fazer amigos de verdade. Assim, com a ousadia do desespero, dirige-se a uma mansão onde mora uma senhora idosa chamada Sarah Wentworth, conhecida no lugar como louca e espírita. Bate à sua porta. Sarah Wentworth abre pessoalmente e pergunta o que ela quer. Mary Baker responde que o grande espírito a mandou procurá-la porque essa é uma casa pura e harmoniosa, *a nice harmonious house*. Pode uma boa espírita deixar na rua alguém enviado pelo espírito? Portanto, Sarah Wentworth responde simplesmente: "Glória a Deus! Entre!" E acolhe por uma noite a forasteira. Mas Mary Baker não fica só uma noite; passa ali dias e semanas, apodera-se da senhora idosa através da ardente eloquência de suas palavras, do fogo de seu temperamento. Também aqui o marido tenta expulsar a intrusa, mas não consegue (e quem conseguiria?) ir contra a vontade de Mary Baker; até que, muitos meses depois, o filho vem acudir os pais. De volta a Amesbury, encontra a casa dos pais transformada em manicômio espírita e o pai desesperado. O sangue logo lhe sobe à cabeça; rude e sem muita cerimônia, diz a Mary Baker que vá para o diabo. A princípio ela resiste, pois já se sente dona da casa. O jovem Wentworth, no entanto, é um rapaz sólido, nada espiritualizado. Não se preocupa muito com seus protestos, mete suas coisas num baú de madeira, coloca-o nas costas e o deixa no meio da rua; e é lá que Mary Baker volta a estar sozinha e sem refúgio numa noite de chuva torrencial. Pingando, bate à porta de outra espírita, a costureira miss Sarah Bagley; ali obtém um pouso durante um período breve, depois continua, sempre igual. Mas em nenhuma das famílias em que encontra abrigo consegue ficar mais tempo, pois sempre há um marido, um filho que expulsa a hóspede autoritária. E esse terrível martírio de casa em casa, de porta em porta, dura quatro longos anos.

O que Mary Baker sofreu em humilhação humana nesses quatro anos, isso é omitido tanto na sua autobiografia quanto na obra oficiosa – lamentavelmente! Pois é justo a postura firme de Mary Baker nos tempos de pior miséria que lhe confere grandeza humana. E nada prova melhor a firmeza do seu caráter, sua determinação raivosa, do que essa santa cólera, que a torna absolutamente insensível às exigências e às reprimendas das pessoas. O seu "eu" interior está de tal forma preenchido e saturado de sua própria ideia que não tem espaço nem sentimento para mais nada. Embora acossada por todos os cães, torturada por problemas financeiros, não interrompe um só dia seu fanático pensar e repensar, sempre remoendo o mesmo pensamento. Por todas as ruas arrasta em sua ridícula sacola de viagem pequeno-burguesa as folhas já amareladas e rotas de seu precioso manuscrito; escreve dia e noite, mudando e corrigindo cada página com a alucinada obsessividade que há de provocar admiração incondicional em todo artista ou intelectual. Centenas de vezes leu esses textos a sapateiros, serralheiros, operários e senhoras idosas, sempre na esperança de que seu pensamento agora esteja palpável e sua doutrina de fé, inteligível. Mas não encontra ninguém capaz de compreendê-la realmente.

Aos poucos, essa gestação opressiva de uma ideia inacabada se converte em tortura. O fruto, ela o sente, está maduro e quer sair, mas apesar de todas as loucas convulsões e tensões ela não consegue lançá-lo ao mundo. Pois por um misterioso autoconhecimento ela sabe que a arte de curar lhe está vedada. Tornar-se um curador, um *healer*, um *practitioner* requer calma, tranquilidade, paciência, aquela energia uniforme, sempre bondosa, irradiadora de calor que ela própria conheceu de maneira exemplar em seu mestre Quimby. Ela, porém, agitada por excelência, não consegue acalmar. Só consegue excitar, inflamar, infundir espírito ao espírito, e não arrefecer ardores de febre ou amenizar dores verdadeiras. Assim, é preciso encontrar outra pessoa, uma testemunha, um mediador, assistente, um princípio viril que transforme sua doutrina espiritual em ação. E ela busca apaixonadamente, durante muitos anos, por essa pessoa a quem possa infundir o hálito quente de sua fé para que ela execute suas ordens com calma e frieza. Mas em vão! O estúpido sapateiro Hiram Craft, em cujo cérebro modorrento conseguiu meter seus truques à custa de muito esforço, preferiu ficar com sua mulher parva; os outros a quem tentou transferir suas energias, Sarah Bagley e mrs. Crosby, revelaram ânimos fleugmáticos e nada do elã santo da convicção – e, com isso, da persuasão. Nessas casas proletárias e pequeno-burguesas ela não encontrou o mediador. Assim, busca novas dimensões e anuncia no dia 4 de julho de 1868 na revista espírita *Banner of light*, entre obscuros adivinhos, videntes, sectários, astrólogos e cartomantes, sua primeira oferta pública de transmitir, contra pagamento, o grande segredo da terapia psíquica a quem queira. Esse apelo histórico, a primeira fanfarra de uma guerra até hoje inacabada, merece ser reproduzida aqui em sua forma original:

> *Any person desiring to learn how to teach the sick, can receive from the undersigned instruction, that will enable them to commence healing on a principle of science with a success far beyond any of the present modes. No medicine, electricity, physiology or hygiene required for unparalleled success in the most difficult cases. No pay is required unless the skill is obtained.*
> *Address mrs. MARY B. GLOVER*
> *Amesbury. Mass. Box 61.**

* "Qualquer pessoa que deseje aprender como se educa os doentes poderá receber da abaixo-assinada instruções que a capacitará a começar a curar segundo um princípio da

Mas, segundo consta, ninguém respondeu. E mais uma vez transcorrem doze, vinte e quatro meses dessa vida ainda aparentemente inútil.

Por fim, aos cinquenta anos, ela consegue encontrar alguém. Ainda é muito jovem esse João Evangelista, mal completou vinte e um anos. Operário em uma fábrica de cartonagem, chama-se Richard Kennedy. Para seus objetivos, ela teria preferido um homem mais firme, mais velho e imponente. Mas já se passaram três quartos de sua vida, não resta muito tempo para esperar e escolher. E como os adultos não a escutam, como todos, muito sábios, cautelosos e calculistas, zombam de seus planos ousados, ela aposta sua última carta nesse jovem. Dois anos antes, ela o conhecera na casa de mrs. Wentworth, e o rapaz modesto chamara a sua atenção, pois era o único a escutar com devoção quando ela falava de sua doutrina (e ela não sabe falar de mais nada, dia após dia, noite após noite). Talvez o rapaz insignificante tenha compreendido tão pouco quanto todos os outros quando essa mulher estranha e fanática falava de "mente" e "matéria" com os lábios velozes e ardentes. Mas pelo menos ouvira com devoção, e ela se sentiu feliz: eis aqui um jovem, o primeiro que acredita nela e em sua doutrina. Agora que ele tem vinte e um anos e ela cinquenta, ela o surpreende com a proposta de que ele abra um consultório baseado em seu novo e infalível método. Naturalmente, o pequeno operário não recusa. Para ele, deixar o avental da fábrica e se transformar sem qualquer esforço acadêmico em um médico universal não representa nenhum risco – ao contrário, sente-se altamente honrado. Antes que essa insólita dupla saia para conquistar o mundo, eles ainda assinam depressa um trato comercial bem definido: Mary Baker se compromete a ensinar sua "ciência" a Richard Kennedy e ele, por sua vez, promete cuidar de sua subsistência e repassar para ela metade da receita de seu consultório. Portanto o primeiro documento histórico da Ciência Cristã é uma folha de papel carimbada a respeito de uma partilha de lucros em partes iguais. E, desse momento em diante, o

ciência com sucesso bem além de qualquer das maneiras atuais. Não se requer remédios, eletricidade, fisiologia ou higiene para um êxito sem igual nos casos mais difíceis. Pagamento só depois de obtido o resultado." Em inglês no original. (N.T.)

princípio metafísico e o material, Jesus Cristo e o dólar, permanecem indissoluvelmente unidos na história dessa doutrina terapêutica americana.

Em seguida, fazem a maleta – contendo todos os seus bens – e juntam como podem o dinheiro para o primeiro mês. Não se sabe muito bem de quanto foi esse capital inicial do consultório, talvez vinte, trinta ou cinquenta dólares, mas não muito mais. Com esse mínimo mudam-se para a pequena cidade vizinha de Lynn, uma senhora grisalha e um rapaz quase imberbe. E assim começa uma das aventuras mais insólitas do espírito, um dos movimentos mais amplos dos tempos modernos.

Retrato

Agora que Mary Baker finalmente sai para a claridade, depois de anos passados à sombra em casas de fazenda e sótãos, lancemos um rápido olhar em seu rosto. Figura alta e magricela, dura e ossuda, lembra com suas linhas rígidas e másculas outra mulher de vontade férrea do nosso século, Cosima Wagner. Seus gestos são intempestivos: o andar brusco, impaciente, mãos que gesticulam nervosas e, na discussão, a nuca que se retesa, imperiosa, como se estivesse usando elmo e espada. De feminino, essa criatura só tem os cabelos castanhos abundantes, repartidos sobre a testa lisa e caindo ondulados até as costas – fora isso, nenhum traço de ternura ou suavidade. Essa consciente tendência ao másculo e monástico é enfatizada ainda pela roupa. Abotoada até o pescoço com severidade puritana e provida de uma espécie de gola de pastor, essa batina artificial oculta todas as formas femininas atrás de um negro impiedoso ou um cinza indiferente, e como único adorno, inibindo tudo o que é sensual, um grande crucifixo dourado. É difícil imaginar uma mulher de aparência tão rígida sendo alguém que se derrete em sensibilidade e carinhos maternais, assim como é difícil imaginar algum traço de alegria ou de sonhador abandono nesses olhos estranhamente redondos e de um cinza profundo. Tudo nessa figura de régia altivez e, ao mesmo tempo, de uma rigidez de governanta expressa avanço, vontade de poder, ímpeto, energia represada e concentrada. Mesmo na fotografia, quem a olha sente o olhar sugestivo e autoritário dessa americana pregado forte e perigosamente em si.

Segura de si e altiva, assim aparece (ou se obriga a aparecer) Mary Baker quando olha para a lente fotográfica, quando fala ao público, quando se sente observada. Como era de verdade, sozinha no quarto, isso só podemos intuir através de relatos confidenciais. Pois atrás dessa máscara de aço, dessa testa lisa e ossuda, vibram nervos especialmente quentes, terrivelmente tensos e excitados: a mesma pregadora que, em salões imensos, consegue infundir fé salvadora e nova energia vital a milhares de doentes e desesperados é sacudida por convulsões atrás de portas fechadas, uma neurastênica alucinada por visões angustiantes. Aqui, uma vontade férrea se retesa sobre nervos finos como teia de aranha. A menor vibração já põe em perigo esse organismo hipersensível. A menor influência hipnótica paralisa a sua energia, uma dose infinitesimal de morfina basta para adormecê-la, e essa heroína e santa vira presa de demônios terríveis: os vizinhos acordam sobressaltados à noite com seus gritos agudos de socorro e precisam tranquilizar a perturbada criatura com toda sorte de remédios secretos. Volta e meia, é acometida por estranhos surtos. Com o olhar perdido, vaga pelos quartos e descarrega o seu sofrimento místico em selvagens gritos e convulsões – um sofrimento que ninguém compreende, muito menos ela própria. Típico para ela e muitos médicos da alma: a feiticeira que levou a cura para milhares nunca conseguiu se curar completamente.

Mas só atrás de portas fechadas, no mais recôndito conventículo, aparece o que há de patológico em sua natureza. Só os adeptos mais fiéis conhecem o preço trágico que ela pagou durante anos por sua postura férrea, por sua firmeza e impavidez exteriores. Pois no mesmo instante em que aparece em público, concentra-se de um golpe a sua dispersão: sempre que a sua força primordial e sua desmedida vontade de aparecer devem entrar em cena, sua mente dispara uma energia ardente para músculos e nervos, assim como a corrente elétrica para o filamento de carbono da lâmpada, inundando todo o seu ser com uma luz fascinante. Quando sabe que precisa dominar os outros, domina a si própria e se transforma em dominadora: assim como a sua inteligência, seus dotes de oradora, sua literatura e sua filosofia, a influência impressionante de sua aparência exterior não é um presente da natureza e sim produto da vontade, triunfo da energia psíquica criadora. Sempre que quer conseguir algo, derruba as leis da natureza em seu corpo. Autoritária, rebela-se contra a cronologia, contra a impiedosa norma do tempo material. Aos cinquenta anos parece ter trinta, aos cinquenta e seis se permite um terceiro marido, e mesmo com a idade de uma bisavó nenhuma pessoa, afora o seu secretário particular, jamais a viu fraquejar. Nunca o seu orgulho lhe permitirá que seja surpreendida em um momento de fraqueza; o mundo só pode vê-la adornada da sua energia esplendorosa. Certa vez, aos oitenta anos, acamada e torturada por convulsões, uma idosa desdentada e sem energia, as faces cavadas pela insônia, os nervos tremendo de surtos de angústia, informam-na sobre a chegada de peregrinos dos Estados Unidos inteiros com o único objetivo de cumprimentá-la. E logo o desafio de sua autoestima acorda o corpo. Como uma boneca articulada, a anciã trêmula manda que a vistam, que maquiem as faces com carmim; em seguida, ela é apoiada e empurrada sobre suas pernas reumáticas, um passo após o outro, até a sacada. Com grande cuidado, como algo muito frágil, a múmia é levada até a porta aberta. Mal pisou a sacada, acima da piedosa multidão que, respeitosa, descobre as cabeças para saudá-la, sua nuca se retesa, altiva, e as palavras saem leves e fogosas de sua boca murcha. As mãos, há pouco ainda agarradas ao gradil de ferro para se apoiar, agitam-se como aves selvagens: o corpo vergado se tensiona com a própria palavra e uma tempestade de força irrompe de sua majestosa figura. Lá embaixo, as pessoas a contemplam com os olhos quentes, estremecendo com esse surto elementar de ardor eloquente. Depois, nos cantos mais longínquos do país, falarão do frescor juvenil, da força dessa mestra sobre doença e morte que viram com seus próprios olhos, enquanto, atrás da porta da sacada, carregam de volta para a cama uma anciã alquebrada. Assim, Mary Baker Eddy não engana apenas seus contemporâneos como a própria natureza em relação à sua idade, suas fraquezas e sua doença. Sempre, no momento decisivo, executa o que no fundo da sua alma acredita ser verdade. Não é acaso, pois, que precisamente uma alma tão inabalável em um corpo tão frágil tenha inventado a crença de que a vontade de um indivíduo é mais forte do que doença ou morte. Não é acaso, tampouco, que esse apostolado da onipotência da vontade tenha nascido justamente no país que ainda há um século roçava suas matas, transformando desertos em metrópoles. Se quiséssemos representar essa energia americana retilínea e dura como o aço, que desconhece a palavra "impossível", eu não saberia achar símbolo melhor do que a nuca retesada e os olhos magnificamente determinados, desafiando o invisível, dessa mulher tão pouco feminina.

O primeiro degrau

O grande combate heroico-grotesco da Science contra a ciência começa como um idílio, como uma comédia pequeno-burguesa.

Em Lynn, a mesma cidadezinha afastada e banal de sapateiros onde Mary Baker outrora queria formar o honrado remendador de saltos Hiram Craft para se tornar doutor da nova ciência médica, mora uma simpática professorinha de crianças, miss Susie Magoun. Arrendara uma casa para sua escola particular. No primeiro andar funcionariam as salas de aula e o segundo ela deseja sublocar. Uma bela tarde do ano de 1870 surge um jovem que parece um menino, e por que não? Afinal, Richard Kennedy não tem mais do que vinte e um anos. Modesto, faz uma reverência e pergunta, com a voz meio rouca, se ela quer alugar os cinco cômodos para um doutor. "Com prazer", responde miss Magoun, perguntando se o jovem procurava um consultório para seu pai. Então, o operário enrubesce. Explica que ele próprio é o doutor e que precisa dos cinco quartos para seu consultório porque com ele morará uma senhora mais idosa que estaria "escrevendo um livro". Miss Magoun, no primeiro momento, olha um pouco perplexa para o jovem imberbe. Mas afinal Lynn fica nos Estados Unidos, que não conhecem nossos preconceitos acadêmico-burocráticos contra a juventude. Ali olha-se no olho da pessoa, e, como esse jovem tem um olhar aberto e claro e, além disso, apresentação limpa e correta, ela concorda. Em poucos dias os novos inquilinos chegam. Não precisam carregar muita bagagem escada acima: duas camas baratas recém-compradas, uma mesa, algumas cadeiras, afora isso só os utensílios mais imprescindíveis. Que não lhes sobra muito dinheiro, isso fica visível pelo fato de o jovem médico começar a atuar num primeiro momento como trabalhador manual, forrando as paredes com suas próprias mãos, limpando e varrendo os quartos. Depois – data memorável, julho de 1870 – o rapaz prega uma tabuleta numa árvore em frente à casa com os dizeres: "Dr. Kennedy". E assim está inaugurado o primeiro consultório da Ciência Cristã.

Pregar uma tabuleta na árvore e intitular-se doutor, sem mais, isso não significava nada especialmente extraordinário num país que ainda permitia de bom grado tais autopromoções. Surpreendente é a consequência desse procedimento resoluto, isto é, o fato de já nessa semana alguns pacientes se apresentarem ao "doutor" recém-estabelecido. Mais surpreendente ainda: não parecem insatisfeitos com a sua arte, pois na segunda semana vem uma clientela mais numerosa, e na terceira mais ainda. No final do mês de julho acontece o primeiro milagre da Ciência Cristã: graças às suas receitas, o jovem "dr." Kennedy, que acaba de sair do ovo, já consegue pagar pontualmente o aluguel. E mais milagres ainda: a curva do sucesso vai aumentando semana após semana. Em agosto, a fila de pacientes já começa na antessala; em setembro, alugam-se temporariamente as salas de aula de miss Magoun como sala de espera. O novo método da Companhia Kennedy & Baker laçou toda a clientela dos médicos da cidade de Lynn para si. Para nós, é claro, que já conhecemos o consultório do dr. Quimby, a prática do dr. Kennedy não parece assim tão nova, pois repete até o último detalhe o comprovado método de cura através de sugestão do bom relojoeiro de Portland. Como ele, o dr. Kennedy, o operário da fábrica de cartonagem, senta-se diante do paciente, esfrega suas têmporas com as pontas dos dedos umedecidas, soltando em seguida toda a ladainha metafísica aprendida com sua mestra, "que o homem é divino, e como Deus não quer o mal, todo o mal, a dor e a doença não podem existir, sendo apenas representações mentais, um equívoco do qual devemos nos livrar". Com a perseverança maníaca e tenaz que Mary Baker incutiu no seu coração, ele repete e repete e torna a repetir seus versinhos para os pacientes com toda convicção, como se tivesse um poder ilimitado sobre os seus padecimentos. E a segurança desse homem simpático de olhos claros, tão crível pela sua singeleza, de fato tem influência libertadora sobre a maioria dos pacientes. Homens simples do povo, sapateiros, pequenos burocratas e funcionários que vêm procurá-lo sentem-se livres de suas dores depois de poucas horas, e – por que negar ou distorcer fatos patentes? – uma série de pessoas há tempos desenganadas, uma mulher tuberculosa, um homem paralítico, devem a essa "cura metafísica" melhoras momentâneas; alguns chegam a se declarar completamente curados. Assim, logo corre as oitenta ou cem ruas de Lynn a notícia de que esse recém-chegado dr. Kennedy de fato é um grande homem, que não atormenta as pessoas com instrumentos, drogas ou misturas caras – e onde não ajuda pelo menos não prejudica. Um doente aconselha ao outro a pelo menos experimentar uma vez o novo método "mental". E o resultado não demora a chegar, indiscutível. Em poucas semanas, a nova Science é vitoriosa em Lynn, e todos conhecem e enaltecem o dr. Kennedy.

Mas até agora só se fala de Kennedy e só se enaltece Kennedy. Por enquanto ninguém em Lynn sequer imagina que no quarto ao lado há uma mulher rija, de meia-idade, de quem na verdade parte aquela torrente de vontade, e que é a sua energia concentrada que dirige o jovem médico como um boneco, ordenando cada uma das suas palavras, cada gesto. Pois durante as primeiras semanas Mary Baker se mantém completamente invisível. Como uma coruja, cinzenta e imóvel, passa os dias em seu quarto, escrevendo sem parar o seu livro misterioso, a sua "bíblia". Jamais pisa no consultório do seu *golem*, raras vezes troca uma palavra com os outros habitantes da casa. Sombra estreita e calada, surge de vez em quando na porta, para espanto dos doentes. Mas a vontade de aparecer de Mary Baker é por demais poderosa para lhe permitir se manter por muito tempo em segundo plano. Ela não quer saber de compartilhar nada com os outros, muito menos o sucesso. Espantada, abalada, essa mulher há anos objeto de escárnio e zombaria finalmente vê confirmada em estranhos a aplicabilidade prática do seu método e com imenso êxtase é assolada pela inesperada certeza de que aquela pedra que ela por acaso colheu no seu caminho de fato era uma pedra imantada, uma pedra filosofal, prenhe do poder mágico de atrair almas e suavizar sofrimentos. Dentro dela, deve ter se incendiado algo do prazer selvagem, do espanto entusiasmado de um construtor que projeta uma máquina em sua escrivaninha pensando teoricamente e depois de anos a vê funcionando pela primeira vez de maneira correta, ou então da felicidade do dramaturgo que vê o seu construto escrito representado por pessoas e influenciando pessoas; nessas horas, a primeira intuição das infinitas possibilidades que se escondem no seu princípio deve ter brilhado em sua alma. Seja como for, a partir da primeira manifestação de sucesso Mary Baker já não suporta mais a escuridão. Deve realmente se limitar a comunicar esse grande segredo apenas a um único indivíduo, um único Kennedy, a sua "descoberta" deve mesmo ficar limitada a Lynn? Não, a redescoberta do segredo da fé com que Cristo outrora curou os leprosos e ressuscitou Lázaro, esse método divino, precisa ser disseminada por toda a humanidade, como um evangelho! Em êxtase, Mary Baker reconhece sua nova e verdadeira missão: ensinar e propagar! Imediatamente, decide contratar apóstolos, discípulos que, como outrora Paulo levou a mensagem de Cristo, agora levarão ao mundo inteiro a doutrina salvadora da "não existência da doença".

Sem dúvida, esse primeiro impulso de Mary Baker Glover foi honesto e genuíno; porém, embora convencida de sua veracidade como qualquer profeta da fé de Samaria e Jerusalém, a americana continua sendo americana, filha do século dos negócios. Feliz e impaciente por enfim poder transmitir o seu "segredo" salvador para o mundo, a sua razão prática não pensa nem um momento em comunicar de graça essa bênção e sabedoria à humanidade; ao contrário, desde o primeiro instante ela toma providências legais para patentear e converter em dólares a sua "descoberta" formidável da imaterialidade do mundo, como se se tratasse de um novo projétil ou de um freio hidráulico. Desde o primeiro instante, a extrassensorialidade de Mary Baker tem uma falha curiosa: deprecia o nosso corpo, nossos sentidos, como mera aparência; já as cédulas de dinheiro ela gosta de considerar realidade. Desde o primeiro momento, vê na sua inspiração supraterrena um excelente meio de transformar em bom dinheiro a sua pregação da irrealidade do mal. Começa por mandar imprimir cartões de visita:

MRS. M. GLOVER

Professora de Ciência Moral

Ciência moral porque, naquela altura, em 1870, ela ainda não encontrara a expressão salvadora e definitiva, Ciência Cristã. Ainda ela não se atreve a estender seus horizontes até o divino, o religioso, ainda acredita honestamente apenas estar ensinando um novo e eficaz sistema de cura natural, um método Quimby melhorado. Naquela altura, apenas tem a intenção de formar médicos do seu sistema "mental", firmes *practitioners*, e isso ocorre num curso rápido de seis semanas. Como honorário pela "iniciação" no novo método, estabelece uma remuneração de cem dólares (que mais tarde elevará para trezentos), além, naturalmente, do compromisso previdente – e que demonstra a sua habilidade para os negócios – de receber dez por cento de todos os rendimentos das consultas. Vê-se que, na primeira hora do primeiro sucesso, despertou nessa mulher até então pouco apta para a vida também um apetite poderoso e para sempre insaciável pelos negócios.

Não precisa esperar muito tempo por alunos. Alguns dos pacientes curados por Kennedy – sapateiros, donos de lojas e agricultores, algumas mulheres ociosas – são atraídos pelo negócio. E por que não correr o risco por apenas cem dólares, pensa essa brava gente trabalhadora, para aprender a atender em apenas seis semanas com essa mrs. Baker Glover, de maneira tão cômoda, enquanto outros, os médicos ingênuos, passam cinco anos gramando em universidades, matando-se, Deus sabe quanto? Afinal, não pode ser tão difícil virar doutor, se até um rapaz imberbe como esse operário da fábrica de cartonagem de vinte e um anos aprendeu e agora já embolsa mensalmente seus mil dólares. E essa brava Sibila não exige erudição ou conhecimentos prévios, latim ou frescuras semelhantes – então, por que não escolher essa que é a mais cômoda entre todas as universidades? Antes de arriscar seus cem dólares, um candidato mais cauteloso ainda pergunta à mestra se não é mesmo necessário um certo conhecimento de anatomia para o estudante ou *healer*. Muito determinada e orgulhosa, Mary Baker responde que não, de forma alguma, seria mais um obstáculo, pois a anatomia faz parte do *knowledge* (a ciência terrena), enquanto a *science*, a ciência mental, pertence a Deus, e a sua missão é justamente a de destruir o *knowledge* através da *science*. Isso é suficiente para acalmar mesmo o mais modesto, e assim logo há uma dúzia desses sapateiros de testa curta e ombros largos nos bancos da escola metafísica. Mary Baker Glover, é bem verdade, não lhes dificulta muito a *science*: doze lições, depois copiar e decorar o manuscrito "Perguntas e respostas", na essência ainda o velho exemplar copiado de Quimby (o que ela depois negará desesperadamente). Após a última lição, ela chama os bons remendadores de saltos ou vendedores de "doutor"; com isso eles estão formados, e mais um homem pode pregar uma tabuleta numa árvore e começar a curar gente.

Por mais objetivo que seja o nosso relato, esses cursos intensivos de formação de Mary Baker cheiram a farsa e ridículo. E aqui tocamos num ponto central da competência dessa mulher surpreendente: falta-lhe por completo todo e qualquer senso do ridículo. De tão preenchida de autoestima, de tão murada e fechada em suas convicções, nunca qualquer objeção da razão chega perto do seu cérebro e de seus nervos. Sua lógica de não olhar para os lados é mais forte do que a lógica do mundo inteiro. O que ela diz é a verdade, o que os outros dizem, mentira. O que ela faz é irrepreensível, o que os outros pensam sobre isso é-lhe indiferente. Blindada como um tanque, a sua autoestima rola irrefreável sobre todos os arames farpados da realidade. E é nessa irredutibilidade da razão que reside a sua incomparável energia apaixonada de ensinar o mais absurdo, e com o sucesso crescente essa energia aumenta e se torna despótica e autoemuladora. A partir do momento em que Mary Baker obtém resultados junto aos doentes com seu método, a partir do momento em que, de sua cátedra, nota os olhos cintilantes e fascinados de seus discípulos submissos, o sangue dessa mulher pulsa com tanta força no coração e nas têmporas que ela nunca mais em sua vida dará ouvidos a nenhuma objeção.

Esse novo sentimento transforma em poucas semanas todo o seu ser, até a última célula. A hesitação dá lugar à determinação agora que ela, durante anos uma carga perdida no porão do navio da vida, segura o timão na ponte de comando. Pela primeira vez ela, que durante tanto tempo permaneceu insuportavelmente improdutiva, vivencia a mais perigosa embriaguez: o poder sobre as pessoas. Até que enfim o anel de gelo ao seu redor derreteu, até que enfim a pobreza a libertou de suas garras sufocantes: pela primeira vez em cinquenta anos não vive mais à custa dos outros, e sim com dinheiro próprio. Até que enfim ela pode lançar para longe os trapos remendados, rotos, engordurados pelo hálito da privação, e envolver em um vestido de seda preta sua figura alta que agora emana autoridade. Corre agora a energia elétrica da autoestima sob a pele desta que durante tanto tempo foi mantida fora de jogo. A mulher que aos vinte era velha torna-se jovem aos cinquenta.

Porém, misteriosa vingança: uma tão súbita regeneração do corpo com nova energia vital, uma tensão e um rejuvenescimento tão misteriosos também guardam um perigo. Embora profetisa, professora, propagadora, essa mulher de cinquenta anos continua sendo mulher em seu íntimo – ou melhor: tornou-se mulher agora. Algo inesperado acontece. Esse jovem e insignificante Kennedy, seu discípulo, contribuiu de maneira surpreendentemente rápida para que o seu método alcançasse o triunfo. Como *healer*, realizou tudo o que uma professora poderia esperar de um aluno, superando todas as expectativas. Durante dois anos, ambos trabalharam em excelente parceria, e a conta bancária atesta a aptidão, a honradez e o zelo do *practitioner*. Mas, estranho: em vez de o sucesso pessoal de Kennedy satisfazê-la, começa instintivamente a azedá-la contra o companheiro. A presença de Kennedy começa a excitar algum sentimento do qual essa mulher severa e puritana nunca ousou se dar conta, e aos poucos seus sentimentos em relação a ele (compreendemos: por instinto de defesa) se transformam em uma secreta aspereza. Objetivamente ela não pode alegar nada contra ele. Esse jovem gentil comporta-se sempre de modo cortês, agradecido, compassivo, submisso e respeitoso em relação a ela. Cumpriu todas as expectativas, pelo menos as que ela depositou conscientemente no jovem simpático e bem-apessoado; mas parece que seu subconsciente, o instinto fisiológico sanguíneo dessa mulher que vai envelhecendo, ainda esperava outra coisa dele, algo incontrolável para sua própria vontade desperta. Certo, ele é educado e gentil e amável com ela, nada mais do que isso, da mesma maneira que é educado e gentil e amável com as outras mulheres. E alguma coisa (jamais o seu puritanismo admitirá o que é) se revolta secretamente contra ele na cinquentona que escreveu sobre a porta do seu quarto as palavras da Bíblia: "Não terás outros deuses diante de mim."

Alguma coisa falta, algo que ela espera dele, e está claro o que é: a mulher, a fêmea carnal, exige a mesma veneração que a mestra, sem que ela ouse fazer com que ele ou ela sintam abertamente o desejo. Emoções encobertas e reprimidas, no entanto, costumam se descarregar em outros sintomas. E, como Kennedy, que não é lá muito inteligente, ainda não percebe ou quer perceber nada, de repente a tensão oculta explode como sentimento complementar de Eros, como ódio absoluto e selvagem. Certa noite em que jogam carta a três com Susie Magoun, agora casada, Kennedy ganha e a tensão represada explode (nem no carteado essa mulher autoritária suporta que outra pessoa domine). Mary Baker Glover tem um acesso histérico, joga as cartas na mesa e acusa Kennedy de haver trapaceado, chamando-o de farsante e ladrão na frente de testemunhas.

O bom Kennedy, que não é nada histérico, reage como qualquer homem reto e honrado. Sobe imediatamente ao apartamento conjunto, tira o contrato da escrivaninha, rasga-o, lança os pedacinhos ao fogo e declara a sociedade dissolvida para sempre. Mary Baker sofre um choque histérico e cai no chão, desmaiando. Mas o "dr." Kennedy – a quem, como lamenta desesperada a biografia cor-de-rosa, "ela explicara mais profundamente que a qualquer outro aluno os conceitos de verdade fisicamente inexploráveis e inconcebíveis"–, esse bom Kennedy, parece ter adquirido um pouco mais de conhecimento da medicina prática. Não leva o desmaio a sério e deixa a histérica deitada no chão. No dia seguinte, liquida seus compromissos, deixa sobre a mesa seis mil dólares correspondentes à parte dela em dois anos de negócios conjuntos, pega o chapéu e abre seu próprio consultório.

Essa brusca separação de Kennedy significa talvez a decisão psíquica mais importante da vida de Mary Baker Glover. Não é sua primeira nem a última desavença com um companheiro de vida, pois, em virtude de seu insuportável despotismo, essas separações acontecem obrigatoriamente ao longo de toda a sua existência. Essa escrava incurável de seu próprio temperamento difícil jamais conseguiu se separar de ninguém que vivesse a seu lado senão brigando mortalmente, fosse seu marido ou seu filho, seu enteado, sua irmã, seus amigos. Nesse caso, porém, ela estava ferida no mais íntimo de seu ser, em sua feminilidade. E quão avassalador deve ter sido esse sentimento de Potifar para a mulher já velha, isso se vê agora, nesse ódio gritante, exasperado, convulsivo, mortal e exacerbado até a loucura que ela, como autêntica histérica, aos poucos leva à dimensão metafísica, ao zênite do seu universo. Que Kennedy, esse zero à esquerda que ela tirara da fábrica de cartonagem, possa continuar a viver sem ela, que prossiga em seu consultório sem a sua ajuda a algumas esquinas de distância, essa ideia açoita o seu orgulho e a leva às raias da loucura. Em diabólico desespero, mordendo os lábios, raciocina sem parar de que maneira poderá aniquilar o infiel e arrancar ao antigo companheiro a *science*. Para desmascará-lo, precisará mostrar a seus adeptos, de uma maneira ou de outra, que esse traidor do seu coração é também um traidor da "verdade", que seu método é falso, que é uma *mental malpractice*. Mas logicamente não funciona difamar o método de Kennedy como *malpractice* de uma hora para a outra, pois o bom Kennedy nunca possuiu nem sombra de uma ideia própria, não se afasta um milímetro das instruções recebidas, e sim continua seguindo passo a passo os ensinamentos de Mary Baker Glover. Chamá-lo de farsante significaria desmentir o próprio método. Mas, quando Mary Baker quer alguma coisa, ela move montanhas. Só para poder chamar Kennedy, a quem odeia patologicamente, de enganador, de *malpractitioner*, prefere mudar seu próprio método em itens decisivos. Da noite para o dia, proíbe o que até então prescrevera a todos os seus alunos como fase introdutória imprescindível do tratamento: a fricção das têmporas com os dedos umedecidos, a pressão nos joelhos – ou seja, a preparação física e hipnótica da sugestão. Quem, a partir de agora, tocar em um paciente fisicamente estará cometendo não apenas um erro, e sim um crime contra a *science*, de acordo com essa nova bula papal subitamente decretada. E, como o inocente Kennedy continua praticando alegremente o velho método, é contra ele que a proibição se dirige. Mary Baker o rotula em público de criminoso, de ser um "Nero espiritual", um "mesmerista". Como se não bastasse esse ato pessoal de vingança, de repente o próprio conceito pacífico de mesmerismo assume um caráter demoníaco em sua ira patologicamente exacerbada e aquecida. Em seu desatino, a mulher enraivecida de fato atribui ao honrado Kennedy uma influência satânica – e isso em pleno século XIX. Acusa-o de paralisar a sua própria energia curativa com o seu mesmerismo e de adoecer as pessoas e envenená-las com misteriosas correntes telepáticas com sua magia negra. Não dá para acreditar que isso possa acontecer em 1878, mas essa histérica do poder reúne seus discípulos, manda que formem um círculo de mãos dadas para deter os raios malignos mesmerísticos desse "Nero". Loucura, dir-se-á, improvável ou falso. Mas o fato é que esse capítulo de ódio particular chamado "Demonologia" (suprimido mais tarde por vergonhoso), que denuncia o "magnetismo animal malicioso", consta da segunda edição de sua obra, três folhas impressas com insensatez supersticiosa e irada como nunca mais se vira desde o *Martelo das feiticeiras* e dos escritos pseudocabalísticos. Vê-se que, nas emoções assim como na fé, essa mulher exorbita quando se trata do seu "eu". No momento em que quer ter razão – e ela sempre quer ter razão –, perde qualquer noção de equidade e qualquer medida. Processo após processo, acossa o renegado; ora o acusa de reter seus honorários, ora o difama diante dos estudantes, finalmente lança contra ele o próprio filho, um camponês simplório, de tal forma que ele vai ao apartamento de Kennedy e ameaça o assustado curador com um revólver, se ele não parar logo de exercer a sua "maligna influência mesmerista" sobre sua mãe. As acusações se tornam cada vez mais disparatadas. Ora Kennedy dirigiu contra ela um tipo de raios mortíferos que paralisam suas forças, ora envenenou Asa Eddy com "arsênio mesmeriano", ora tornou sua casa inabitável com diabruras magnéticas – tais loucuras saem dos seus lábios trêmulos como se fossem espuma epilética. Seja como for: a perda do primeiro e mais adorado discípulo desbaratou a zona mais secreta de sentimentos da mulher no climatério, e até a sua morte ela volta e meia foi presa periodicamente da sua ideia paranoica de que Kennedy a perturba, barra ou ameaça por meio de telepatia ou magnetismo. Assim, apesar de sua espantosa façanha espiritual, apesar de um trabalho de organização comercial e taticamente quase genial, o seu ser pessoal nunca perde um tom de excesso de tensão e de exacerbação patológica. Mas uma obra como a sua, totalmente baseada na antilógica, seria impossível no caso de um total equilíbrio do espírito e da alma. Assim como no caso de Jean-Jacques Rousseau e inúmeros outros, aqui também se gerou um sistema geral de cura para toda a humanidade a partir da doença de um indivíduo.

No entanto, todos esses choques trágicos nunca freiam ou destroem a sua força combativa. Ao contrário, para ela pode se aplicar a expressão cunhada por Nietzsche: "O que não me mata me fortalece." O ódio e a rebeldia apenas redobram nessa mulher os brios da vontade. E precisamente essa crise com Kennedy torna-se o parto da própria doutrina. Pois, ao proibir bruscamente que o curador tenha contato físico com o doente, inibindo sua vontade, ela de um golpe desligou seu método de todos os seus antecessores mesmerísticos. Só agora a Ciência Cristã se tornou simples "cura pelo espírito". A partir de agora, só a palavra e a fé geram seus milagres. Rompeu-se a última ponte que leva à lógica, o último elo com todos os sistemas anteriores. Só agora Mary Baker adentra com seu passo duro e monomaníaco territórios nunca antes pisados.

A doutrina de Mary Baker Eddy

Finalmente, em 1875, torna-se visível o esforço realizado atrás dos bastidores durante décadas por essa mulher anônima e insignificante. Nesse ano, Mary Baker Eddy (ainda Mary Baker Glover) publica o livro "imortal" que contém sua teologia, filosofia e arte de curar, ou seja, a ciência de três faculdades reunida em um só sistema, o livro *Science and Health*, até hoje o mais importante depois da Bíblia para centenas de milhares e milhões de pessoas.

Impossível ignorar, como quase sempre acontece, essa obra insólita e em muitos aspectos incomparável com um sorriso de irritação, desprezo ou de compaixão. Tudo o que provoca uma ação universal em milhões de pessoas é relevante, ao menos no sentido psicológico, e a mera história do surgimento técnico desse livro bíblico revela uma incomum determinação do espírito, um heroísmo da mente que se tornou raro em nossos tempos. Lembremos: desde 1867, uma mulher acossada de um quarto para outro, de uma mesa para outra, carrega em sua magra bagagem um manuscrito. Não tem em sua miserável maleta um segundo vestido, seu patrimônio se reduz a um relógio de ouro e um colar; afora isso, apenas essas folhas já rotas e sujas pela incessante leitura e manipulação. Inicialmente, esse famoso manuscrito não era outra coisa do que uma cópia fiel das "Perguntas e respostas" de Quimby, ampliada e acrescida de uma introdução de Mary Baker. Mas aos poucos a introdução extrapola o texto copiado, seus acréscimos se emancipam e avolumam a cada nova revisão. Pois essa mulher obcecada pela sua ideia não revê apenas uma vez esse fantástico livro da ciência da cura da alma, e sim duas, três, quatro, cinco. Nunca termina. Dez, vinte, trinta anos depois de publicado, ela continuará corrigindo e modificando, o livro nunca a largará, ela nunca o largará definitivamente. Em 1867, ao começar o trabalho, diletante imatura, ela mal domina a ortografia, menos ainda a língua ou os imensos problemas que se atreve a abordar: como uma sonâmbula, cambaleia de olhos fechados, presa num sonho misterioso, subindo os cumes mais elevados, equilibrando-se pelas veredas mais problemáticas da filosofia. No início, nem imagina para onde a levará a obra e o caminho, muito menos as dificuldades que a esperam. Ninguém a encoraja, ninguém a adverte. À sua volta não conhece ninguém culto, nenhum especialista com quem pudesse trocar ideias, e onde no mundo poderia esperar encontrar um editor para esse imbróglio confuso? Mas com aquela maravilhosa obsessão que só o leigo consegue produzir, jamais um especialista, ela continua escrevendo, sempre mais, em sua confusa embriaguez de profética presunção. E o que inicialmente seria apenas um adorno do manuscrito de Quimby aos poucos se torna uma espessa névoa de cujas trevas por fim se extrai a rutilante estrela de uma única ideia.

Até que em 1874 o manuscrito afinal está pronto para ser impresso. Os êxitos inesperados junto a discípulos e pacientes a encorajaram. Agora está na hora de essa nova mensagem, essa doutrina abençoada, ganhar o mundo. Mas naturalmente nenhum editor cogita arriscar seu dinheiro nesse híbrido duvidoso de medicina e misticismo religioso. Isso significa tirar do próprio bolso as despesas com a impressão. Tirar do próprio bolso, porém, – e isso veremos em seguida – é algo que Mary nunca fará, de forma alguma, mesmo nos tempos em que o bolso está bem recheado. Mas ela já conhece a força que tem de transmitir sua vontade para outros, e já aprendeu a transformar a fé fanática nela e em sua obra em submissão e disposição cega ao sacrifício. Imediatamente, dois estudantes se declaram dispostos a adiantar os três mil dólares. Graças à sua pronta ajuda, em 1875 sai pela Christian Science Publishing Company em Boston a maior de todas as obras, segundo os adeptos, o segundo evangelho do cristianismo.

Essa primeira edição, um volume de quatrocentos e cinquenta e seis páginas impressas em letras miúdas e encadernado em linho verde, cuja autora ainda se chamava Mary Baker Glover, é uma das obras mais raras do comércio livreiro: na Europa toda só deve existir o exemplar que a autora deu de presente para a Faculdade de Filosofia de Heidelberg, para os americanos o tribunal supremo *in rebus philosophicis*.* Mas é precisamente essa versão esgotada, a única redigida só pela própria autora e não por mãos alheias, que me parece a única válida para um estudo psicológico de sua personalidade, pois nenhuma das quatrocentas ou quinhentas edições posteriores chega perto do encanto primitivo e bárbaro desse original. Nas edições seguintes conselheiros cultos suprimiram alguns dos atentados mais selvagens contra a razão e equívocos filosóficos; além disso, um antigo sacerdote chamado Wiggins assumiu a árdua tarefa de acertar num inglês correto a selva linguística. Pouco a pouco foram atenuadas as mais absurdas incongruências, sobretudo os ataques violentos contra os médicos. Mas o que o livro ganhou desde então em razão perdeu em intensidade e originalidade pessoal; aos poucos, nas edições posteriores, a pantera que ataca furiosamente a ciência se tornou primeiro um gato selvagem, depois um gato doméstico que convive em

* "Das coisas filosóficas." Em latim no original. (N.T.)

harmonia com os demais habitantes da sociedade moderna, com a moral do Estado, a cultura, a fé religiosa; como toda religião e todo evangelho, também essa mais moderna, a Ciência Cristã, acabou ficando desbotada, aburguesada e falsificada em nome de um proselitismo mais rentável.

Justamente em sua primeira forma original, *Science and Health* faz parte dos livros mais curiosos de teologia privada, uma daquelas obras meteóricas que caem numa época como se despencassem de céus alheios, sem qualquer conexão. Genial e absurdo na sua selvagem obstinação, totalmente ridículo no seu ilogismo pueril e, no entanto, surpreendente pelo poder maníaco de sua linearidade, esse código tem algo de medieval, algo do fervor religioso ardente de todos os teólogos marginalizados, como Cornelius Agrippa e Jakob Böhme. Farsa e criatividade se alternam loucamente, as influências mais contraditórias se misturam em torvelinho, a mística astral de Swenenborg se cruza com uma vulgar ciência banal de livrinhos de dez centavos, ao lado de uma frase bíblica encontram-se recortes de jornais de Nova York, imagens deslumbrantes ao lado das afirmações mais ridículas e infantis, mas uma coisa é inegável: esse torvelinho é sempre quente, arde e vibra e ferve de paixão espiritual, produzindo as borbulhas mais surpreendentes, e quando se contempla muito tempo essa caldeira fervente e vertiginosa os olhos começam a arder. Perde-se a razão, crê-se estar no caldeirão das feiticeiras do Fausto e escutar, como ele, "cem mil loucos". Esse caos fecundo gira sem cessar em torno de um ponto fixo, e Mary Baker não se cansa de martelar seu único pensamento no cérebro das pessoas, até que capitulem, mais aturdidas do que convencidas. Considerando que essa ação enérgica é façanha de uma mulher sem instrução, inculta e sem lógica, é preciso admitir que é grandioso como ela persegue essa única ideia absurda com o chicote de sua obsessão, como se fosse um pião, e faz o sol, a lua e as estrelas, o universo inteiro gravitarem ao redor dela.

E o que é essa ideia nova e inaudita? O que é essa *science* divina que ela foi a primeira a "trazer à apreensão humana", à nossa limitada razão terrena? O que, no fundo, vem a ser essa descoberta que revoluciona o mundo, e que a biografia cor-de-rosa não hesita em equiparar às teses de

Newton e Arquimedes? Um só pensamento, sim, um único, resumido da melhor maneira na fórmula "unicidade de Deus e irrealidade do mal", o que significa: só existe Deus, e como Deus é o Bem não pode existir o Mal. Por consequência, toda dor e toda doença são totalmente impossíveis, e sua aparente existência é apenas um falso alarme dos sentidos, um equívoco da humanidade. *"God is the only life and this life is truth and love and that divine truth casts out supposed error and heals the sick."** Doenças, velhice, mazelas, portanto, importunarão o homem apenas enquanto ele acreditar cegamente na insensata loucura do adoecer e do envelhecer, enquanto formar uma imagem mental de sua existência. Na verdade (e seria essa a grande descoberta da Science!), Deus nunca fez o homem adoecer. A doença, portanto, resume-se à imaginação humana, e é essa imaginação contagiante, e não a doença que nem sequer é possível, que a nova arte de curar quer combater.

Através dessa desconcertante negação, Mary Baker se libertou de um só golpe de todos os seus antecessores, tanto no campo da filosofia quanto no da medicina, até mesmo na teologia (pois na Bíblia Deus não aflige Jó com a lepra e a peste?). Por mais que seus precursores imediatos, Mesmer e Quimby, atribuíssem ousadamente a possibilidade de cura à sugestão, eles aceitavam a doença como fato inegável. Para eles a doença existia, e sua missão consistia em afastá-la e superar a sensação da dor e, às vezes, a própria doença. Através da hipnose magnética ou da sugestão mental, esforçavam-se para ajudar o doente a vencer as crises mais difíceis, mas sempre convictos de que estavam enfrentando uma dor verdadeira, um corpo humano acometido pelo sofrimento. Mary Baker passa por cima desse ponto de vista com uma bota de sete léguas e vai para o território do absurdo, abandonando por completo a terra firme e o mundo da razão. Derruba energicamente o ponto de vista de seus predecessores, virando a questão do avesso. "É impossível que a matéria responda ao espírito; *matter cannot reply to spirit*", diz ela, porque – uma cambalhota da lógica! – não

* "Deus é a única vida e essa vida é verdade e amor e essa verdade divina elimina os erros supostos e cura os doentes." Em inglês no original. (N.T.)

existe corpo. "Nós, homens, não somos matéria, e sim a ideia composta de Deus, *man is not matter, he is the composed idea of God.*" Não temos corpo, só imaginamos tê-lo, e nossa existência terrena não é outra coisa senão um "sonho de vida dentro da matéria, *dream of life in matter*". Portanto, é impossível curar doenças pela via médica, porque elas nem existem, e, em consequência, segundo o novo evangelho de Mary Baker Eddy, toda ciência terrena, todo *knowledge*, toda medicina, toda física e toda farmacologia não são mais do que insensatez e equívoco inúteis. Podemos tranquilamente dinamitar todos os nossos hospitais e todas as nossas universidades: é inútil todo esse esforço caro para combater uma quimera, uma autossugestão da humanidade! Só a Science pode ajudar ao homem, revelando-lhe o seu erro, provando que doença, velhice e morte não existem. No momento em que o doente compreende e interioriza essa nova e inaudita verdade, desaparecem imediatamente a dor, os tumores, as inflamações e sofrimentos. "Quando os doentes compreendem a mentira do sentido pessoal, o corpo está curado; *when the sick are made to realize the lie of personal sense, the body is healed.*"

Nossa pobre razão terrena, infelizmente educada com excesso de ciência, a princípio se espanta um pouco com essa "santa descoberta", inconcebivelmente profunda, de Mary Baker Eddy. Bem, essa estupefação procede. Pois há três mil anos sabemos que todos os sábios e filósofos do Oriente e do Ocidente, os teólogos de todas as religiões, ocupam-se sem cessar e com muito entusiasmo em resolver justo esse que é o maior de todos os problemas: a interdependência entre corpo e alma. Em infinitas variações, com um esforço incomensurável de energia mental, vimos os gênios mais distintos desvelando-se por iluminar minúsculas partes desse mistério primordial, e, de repente, em 1875, zás-trás, com uma única pirueta por cima de toda a razão, essa enérgica filósofa resolve a questão da interdependência psicofísica, decretando ditatorialmente: "a alma não é o corpo", não tem nada a ver com o corpo. Como é simples, chega a ser comovente! O ovo de Colombo foi descoberto, o problema original e final de toda a filosofia resolvido, *jubilemus!*, e tudo isso milagrosamente, pela simples castração da realidade. Realizou-se uma cura radical através do pensamento, eliminando todo sofrimento físico ao declarar o corpo como não existente – um sistema tão infalível como querer resolver dores de dente cortando a cabeça do paciente.

"Não existe doença." Não é tão difícil estabelecer uma afirmação tão loucamente atrevida. Mas como prová-la? Muito simples, diz Mary Baker Eddy, é só escutar com um pouco de fé, é tão assustadoramente simples: Deus criou o homem à sua imagem, e Deus, como sabem, é o princípio do Bem. Portanto, o homem só pode ser divino. E, como todo ser divino é bom, como podem coisas tão malignas como doença, fraqueza, morte e envelhecimento encontrar lugar nessa imagem de Deus? O homem pode no máximo imaginar, com seus sentidos enganadores, que seu corpo esteja doente, que esteja se tornando velho e fraco, mas como ele só consegue fazer isso graças aos seus sentidos, que não têm uma percepção imediata de Deus, a sua opinião é um "equívoco", e essa falsa crença provoca as dores: "O sofrimento é uma crença autoimposta, e não a verdade; *suffering is self imposed a belief and not truth.*" Se Deus nunca adoece, como a sua imagem, o reflexo vivo da bondade divina, poderia sofrer? Não, os próprios homens se privam da saúde pela falta de fé em sua substância divina. Por isso, estar doente não é apenas um "equívoco", chega a ser "crime", porque duvidar de Deus é uma espécie de blasfêmia, pois se admite a possibilidade do Mal no Todo-Bondoso, e Deus jamais poderia provocar algo de mau, "Deus não pode ser o pai do erro; *God cannot be the father of error*". E assim a roda louca de sua lógica continua girando aos saltos: a alma é a mente, e a mente é Deus, e Deus é o espírito, e o espírito é verdade, e verdade é o Bem, e como só existe o Bem não há Mal, não há morte, não há pecado. Vê-se que a técnica de Mary Baker de provar as coisas se baseia unicamente na rotação, colocando um conceito abstrato ao lado do outro e girando os significados com tal rapidez e obstinação, à maneira dos faquires, que não se distinguem mais um do outro, como na roleta. Esse quiproquó vai se repetindo ao longo das quinhentas páginas de *Science and Health* em tantas variações e repetições que o leitor fica aturdido e, anestesiado, desiste de qualquer resistência.

Exagero? Estaria introduzindo maldosamente uma falta de lógica em seu sistema que nem é inerente à sua construção interior? Pois bem, como prova quero transcrever a frase mais famosa, a chamada "tese imortal" de Mary Baker Eddy, de cuja "subtração" ela chegou a acusar um discípulo em público, perante os tribunais. Essa frase "imortal" diz: "Não existe vida, verdade, inteligência ou substância na matéria. Tudo é espírito (*mind*) infinito e sua infinita revelação, pois Deus está em tudo. O espírito é verdade imorredoura, a matéria é um equívoco mortal. O espírito é real e eterno, a matéria é irreal e terrena. O espírito é Deus e o homem é sua imagem e seu reflexo, portanto o homem não é material, e sim espiritual." Dá para entender? Não? Tanto melhor. Porque é precisamente esse *credo quia absurdum*, creio porque é absurdo, que Mary Baker exige de todos nós, de toda a humanidade. Isso mesmo: que finalmente deixemos de lado nossa maldita e prepotente razão terrena. Todo o nosso impertinente *knowledge*, nossa tão famosa ciência, será que ele fez o mundo avançar um único passo? Não – toda a ciência médica desde Asclepíades, Hipócrates e Galeno não resolveu nada, zero. "A fisiologia não melhorou a humanidade; *physiology has not improved mankind*", o diagnóstico e a terapia não valem um centavo, ao diabo com a fisiologia! "A fisiologia nunca explicou a alma e teria feito melhor em não explicar o corpo; *physiology has never explained soul and had better done not to explain body.*" A ciência médica não oferece explicação para processos da alma, e nem do corpo. Por isso, na opinião de Mary Baker, os médicos, esses *manufacturers of disease*, fabricantes da doença, não são apenas indivíduos inúteis e desnecessários: são nocivos à humanidade, pois (bem tortuoso esse raciocínio), ao se arvorarem em querer tratar doenças – considerando que em verdade nem existem doenças –, esses malfeitores perpetuam o contagiante equívoco de que existiria algo como doenças. E, – mais um raciocínio tortuoso! – como as pessoas, graças à existência profissional desses terapeutas, sempre voltam a ter uma imagem que as lembre de doenças, acreditam poder ficar doentes, e essa quimera as faz se sentirem doentes de fato. Portanto (admire-se novamente a atrevida dedução) os médicos, pela sua simples existência, geram a doença em vez de curá-la: *doctors fasten disease*; os médicos apressam a doença. Na primeira fase da Ciência Cristã, a mais original e pessoal, Mary Baker Eddy repele todos os médicos, inclusive os cirurgiões, como seres prejudiciais e inúteis à sociedade humana, declarando-lhes energicamente guerra. Só mais tarde, doutrinada por alguns fracassos e processos constrangedores, amenizou o rigor, tolerando a intervenção ocasional de tais propagadores de doenças em casos cirúrgicos como fraturas de pernas, extrações de dente e partos complicados. No primeiro e decisivo início, no entanto, admite apenas um único médico e ratifica o seu método: Jesus Cristo, "*the most scientific man of whom we have any record*; o homem mais científico do qual temos registros", o primeiro que, sem drogas, medicamentos, pinças ou intervenções cirúrgicas, curou a mulher que sofria de hemorragia e a leprosa, ele "que nunca descreveu, apenas curou doenças", ele que fez o paralítico levantar do leito, com as simples palavras: "Levanta-te e anda!" O seu método era a cura sem diagnóstico ou teoria, unicamente através da fé. Desde então mil e oitocentos anos zombaram e ignoraram essa mais singela e elementar doutrina da cura, até que ela, Mary Baker Eddy, devolveu a sua obra à compreensão e à veneração da humanidade. Por isso, ela dá à sua ciência o altivo nome de Ciência Cristã, porque reconhece como único senhor e mestre apenas Cristo, e como remédio, apenas Deus. Quanto mais um de seus discípulos, um *healer*, realizar dentro de si esse método de Cristo, quanto menos se preocupar com a ciência terrena, mais perfeita será sua potência curadora. "*To be Christ-like is to triumph over sickness and death*; ser como Cristo significa triunfar sobre a doença e a morte." Basta que o curador sugira ao doente a convicção da ideia-mestra da Ciência Cristã, a de que não apenas a sua doença pessoal e individual como a doença em geral inexistem, devido à semelhança do homem com Deus; assim começa e termina toda a sua ação. Se ele conseguir transmitir essa convicção de maneira convincente, a fé tornará o corpo insensível a todo sofrimento e toda dor, como o ópio, e a sugestão destruirá não só a imagem da dor como os seus sintomas: "*Not to admit disease is to conquer it*; não admitir a doença significa superá-la." Portanto o *healer* não deve investigar os sintomas, como o médico, nem se ocupar seriamente com eles. Ao contrário, a sua única tarefa consiste em *não* os ver, em *não* os levar a sério, e sim encará-los como produtos de uma miragem, e conseguir que o paciente também não os veja e creia. Assim, sem qualquer exame, intervenção, tratamento, se eliminam a tuberculose ou a sífilis, o câncer de estômago ou uma fratura de perna, escrófulas ou uremia, todas essas manifestações da fantasia terrestre, graças unicamente a essa anestesia espiritual da Ciência Cristã, a esse infalível medicamento universal da humanidade – o grande princípio curativo, *great curative principle.*

Recompondo-se do terrível golpe da inexistência do nosso corpo e da falsidade dos nossos sentidos, do *error,* do "equívoco" de doença, velhice e morte, a razão atordoada se recupera timidamente e começa a esfregar os olhos cegados. Como, perguntamo-nos, não existe doença? Então tudo não passa de "equívoco" e "mau hábito", e no entanto a cada hora de nossa existência milhões de pessoas em hospitais e clínicas tremem de febre, devoradas pelo pus, contorcendo-se de dores, surdas, cegas, torturadas e paralíticas! E há mil anos uma ciência simplória se desdobra em um zelo estúpido para amenizar e compreender esses sofrimentos inexistentes com ajuda de microscópios e análises químicas e as cirurgias mais ousadas, enquanto a simples fé na inexistência da doença bastaria para a cura? Milhões de pessoas então são inutilmente enganadas com operações, tratamentos e medicamentos, se todos esses sofrimentos, sejam carbúnculos ou pedras na vesícula, tísica medular ou fluxos sanguíneos, poderiam ser tão facilmente extirpados apenas com a simples aplicação do novo *principle,* o novo princípio? Uma dor tão titânica, esse sofrimento de incontáveis miseráveis, seria simplesmente miragem e fantasia? Mary Baker Eddy tem uma resposta simples. "Sim", diz ela, "ainda existem muitos doentes imaginários, mas só porque a verdade da Ciência Cristã ainda não penetrou em toda a humanidade e porque a doença mais perigosa, a fé na doença, conduz sempre novas pessoas ao sofrimento e à morte, como uma infecção permanente." Nenhuma epidemia da humanidade, segundo ela, é tão fatal quanto esse "equívoco" de doença e morte, já que toda pessoa que se crê doente e se queixa de sofrimento contagia uma outra com essa fantasia fatídica, e assim essa praga se perpetua de uma geração para outra. "Mas", cito textualmente, "assim como a varíola foi sendo controlada com a vacina, também essa 'praga', esse mau hábito da suposta doença e da suposta morte pode ser barrado." Quando a humanidade inteira tiver sido vacinada com o soro da fé da Ciência Cristã, o tempo do sofrimento passará, pois quanto menos insensatos que acreditam em sua doença houver, menos doenças na Terra. Mas, enquanto essa maldita loucura continuar dominando a maioria, a humanidade continuará sob a açoite da doença e da morte.

Novamente ficamos surpresos. Como assim, então também não existe a morte? "Não", responde Baker Eddy, decidida, "não temos provas." Quando recebemos um telegrama sobre a morte de um amigo, esse telegrama pode ser um equívoco, a notícia pode ser falsa. Como nossos sentidos transmitem apenas "equívocos", nossa opinião pessoal sobre a morte do corpo não representa nenhuma prova válida. De fato, até hoje a Igreja da Ciência Cristã não fala em mortos, e sim em *so-called dead*, nos assim chamados mortos, e em sua acepção um morto não morreu, mas é alguém que escapou da nossa capacidade terrena de percebê-lo. Da mesma forma, segue proclamando Mary Baker em seu corolário, ainda não temos prova de que comida e bebida sejam realmente necessários para que o homem sobreviva, e nenhum sorriso compassivo dos fisiólogos consegue demovê-la de sua obstinação. Quando é levada a um defunto para ser convencida da transitoriedade do corpo, ela afirma só perceber o *going out of belief*, um indivíduo que não acreditou com bastante intensidade na impossibilidade da morte. De fato, segundo ela, a fé em nosso poder espiritual é por demais fraca para extirpar de toda a humanidade essa "epidemia" da doença e da morte imaginárias. Mas no curso dos séculos o espírito humano ganhará um poder hoje impensado sobre a nossa corporeidade, através da aplicação cada vez mais apaixonada da Ciência Cristã e de uma enorme elevação potencial de sua capacidade de acreditar: "*When immortality is better understood, there will follow an exercise of capacity unknown to mortals*; quando a imortalidade for mais bem compreendida, virá então um exercício de um poder desconhecido para os mortais." Só então se extinguirá na humanidade essa perniciosa ilusão de doença e morte, restabelecendo-se a divindade na Terra.

Com essa virada tão ousada quanto hábil para o campo da utopia, Mary Baker abre sem alarde uma porta para poder escapulir de sua teoria em determinados casos mais complicados: como todas as religiões, a sua também desloca a condição ideal do presente para o reino celeste do futuro, mansamente. O que se vê é um *nonsense*, mas um *nonsense* com método, e sua gritante falta de lógica é apresentada com uma lógica de tal forma obstinada que acaba por produzir algo parecido com um sistema.

Claro, trata-se de um sistema que na história da filosofia dificilmente terá outro lugar senão um gabinete de curiosidades, mas que para seu objetivo de turbinar uma hipnose de massa revelou ter sido extremamente bem construído. Para a eficácia imediata de uma doutrina, a sua tensão psicotécnica infelizmente sempre é mais decisiva do que o seu valor intelectual; e, da mesma forma que não é necessário um diamante para uma sessão de hipnose – basta um pedaço de cristal reluzente –, nos movimentos de massa um instinto primitivo, porém intuitivo, substitui a verdade e o bom senso. Não devemos nos fechar aos fatos: apesar de seus defeitos lógicos, até hoje o aparato de sugestão religiosa de Mary Baker Eddy não foi superado em amplidão de eficácia por nenhuma doutrina de fé posterior. Só com isso, sua psicologia do instinto atesta o seu lugar no ranking. Faltaríamos à verdade se pretendêssemos omitir a realidade inegável de que milhares e milhares de fiéis receberam mais ajuda da Ciência Cristã do que de médicos diplomados e de que, como comprovam os documentos, graças à sua sugestão mulheres deram à luz sem dor e operações foram realizadas sem anestesia e sem dor, porque os fiéis "cientistas", em vez de serem anestesiados com clorofórmios, tornaram-se insensíveis à dor com esse novo narcótico chamado irrealidade do mal, *irreality of evil*. E de que, para muitos, o imenso acréscimo em energia dessa doutrina renovou o ânimo de viver. Em meio ao seu exagero, essa mulher genial, apesar de toda a confusão, identificou corretamente determinadas leis fundamentais da alma e as aplicou em seu consultório, sobretudo o fato inegável de que toda representação de um sentimento na imaginação – portanto, também a de uma dor – guarda em si a tendência de se transformar em realidade, ou seja, que uma sugestão preventiva muitas vezes elimina o temor de um adoecimento que é quase tão perigoso quanto a doença em si. "*The ills we fear, are the only one that conquer us*; só as doenças que tememos nos conquistam": atrás de tais palavras, ainda que impugnáveis do ponto de vista lógico e mil vezes contestáveis por fatos, brilha um pressentimento de verdades psíquicas. No fundo, Mary Baker antecipa a doutrina de Coué sobre a autossugestão quando diz: "Os doentes se prejudicam a si próprios quando afirmam que estão doentes." Por isso, um *practitioner* de sua doutrina nunca poderá concordar com um paciente que afirma estar doente: "*The physical affirmative should be met by a mental negative*; a afirmação física deverá ser combatida por uma negação mental." E nunca o próprio doente poderá admitir para si mesmo que está sentindo dores, pois a experiência mostra que se ocupar da própria dor aumenta sugestivamente a dor existente. A doutrina de Mary Baker – como a de Coué e a de Freud, apesar da longa distância intelectual – nasceu do mesmo sentimento de reação ao fato de a medicina moderna, em seu desenvolvimento físico-químico, ter desprezado durante muito tempo as forças curativas psicológicas e a "vontade de saúde" como auxiliar, e da confiança de que, além de arsênio e cânfora, deveriam se ministrar ao organismo humano, como injeções de vitalidade, reativos puramente anímicos como coragem, autoestima, fé em Deus, otimismo. Por maior que seja a resistência da razão contra o paradoxo terapêutico de uma doutrina que quer destruir os bacilos com a "mente", a sífilis com a "verdade" e a arteriosclerose com "Deus", nunca podemos deixar totalmente de considerar – como explicar seus êxitos, a não ser assim? – o coeficiente energético em que se baseia essa doutrina, e estaríamos agindo contra toda justiça e toda verdade se pretendêssemos negar a força tonificadora que a Ciência Cristã levou a inúmeras pessoas, em alguns momentos de desespero, pela embriaguez de sua fé. É possível que essa fé fosse apenas um narcótico, animando os nervos de maneira fugidia, como a cânfora ou a cafeína, interceptando apenas temporariamente a força voraz da doença; no entanto, muitas vezes agindo de forma eficaz como alívio, como um poder ajudando o corpo a partir da alma. Na soma geral, a Ciência Cristã deve ter trazido mais benefícios do que prejuízos a seus adeptos. E por fim favoreceu até a ciência, pois a psicologia, acompanhando com seriedade os surpreendentes efeitos da Ciência Cristã, pode ainda aprender muito sobre sugestão de massa, com seus milagres e suas obras. Portanto, também sob o ponto de vista intelectual essa vida bizarra não foi inútil.

Mas o principal milagre da Ciência Cristã, apesar de tudo, continua sendo a sua expansão surpreendentemente rápida, um efeito avalanche do êxito quase incompreensível para a razão objetiva. Como pôde acontecer, perguntamo-nos, que uma doutrina de cura natural intelectualmente tão esdrúxula, e tão diletante e frágil em termos de lógica, em dez anos tenha se tornado a abóbada celeste do universo para centenas de milhares de pessoas? Que circunstâncias tornaram justo essa teoria, entre inúmeras tentativas de interpretar o mundo que após um breve tempo se desfazem como bolhas de sabão, capaz de formar em torno de si uma comunidade de milhões? Como um livro tão confuso e criptoprofético conseguiu se tornar um evangelho para inúmeras pessoas, enquanto os movimentos intelectuais mais poderosos geralmente perdem sua força de propulsão depois de uma década? A razão espantada não cansa de se perguntar, diante desse fabuloso fenômeno de sugestão: que meios especiais essa fundadora embutiu – consciente ou inconscientemente – em sua obra para que essa única entre milhares de seitas similares desenvolvesse forças tão vitoriosas e praticamente ímpares na história das ideias do último século, em sua irresistibilidade?

Tentarei responder: o fator técnico decisivo para a propagação da Ciência Cristã consiste em sua acessibilidade. A primeira precondição de qualquer ideia que se propaga rapidamente é que ela possa ser expressa de maneira rudimentar e para as pessoas primitivas, que sua fórmula possa ser incutida na cabeça de qualquer um com uma única martelada. Em uma velha lenda bíblica, um descrente propõe a um profeta, como preço de sua conversão, que lhe explique o sentido de sua religião no tempo em que ele conseguir se equilibrar em uma perna. A doutrina de Mary Baker Eddy corresponde maravilhosamente bem a essa exigência impaciente de uma capacidade de transmissão estenograficamente sintética. A Ciência Cristã também pode ser explicada em seus fundamentos enquanto uma pessoa se equilibra em uma perna: "O homem é divino, Deus é o Bem, portanto não pode existir nada de mau, e todo o Mal, a doença, a velhice e a morte não são realidade, e sim aparência que engana, e quem compreendeu isso não pode mais ser acometido por nenhuma doença nem torturado por nenhuma dor." Esse resumo contém tudo, e uma fórmula básica tão universalmente compreensível não faz exigências intelectuais. Assim, a Ciência Cristã estava capacitada de antemão a se tornar um artigo de massa, como uma máquina Kodak ou uma caneta-tinteiro; ela representa um produto intelectual absolutamente democrático. E é comprovado que inúmeros sapateiros, negociantes de lã e caixeiros-viajantes aprenderam perfeitamente a doutrina terapêutica da Ciência Cristã nas doze lições prescritas, portanto em menos tempo do que o necessário para se tornar um calista, um cesteiro ou um barbeiro. A Ciência Cristã é imediatamente acessível a todos, não exige erudição nem inteligência ou qualquer maturidade: graças a essa simplicidade, logo é acessível às massas, uma filosofia para todos. Acresce um segundo fator psicológico importante: a doutrina de Mary Baker Eddy não exige de seus adeptos o menor sacrifício em conforto pessoal. E – cada dia que passa nos prova esse truísmo –, quanto menores as exigências morais ou materiais de uma crença, de um partido, de uma religião, mais ela será bem-vinda em amplos círculos. Tornar-se cientista cristão não é de forma alguma um sacrifício, mas uma decisão totalmente sem compromisso, sem peso. Não há uma só palavra ou linha desse dogma que solicite dos alunos recém-conquistados que mudem sua vida exterior: um cientista cristão não precisa jejuar, rezar, refrear-se, nem mesmo ser filantrópico. No âmbito dessa religião americana, é permitido ganhar dinheiro sem limites, enriquecer; a Ciência Cristã dá tranquilamente a César o que é de César e ao dólar o que é do dólar. Entre os elogios à Ciência Cristã está o estranho louvor de que essa "ciência sagrada" multiplicou o faturamento de muitos estabelecimentos comerciais. "*Men of business have said, this science was of great advantage from a secular point of view*; homens de negócios disseram que essa ciência foi de grande vantagem do ponto de vista secular." Mesmo a seus sacerdotes e *healers* essa seita complacente permite fazer caixa: assim, o impulso material mais forte do homem, o impulso do dinheiro, está entrelaçado com as tendências metafísicas da doutrina. E eu realmente não saberia dizer como seria possível virar mártir para a Ciência Cristã, a seita de malha mais grossa de todas.

Em terceiro lugar – e não por último –, a Ciência Cristã, com sua hábil neutralidade, evita qualquer choque com o Estado e a sociedade e, por outro lado, extrai forte proveito das fontes vivas do cristianismo. Pelo fato de Mary Baker Eddy, com genial perspicácia, plantar sua cura médica espiritual na rocha da Igreja oficialmente reconhecida e associar sua "ciência" à palavra "cristã", de cunho mágico em todos os Estados Unidos, ela de certa forma protege sua retaguarda. Pois ninguém se atreve facilmente a chamar de farsa ou charlatanice um método para o qual Jesus Cristo é visto como exemplo e do qual a ressurreição de Lázaro é a prova viva. Repelir com ceticismo uma ancestralidade tão pia não equivaleria a duvidar das curas da Bíblia e dos feitos milagrosos do Salvador? Com esse elo genial entre sua teoria da fé e o elemento de fé mais poderoso da humanidade, o cristianismo, essa vidente prova a eficácia de sua bem-sucedida supremacia sobre todos os seus antecessores, Mesmer e Quimby, que, em sua honradez, falharam em apresentar seus métodos como sendo de inspiração divina, enquanto Mary Baker Eddy conseguiu, só com o nome escolhido, absorver em sua seita todas as forças latentes do cristianismo americano.

Assim, essa visão do mundo gerada nas cidades não apenas se amolda às necessidades materiais e morais de independência do americano, como também se apoia na religiosidade integrada nas fórmulas do cristianismo da Igreja. Além disso, a Ciência Cristã atinge ainda com um golpe certeiro, direto no coração, a camada mais baixa e verdadeira da alma do povo americano, seu crédulo otimismo, sempre propenso a ser inflamado. Para essa nação que só se descobriu há um século e depois, com um único esforço, superou tecnicamente o mundo inteiro; para essa nação que até hoje sempre volta a se espantar com uma verdadeira alegria juvenil diante de seu próprio e inimaginado crescimento; para tal raça vitoriosamente realista nenhum empreendimento pode parecer ousado demais, e nem uma crença no futuro demasiado absurda. Por que, depois de chegar tão maravilhosamente longe em dois séculos só pela vontade, deveria ser impossível (risque-se essa palavra!) vencer a doença pela vontade, por que não acabar também com a morte? Justo o excêntrico de tamanho desafio da força de vontade correspondia perfeitamente ao instinto americano, que, ao contrário do europeu, não se cansou em dois mil anos de história com dúvidas e ceticismos. Nessa doutrina, que não atrapalha em absoluto o cidadão democrático em sua vida particular, seus negócios, sua fé, e ao mesmo tempo anima a alma com uma esperança solene, ele sentiu mais apaixonadamente do que nunca a sua energia e o seu imenso prazer em combater serem desafiados a tornar verdade o improvável na Terra. Por ser mais ousada do que todas as anteriores, essa hipótese mais audaz dos tempos modernos encontrou um solo tão fértil no campo do Novo Mundo, e do solo americano ergueram-se igrejas em mármore e pedra a fim de elevar essa crença até o céu. Pois em todos os tempos o jogo predileto da humanidade continua sendo imaginar o impossível sendo possível. E quem incentivar essa mais sagrada paixão terá vencido a partida.

Metamorfose em revelação

Os alicerces do sistema foram assentados, agora a construção pode se erguer – a nova igreja, a torre alta com seus sinos que ressoam bem longe. Mas em que proporções liliputianas, entre que ridículas contendas provincianas se passam os primeiros anos da jovem doutrina! O infiel Kennedy foi substituído por uma dúzia de outros discípulos – um é ajudante de relojoeiro, o outro operário de fábrica, além de algumas solteironas idosas que não sabem o que fazer com a vida e o seu tempo. Concentrados, esses rapazes fortes de ombros largos sentam-se nas suas carteiras, como numa escola primária, escrevendo com seus dedos calosos e inábeis os princípios máximos da Science. Diante deles, a mulher severa e autoritária que dita as sentenças; com admiração, escutam o discurso que escorre quente e palpitante de seus lábios, de olhos erguidos, a boca semiaberta, cada nervo retesado pela atenção. É uma cena grotesca e ao mesmo tempo comovente: em um cubículo apertado e mofado, que fede a roupa velha, miséria e esforços cinzentos, em um círculo pouco intelectualizado, Mary Baker pela primeira vez transmite seu "segredo" à humanidade. E os primeiros discípulos – o embrião de um dos movimentos espirituais mais poderosos de nosso tempo, que ainda germina envolto nas trevas – são alguns miseráveis proletários que não querem outra coisa senão trocar seu ingrato serviço mecânico por uma profissão mais rentável e mais cômoda.

Trezentos dólares é o que esses rapazes simplórios precisam pagar pelo seu curso, aprender doze lições. Depois, podem colocar o chapéu na cabeça e chamá-lo de barrete de doutor. Após essa colação de grau, cada um poderia abrir seu consultório e não se preocupar muito com Mary Baker. Mas acontece algo inesperado: os discípulos não conseguem mais se libertar de sua professora. Pela primeira vez se revela a grandiosa irradiação que parte dessa violadora de almas, pela primeira vez a magia misteriosa capaz de provocar até mesmo as criaturas mais limitadas e lentas para realizações espirituais, de despertar paixões sempre e em todo lugar, admiração ilimitada ou ódio amargo. Bastam algumas semanas e os alunos se rendem a ela de corpo e alma. Não conseguem falar nem pensar nem agir sem a administradora de suas almas, encontram revelações em cada uma de suas palavras, pensam inspirados por sua vontade. Todas as pessoas que encontram Mary Baker – eis o seu poder inaudito! – têm sua vida modificada, sempre e em todo lugar ela consegue transmitir para vidas alheias um excesso nunca imaginado de tensão pela força exagerada de sua existência. Logo seus alunos começam a competir para lhe servir com a energia mais íntima de sua alma, em furiosa entrega à sua vontade. Essas almas arrebatadas não a querem apenas como professora da Ciência, e sim guia de toda a sua vida – exigem dela não só a liderança intelectual, mas também a moral. Assim é que, em 6 de junho de 1875, seus alunos se reúnem e estabelecem o seguinte acordo por escrito:

> Tendo sido introduzida na cidade de Lynn há pouco tempo pela sua descobridora Mary Baker Glover uma ciência da cura nova em nossos tempos e infinitamente superior a todas as outras;
>
> E tendo muitos amigos disseminado a boa-nova em toda a cidade, erguendo a bandeira da vida e da verdade que declarou a liberdade para muita gente agrilhoada à doença e ao equívoco;

> E, depois que pela desobediência maligna e intencional de um único indivíduo que não tem nome no amor da sabedoria e da verdade, nuvens de interpretações equivocadas e as névoas do mistério tiraram toda a luz, obscurecendo a palavra de Deus diante do mundo e zombando dela nas ruas, nós, discípulos e defensores dessa filosofia, da ciência da vida, acordamos com Mary Baker Glover que ela nos faça uma prédica todo domingo, dirigindo nossas assembleias. E nos comprometemos solenemente pelo presente escrito e declaramos e fazemos saber que resolvemos pagar por um ano a soma declarada depois dos nossos nomes, com a condição de que as importâncias pagas por nós não sejam utilizadas para outro fim a não ser o sustento da supracitada Mary Baker Glover, nossa mestra e educadora, e o pagamento do aluguel de uma sala apropriada.

Seguem as assinaturas de oito discípulos: Elizabeth M. Newhall subscreve US$1.50, Daniel H. Spofford, US$2.00, os outros, em sua maioria, US$1.00 ou US$0.50. Do total, destinam-se semanalmente US$5.00 a Mary Baker Glover pelas suas prédicas.

Uma ninharia considerando quantias tão diminutas, somos tentados a dizer sorrindo. Mas esse 6 de junho de 1875 é um marco na história de Mary Baker e da Ciência Cristã; a partir desse dia começou a transmutação de uma visão pessoal de mundo em religião. Da noite para o dia, a Moral Science se tornou Christian Science, uma escola virou uma comunidade e uma doutora nômade, a divina propagadora de uma nova fé. A partir de agora, não é mais uma pessoa que cura a partir de métodos naturais e que se estabeleceu por acaso em Lynn, e sim uma enviada de Deus para iluminar as almas. Mais uma vez, Mary Baker avançou um enorme passo ao transformar seu poder, até agora espiritual, em religioso. Exteriormente, acontece algo que, num primeiro momento, é quase imperceptível: todo domingo, Mary Baker Glover faz uma prédica de uma ou duas horas para os seus estudantes numa sala alugada, em seguida toca-se uma canção beata no harmônio. Com isso, termina a solenidade matinal. Parece, pois, não ser mais do que o surgimento de mais uma seita, ao lado de milhares de outras minúsculas seitas nos Estados Unidos. Na verdade, porém, essa transmutação de um método de cura medicinal em culto religioso requer uma transformação completa de todas as precondições: um processo que em outras religiões levaria décadas e séculos realiza-se à luz do dia e em alguns poucos meses, ou seja, uma crença terrena se arvora em dogma divino e, por isso mesmo, incontestável; uma pessoa em carne e osso se transforma em mito, em figura profética e supraterrena. Pois, a partir do momento em que a pura Mind Cure, a cura por sugestão, se associa ao serviço da Igreja, e em que Mary Baker deixa de ser médica do corpo, *practitioner*, para se tornar sacerdotisa das almas, e em que a ação de curar se torna culto – então tudo o que é terreno e racional no surgimento da Ciência Cristã deve ser cuidadosamente escondido. Nunca uma religião pode aparecer a seus adeptos como invenção de um cérebro humano, ela sempre precisa vir do alto, descer flutuando de mundos superiores, ou seja: ter sido anunciada; em nome da fé, a religião deve afirmar que a pessoa eleita pela comunidade é, na verdade, um eleito de Deus. A cristalização de uma Igreja, a transformação morfológica de um princípio pensado originalmente apenas em termos de higiene em lei divina, produz-se aqui tão nitidamente quanto num laboratório químico. Traço a traço podemos assistir como a lenda vai suplantando a história documental de Mary Baker e como a Ciência Cristã vai inventando seu Horebe da revelação, a sua jornada de Damasco, sua Belém e sua Jerusalém. Diante dos nossos olhos, a "descoberta" da Science por Mary Baker se torna "inspiração", o livro por ela escrito se transforma em livro sagrado, e a sua própria vida em uma nova peregrinação do Salvador na Terra.

Claro que uma divinificação tão repentina exige uma série de retoques nada desprezíveis na imagem da vida de Mary Baker perante os fiéis: primeiro, a infância da futura santa é retocada com alguns traços comoventes no estilo da *Legenda áurea*. O que deve ter ouvido, quando menina, uma verdadeira e legítima eleita de Deus? Deve ter ouvido vozes como Joana d'Arc e como Maria escutou a mensagem do anjo. Assim, Mary Baker naturalmente as ouviu (de acordo com sua autobiografia), aos oito anos. À noite, ressoa misteriosamente o seu nome no espaço sideral, e ela – aos oito anos! – responde com as palavras de Samuel: "Fala, Senhor, pois teu servo te escuta." Uma segunda analogia, com Cristo conversando com os doutores, também é embutida: sendo examinada aos doze anos pelo pastor, a menina loira e pálida surpreende toda a comunidade pela sua sabedoria precoce. Preludiada com tamanha cautela, o que era até então uma "descoberta" da ciência pode facilmente ser transformado em "inspiração". Mary Baker hesitou muito tempo que data escolher para o momento da graça, até se decidir definitivamente a situar essa "revelação" em 1866 (com o devido cuidado para que fosse depois da morte de Quimby). "No ano de 1866 descobri a Ciência de Cristo, ou seja, as leis divinas da vida, da verdade e do amor, e dei à minha descoberta o nome de Ciência Cristã. Durante muitos anos, Deus vinha-me preparando misericordiosamente para receber essa revelação definitiva do princípio divino absoluto da cura mental científica." De acordo com a versão posteriormente inserida, a "revelação" aconteceu da seguinte maneira: no dia 3 de fevereiro de 1866, Mary Baker (então ainda Patterson) escorrega no calçamento em Lynn, cai e perde os sentidos. Levam-na para a sua casa e o médico (segundo o livro) declara que seu caso é desesperador. No terceiro dia, depois de o médico sair, ela rejeita os remédios e (segundo suas próprias palavras) "eleva o coração a Deus". É um domingo, ela manda saírem todos do quarto, pega a Bíblia e abre o livro. Seu olhar recai sobre a página da cura do reumático por Jesus. Imediatamente, ela percebe "o som perdido da verdade na harmonia divina" e reconhece com veneração o princípio de seu exemplo cristão na cruz, quando Jesus recusou o fel e o vinagre que lhe ofereceram a fim de mitigar os tormentos de sua paixão. Vê Deus frente a frente, "toca e apalpa coisas nunca vistas", compreende sua situação como filha de Deus e escuta quando Ele lhe diz: "Filha, levanta-te!" E imediatamente Mary Baker se levanta e se veste e adentra a sala, onde esperam um sacerdote e alguns amigos, tragicamente dispostos a ministrar-lhe o último consolo na Terra. Agora ficam perplexos frente ao Lázaro ressuscitado. Só nesse milagre vivido no próprio corpo ela, Mary Baker, reconheceu num raio de inspiração o princípio universal da fé criadora.

Infelizmente, essa bela lenda é desmentida pelo atestado médico reconhecido em cartório e, mais categoricamente ainda, é negada por uma carta manuscrita de Mary Baker Eddy datada da primavera de 1866, em que, semanas depois do evento, escreve desesperada ao sucessor de Quimby, o dr. Dresser, narrando-lhe a queda e as terríveis consequências para seus nervos, e em que ela (pretensamente já curada há tanto tempo) roga com veemência que ele lhe ajude com o método de Quimby. Mas: e Quimby? Quem é Quimby, afinal? Desde que a descoberta da Ciência Cristã foi transformada em missão supraterrena, seu nome desapareceu de repente. Na primeira edição de *Science and Health* ela ainda dedica uma linha casual e pálida ao seu benfeitor e mestre. Mas depois Mary Baker negará de dentes cerrados até o último suspiro que jamais tenha recebido qualquer estímulo de Quimby. De nada adianta mostrar-lhe seus próprios panegíricos do *Portland Courier*, de nada adianta publicar suas cartas de agradecimento e provar com fotografias que seus primeiros manuscritos não eram outra coisa senão cópias literais de seus textos: uma mulher que qualifica de "equívoco" todo o nosso mundo factual não se impressiona com nenhum documento. Primeiro, nega ter utilizado os manuscritos dele. Por fim, colocada contra a parede, torce cinicamente os fatos e afirma que não foi Quimby quem a esclareceu sobre a nova ciência, e sim o contrário. Que só deve a Deus e à Sua graça a sua descoberta. E que nenhum fiel que ouse duvidar desse dogma merece ser chamado assim.

Um ano, dois anos, e a mais desconcertante das transformações se realizou: um método profano, que alguns meses antes era ingenuamente elogiado pela sua descobridora por "em pouco tempo poder render um bom dinheiro", tornou-se mensagem divina num piscar de olhos; a sócia igualitária do doutor da fábrica de cartonagem Kennedy, uma profetisa inspirada. A partir desse momento, a autoestima insaciável de Mary Baker se coloca atrás de uma muralha inexpugnável, convertendo cada um de seus desejos em mandato divino e exigindo obediência em nome de sua missão celeste mesmo para a empreitada mais ousada. Agora, por exemplo, não diz mais que um curso com ela custa trezentos dólares em dinheiro contado, mas escreve (textualmente): "Quando Deus me mandou estabelecer um preço pelo ensino do meu sistema de cura cristão-científico, uma estranha Providência me induziu a aceitar tal taxa." Seu livro (cujos direitos autorais exige com ferrenha precisão) não é fruto de sua inteligência terrena, e sim de uma inspiração divina. "Jamais me atreveria a afirmar ter escrito aquele livro." Resistir a ela significa, a partir daí, rebelar-se contra o "princípio divino" que a elegeu. Com esse acréscimo de poder, da noite para o dia aumentou de maneira desmedida a influência de sua personalidade. Agora, sua autoridade é gigantesca. Inebriada pelo novo sentido de sua missão, inebria cada vez mais seus ouvintes. Como acredita em si mesma como sendo um milagre, cria fé em si. Só mais uma década e sua vontade terá conquistado centenas de milhares de adeptos.

A última crise

Todo movimento religioso nasce entre crises e espasmos, e sempre uma atmosfera tempestuosa acompanha febrilmente a sua chegada ao mundo. Também para Mary Baker aquelas horas fecundas da primeira configuração da fé trazem uma comoção perigosa dos nervos. Pois a fantástica virada do nada para o poder absoluto foi demasiado brusca – ontem ainda uma doente sem esperança, mendigando esmolas, andando de mansarda em mansarda, agora ela se vê no foco de uma admiração exagerada, uma salvadora, quase uma santa. Atordoada, confusa, com os nervos em frangalhos, Mary Baker experimenta agora aquele estranho fenômeno relatado por todos os neurologistas e psicólogos: o de que em todo tratamento psíquico os pacientes num primeiro momento lançam a sua inquietação, suas neuroses e psicoses de volta para o médico, o qual é obrigado a opor a resistência mais extrema para não ser inundado espiritualmente por essas histerias alheias. Mary Baker é quase arrastada pela súbita coerção das emoções. Assustada, surpresa com o grande e estrepitoso sucesso, a mulher sente que seus nervos não estão à altura daquele desafio. Pede uma pausa para respirar, um momento de reflexão. Suplica aos estudantes que a deixem em paz com suas incessantes confissões, seus pedidos e questionamentos, pois não aguenta essa pressão, esse desesperado apego. Que tenham compaixão, caso contrário sucumbirá: "*Those, who call on me mentally, are killing me*; aqueles que me solicitam mentalmente estão me matando." Mas o transbordamento espiritual que ela desperta já não pode mais ser freado. Com bocas ávidas e quentes, os discípulos se agarram a ela e sugam as forças de seu corpo. Em vão ela tenta se defender e até sai de Lynn, *driven into wilderness*, para a selva, fugindo desse amor inesperado, ao qual não está habituada, e escreve de seu esconderijo: "Se os discípulos continuarem pensando em mim e me pedirem ajuda, terei que me defender, separando-me deles por uma ponte espiritual entre mim e eles que não poderão atravessar." Assim como uma pessoa esfomeada vomita o alimento que lhe é servido, em vez de devorá-lo avidamente, porque seu estômago está irritado e incapacitado pela longa abstinência de absorver qualquer coisa, do mesmo modo aqui um sentimento acostumado a décadas de solidão num primeiro momento responde à súbita admiração com espanto desesperado e repulsa convulsiva. Nem compreendeu bem ainda o milagre de sua influência e já lhe exigem milagres. Mal se sente curada e já querem que seja santa e salvadora. Seus nervos não resistem a essa pressão selvagem. Com olhos febris, ela procura por todos os lados quem lhe possa ajudar.

Acresce outra insegurança pessoal no caso dessa mulher em pleno climatério. Tendo vivido mais de uma década separada de homens, sempre ou viúva ou mulher abandonada, já o primeiro jovem que se aproximou dela, Kennedy, tornou-se um peso, apesar de sua indiferença. Agora, de repente, de manhã até de noite está rodeada de homens jovens, e todos esses homens a mimam com submissão, doação, admiração. Corações comovidos, olham para ela com brilho nos olhos mal seu vestido roça o portal; cada palavra que pronuncia é tomada por eles como verdade, cada desejo é uma ordem. Mas – pergunta formulada talvez só no inconsciente – essa veneração masculina se dirige só à guia espiritual, ou também à mulher carnal? Trata-se de conflito insolúvel para sua natureza dura e puritana, que há décadas recalcou os desejos de seu corpo. Parece que o sangue da cinquentona, excitado por Kennedy, ainda não se acalmou totalmente; seja como for: sua conduta para com os alunos se torna desequilibrada, seu comportamento alterna entre frio e quente, num contínuo sobe e desce entre camaradagem íntima e despótica aversão. Alguma coisa na vida sexual de Mary Baker nunca foi retilínea: a indiferença, quase repugnância, em relação ao próprio filho e a tentativa sempre renovada de compensar essa falta de sentimentos maternos pelo casamento ou pela adoção de homens mais jovens tornam o seu mundo sentimental muito enigmático. A vida inteira sempre precisou de homens jovens à sua volta; essa proximidade a acalma e excita ao mesmo tempo. A cada semana que passa, essa perturbação interior se manifesta com nitidez cada vez maior em tais intimações para que "se afastassem dela". Por fim, explode numa carta muito confusa, que quase trai um tom de desesperada rejeição, ao seu aluno favorito, Spofford, o único que chama carinhosamente pelo prenome Harry: "Quer me deixar viver ou quer me matar?", escreve ao jovem, que não suspeita de nada. "Você é o único responsável pela minha recaída, e eu nunca vou me recuperar se você não se controlar e afastar de sua mente qualquer pensamento em mim. Não volte mais para cá, nunca mais acreditarei em um homem."

"Nunca mais acreditarei em um homem", escreve a hiperexcitada Mary Baker no dia 30 de dezembro de 1876 para Spofford. Apenas vinte e quatro horas mais tarde, no dia 31 de dezembro, o mesmo Spofford é surpreendido por um novo bilhete em que mrs. Baker lhe comunica ter mudado de ideia e que, no dia seguinte, casar-se-á com Asa Gilbert Eddy, um outro discípulo. Em vinte e quatro horas, Mary Baker tomou uma decisão extrema: temendo um colapso nervoso, agarra-se desesperada a um homem, o primeiro que aparece no seu caminho, só para não enlouquecer, e o desafia a aceitar. Amarra-se ao primeiro entre seus discípulos, escolhido ao acaso, pois até então ninguém na comunidade – talvez nem ela própria – notara o menor sinal de uma afeição pelo estudante e antigo vendedor de máquinas de costura, onze anos mais moço, rapaz bem-comportado e um pouco doentio, de olhos claros e vazios e com um belo rosto. Mas agora, a um passo do abismo, num solavanco ela se apodera desse homem modesto e insignificante que, ele próprio estupefato com a subitaneidade dessa afeição, explica com franqueza a Spofford, igualmente espantado: "*I didn't know a thing about it myself until last night*; eu mesmo não sabia nada a respeito disso até ontem à noite." Mas é natural: como um estudante se rebelaria contra tal distinção por parte da mestra divina? Por submissão cega, ele obedece imediatamente à honrosa proposta e no mesmo dia vai ao cartório buscar uma autorização de casamento. E um dia depois – pela velocidade com que se casa de novo, nota-se como é impetuosa a vontade de Mary Baker –, no dia de Ano-novo de 1877, celebra-se esse seu terceiro casamento, e durante a cerimônia a verdade sofre um pequeno golpe quando noiva e noivo afirmam no altar terem quarenta anos de idade, embora Eddy já tenha quarenta e cinco e Mary Baker, cinquenta e seis. Mas o que significa *chronology*, uma pequena mentira numérica motivada pela vaidade, para uma mulher que contabiliza generosamente a eternidade e despreza toda a nossa realidade terrena como insensata ilusão dos sentimentos? Pela terceira vez, ela, que condena teoricamente o casamento em seu livro, está diante de um altar. Mas dessa vez o nome que adquire nessa hora não pertence só a ela, e sim à história. Ninguém venerou ou conheceu essa antiga filha de agricultor da Virgínia enquanto Mary Glover ou Mary Patterson; seus maridos anteriores saíram da história sem deixar rastros. Mas Mary Baker Eddy lança esse novo nome para os cinco continentes do nosso mundo e dá metade de sua fama como dote a um pequeno vendedor de máquinas de costura chamado Eddy.

Tais resoluções rápidas como um tiro, tomadas de um golpe em momentos decisivos, são extremamente características de Mary Baker Eddy. As principais decisões de sua vida nunca nascem de uma reflexão lógica consciente, e sim de vulcânicas explosões de energia, como se fossem descargas convulsivas do inconsciente. Ora genial, ora totalmente louca, sua energia nervosa hiperexcitada se descarrega sempre em decisões tão bruscas que ela nem consegue responsabilizar seu "eu" consciente por isso. O que seria mais natural, portanto, do que ela se acreditar inspirada por um ser superior, enxergar suas descargas nervosas como resultado de centelhas supraterrenas e a si própria como uma eleita de Deus dotada da palavra profética? Incessantemente ela vive o milagre de ver suas indecisões mais dolorosas se resolverem em um tipo de raio súbito de revelação, em geral de maneira feliz. Pois quase sempre Mary Baker acerta em cheio com seus atos impulsivos e suas improvisações. Seu instinto é cem vezes mais inteligente do que o seu bom senso, seu gênio mil vezes maior do que a razão. Até nessa crise decisiva de sua feminilidade, mesmo o mais sábio planejamento não teria tido efeitos terapêuticos mais favoráveis sobre seus nervos do que a decisão, súbita como um tiro, de escolher justamente um homem tão pouco autônomo e quieto como companheiro de vida – um homem magro, mas por isso mesmo confiável como um bastão em que se pode apoiar. Sem esse tranquilo e tranquilizador Asa Gilbert Eddy, sem esse sustentáculo seguro, ela provavelmente não teria resistido à tempestade dos anos críticos.

Pois os próximos anos da Ciência Cristã serão críticos. Durante um momento parece que a comunidade criada com tanto esforço vai se dissolver, que a torre da fé vai ruir ainda durante sua construção. Em resposta ao seu casamento, o mais fiel dos fiéis, Spofford, o colaborador de *Science and Health*, ferido no seu orgulho, abandona o círculo de adeptos e, como Kennedy, abre seu próprio negócio com Ciência Cristã em Lynn. Naturalmente, a mestra – cuja natureza autoritária não suporta deserções – mais uma vez roga as piores pragas e o enche de processos. Assim como fez com Kennedy, espalha também contra Spofford a maníaca acusação de que ele exerce à distância uma maligna influência telepática, envenenando a saúde de pessoas inocentes e ingênuas com seu m.a.m., o seu "*malicious animal magnetism*", seu magnetismo animal malicioso. Mary Baker sempre solta todos os cães do ódio justamente contra os discípulos desertores, pois, como todos os fundadores de religiões (basta lembrar o ódio de Lutero contra o "porco" Zwingli, a morte na fogueira de Servet por ter tido uma única divergência de opinião com Calvino), sabe que, na primeira hora da construção de uma Igreja, qualquer cisma, qualquer desvio da doutrina abala o edifício inteiro. Mas todos esses excessos históricos dos primeiros concílios da Igreja ainda parecem moderados quando comparados com a raiva e o louco fanatismo persecutório de Mary Baker Eddy, que nunca tem o senso da medida. Insuperável e incalculável em suas paixões, quando quer aniquilar um adversário essa mulher sempre hiperdimensionada nos sentimentos não retrocede nem diante de atos de clara insensatez. Algo incrível acontece, um absurdo como não se via nos Estados Unidos havia um século: um verdadeiro processo de bruxaria ocupa um tribunal moderno. Pois o poder psicológico de Mary Baker anestesia de tal forma a razão de seus adeptos que, no dia 14 de maio de 1878, em pleno século XIX, uma de suas fanáticas discípulas, Lucretia Brown, que compartilha o seu ódio, apresenta queixa pública contra Daniel H. Spofford, acusando-o de ter-lhe infligido há um ano "violentas dores de coluna e de nervos e desequilíbrio mental temporário devido à sua força e arte, de maneira injusta e maligna e com a intenção de prejudicá-la". Embora Spofford comprovadamente nunca tenha visto a boa donzela Lucretia, nunca tenha falado com ela nem a examinado clinicamente, só podendo portanto se tratar de um caso de bruxaria medieval telepática, esse processo mais original dos tempos modernos é levado até o juiz. Este, evidentemente, declara-se incompetente nesses assuntos cabalísticos e engaveta a acusação de bruxaria, dando risadas. Depois desse descrédito catastrófico, imagina-se que uma explosão de bom humor tenha vindo arejar a atmosfera acalorada pela briga "mental" teológica em Lynn. Mas falta a Mary Baker Eddy qualquer senso do ridículo e ela leva desesperadamente a sério tanto a sua fé como o seu ódio. Não cede: Spofford e Kennedy precisam ser aniquilados. De repente, o seu marido e o seu segundo aluno favorito, Arens (o qual, aliás, mais tarde ela também processará), são detidos e acusados de terem instigado dois desempregados a um atentado contra Spofford. Esse caso obscuro nunca foi totalmente esclarecido, mas a mera existência de um julgamento por acusação de assassinato logo depois do processo de bruxaria revela a que extremos de ódio aquelas contendas religiosas chegaram. Uma denúncia sucede a outra, a cada mês Mary Baker Eddy comparece ao tribunal em novas questões. O juiz chega a sorrir quando essa senhora magra e grisalha surge outra vez e apresenta nova queixa, com os lábios cerrados: ora é um aluno que não quer pagar honorários devidos e juros de mora, ora é um desiludido que exige devolução das quantias pagas pelo curso, ora alguém plagiou um dogma. Hoje uma aluna declara que só lhe ensinaram estultices e exige indenização, amanhã é Mary Baker que processa um "cientista" desertor – em resumo: nesse mundo estreito de cidade provinciana, a energia todo-poderosa desse demônio de forças psíquicas enfrenta as mais ridículas contendas de dinheiro e chicanas. E um dos dramas intelectuais mais estranhos dos tempos modernos ameaça virar uma novela de quinta categoria.

É o que acabam percebendo os próprios alunos. Farejam o ridículo desses processos de bruxaria, da patológica "demonofobia" de sua mentora. Aos poucos, o senso comum começa a despertar nos que durante tanto tempo estiveram anestesiados. Secretamente, oito de seus – até então – mais fiéis adeptos se juntam e decidem expurgar a doutrina desse louco ódio do "magnetismo animal malicioso". Afirmam ter ingressado na Science porque a doutrina lhes parecera ser a mensagem da bondade extrema e da onipresença de Deus; e agora – como em toda religião – Mary Baker introduzira o diabo junto a Deus no universo. Esses discípulos se recusam a reconhecer o ridículo demônio do *malicious animal magnetism* personificado nas miseráveis figuras de Spofford e Kennedy no mundo divino de Deus. Assim, os oito veteranos da Science publicam a seguinte declaração no dia 21 de outubro:

> Nós, abaixo-assinados, conquanto reconhecemos e agradecemos o entendimento da verdade que devemos à nossa mestra, mrs. Mary Baker Glover Eddy, fomos levados pela inteligência divina a identificar, lamentavelmente, seu desvio do caminho reto e estreito (o único que leva ao crescimento nas virtudes cristãs), o que se expressa em frequentes acessos de furor, no amor ao dinheiro e na tendência à hipocrisia; por isso, não podemos mais nos submeter a tal comando. Por essa razão, sem o menor traço de ódio, vingança ou animosidade mesquinha no coração, e sim movidos pelo sentimento do dever para com ela, a causa e para conosco mesmos, declaramos respeitosamente nossa retirada da comundade de discípulos e da Igreja dos cientistas cristãos.

Essa declaração cai como um raio sobre Mary Baker Eddy. Imediatamente, ela se precipita sobre cada um dos desertores, exigindo que voltem atrás. Como todos os oito permanecem inflexíveis, ela quer pelo menos continuar de cabeça erguida, orgulhosa. Ágil, volta-se contra eles e (como a biografia cor-de-rosa escreve com lealdade canina) toma uma "decisão magistral" ao privar os desertores do direito de renunciar à comunidade – portanto, é como se ainda gritasse aos oito alunos que bateram a porta atrás de si, ordenando-lhes que deixem a casa. Mas tais pequenos triunfos de sua prepotência não mudam mais os fatos essenciais: Mary Baker Eddy perdeu o jogo em Lynn. A comunidade desmorona pelas suas constantes querelas, e os jornais já começam a reservar à Ciência Cristã uma coluna fixa de humor. Sua obra está em escombros, e a única possibilidade é reconstruí-la em outro lugar, sobre bases mais largas e firmes. Assim, a profetisa desacreditada vira as costas à ingrata Belém e se muda para Boston, a Jerusalém do espiritualismo religioso americano.

Mais uma vez – quantas foram? – Mary Baker Eddy perdeu a partida. Mas justamente essa última derrota se tornará sua maior vitória, pois só essa mudança forçada irá lhe abrir o caminho. A partir de Lynn, a sua doutrina não podia crescer e se desenvolver. Nesse espaço estreito, era absurda a desproporção entre a sua mania de grandeza e a resistência minúscula. Uma vontade tamanha como a de Mary Baker precisa de espaço para agir, uma fé como a dela requer uma nação inteira, e não um pequeno grupo: ela reconhece que nenhum redentor é capaz de fazer milagres se os vizinhos espiam dentro do seu quintal, ninguém pode ser profeta em casa, entre amigos e familiares. O mistério deve envolver o milagre, o nimbo só pode surgir na penumbra da solidão. Só numa cidade grande Mary Baker pode desenvolver a grandeza do seu ser.

Mas o destino a quer mais determinada ainda para essa tarefa decisiva. E coloca mais uma vez, a última, seu pulso firme sobre a sexagenária. Mal chegou a Boston, mal construiu as bases da Ciência Cristã num solo mais amplo e sólido, ela é atingida por um golpe mortal. Asa Gilbert Eddy, seu jovem esposo, vinha sofrendo do peito há muito tempo, e fora justo a doença que o levara a Spofford e à Science; agora o seu mal cardíaco se agrava rapidamente. Em vão, Mary Baker Eddy aplica com mais fervor do que nunca sua "ciência" na pessoa que lhe é mais importante. Em vão, tenta empregar a cura "mental" que deu resultados em tantas pessoas indiferentes – o coração cansado e os vasos entupidos não reagem às preces. E, diante dos olhos da pretensa milagreira, fenece aos poucos. A mulher que devolveu e anunciou saúde a milhares e dezenas de milhares vê-se impotente diante da doença do próprio esposo – trágico destino!

Nesse momento dramático – para mim, o mais humano de sua vida – Mary Baker Eddy trai sua ciência. Pois na sua aflição ela pratica aquilo que proíbe tiranicamente a todos os outros: não tenta mais salvar o seu marido "pela mente", mas chama para o leito de morte um médico de verdade, dr. Rufus Neyes, um daqueles "fabricantes de doenças". Uma vez, uma única vez essa alma indomável capitula diante de seu inimigo eterno, a realidade. O dr. Neyes constata uma lesão cardíaca avançada e prescreve digitalis e estricnina. Tarde demais. A lei eterna é mais poderosa do que a ciência e do que a fé. No dia 3 de junho de 1882, Asa Gilbert Eddy morre na presença da mulher que diante de milhões de pessoas declarou impossíveis a doença e a morte.

Por uma única vez, no leito de morte do próprio marido, Mary Baker Eddy renegou a própria fé: em vez de confiar em sua Ciência Cristã, chamou um médico. Essa gigante da vontade depôs as armas uma vez diante do adversário mais poderoso, a morte. Mas só por um segundo. Mal Asa Gilbert Eddy exalou o último suspiro, a viúva volta a se erigir, mais obstinada que nunca. Declara falso o diagnóstico confirmado pela autópsia – não, Asa Gilbert Eddy não morreu do coração, mas foi envenenado pelo "arsênico metafísico", por um "veneno mental", e se ela não pôde salvá-lo com a ajuda da Science foi porque suas próprias forças estavam paralisadas pela influência mesmérico-telepática de Kennedy e de Spofford. Escreve literalmente (para amenizar entre os fiéis o constrangedor efeito dessa morte): "*My husband's death was caused by malicious mesmerism ... I know it was poison that killed him, but not material poison, but mesmeric poison ... after a certain amount of mesmeric poison has been administered, it can not be averted. No power of mind can resist it*; a morte do meu marido foi causada por um mesmerismo malicioso ... Eu sei que foi o veneno que o matou, mas não foi veneno material, foi veneno mesmérico ... após uma certa quantidade, o veneno mesmérico não pode ser evitado. Nenhum poder mental consegue resisitir a ele." Mesmo no túmulo do marido ela planta a bandeira dessa insensatez do veneno telepático mesmérico, ridícula e grandiosamente absurda, como sempre nos momentos mais decisivos.

Foi seu último abalo. Enterrou o primeiro marido, foi abandonada pelo segundo, agora o terceiro está debaixo da terra. Desligada de todos pelo amor, sem estar irmanada a coisa nenhuma do mundo pela paixão, a partir desse momento vive para um só objetivo: a sua obra. Depois de sessenta anos de esforço, nada lhe restou que não a crença inabalável, inflexível e fanática na sua fé. E com essa força incomparável a anciã sai agora para conquistar o mundo.

Cristo e o dólar

Mary Baker Eddy tem sessenta e um anos quando volta para casa depois de sepultar o seu terceiro marido. Sessenta e um anos, idade de avó, em que outras mulheres vestem uma touca preta e ficam quietas em um canto, idade em que as pessoas começam a ser tomadas pela primeira indiferença e cansaço – quanto tempo ainda haverá para agir, e para quem? Mas para essa mulher surpreendente o relógio do mundo bate em outro ritmo. Mais ousada, sábia, clarividente e apaixonada do que nunca, aos sessenta e um anos Mary Baker Eddy começa a sua verdadeira obra.

Ela sempre afiou sua força na oposição, na resistência. Ao desespero deve sua recuperação; à doença, o sentido da sua vida; à pobreza, a obstinada vontade de ascender; à descrença dos demais, a fé inquebrantável em si própria. Que Lynn, a cidade da fundação de sua Igreja, a tenha escorraçado acabou sendo um impulso decisivo para aperfeiçoar a sua doutrina. Pois a cidadezinha de sapateiros era demasiado estreita para a amplidão de seus planos. Ali a imensa alavanca com a qual ela queria tirar a Terra do eixo não podia ser fincada fundo no solo, ali ela estava desligada dos grandes tratores e fatores do sucesso. Em Boston, ao ver a cidade comercial moderna, dá-se conta imediatamente de que é preciso lançar mão de todas as ferramentas materiais e mecânicas da técnica, da propaganda, da imprensa e da agitação comercial para a sua "ideia mental", colocar como que rodas de aço no aparato espiritual para que ele possa elevar ao céu os corações dos homens, como um novo carro de fogo de Elias.

Assim, em Boston, ela logo assenta sua construção em bases mais amplas. A pobreza, ela reconheceu, é prejudicial nesse mundo terreno: ninguém acredita que uma pessoa insignificante possa ter forças. Por isso, dessa vez não aluga uma mísera casinha térrea de madeira. Com o dinheiro largo ganho em Lynn, compra uma casa de três andares de granito no melhor bairro da cidade, na Columbus Avenue, com salas de recepção, quadros, tapetes e um belo salão. A sala de aula já não tem mais carteiras rústicas de madeira, mas é cuidadosamente decorada, pois os alunos que a esperam em Boston já não são mais sapateiros, gente rude e bronca, e sim "pessoas refinadas; *refined people*"; e essa nova clientela não deve ser afugentada por hábitos espartanos. Também do lado de fora, um letreiro novo numa placa larga e prateada atesta a elevação do nível social. O título "professora de ciência moral; *teacher of Moral Science*" soa muito magro e modesto para Boston; assim ela seria facilmente relegada para a categoria de cartomantes, adivinhas e curandeiras. Por isso, a nova escola logo adota um nome mais elevado: a Ciência Cristã constitui-se em universidade, é o Massachusetts Metaphysic College, no qual, de acordo com o anúncio, ensina-se – com autorização do Estado – patologia, terapêutica, filosofia, metafísica e suas aplicações práticas nas doenças. Da noite para o dia, com uma rapidez americana, uma obscura professora se tornou docente universitária, a curandice uma cátedra, um curso rápido "mental" uma pseudofaculdade científica autorizada pelo Estado.

Mais do que essa transformação exterior, é admirável como Mary Baker Eddy ao mesmo tempo se adapta à sua própria ascensão: a cada novo êxito, essa mulher cresce e entra nas esferas intelectuais e sociais mais elevadas. Agora que espera ter entre seus ouvintes senhoras da sociedade, gente culta – ou, sejamos mais prudentes: semiculta –, ela própria, em meio à melhor *society*, não trai nem um segundo sequer sua origem inferior ou provinciana. Já no primeiro patamar se torna visível seu talento assombroso para a autopromoção: imediatamente é uma *lady* e sabe impressionar mesmo os mais exigentes. Elegantemente trajada, a mulher que passou quarenta anos vestindo roupa barata recebe os convidados em seu salão para o chá. Sabe colocar-se triunfante à altura de qualquer conversa. E, aos domingos, quando sobe ao púlpito de sua igreja vestida de seda branca, o olhar claro e forte sob os cabelos grisalhos, todos prendem a respiração, de tal maneira se impõe sua figura majestosa. Logo depois das primeiras palavras o público se embevece com sua oratória eloquente. No verbo e na escrita, na doutrina e na vida, essa mulher supera em apenas uma década todos os obstáculos de sua origem pobre e educação escassa: aprende sem estudar, é como se as ideias afluíssem a ela. Logo a fama cresce com asas farfalhantes em torno de sua figura, cada vez mais fervorosa é a veneração que a cerca, mas por experiência essa boa observadora já sabe que a fama só se mantém intacta com a distância. Agora Mary Baker Eddy não permite a nenhum estranho que se aproxime de sua vida, não tolera que a curiosidade alheia espreite pela sua janela. Tanto mais imponente o efeito quando ela adentra o auditório ou aparece aos domingos no púlpito da igreja: sempre parece estar saindo de uma nuvem de mistério. Entre ela e o mundo interpõem-se agora amortecedores vivos: um secretário particular e funcionários subalternos que a poupam de todas as negociações comerciais constrangedoras. Graças a essa invisibilidade, parece uma honra extraordinária quando Mary Baker Eddy excepcionalmente recebe um discípulo em sua casa ou convida gente para o seu salão. Assim, em meio à metrópole, ao ruído dos bondes elétricos, da bolsa de valores e às massas que correm atrás dos seus afazeres, pouco a pouco se constrói uma lenda em torno de sua pessoa. Em Boston, o ser humano Mary Baker Eddy vai se tornando mito.

Clarividente, ela compreende que, se silêncio e isolamento aumentam a influência psicológica de um nome, a própria doutrina precisa de volume alto, de um pulmão tonitruante. O movimento da metrópole lhe ensina que os Estados Unidos de 1890 não são um país para um crescimento quieto e lento. Para aspirar ao sucesso é preciso martelar a consciência das massas com golpes ruidosos, incessantes e que cheguem até o cérebro. Uma nova seita também precisa ser lançada, divulgada e disseminada como se fosse um novo sabonete, uma nova caneta, uma nova marca de uísque. Nosso mundo cresceu demais para que uma boa-nova possa ser disseminada de boca em boca, como nos primórdios da humanidade. Toda mensagem precisa ter à disposição um megafone para que o anúncio ressoe até Kentucky e a Califórnia, até a costa do Pacífico. No século da imprensa, toda novidade exige jornais, e como os grandes diários se mantêm indiferentes à sua doutrina ela resolve fundar um órgão próprio como primeiro e mais importante meio de propaganda, o *Christian Science Journal*. Assim amplia o espaço de abrangência, superando as distâncias, e o alcance da sua palavra cresce do boca a boca rumo ao infinito. A fundação do *Christian Science Journal* determina a vitória da Ciência Cristã: pela primeira vez, doentes da província, que não encontraram cura em nenhum lugar, são informados por manchetes em letras garrafais sobre as curas milagrosas do novo método médico universal em Boston. E, para quem está desesperado, não existem caminhos demasiado longos. Não demora e os primeiros se arriscam. Os pacientes chegam de Nova York, da Filadélfia – alguns se curam e se tornam propagadores da doutrina. De outro lado, os praticantes das diversas cidades, os primeiros evangelistas de Mary Baker Eddy, anunciam seus endereços no *Journal*, e assim a engrenagem desse novo trator do sucesso ganha cada vez mais impulso. Pois, para melhorar suas possibilidades de ganhar dinheiro, cada praticante tem o interesse mais premente de disseminar a doutrina e a fé na doutrina; cada novo "doutor" age como propagandista do *Christian Science Journal*, angariando assinantes e vendendo exemplares de *Science and Health*. Assim, a roda gira cada vez mais rápido: através desses novos leitores, novos pacientes chegam ao Massachusetts College, e alguns entre os pacientes curados aproveitam a oportunidade para virarem praticantes, esses novos praticantes encontram novos assinantes e novos pacientes – e assim, num sistema de bola de neve de interesses que se impulsionam mutuamente, incham a tiragem do jornal e do livro e a quantidade de crentes. Basta que apareça um primeiro adepto numa cidade para que, em poucos meses, já surja um praticante cujos pacientes formam uma comunidade, e assim vai de uma cidade para outra – em suma, o cabo da Ciência Cristã está definitivamente ligado na tomada dos centros nervosos espirituais dos Estados Unidos. É fácil mensurar por meio dos números e dos pagadores a velocidade contínua em que vai crescendo a Ciência Cristã. Em 1883, quatorze praticantes já mandam imprimir seus cartões de visita no *Christian Science Journal*. Em 1886 já são cento e onze e em 1890 o número salta para duzentos e cinquenta. Além disso, nesse ano abrem trinta e três academias em Colorado, Kansas, Kentucky, em todos os estados da América do Norte. No mesmo ritmo se multiplicam as edições da "bíblia": em 1882 a tiragem de *Science and Health* atinge o volume de três mil exemplares, em 1886, de dezesseis mil e, na virada do século, já ultrapassa a marca de trezentos mil exemplares. De todo esse súbito faturamento de livros, jornais, anúncios, universidades e seus cursos começa a brotar um fluxo cada vez maior de dinheiro que vai desembocar no livro-caixa de Mother Mary. As cifras avolumam-se década após década, elevando-se ao cubo. Milhares e centenas de milhares de dólares em honorários pelos cursos universitários, centenas de milhares pelas edições de livros, centenas de milhares em forma de presentes e milhões de dólares em doações para os templos a serem erigidos.

Mary Baker Eddy nunca tentou afastar de si essa visível afluência do vil metal; ao contrário, desde o momento em que a mão forte e ossuda dessa idosa sentiu a alça da bomba entre os dedos, nem por um minuto deixa de extrair o sangue dourado de seus adeptos até a última gota. Entre os muitos talentos que dormitavam invisíveis em Mary Baker durante meio século, há também um genial faro para os negócios e uma cobiça sem limites, despertados pelo primeiro dinheiro ganho. Com a mesma obstinação tenaz com que suga para sua alma ávida todo poder da Terra, ela agora junta dinheiro, a forma mais visível de poder no nosso mundo. Quanto mais rentável a Ciência Cristã, mais será organizada em bases comerciais por sua mentora, surpreendentemente afim com as coisas terrenas. Como numa próspera loja de departamentos, ela vai agregando cada vez mais seções ao seu empreendimento, à maneira dos trustes. Se crescem as vendas de *Science and Health*, Mary Baker Eddy aumenta imediatamente o preço de venda em cinquenta centavos e assegura um dólar por exemplar a título de direitos para si. Além disso, cada nova edição é refeita, pois os adeptos crentes adquirem, além da primeira edição, também a última versão "definitiva": assim, evita-se que as vendas parem de crescer. A organização financeira por trás da fé se torna cada vez mais visível, surge toda uma indústria de produtos da Ciência Cristã – livros, brochuras, distintivos, "fotografias autênticas" de Mary Baker Eddy a cinco dólares o exemplar, colherinhas de prata de péssimo gosto com o seu retrato em esmalte. A esses rendimentos obtidos com os produtos somam-se os presentes oferecidos por gratidão pelos fiéis à sua mentora, divulgados nos números de Natal e Ano-novo do *Journal* a fim de estimular os menos zelosos a igualmente fazerem suas doações: o grande crucifixo de diamantes, o casaco de arminho, as rendas e as joias, tudo isso Mother Mary deve a esses carinhosos impulsos. Desde tempos imemoriais, nunca uma fé espiritual deu uma guinada tão rápida rumo ao lucro, graças ao gênio financeiro da fundadora da Ciência Cristã: dez anos de Boston transformaram a doutrina metafísica da imaterialidade do mundo em um dos empreendimentos mais rentáveis dos Estados Unidos. E Mary Baker Eddy, anteontem ainda paupérrima, já no final do século pode se considerar orgulhosamente milionária.

Mas é inevitável: quanto mais vastas as massas em que penetra um pensamento, mais se volatiza sua substância radioativa; toda fé que serve ao dinheiro ou ao poder é prejudicada em sua alma. A ganância costuma travar o valor moral de uma realização, e no caso de Mary Baker Eddy não é diferente. Com a injeção de anúncios, dinheiro e propaganda e a consequente comercialização da Ciência Cristã, Mary Baker Eddy estendeu o dedinho mindinho ao diabo; e breve ele a terá inteira em sua mão. Com essa bizarra cópula entre um suposto método cristão e cheques de mil dólares, abre-se uma fenda na postura até então fanaticamente correta de Mary Baker Eddy. Fica cada vez mais difícil acreditar em sua fé desde que ela faz tão bons negócios com ela. Pois para qualquer pessoa honrada a piedade é inseparável da renúncia, da abdicação das coisas mundanas. Buda, que deixou o seu palácio real e saiu pelo mundo como mendigo para ensinar; Francisco, que rasgou suas vestes para doá-las aos pobres; qualquer sábio judeu que despreza o dinheiro e o lucro e se contenta com uma migalha de pão só para ficar estudando os livros sagrados: todos convencem pelo sacrifício, e não pela palavra. Em todas as religiões, o caminho até Deus sempre passou por pobreza e privação. Mas aqui, nessa nova religião americana, no dogma de Mary Baker Eddy, pela primeira vez uma gorda conta bancária parece não irritar o profeta, nem a invocação de Cristo parece ser obstáculo para juntar mais e mais dólares. Nesse ponto surge a fissura no sistema teológico, e foi o gancho que Mark Twain, o grande escritor satírico americano, aproveitou para derrubar o edifício de Mary Baker Eddy. Em um brilhante libelo ele faz uma série de constrangedores questionamentos à nova profetisa que, do alto do seu desprezo pela matéria, recebe ao ano em dólares altamente "materiais" o correspondente a mais de um milhão de marcos. Já que – segundo ela própria – o livro *Science and Health* não foi escrito por ela, e sim inspirado por ditados superiores, por que razão garante para si judicialmente os direitos dessa propriedade intelectual, recebendo honorários que deveriam pertencer a Deus? Já que ela invoca as curas de Jesus Cristo com o seu método, diz Twain, que prove a segunda parte de sua analogia com a Bíblia, ou seja, que Cristo alguma vez tenha pedido dinheiro ou valores monetários para as curas pelo espírito, como ela e seus praticantes fazem. De maneira divertida, Twain apresenta a ambiguidade entre teoria e prática, ou seja, como um bom praticante ensina ao seu paciente que tudo é irreal – o tumor que arde em sua perna, a dor causada pelo tumor, a própria perna e o corpo todo, e o mundo também é irreal –, mas, se o paciente não pagar imediatamente o tratamento em espécie, em dólares mundanamente reais, o praticante não perde um minuto e corre até o tribunal de justiça real mais próximo. Sem dó nem piedade, Mark Twain disseca o singular amor dual de Mary Baker Eddy tanto pela sua santidade quanto pela cédula de dólar, e acaba por chamar de hipócrita uma religião que sempre só guarda o dinheiro para si e nunca ensina ou exerce o mandamento da filantropia. Até esse americano nato, filho de um país onde o instinto comercial não impede os cidadãos de serem bons cristãos, sente repulsa por esse negócio com artigos de fé, esse laço muito estreito entre Cristo e dólar, e usa toda a sua arte irônica a fim de explodir o seu poder com a dinamite da sátira.

Porém: o que e quem será capaz de perturbar uma Mary Baker Eddy? O que ela diz segue sendo verdade, e tudo o que faz é certo. Jamais essa mulher magnificamente despótica admitirá crítica de qualquer pessoa da Terra à sua obra ou ao seu pensamento. Da mesma forma que possui mãos rijas para segurar as rédeas do poder e juntar dinheiro, tem também os ouvidos moucos para qualquer objeção; sabe muito bem fazer-se de desentendida quando não quer escutar. Há duas coisas em que é irredutível em sua inabalável obstinação: o seu dinheiro e a sua doutrina. Jamais abrirá mão de um milímetro sequer de sua convicção ou um centavo de seus três milhões de dólares. À acusação de acúmulo de dinheiro ela responde com um gesto de desdém. Sim, responde, é verdade que a Ciência Cristã ganha muito dinheiro, mas é precisamente o que prova a excelência da doutrina, é onde se reconhece melhor a necessidade e o triunfo dessa ciência, pois os seus apóstolos e pregadores já não terão de sofrer tanta privação como antes: "*Now Christian Scientists are not indigent, and their comfortable fortunes are acquired by healing mankind morally, physically and spiritually*; agora os cientistas cristãos já não são mais indigentes, e suas confortáveis fortunas são adquiridas curando a humanidade moral, física e espiritualmente." E, se Deus lhe recomendara pedir honorários pelas aulas e pelo tratamento, *a posteriori* ela entendeu a lei divina: como o paciente faz um sacrifício material, potencializa a sua própria disposição para a crença. Quanto mais pesado o sacrifício, mais estimulará interiormente o processo de cura. Não, pensa Mary Baker Eddy, dinheiro é poder, e ela jamais abrirá mão voluntariamente de nem um milímetro de poder; desdenhando qualquer oposição, liga o motor da Science à corrente elétrica da *publicity*, da publicidade, que nutre todos os movimentos e empreendimentos de nossa época com sua dinâmica inesgotável. E, de fato, um êxito sem igual nos Estados Unidos vem dar razão à sua arte férrea de captar as almas. Depois que as rotativas disseminam a sua palavra em centenas de milhares de exemplares, depois que uma agência de notícias torna anônima a influência antes apenas pessoal, depois que uma organização perfeita estabelece contatos em toda a rede nervosa do país, a propagação da doutrina cresce com uma velocidade americana, superando as suas mais ousadas expectativas. Toda semana, todo dia o raio de ação aumenta; já faz tempo que o círculo de poder espiritual de Mary Baker Eddy não abrange apenas Boston ou Massachusetts, e sim todo o gigantesco país, do oceano Atlântico ao Pacífico. Quando, em 1888, cinco anos depois da inauguração da "universidade",

Mary Baker Eddy finalmente se decide a passar publicamente em revista seu exército de fiéis, ela experimenta pela primeira vez a embriaguez mística do entusiasmo da multidão, sua primeira vitória completa e incontestável. Oitocentos delegados da Ciência Cristã eram esperados, mas quatro mil pessoas se espremem para ver ao vivo a "profetisa de Boston", como já é conhecida. Quando ela aparece, todos no salão se levantam, eletrizados, acolhendo-a com gritos de júbilo durante vários minutos. Impossível contrapor um silêncio altivo a uma tempestade de entusiasmo tão ruidosa. Embora não fosse sua primeira intenção, ela se vê obrigada a falar algo sobre o sentido de sua doutrina diante dessa expectativa respeitosa de quatro mil pessoas. Hesitante, sobe ao palco, passeia seus olhos cinzentos pela multidão, em seguida começa a falar de improviso, primeiro lentamente, depois se deixa levar pela exaltação desse momento triunfal, e sua palavra se inflama de tal forma apaixonada, entusiasmada e entusiasmante que os jornalistas desistem de taquigrafá-la, como ocorreu no famoso discurso de Lincoln em Bloomington. Nunca, segundo testemunho unânime de seus adeptos, Mary Baker Eddy falou a seus ouvintes com mais grandiosidade do que nesse dia em que sentiu pela primeira vez nos lábios o hálito vigoroso da multidão, nunca sua palavra foi mais cálida e eloquente do que nessa primeira assembleia. Atentas, prendendo a respiração, as quatro mil pessoas escutam esse discurso, que vai se elevando a cada minuto, e ao terminar acontece um tumulto ditirâmbico. Pessoas se atiram sobre o palco, as mulheres estendem seus braços reumáticos e gritam "ajude-me", homens adultos beijam suas mãos, suas roupas, seus sapatos, e é preciso uma energia extrema para que Mary Baker Eddy não seja derrubada ao chão e esmagada por essa explosão de louco entusiasmo. A situação se torna perigosa pelo excesso de êxtase: ouvem-se gritos agudos de dor em meio ao júbilo, vestidos de seda e renda são rasgados, as mulheres perdem suas joias. Os crentes brigam como embriagados para tocar suas mãos ou apenas a bainha ou uma dobra da saia, a fim de receber a cura desse contato. Conforme a crônica oficial do *Christian Science Journal*, onze doentes foram totalmente curados nesse momento pela sua mera presença.

Essa "festa do espírito" em junho de 1888 outorga a Mary Baker a vitória decisiva. Ela conquista os Estados Unidos para ela. Mas agora seus fiéis pedem um monumento para comemorar esse triunfo. Agora que a Igreja invisível está tão firmemente arraigada nas almas, pedem que também se eleve exteriormente em grandes pedras. Com a transformação de uma teoria espiritual em um templo material, a Ciência Cristã se vê de novo diante de uma virada perigosa. Seu infalível instinto faz Mary Baker Eddy hesitar algum tempo. Na primeira edição de *Science and Health*, na época mais radical, ela ainda se declarara terminantemente contra igrejas visíveis, e considerara um equívoco dos discípulos de Cristo o fato de implantarem organizações e cerimônias eclesiásticas. "*Churches' rites and ceremonies draw us to material things*; os ritos e as cerimônias da Igreja nos arrastam para coisas materiais." E a oração no templo não é a verdadeira veneração, escrevera ainda em 1875. Mas quando, em 1888, sugerem construir seu próprio santuário, seu próprio templo, Mother Mary não consegue resistir à tentação de sua própria divinização. Depois de alguma hesitação, autoriza. Seus discípulos se apressam em coletar dinheiro para a construção, e surge então – acho que pela primeira vez desde os imperadores romanos – um santuário para uma pessoa viva. Pela primeira vez, é possível ler o nome de uma pessoa física no frontispício de um templo cristão, onde sempre se gravam dedicatórias a Deus ou um santo: "*A testimonial to Our Beloved Teacher, the Rev. Mary Baker Eddy, Discoverer and Founder of Christian Science*". O interior está decorado com versos de dois livros sagrados, a Bíblia e o já santificado evangelho de Mary Baker Eddy. Mas o recinto mais estranho daquele santuário – parece mentira, mas é verdade – é o *The Mother's Room*, uma capela toda de ônix, mármore e madeiras nobres que lhe servirá de sala de estar quando estiver visitando o templo e que, fora ela, ninguém mais poderá utilizar. Luz eterna arde nesse aposento, símbolo da existência eterna da Ciência Cristã. Os vitrais, que em outros templos retratam em cores imagens da vida dos santos, mostram Mary Baker Eddy sentada em sua estreita mansarda, iluminada pela estrela de Belém. É o início de uma perigosa divinização. Pela primeira vez nos tempos modernos, fiéis erigiram um santuário para uma mulher viva. Não admira que dentro em breve ela será chamada de santa.

Retirada para a nuvem

No ocaso do século XIX, uma idosa de cabelos brancos sobe com passos firmes os últimos degraus que levam ao poder. Iniciou sua ascensão aos sessenta anos de sua fantástica vida, aos setenta alcança a dourada altitude da riqueza e da fama. Mas falta muito para chegar ao cume. Infatigável, com um coração de ferro, essa mulher desmedidamente ambiciosa quer subir mais e mais. Ao voltar de seu primeiro triunfo público, a "festa do espírito" em Chicago, sua comunidade de crentes estremece de veneração. Extasiados, os discípulos a rodeiam, uma impaciência febril se apodera de todos: que outros prodígios essa mulher extraordinária ainda há de realizar? Não conquistará ela uma cidade atrás da outra com sua oratória fluente num tour pelos imensos Estados Unidos? Não surgirão centenas de academias e de comunidades no país inteiro, um congresso seguindo o outro? Todas as possibilidades, percebem, estão ao alcance das mãos dela. Basta que as estenda para conquistar os Estados Unidos inteiros.

Porém há algo que prova o extraordinário gênio psicológico de Mary Baker Eddy: sempre no momento decisivo ela faz algo inesperado, e sempre a coisa certa. No instante em que toda a comunidade espera dela uma nova exaltação, justo nessa hora tensa, ela se desprende por livre e espontânea vontade de todo o seu poder, em renúncia aparentemente grandiosa. Ao voltar da vitória, desfaz-se de repente das armas que com tanta glória pusera à prova. Três éditos são promulgados, surpreendendo seus amigos, confundindo seus adeptos, três ordens que, aos olhos ofuscados dos fiéis, parecem absurdas e até insensatas. Não vão barrar a obra, destruir o belo edifício construído? O primeiro decreto, de 1889, ordena fechar o principal baluarte da Ciência Cristã, a universidade, o Massachusetts Metaphysical College, "para que o espírito de Cristo circule mais livremente entre os seus discípulos". Ao mesmo tempo se dissolve toda a organização visível da Igreja. Com o segundo édito, de 1890, ela declina de todo envolvimento pessoal e influência sobre o funcionamento da comunidade. "Que não me peçam mais nenhum conselho, seja verbalmente ou por escrito, sobre quem deve entrar na lista dos representantes externos ou não, sobre o que deve ser publicado no *Journal*, sobre eventuais desavenças entre os discípulos da Ciência Cristã ou sobre o tratamento dos doentes. Contudo, eu continuarei amando toda a humanidade e trabalhando em prol do seu bem." Solenemente, a velha lutadora depõe as armas com essas palavras. E o terceiro édito informa que ela deixou definitivamente o campo de luta, renunciando a todos os cargos e dignidades. Em maio de 1889, o *Journal* – que, como o *Moniteur* de Napoleão, normalmente só informa sobre vitórias – dá a grande notícia de sua retirada para a nuvem. "Já que nossa cara Mãe em Deus se afasta de nós e se retira para a montanha a fim de receber as mais elevadas instruções e mostrar a nós e às gerações vindouras o caminho que conduz a Deus, esperemos em respeito e em silêncio." De fato, ela fecha e liquida sua casa em Boston, compra uma casa de campo perto de Concord, chamada Bela Vista (Pleasant View), e desaparece.

Seus discípulos são acometidos por um piedoso calafrio diante de tanta sapiência e insuspeitada humildade. Para eles, com essa renúncia ao poder Mary Baker Eddy demonstrou ao mundo com toda pureza sua indiferença por tudo o que é terreno: retira-se à solidão, assim como o imperador Carlos foi ao mosteiro de Yuste para servir unicamente a Deus; abandona toda a aparente grandeza por uma outra, invisível, da mesma maneira que Inácio de Loyola depôs sua espada no altar de Montserrat. Que advertência esmagadora para todos os caluniadores que ousaram acusar Mary Baker Eddy de ambiciosa, sedenta de poder e de dinheiro! Agora a sua pureza está provada de maneira irrefutável e sua fé verdadeiramente santificada por essa façanha.

Mas como esses ingênuos se enganaram! Jamais essa mulher de punho firme pensou seriamente em abrir mão do poder, muito menos nessa hora da renúncia forjada. Na verdade, essa retirada simulada é o feito tático mais genial da experiente guerreira. Se ela desmorona sua obra agora, é só porque esta se tornou grande e ampla demais para que possa domá-la com suas mãos. Ela apenas desmantela a organização até então existente para refazê-la, nova, mais rígida, mais autocrática, para se tornar ainda mais dona e senhora do que antes. Pois, à medida que a Igreja foi crescendo, a sua autoridade foi minguando; as comunidades e universidades haviam se formado de maneira demasiado solta e independente, em distâncias inatingíveis, cada uma administrada por um diretor ou um sacerdote ocasional. Era facílimo que algumas dessas comunidades se separassem, que, como Kennedy e Spofford, outros prepostos de seu reino espiritual se rebelassem contra a sua autoridade, que discípulos e praticantes se tornassem independentes! Assim, ela prefere destruir a organização existente e reconstruí-la de modo mais duradouro e severo. A estrutura horizontal é substituída por uma nova, vertical, a democracia da fé por uma hierarquia, por uma pirâmide do poder que desemboca no vértice de sua vontade. Com um só decreto, todas as igrejas e comunidades da Ciência Cristã perdem a sua autonomia, submetendo-se a uma nova "Igreja mãe", cujo *pastor emeritus* (melhor: cujo papa) naturalmente é Mary Baker Eddy. As decisões, claro, são tomadas por um conselho, mas quem nomeia os seus membros? Mary Baker Eddy. Quem tem poderes de destituir os membros rebeldes? Mary Baker Eddy. Quem pode vetar a eleição de um presidente? Novamente Mary Baker Eddy, que, dessa maneira habilidosa, se esconde atrás do conceito de Mother Church – invisível, mas com autoridade decuplicada. Redige-se um decálogo que suprime para sempre qualquer autonomia dentro da Igreja e os pregadores que até então podiam expor livremente os problemas da Ciência Cristã ao seu público, substituindo-os por simples "*readers*", leitores; nos templos não se podem vender outros livros que não sejam os de Mary Baker Eddy, e só podem ser faladas as suas palavras textuais, indicando com precisão os trechos – assim, evita-se de antemão qualquer possibilidade de heresia. Da mesma forma muda a administração financeira. Todos os recursos são canalizados para o fundo da igreja mãe, dirigida por ninguém mais do que Mary Baker Eddy. Embora exista um conselho formal com presidente e tesoureiro, ai de quem quiser ter vontade própria e não se submeter incondicionalmente à vontade invisível e incontestável daquela que supostamente se retirou do mundo! Como um raio, cairia sobre ele a excomunhão da nuvem atrás da qual Mary Baker Eddy está escondida, inacessível e misteriosa.

É fácil saber quais foram os exemplos que Mary Baker Eddy copiou para essa total reconstrução de sua Igreja cristã. Essa protestante anglo-saxã estrutura sua pirâmide do poder de acordo com a hierarquia da Igreja católica. Assim, no país da democracia, acaba tendo mais poder que o presidente dos Estados Unidos, que precisa sempre ser reeleito. Ela, porém, se impôs os principais atributos do papado, inamovibilidade e infalibilidade. Depois desse bem-sucedido golpe ela já não precisa mais temer ter sua autoridade diminuída por dissidentes, nem ser ameaçada por rebeldes ou irritada por protestos. Livre, ela agora pode cumprir o que constitui o cerne da sua missão: mandar em vez de aconselhar. Com o raio da excomunhão em suas mãos, inacessível – exceto para grupos de romeiros piedosos ou alguns raros eleitos –, mora agora no seu novo Vaticano, o sítio de Pleasant View, envolta num nimbo de mistério. Agora, ainda em vida, pode se tornar mito, lenda, símbolo para seus fiéis.

Essa retirada de Boston, da visibilidade e acessibilidade do cotidiano, provou ser um tiro certeiro em termos psicológicos. Pois o fato de se tornar invisível não apenas aumenta o seu poder, mas também a poupa de uma situação constrangedora. Pouco a pouco, ao longo dos últimos anos, Mary Baker Eddy tinha entrado em um dos conflitos mais estranhos que se pode imaginar. Tem entre setenta e oitenta anos no auge do sucesso, idade em que somos velhos ou estamos envelhecendo, inevitavelmente. Por mais que o frescor do espírito e sua grande força de vontade continuem dominando, o corpo da mestra aos poucos obedece à lei irrefutável. Os pés começam a fraquejar, os dentes caem, a surdez se instala, os nervos sucumbem a fadigas repentinas – fragilidades que qualquer outra octogenária poderia admitir como manifestações naturais da velhice. Mas – fatalidade da doutrina proclamada em alto e bom som! – existe uma mulher na Terra, uma única entre milhões de pessoas, a inventora da Ciência Cristã, que jamais poderá adoecer ou envelhecer, pois não foi ela que ensinou que envelhecer e morrer são provas da falta de confiança em Deus? Quem passou trinta anos anunciando ao mundo e trombeteando a milhões de ouvidos ser fácil vencer todas as doenças "com a mente" e escapar ao equívoco da velhice e à "insensatez da morte" por meio da Ciência Cristã não deve nem pode deixar-se apanhar em pleno envelhecimento. Já nos últimos anos, toda vez que ela aparecia de óculos no púlpito, alguns indiscretos entre os seus ouvintes haviam feito a pergunta constrangedora sobre por que a mestra da cura mental havia corrigido sua presbiopia com ajuda de um par de óculos, ou seja, com meios terrenos, em vez de usar a mente. Muito mais constrangedor agora seria perguntarem por que usar uma bengala ao caminhar, por que ela, inimiga figadal dos médicos, confia sua boca a um dentista em vez de recorrer à "*mind*", e por que suavizar suas crises de dor com morfina! Em nome da fé em sua fé, Mary Baker Eddy, a grande descobridora da infalível arte de curar, não pode aplicar para si a antiga máxima: "*Medica, cura te ipsum*; cura-te a ti mesma!" Por isso, como sempre, ela age sabiamente ao esconder sua senectude atrás da lenda da retirada piedosa do mundo em Pleasant View. Ali, as venezianas fechadas e o portão do jardim cuidadosamente trancado evitam o acesso de olhos estranhos e profanos a sua vida privada.

Mas atrás dessas venezianas e das grades cuidadosamente trancadas, do belo gramado tratado, da varanda com colunas majestosas de Pleasant View, esse "lindo lugar para o isolamento", na realidade se esconde uma estufa das paixões. Pois mesmo no auge do triunfo esse espírito eternamente agitado não encontra calma, o velho fantasma da mania de perseguição continua penetrando pelas portas e paredes e a mesma mulher que curou milhares em sua vida ainda não está totalmente curada das terríveis imagens do m.a.m., o *malicious animal magnetism*. Longos períodos de tranquilidade são sempre sucedidos por surtos nervosos de especial intensidade. É quando, em plena noite, os sinos ressoam pela casa alarmada, os assistentes acorrem para acalmar os delírios ou as convulsões de Mary Baker com palavras consoladoras ou injeções sedativas. Mais do que com as crises histéricas do corpo, essa mulher sofre com sua total e trágica solidão da alma. A vida inteira a sua natureza dura e arisca ansiou por um homem no qual confiar e se apoiar, ou no mínimo por algumas pessoas de alto valor intelectual e de trato agradável. Mas todas as naturezas despóticas têm um trágico destino: sempre querem estar rodeadas de pessoas de quem possam gostar, e, no entanto, suportam apenas escravos que dizem "amém". Para Mary Baker Eddy também é assim.

Ela se sente estranha em relação a todos os seus satélites e servidores em Pleasant View. *"I and my folks here are distinct, I never take them into counsel."* Servidores obedientes, limitam-se a seguir suas ordens ríspidas e voluntariosas sem nunca se opor. Mas no fundo a velha guerreira anseia por uma resistência viva, sente repulsa por naturezas tão subalternas e, abalada, escreve a uma amiga que daria uma fortuna para poder uma só vez reunir em torno de sua pessoa alguns companheiros de fato estimulantes em termos intelectuais. Mas quem irradia frieza só pode esperar frieza, e essa mulher que está envelhecendo permanece irremediavelmente solitária. *"I am alone in the world like a solitary star*; estou sozinha no mundo como uma estrela solitária", ela sabe disso, mas mesmo assim a infeliz esperará sempre, até o último suspiro, por uma pessoa que possa amar. Três vezes tentou ter um marido, dois morreram e o outro a abandonou. Então, aos setenta anos, de repente ela se recorda que em algum lugar do mundo vive um filho que nasceu de seu ventre. Quem sabe possa encontrar nele o chanceler de sua vontade. Manda procurá-lo. Mas agora o velho pecado da maternidade sem amor se vinga. Durante anos e anos, indiferente e fria, ela abandonara esse filho aos cuidados de uma empregada inculta, sem jamais se preocupar com a sua educação. Agora se vê diante de um vaqueiro forte e espadaúdo do oeste que revira o chapéu entre os dedos, embaraçado, totalmente sem interesses intelectuais, um homem rude e saudável, que, gentil porém totalmente incompreensivo, levanta seu olhar vago quando ela lhe fala de sua Ciência Cristã. Ela se irrita com o seu inglês inculto, e depois de algumas palavras percebe que ele nem se preocupa com a sua metafísica, tudo o que deseja da mãe subitamente descoberta é que lhe empreste ou dê algumas centenas de dólares para consertar a sua cabana. O sonho materno rapidamente se esvai. Desiludida, ela percebe que não tem nenhum pensamento ou sentimento em comum com esse rapaz rude. E com seu pulso firme e ríspido não tarda em mandar de volta para o oeste o filho tardiamente descoberto. Toda vez que ele depois se propõe a revisitar a mãe milionária, ela o repele sem piedade. "Preciso de paz no meu lar", escreve sem rodeios. "Boston não vai lhe agradar. Você não é como eu esperava e não deve vir." Mas o tardio sentimento materno ou um desejo erótico adiado de ter um jovem a seu lado, como outrora Kennedy, não cessa dentro dessa mulher insondável, fria e ao mesmo tempo dividida entre vários sentimentos. E como o próprio filho a decepcionou, ela procura outro. Para surpresa geral, na idade avançada de setenta anos Mary Baker Eddy adota como filho um jovem médico, dr. Foster, que a partir de então se chama de dr. Foster-Eddy. Junto com a estranha mãe adotiva, ele deverá administrar o novo império da fé. Mas nem esse príncipe herdeiro eleito às pressas consegue suportar por muito tempo a tirania da sua vontade ciumenta; além disso, ama bastante os "prazeres carnais" e é acusado do delito muito compreensível de ter prevaricado com uma mulher jovem. Imediatamente, a nova rainha Elizabeth, a nova imperadora Catarina expulsa seu último favorito. Assim, sobra na casa como derradeiro fiel um certo Frye, servo obediente, um factótum mudo que controla o caixa, administra os negócios, senta no lugar do cocheiro nos passeios e à noite lhe ministra as injeções de morfina, um escravo perfeito, autômato cego e obediente, totalmente sujeito às suas vontades. Mas ela odeia em Frye a inferioridade, o seu apático servilismo, e o chama de "*most disagreeable man that can be found*, o homem mais desagradável que se pode encontrar". Não, ao contrário do que a biografia cor-de-rosa quer fazer crer, Pleasant View nunca foi um lugar de paz: até mesmo com a sombra de Mary Baker Eddy a grama se inflama. Sempre reina o desassossego na casa dessa mulher sempre inquieta. Atrás das venezianas fechadas se travam as lutas mais estranhas, como os embates entre peixes-espada e pólipos no fundo silencioso do mar, de maneira invisível e inacessível para o resto do mundo. Lugar de recolhimento e templo do silêncio para o mundo externo, um local sagrado de peregrinação, na verdade Pleasant View esconde um inferno humano, como a casa de Tolstói, ora ardendo em paixões, ora gelada com aquela trágica solidão que rodeia qualquer déspota que envelhece.

Por mais elétricos que seus nervos vibrem até o fim, permanece dentro dessa mulher, inabalável e férreo, o espírito de poder magnífico e titânico que a cada novo sucesso cresce ainda mais. Depois de cada abalo vulcânico de sua vida afetiva, a cratera de sua natureza eruptiva se estratifica mais e mais: em meio a crises e convulsões, ela constrói o seu gigantesco reino invisível sobre o mundo, uma façanha formidável em uma breve década entre seus setenta e oitenta anos de vida. No final do século, o movimento da Ciência Cristã já assumiu dimensões gigantescas. O número dos discípulos se aproxima de cem mil, a sua fortuna sobe a milhões e a obra que começara quarenta anos antes na mansarda de um sapateiro continua crescendo; templos de mármore e pedra surgem nas cidades; dezenas de milhares de fiéis peregrinam em trens especiais para Concord, só para ver surgir na sacada, um instante apenas, a venerada figura. Novas comunidades da Inglaterra, da Europa e da África comunicam sua adesão. Mary Baker não precisa fazer mais nada, sua fama faz tudo por ela, sua influência sugestiva que seu gênio clarividente fundou e que continua sugando e absorvendo as almas. Sem que ela diga uma palavra, sem que erga um dedo, sua discípula Auguste Stetson junta com zelo fanático um milhão e duzentos e cinquenta mil dólares no início do século para erigir um templo gigantesco em Nova York vis-à-vis do Central Park, o terreno mais caro da cidade – um templo com capacidade para cinco mil pessoas na nave de mármore e que contém vinte e cinco cômodos para praticantes.

Porém precisamente o fato de tudo isso ter acontecido sem a sua ajuda, de esse templo em Nova York, o maior monumento visível de seu triunfo, ter surgido sem o seu concurso, desperta a ambição de Mary Baker Eddy. Sempre furiosa contra os incapazes entre seus discípulos e amigos, sempre ciumenta em relação aos talentosos, ela não aceita que Auguste Stetson possa ter a glória de sobrepujar a mestra. Então a modesta igrejinha de cinquenta mil dólares de Boston ficará à sombra do templo monumental de Nova York? Será possível alguém pensar que Auguste Stetson é a líder e ela, Mary Baker Eddy, cansada e pronta para se aposentar? Não! Mary Baker Eddy não pode ser superada. Tirana e déspota até o último suspiro, nunca dividirá com ninguém a glória e seus títulos. O mundo ainda haverá de ver mais uma vez o poder e a força de sua vontade!

Dessa forma, em 1902, aos oitenta e um anos, Mary Baker torna a levantar a mão. Com o gesto duro de Moisés, bate na rocha, exigindo da assembleia de seus fiéis dois milhões de dólares para a construção de uma nova "madre igreja" em Boston. Dois milhões de dólares exige a mulher que há quarenta anos não conseguia pagar seu aluguel de um dólar e meio –

dois milhões de dólares, mais do que qualquer povo jamais pagou para um rei ou um imperador nesse mundo. No entanto – milagre sem par! –, Mary Baker Eddy mandou e em poucas semanas a importância gigantesca está recolhida. Três meses depois que essa mulher solitária escreveu sua ordem de dez linhas num pedaço de papel, mil operários já começam a trabalhar na generosa construção. Assim como a catedral de mármore de Florença sobrepujou em muito o seu modelo, o atual batistério, um templo gigantesco de mármore branco com uma cúpula brilhante sobrepuja não apenas a pequena antiga Mother Church como também todos os prédios vizinhos, até mesmo as torres da cidade, tornando-se na época a mais bela edificação de Boston e, sem dúvida, a mais magnífica da modernidade. Acima de tudo, um monumento admirável de energia espiritual, por ter surgido da terra batida em razão de uma única e octagenária mulher.

Em 1906, no ano em que Mary Baker Eddy faz oitenta e cinco anos, o templo gigantesco é inaugurado. A velha Boston jamais viu festa tão majestosa. Os fiéis acorrem à cidade em navios e trens especiais, vindos de todas as direções. Como o salão só tem capacidade para cinco mil pessoas, mas trinta mil querem participar do ato sagrado, a partir das cinco da manhã a grande cerimônia de inauguração precisa ser repetida seis vezes. Delegados de todas as cidades, Havana, Londres, Dresden, Paris, da Califórnia e do Canadá, desfilam com bandeiras e flâmulas. Dúzias de oradores de diversos países relatam em todos os idiomas da Terra sobre as curas milagrosas da Ciência Cristã; é uma prova acachapante de quantas pessoas olham com veneração para essa mulher como salvadora de todos os sofrimentos do corpo e da alma; milhares e milhares de fiéis entoam sem parar o hino sagrado escrito pela própria Mary Baker Eddy: "*Shepherd, show me how to go*; Pastor, indica-me o caminho!" Um coro infantil eleva suas vozes entusiasmadas e claras, mensageiros de uma nova era, estandartes e bandeiras tremulam como numa vitória. De fato, desde Elizabeth e de Catarina da Rússia, nenhuma mulher conquistou tal triunfo sobre o mundo ou erigiu um monumento tão visível de seu domínio na Terra como Mary Baker Eddy, essa rainha por vontade própria, essa soberana em seu próprio reino e por força própria.

Crucificação

Aos oitenta e cinco anos – ascensão sem igual! – Mary Baker Eddy está no pináculo do poder. Um templo gigantesco em Nova York, uma dúzia de igrejas e universidades nos Estados Unidos, uma primeira igreja na Europa, no coração de Londres, e agora ainda essa basílica de dois milhões de dólares em Boston, que domina todas as casas com sua cúpula cintilante – que mulher na Terra conseguiu reunir tanto poder napoleônico em nosso século, com duas mãos murchas? A construção dessa nova basílica é um êxito ímpar – talvez grande demais, excessivamente desafiador. Pois começa a despertar a atenção – e sobretudo a desconfiança – de um país inteiro para a figura de Mary Baker Eddy. Até então, a opinião pública americana não se ocupara muito dela. Falava-se de sua seita de vez em quando, confundindo-a com cem outras, cientistas cristãos com metodistas, batistas e adeptos de credos similares. Mas diante dessa construção gigantesca, que sobrepuja todos os cimos e as torres da cidade, as pessoas param boquiabertas; nada, no nosso mundo de cifrões e números, impressiona tanto quanto a mística aritmética do milhão. De repente pipocam cochichos e perguntas: quem é essa mulher misteriosa que basta mover um dedo, escrever uma linha, para que, em poucas semanas, afluam milhões de dólares? Quem é essa maga que num piscar de olhos faz brotarem catedrais milionárias nos lugares mais belos e caros de Boston e Nova York? Quem é ela? Os jornais farejam esse interesse e publicam longas explanações. Simultaneamente, o departamento de publicidade da Ciência Cristã faz rufar seus tambores para traduzir a curiosidade geral em proveito monetário. Ao mesmo tempo, porém, os inimigos fazem avançar seus canhões: os médicos identificam o perigo que ameaça o seu negócio com uma maior expansão da Ciência Cristã. Mark Twain publica o seu libelo irônico em forma de livro. Despertados pelo alvoroço, os herdeiros de Quimby descobrem as somas que a antiga discípula de seu pai e avô obteve graças ao seu estímulo. Publicam as cartas e os artigos comprometedores, declaram que a ideia da Ciência Cristã foi roubada e a riqueza, usurpada. Artigos e ataques se sucedem.

De repente, o farol da opinião pública está concentrado em Mary Baker Eddy e ela se torna a mulher mais falada dos Estados Unidos.

No dia da inauguração da basílica de Boston, centenas de repórteres estão de penas em punho a fim de narrar a sua aparição e duas dúzias de fotógrafos para clicar sua imagem. Mas – ó decepção! No dia do seu maior triunfo, Mary Baker não aparece em sua igreja em Boston. Primeiro vem a surpresa, depois começam rumores maliciosos de que aquela Mary Baker Eddy em cujo nome todas essas igrejas foram construídas morreu há muito tempo e que algum grupo anônimo se aproveita da "marca" para negociatas próprias. A tenaz invisibilidade de Mary Baker Eddy reforça essa suspeita, pois sob as desculpas mais diversas todos os que vão a Pleasant View para vê-la são mandados embora, ninguém penetra no santuário de sua presença. Ora os criados alegam que a mestra está muito ocupada, absorta em seu trabalho, e não pode receber, ora dizem que está com visita, ou que está em meditação religiosa, não podendo ser interrompida. Como a curiosidade pública pressiona cada vez mais, o *Christian Science Journal* publica uma súplica desesperada aos seus adeptos para que "não se ocupem com a sua pessoa e se concentrem na verdade; *to look away from personality and fix their eyes on truth*". Trágica reviravolta: durante setenta anos essa mulher sempre quis que o mundo lhe desse atenção. Aos oitenta e cinco anos, cansada e doente e destruída, agora que quer se esconder pela primeira vez, o mundo exige vê-la.

Do momento em que a basílica começou a brilhar sobre Boston, os Estados Unidos ficaram curiosos em relação a Mary Baker Eddy. E, como todos os outros sentidos do homem, a curiosidade tem o seu órgão próprio: a imprensa. Um diário americano do nível do *World* não pode tolerar que haja alguém no país dizendo "não" e se recusando a receber seus repórteres, enquanto seus quinhentos mil leitores querem saber se a mulher está viva, demente ou de plena posse de seus sentidos. Uma redação desse calibre não concede a palavra "impossível" a ninguém nesse mundo. Assim, dois dos jornalistas mais ousados e espertos recebem a missão de violar as portas trancadas que levam ao santuário, com dólares ou com dinamite, trazendo um relato preciso sobre Pleasant View e Mary Baker Eddy. Ambos partem, firmemente decididos a tentar de todas as maneiras. Dirigem-se primeiro à principal pessoa da casa, o administrador e tesoureiro, o qual, aterrorizado, nega-lhes o pedido. Mas eles insistem até poderem ao menos dar uma rápida olhada na casa. No primeiro dia, conseguem uma constatação picante: a de que a mulher de véu e cabelos brancos levada todos os dias para passear no carro de Mary Baker Eddy pelos arredores de Concord nem é mrs. Eddy, e sim uma camareira subalterna: material maravilhoso! Como bons rapazes, logo inflam alguns detalhes insignificantes para um escândalo enorme, no qual contam que Mary Baker Eddy, mestra do método infalível de cura e vencedora de qualquer doença, está física e mentalmente alquebrada, instrumento inerte nas mãos dos que a rodeiam.

A bomba estourou. Confusos, os membros do Comitê da Ciência Cristã se reúnem. Compreendem imediatamente o prejuízo para o poder sugestivo da Science se de fato o megafone dos jornais espalhar a notícia de que Mary Baker Eddy, que sempre negou a doença e a velhice, está demente e fisicamente frágil. Suplicam que a mestra salve a doutrina e a comunidade, recebendo uma só vez a imprensa a fim de desmentir em definitivo os rumores sobre a sua decadência mental e física. Nesse ano de 1906, Mary Baker Eddy é uma anciã de oitenta e cinco anos e já pagou à idade o tributo inevitável: vê mal, ouve mal, não lhe resta um dente sequer na boca, as pernas já não lhe obedecem. Portanto, nenhuma ideia poderá parecer mais terrível para essa mulher orgulhosa e arrogante do que a de expor a pessoas estranhas e hostis a sua fragilidade. Mas nessa ruína ainda reside, poderosa e indestrutível, a velha força, a velha vontade de dominação. Como se trata do que lhe é mais caro, a fé na sua fé, ela se declara heroicamente disposta à tortura e vai voluntariamente para o pelourinho de uma entrevista.

É comovente o que acontece em uma breve hora no dia 30 de outubro de 1906. Os jornalistas combinaram com o conselho de diretores formular apenas quatro perguntas para Mary Baker Eddy:

1. A senhora goza de perfeita saúde?
2. Tem algum outro médico além de Deus?
3. Sai diariamente para um passeio?
4. Administra o seu patrimônio ou há alguém encarregado de seus negócios?

Nove repórteres são conduzidos até o salão onde esperam, impacientes. De repente, abre-se uma cortina para o salão contíguo, e diante deles aparece, imóvel (para evitar o espetáculo do seu andar dificultoso), mrs. Eddy, apoiando-se no reposteiro de veludo. Suas faces encovadas estão pintadas, a pele apergaminhada está empoada, uma capa de arminho agasalha a nuca enrugada e um colar de diamante pende do pescoço velho. Todos estremecem à visão desse fantasma, desse Cid morto na armadura de um vivo, dessa múmia enfeitada e pintada. Durante um instante reina um silêncio profundo, quase piedoso no salão. É quando se levanta uma repórter – por deferência, escolheu-se Sibyl Wilbur, a futura biógrafa cor-de-rosa – e a tortura começa com a pergunta:

– Encontra-se em perfeita saúde, mrs. Eddy?

A mulher de oitenta e cinco anos trai o esforço no rosto. O som da voz não conseguiu transpor o tímpano surdo. Não compreendeu.

– *What... what?* – pergunta.

A repórter repete a pergunta combinada, quase gritando. Agora mrs. Eddy compreendeu e responde:

– Sim, sim, estou bem.

Na segunda pergunta – "tem algum outro médico além de Deus?" – a audição falha novamente. A pergunta precisa ser repetida mais alto. Então, ela balbucia (embora esteja sendo tratada por um dentista) com um gesto enérgico da mão:

– Não, não! Seus poderosos braços me amparam!

A terceira pergunta sobre passeios diários ela confirma (embora tampouco seja verdade) valendo-se das últimas forças. Mas a quarta pergunta, sobre se alguém administra seu patrimônio, ela já não consegue mais responder. Um tremor nervoso a perpassa, o chapéu com uma enorme pluma começa a vacilar, todo o seu corpo balança – mais um segundo e ela vai cair. Rapidamente, os amigos acorrem e a levam embora. Um dos seus torturadores impiedosos aproveita esse único segundo para aproximar-se dela e examinar de perto o seu rosto empoado e maquiado com os olhos embaçados (mais trinta linhas para o jornal!). Ele é empurrado bruscamente. Com isso está terminada a entrevista e Mary Baker Eddy passou pelo primeiro grau da tortura.

Mas não lhe poupam o segundo. A entrevista foi um sucesso. Agora, o mundo sabe que Mary Baker Eddy existe e a curiosidade dobra. Imediatamente as redações querem mais desse saboroso caviar para os leitores, mais material sobre Mary Baker Eddy e a Ciência Cristã para suas insaciáveis colunas gigantescas, detalhes sensacionais e excitantes, curiosas anedotas sobre essa mulher que só pede calma e esquecimento. Uma dúzia de repórteres, munidos de talões de cheques, é espalhada pelo país a fim de apurar os traços de Mary Baker Eddy no passado. Cada uma de suas antigas moradias é revistada, cada um dos seus ex-discípulos de Lynn fotografado, interrogado e levado ao cartório para que se registrem suas informações; processos jurídicos empoeirados são copiados; seus amigos e inimigos, interrogados; cada artigo de jornal dos nebulosos primeiros tempos de Quimby é triunfalmente republicado. Ao longo dessa investigação, um jornalista descobre uma sensação insuperável: a santa tem um filho esquecido, desprezado a vida inteira e abandonado, George Glover, que vive em algum lugar do oeste em condições miseráveis, enquanto sua mãe fatura quatrocentos mil dólares por ano só com seus escritos. Que achado para o jornal! Agora, Mary Baker Eddy vê-se obrigada a pagar com juros e correção a culpa da sua ausência de sentimento materno por ter abandonado esse filho a estranhos sem se preocupar com ele durante décadas. Agora, a mãe desnaturada tem todos os motivos para se arrepender de ter-lhe recusado as suas modestas solicitações de dinheiro. Pois um astuto advogado, o senador Chandler, apressa-se em pegar um trem até o filho para atiçá-lo, dizendo que sua mãe, dona de um patrimônio milionário, vive demente nas mãos de um clã. Que ele, sozinho, tem direito ao seu dinheiro e deve processá-la, não custa nada, basta confiar nele. Ao pobre Glover, que nunca teve ideia exata da fortuna da mãe, essa informação soa como música dos anjos. Naturalmente quer se vingar desses patifes que lhe barraram o caminho até a mãe! No ano anterior, quando lhe escreveu pedindo a remessa de quinhentos dólares para sua mulher doente, decerto um desses bandidos desviou a carta. Imediatamente escreve uma mensagem cortês e calma, ditada pelo advogado, em que anuncia a visita à querida mãe.

Essa carta produz em Pleasant View o efeito de um terremoto. À primeira vista, os líderes do Comitê da Ciência Cristã enxergam a enorme ameaça para todo o truste da fé se o comportamento desalmado de Mother Mary vier a ser publicamente exposto e aquelas cartas constrangedoras e rudes ao filho forem lidas nos tribunais. Diabos! Isso faria ruir a aura: uma mãe que durante décadas nunca ligou para o seu filho legítimo! Tudo menos um processo! Melhor fazer um acordo e pagar! Imediatamente manda-se um mensageiro até George Glover para obter as tão constrangedoras cartas maternas. Mas o astuto advogado foi previdente e as trancou em um caixa-forte: não, que o clã de Pleasant View seja desmascarado agora! O termômetro das cifras revela a febre de angústia que sacode o círculo de diretores. Pois o mesmo administrador Frye, que um ano antes recusara a George Glover míseros quinhentos dólares para o tratamento de sua mulher doente, de repente está disposto a lhe entregar cento e vinte e cinco mil dólares – sim, cento e vinte e cinco mil dólares! – se ele retirar a queixa.

Tarde demais! O jornal e o advogado não abrem mão do processo. Repete-se a tragicidade da reviravolta: durante trinta anos Mary Baker Eddy promoveu um processo atrás do outro por louca obstinação ou mórbida altivez, há montanhas de atas em Lynn e Amesbury, testemunhos de seu indomável espírito bélico. Mas agora, esgotada e doente, quando quer a qualquer preço evitar conflitos públicos, vê-se obrigada a entrar num processo que, além de privado, ainda é ampliado para uma ação contra a Ciência Cristã. Começa o segundo grau da tortura. Ante o tribunal, o senador Chandler explica em sua acusação que Mary Baker Eddy, descobridora da Ciência Cristã, *pastor emeritus*, é uma pessoa demente, e como argumento para essa demência ele não só aduz cruelmente a sua avançada idade como afirma ainda que a doutrina da Ciência Cristã por ela disseminada já é por si o melhor e mais visível sinal de sua alienação, sua *delusion*.

"O mundo", assim começa mr. Chandler a sua justificativa, "é conhecido dos astrônomos, geólogos, físicos, químicos, cientistas naturais e dos legisladores do país. Já mrs. Eddy, influenciada pela sua alienação, sustenta que o mundo não existe." Essa obcecação, continua ele, conduz a outros absurdos, como a sua afirmação de ter sido eleita por Deus de uma maneira milagrosa e sobrenatural para receber revelações divinas e levar ao mundo um novo e infalível método de cura das doenças. Ele ridiculariza e ironiza sua crença patológica no *"malicious animal magnetism"*, seu ridículo pavor do diabo, e, apoiado em muitos detalhes, declara que essa demência se tornou progressiva ao longo dos anos. Pela primeira vez, a doutrina de Mary Baker Eddy é impiedosamente dissecada pela espada jurídica perante o público. Num primeiro momento, o tribunal não delibera nada. Com justiça, abstém-se de condenar *a priori* a doutrina da Ciência Cristã como sinal de insanidade e assim considerar Mary Baker Eddy como louca, mas decide proceder a um exame psiquiátrico oficial de seu estado mental. Dois juízes são enviados até mrs. Eddy e – terrível ofensa! – um psiquiatra que deve provar *ex officio* se a fundadora da maior comunidade religiosa dos Estados Unidos, a descobridora da Ciência Cristã, é ou não paranoica.

Mary Baker Eddy espera agora pelo terceiro e mais doloroso grau da tortura. Em março de 1907, aos oitenta e seis anos, é obrigada a receber em sua casa o psiquiatra e os dois juízes. Mas mesmo no declínio essa mulher de ferro sempre se mostra grandiosa quando se trata de sua fé e de sua obra. O perigo sempre reaviva a última e inesperada reserva de energia de seu corpo caduco, e nessa hora decisiva ela revela mais uma vez plena clareza e plena força. É interrogada durante uma hora inteira, não sobre problemas intelectuais e metafísicos: são feitas as típicas perguntas de psiquiatra – quantas árvores existem em seu jardim, datas e números –, e, tremenda ironia!, perguntam a ela, a profetisa da irrealidade de tudo o que é terreno, como aplica o seu dinheiro, se prefere mantê-lo em uma conta bancária ou em títulos do governo ou obrigações municipais. Mary Baker Eddy reúne todas as suas forças e responde de maneira firme e clara. Os inquisidores a encontraram em um momento forte, e a consciência de que pode estar salvando ou destruindo a sua obra torna a fazer o seu cérebro inquieto e confuso se concentrar. Sem dar um parecer definitivo, o psiquiatra e os juízes a deixam: provavelmente, a sua decisão teria sido em favor da corajosa mulher. Mas os amigos de Mary Baker Eddy não querem um novo processo e propõem um acordo. Assim os advogados se reúnem e negociam uma indenização para George Glover. Os representantes de mrs. Eddy oferecem ao filho legítimo a soma de duzentos e cinquenta mil dólares, e ao filho adotivo, dr. Foster, cinquenta mil dólares, caso retirem imediatamente a queixa. Por sorte George Glover se declara satisfeito com esse quarto de milhão de dólar; graças apenas a esse acordo na última hora, a posteridade perdeu o grotesco veredito de um tribunal americano sobre se a Ciência Cristã é uma inspiração divina ou produto de uma paranoia.

Depois dessas três terríveis flagelações, Mary Baker Eddy desaba completamente. Seus nervos ardem como pólvora, os velhos delírios persecutórios do magnetismo animal malicioso reaparecem, pois está convencida de que as pessoas não poderiam ter se mobilizado contra ela de maneira natural. Atrás dessa mania persecutória, diz ela, esconde-se o ódio dos mesmeristas e o seu magnetismo maligno. Mais uma vez ela é tomada pela velha patologia da perseguição. De repente, Mary Baker Eddy declara que não consegue aguentar mais um único dia em sua casa em Pleasant View, que não consegue mais respirar, dormir ou viver ali, precisa ir embora, custe o que custar, desse lar infestado de magnetismo. Quando ela pede alguma coisa, mesmo seu desejo mais insano torna-se de imediato uma ordem para os seus escravos. Temerosos e intimamente aterrorizados, submetem-se à sua febril ilusão. Por cem mil dólares os agentes enviados com urgência compram uma nova mansão em Chestnut Hill, perto de Boston, e como Mary Baker Eddy não pretende ficar nem um dia mais em sua casa "envenenada" em Pleasant View contratam-se setecentos operários, que trabalham dia e noite como loucos em vários turnos, só para conseguir antecipar em algumas horas a mudança da mulher torturada pelos seus nervos. Mas os tempos são outros! Como essa mudança é diferente daquela outra, em Lynn, quando ela foi despejada na rua sob chuva com sua mala de madeira: agora, um trem especial é alugado junto à administração da companhia ferroviária. Mais ainda, esse trem especial – entre todos os monarcas da Terra, só o czar da Rússia conheceu essa precaução, esse luxo! – é precedido por uma locomotiva vazia. Uma segunda locomotiva segue para impedir a possibilidade de um choque e para conservar o máximo de tempo possível essa vida preciosa para o mundo. Pois, em seu delírio patológico da perseguição pelo magnetismo animal, a infeliz teme até no trem uma influência mortífera de seus inimigos. À noite ela chega em seu novo lar em Chestnut Hill. E, desde esse dia, o Vaticano de Pleasant View, o local sagrado para onde centenas de milhares de devotos peregrinavam, fica abandonado para sempre.

Mas ocorre um milagre: em Chestnut Hill, a nuvem em torno de seus sentidos volta a se dissipar, mais uma vez surge a velha e indestrutível energia. Uma paixão se conserva viva até o último suspiro nessa mulher, a gigantesca vontade de ter prestígio. Quem se rebela contra ela precisa ser curvado. Um poder se levantou contra o seu poder, uma vontade se opôs à sua, o jornal diário. E ela não tolera nenhum poder além ou ao lado do seu. É preciso se vingar dos repórteres, dos redatores e dos donos de jornais. Eles precisam sentir que Mary Baker Eddy não depende deles no país de cem milhões de habitantes: ela criará o seu próprio jornal! No dia 8 de agosto de 1908, seu administrador recebe uma bula: "É desejo meu que o senhor edite imediatamente um diário que se chamará *Christian Science Monitor*. Não permita atrasos!" Quando Mary Baker Eddy ordena pressa, as coisas caminham como que por magia. No dia 19 de setembro, os cientistas cristãos são convidados a subscrever ações sem que se lhes explique para quê. Mas basta um chamamento da maga. Logo os recursos afluem. Da noite para o dia, as casas de aluguel ao lado da basílica são derrubadas para dar lugar a um poderoso prédio, a futura sede do jornal. Envoltas em uma lona impermeável para que ninguém adivinhe antes do tempo o segredo, as rotativas são levadas para o imenso edifício. No dia 25 de novembro, para surpresa geral, mesmo de seus adeptos, sai o primeiro número do seu jornal diário, o *Christian Science Monitor*, que existe até hoje – aliás, para fazer justiça à verdade, um jornal muito bem informado e de alto nível cultural, que traz artigos imparciais sobre todos os assuntos do mundo, política, literatura, esportes e bolsa de valores, e apenas evidencia a sua ligação com a Ciência Cristã em, ao contrário da maioria dos jornais, afastar do campo de visão fatos feios e repugnantes como assassinatos, epidemias, escândalos e crimes, enfatizando, em compensação, tudo o que é agradável e edificante – tendência que dá um caráter de otimismo e vitalidade à Ciência Cristã, sem os constrangedores excessos de seus dogmas.

Agora o reino está consolidado. Aos oitenta e sete anos, sua fundadora pode ficar satisfeita ao olhar para trás. Todos os seus adversários foram vencidos ou desapareceram; Spofford e Kennedy e também seu marido desertor, Patterson, vivem em algum lugar na obscuridade, anônimos e desconhecidos, enquanto o seu próprio nome sobe diariamente aos píncaros da glória. À ciência que combatia opôs uma outra, própria, uma universidade contra a universidade, uma igreja contra as igrejas, um jornal contra os jornais – o que o mundo inteiro considerou loucura, sua insensatez particular, agora está indissoluvelmente enraizado em cem mil almas. Tudo o que existia para ser alcançado ela alcançou, e todo o poder da Terra e do tempo lhe caiu em mãos. Só uma questão preocupa a idosa: onde irá parar esse poder? Quem o herdará e administrará? Na comunidade, todos os olhares há muito se voltam para uma pessoa, a mais fervorosa e abnegada de suas discípulas, Auguste Stetson, que com sua incrível energia conquistou Nova York, a cidade mais importante, e conseguiu reunir milhões para a causa entre os *healers* e os discípulos. Mas Mary Baker Eddy continua ciumenta mesmo para além de sua vida. Não quer deixar sua grande herança para uma mulher, ainda por cima competente; nenhum nome deve continuar na Ciência Cristã além do seu. Assim, só para impedir definitivamente a eleição de Auguste Stetson, só para que não se torne herdeira, ela ainda expulsa da Igreja com suas mãos murchas e paralíticas, aos oitenta e nove anos, a mais fiel e competente de todas as suas discípulas. Durante a vida inteira seu amor-próprio implacável não tolerou ninguém a seu lado: que continue assim para toda a eternidade! Por isso, ela prefere dar a herança a anônimos. E, efetivamente, nenhum nome se consagrará para seus adeptos além do de Mary Baker Eddy.

Até os oitenta e nove anos, a luta sempre infundiu novas forças a essa mulher indômita. Mas agora não precisa lutar contra mais ninguém. Por fim, vence a idade, a velhice negada em vão, a lei inexorável da realidade. Ela se desvanece, o corpo idoso decai ou, para falar com suas palavras, "o sonho mortal de vida, substância e ânimo se debilita na matéria". E, no dia 4 de dezembro [de 1910], jaz imóvel nos travesseiros de seu leito "um invólucro corporal abandonado pela fé", o cadáver de Mary Baker Eddy. Só a morte foi capaz de vencer esse coração de ferro.

Mas para os seus fiéis toda morte não significa desaparição e sim unicamente não mais poder ser percebido. Sem lágrimas ou lamentações ostensivas, como se fosse um fato secundário e banal, os leitores das igrejas da Ciência Cristã informam que Mary Baker Eddy, noventa anos, "desapareceu de nossas vistas". Nenhuma cerimônia pública ou pomposa é realizada. E pouquíssimos eleitos participam do enterro simples e igualmente anônimo, pois para os crentes a morte não significa o fim, e a transformação do corpo não é uma modificação real. A "assim chamada morta, *so-called dead*" é colocada em um caixão de aço, que é metido na tumba, e a tumba é tapada com cimento. Durante dois dias, até o cimento endurecer e se tornar impenetrável, seguranças ficam ao lado da sepultura: os líderes da igreja os colocaram ali para controlar a desatinada esperança de alguns fanáticos de que Mary Baker Eddy fará saltar a pedra da sepultura como Cristo, ressuscitando no terceiro dia. Mas nenhum sinal sobrenatural se produz. Já não era necessário um novo milagre. Pois o sucesso de sua vida e de sua doutrina, nunca totalmente explicável só pela razão, faz parte do que há de mais milagroso em nosso tempo pobre em milagres e, por isso, descrente.

A sucessão

Na virada do século, sob a avassaladora impressão do incomparável triunfo da Ciência Cristã, Mark Twain lança seu desesperado grito de alerta aos Estados Unidos. Se ninguém resistir, diz ele, em alguns anos essa doutrina equivocada conquistará o país inteiro, o mundo inteiro, uma vez que – assim argumenta o humorista, dessa vez sério – a Ciência Cristã é uma doutrina científica típica para pessoas ingênuas, e como quatro quintos da humanidade são constituídos de pobres de espírito a vitória dessa insensatez metafísica é certa. Naturalmente, a profecia algo açodada de Mark Twain se cumpriu tão pouco quanto a crença messiânica dos cientistas cristãos de que o seu dogma inauguraria "uma nova era no progresso do mundo". A Ciência Cristã não venceu nem foi vencida; quieta e de espada baixa, adaptou-se ao mundo e à sua ciência, destino típico de todas as revoluções do espírito! Depois do exagero inicial, todo movimento de fé inevitavelmente entra numa fase mais estacionária, em que a fé já não se move, permanece rígida, em que a plasmação se cristaliza, e o organismo se torna organização – assim também aconteceu com a doutrina de Mary Baker Eddy. Essa visão do mundo continua tendo centenas de milhares de adeptos, número que pode ter ainda crescido depois de sua morte. O fato decisivo é que a existência e a presença dessas centenas de milhares de crentes acontecem sem o menor efeito sobre os outros milhões: o que com Mary Baker Eddy era uma impetuosa torrente, perigosa e ameaçadora para a própria ciência, agora flui em silêncio e regulamentado por margens das conveniências estatais. Os cientistas cristãos continuam celebrando suas reuniões pias, ainda se leem os mesmos textos de *Science and Health* nas mesmas igrejas, ainda se publica com grande tiragem o diário *Christian Science Monitor*, mas ele já não conclama mais ao combate à "fisiologia", elegantemente evitando qualquer luta, qualquer briga. Não se ouve mais falar em processos e conflitos, mesmo o alto-falante da *publicity* emudeceu, cedendo lugar à propaganda quieta de boca em boca; com a morte da grande conquistadora o dogma perdeu por completo o caráter bélico de seu temperamento. O *healer* da Ciência Cristã atua pacatamente ao lado do médico diplomado, o novo método sugestivo religioso convive sem atritos com a moderna psicologia e psiquiatria: como inúmeras outras teses e teorias revolucionárias, essa também se contentou sabiamente com um raio de ação mais modesto. A Ciência Cristã não transbordou nem secou: enrijeceu, fórmula feita de uma forma de fogo fluido. Depois da primeira erupção passional da alma vulcânica de Mary Baker Eddy, a lava refluiu, e hoje uma pacata comunidade reside em sua cratera extinta.

Mas nenhuma força que alguma vez gerou um movimento psicológico de massa se perde totalmente no nosso universo espiritual; nenhum pensamento da humanidade, embora projetado além da razão, perde para sempre a sua força criadora. A ideia de Mary Baker Eddy não morreu completamente com ela. Quando nos Estados Unidos já se julgava resolvida a discussão em torno da Ciência Cristã e da cura pela fé, a onda que migrara vagarosamente para o outro lado retorna de uma margem insuspeita, a Europa. Nas teorias de Coué, volta a ser apresentada à ciência a questão de Mary Baker Eddy: é possível superar a própria enfermidade através da fé? Sem dúvida influenciado pelas ideias da Ciência Cristã, o farmacêutico de Nancy entrega a cura a cada indivíduo e ainda elimina o intermediário requisitado por Mary Baker Eddy, o *healer*, o assistente entre o paciente e a doença, ao colocar dentro da mesma pessoa, mediante cisão da personalidade, aquele que sugere e aquele que recebe a sugestão. Porém, ao deixar, como a sua precursora, a vontade de curar exclusivamente ao livre-arbítrio do paciente, constitui-se ao mesmo tempo em arauto e adepto dessa atrevida mentora do mundo hipersensível. Mesmo que os postulados unilaterais de Mary Baker Eddy venham a ser modificados ou inteiramente rechaçados, continua sendo decisivo para sua importância universal que o problema da cura pelo espírito, lançado à humanidade por essa mulher, não mais terá repouso. Assim, para além de erros e acertos, essa criatura excluída de qualquer sapiência garantiu um lugar cativo entre os precursores da ciência da alma, provando mais uma vez que, no âmbito da história da intelectualidade, a exaltação inculta e incorrigível de um leigo pode ser tão importante para a gestação de ideias como toda sabedoria e ciência. Pois a primeira prova e missão de qualquer ideia recém-formada é criar inquietação criativa. Quem exagera, justo quem exagera, também impulsiona as ideias. E até o equívoco do radicalismo propulsiona o progresso. Verdadeira ou falsa, certa ou errada, toda fé já imposta à humanidade pela força de um ser amplia as fronteiras e desloca os marcos do nosso mundo espiritual.

Sigmund Freud

Quanto mais o jogo secreto da força do desejo se esconder à luz mais suave das afeições comuns, mais acentuado, colossal e ruidoso se torna no estado da paixão violenta: o refinado pesquisador da alma humana, que sabe quanto se pode contar com o mecanismo do trivial livre-arbítrio e até que ponto é permitido deduzir por analogia, transportará muitas experiências deste domínio para a sua ciência da alma e as processará para a vida moral ... Quão grande seria a surpresa se aparecesse para os demais domínios da natureza um Lineu que fizesse uma classificação de acordo com os impulsos e as inclinações...

SCHILLER

A situação na virada do século

> Quanta verdade *suporta*, quanta verdade *ousa* um espírito? Eis o que se tornou para mim cada vez mais o verdadeiro parâmetro do valor. O erro (a fé no ideal) não é cegueira, o erro é *covardia*... Cada conquista, cada passo à frente no conhecimento decorre da *coragem*, do rigor e da integridade para conosco.
>
> NIETZSCHE

A medida mais segura de toda força é a resistência que ela consegue vencer. Assim, a façanha de demolição e reconstrução empreendida por Sigmund Freud só se revela plenamente se contraposta ao modo como se via – ou melhor, como *não* se via – o universo dos impulsos humanos antes da Guerra. Hoje as ideias de Freud – que há vinte anos ainda eram vistas como blasfêmia e heresia – há muito circulam livremente no sangue do tempo e da linguagem, e as fórmulas por ele concebidas já nos soam tão óbvias que é preciso mais esforço para rejeitá-las do que para adotá-las. Portanto, justo porque o nosso século XX não consegue mais compreender a razão pela qual o século XIX resistia, ferrenho, à descoberta dos impulsos da alma, é preciso voltar a jogar o foco sobre a atitude daquela geração em relação aos assuntos psicológicos, e tirar mais uma vez do sarcófago a múmia ridícula da moral pré-Guerra.

Desprezar aquela moral – que tanto fez sofrer a nossa juventude e que, por isso, precisávamos odiar com todas as nossas forças! – não significa desprezar o conceito de moral e sua necessidade. Toda comunidade humana, seja de cunho religioso ou étnico, vê-se forçada, para se afirmar, a refrear e barrar as tendências agressivas, sexuais e anárquicas do indivíduo e transpô-las para dentro dos diques a que chamamos moral e regulamento. É também natural que cada um desses grupos crie normas e formas particulares de moral. Da horda primitiva ao século da eletricidade, toda comunidade se esforçou para domar os instintos primitivos, por meio dos métodos mais diversos. Civilizações rígidas exerceram um poder rígido: as épocas lacedemônia, judaica, calvinista, puritana buscaram extirpar a ferro e fogo o pânico desejo de prazer da humanidade. Cruéis em suas leis e seus vetos, tais épocas draconianas ainda serviam à lógica de uma ideia. E toda ideia, toda fé até certo ponto santifica o emprego da violência. Se os espartanos exigiam disciplina até o limite da desumanidade, foi no sentido de depurar a raça, de criar uma geração viril e apta para a guerra: para o seu ideal da pólis, da comunidade, a sensualidade desenfreada tinha que ser considerada uma usurpação da autoridade do Estado. O cristianismo, por sua vez, combate a inclinação carnal do homem em nome da espiritualidade e de salvar a alma das garras de uma natureza sempre desviada. Como a Igreja, o mais sábio dos psicólogos, conhece bem a paixão carnal do homem eternamente adamita, opõe-lhe com violência sua paixão do espírito como ideal: em fogueiras e cárceres, destrói a teimosia do amor-próprio a fim de ajudar a alma a regressar à sua pátria mais elevada – é uma lógica dura, mas, apesar de tudo, é uma lógica. Aqui e acolá, a aplicação da lei moral ainda nasce de uma sólida concepção do mundo. A moral surge como forma física de uma ideia metafísica.

Mas em nome de quem, a serviço de que ideia, o século XIX – há muito tempo beato apenas na aparência – ainda estaria a exigir uma moral codificada? Afeito aos prazeres, grosseiramente material e obcecado pelo dinheiro, sem uma sombra da grande fé coerente de séculos religiosos pregressos, defensor da democracia e dos direitos humanos, esse século nem pode pretender a sério interditar aos seus cidadãos o direito ao livre prazer. Quem uma vez hasteou a bandeira da tolerância no edifício da cultura não tem mais o direito senhorial de se imiscuir na concepção moral do indivíduo. De fato, o Estado moderno não se esforça mais – como outrora a Igreja – em prol de uma moral interna sincera entre seus súditos; unicamente o código da sociedade exige a manutenção de uma convenção exterior. Portanto, o que se pede não é um verdadeiro moralismo, e sim um comportamento moral fingido, uma atitude de farsa de todos diante de todos. Até que ponto o indivíduo age de acordo com a moral acaba sendo questão de foro íntimo, bastando cuidado para não ser flagrado transgredindo as convenções. Muita coisa pode acontecer, mas não se deve falar a respeito. Num sentido mais estrito, podemos dizer que a moral do século XIX sequer aborda o verdadeiro problema. Evita-o e limita todo o seu esforço a essa tentativa de fazer vista grossa. Ao longo de três ou quatro gerações, a civilização enfrentou, ou melhor, evitou os problemas morais e sexuais com essa conclusão tola de que quando as coisas são encobertas elas deixam de existir. E o que melhor ilustra a situação real é o chiste furioso de que quem dominou moralmente o século XIX não foi Kant, e sim o "*can't*".

Mas como pôde um século de tal modo clarividente e racional se transviar em uma psicologia tão inverossímil e insustentável? Como pôde um século das grandes descobertas, das perfeições técnicas, rebaixar a sua moral a um simples e previsível truque de prestidigitação? A resposta é simples: justamente por causa do orgulho de sua razão, da arrogância de sua cultura, daquele exagerado otimismo civilizatório. Os insuspeitados progressos de sua ciência lançaram o século XIX em uma espécie de embriaguez da razão. Tudo parecia servilmente sujeito ao império do intelecto. Cada dia, cada hora anunciava novas vitórias do espírito; elementos rebeldes do tempo e do espaço terreno foram domados; os cumes e os abismos revelaram seus segredos à curiosidade sistemática do olhar humano armado; por toda parte a anarquia cedeu à organização, e o caos, ao arbítrio do espírito calculador. Assim, como a razão não seria capaz de dominar os impulsos anárquicos no próprio sangue, de domar a ralé desregrada dos instintos? Acreditava-se que o principal trabalho nesse aspecto já tivesse sido feito e que aquilo que ainda lampeja no sangue do homem moderno e "culto" seriam apenas clarões pálidos e sem força de uma tempestade em vias de passar, últimos estertores da velha bestialidade animal já agonizante. Apenas mais alguns anos, algumas décadas, e uma humanidade que ascendeu magnificamente do canibalismo ao humanismo e ao senso social ainda haverá de depurar e consumir em suas chamas éticas essas últimas e miseráveis escórias – por isso, nem vale a pena sequer mencionar a sua existência. Basta não chamar a atenção dos homens para a sexualidade para que eles a esqueçam. Basta não excitar com discursos ou alimentar com perguntas a velha fera encarcerada atrás das grades da moral para que ela se amanse. Basta passar acelerado por tudo o que é constrangedor, desviar o olhar e fingir que nada daquilo existe: eis o código moral do século XIX.

Para essa campanha conjunta contra a franqueza, o Estado arma uniformemente todos os poderes que dele dependem. Todos – arte e ciência, moral, família, Igreja, escola e universidade – recebem as mesmas instruções de guerra: evitar atritos, preferir sair do caminho a atacar o adversário, jamais entrar em discussões sérias, jamais lutar com argumentos, só com o silêncio, apenas boicotar e ignorar. Admiravelmente obedientes a essa tática, todos os poderes intelectuais e os servos da cultura ignoraram hipocritamente o problema. Durante um século, a questão sexual é posta em quarentena em toda a Europa. Não é negada nem confirmada, não é trazida a debate nem resolvida, e sim empurrada em silêncio para trás de um biombo. Um incrível exército de guardas vestidos de professores, educadores, pastores, censores e governantas é erguido para separar a juventude de sua espontaneidade e alegria carnal. Nenhum sopro de ar fresco deve roçar seus corpos, nenhuma palavra e nenhum esclarecimento tocar suas almas castas. Ao passo que nos tempos antigos e em toda parte, em qualquer povo sadio e em toda época normal, o rapaz púbere ingressa na idade adulta como numa festa; ao passo em que na cultura grega, romana, judaica e até mesmo em qualquer não cultura o adolescente de treze ou quatorze anos é recebido na comunidade daqueles que sabem, tornando-se homem entre homens, guerreiro entre guerreiros, agora uma pedagogia que na verdade é uma praga divina o afasta artificial e antinaturalmente de toda naturalidade. Ninguém fala abertamente com ele, libertando-o. Tudo o que sabe é aprendido nas zonas de meretrício ou através dos cochichos dos colegas mais velhos. E como ninguém ousa repetir essa ciência das coisas mais naturais da natureza senão cochichando, todo adolescente segue servindo sem querer à hipocrisia cultural.

A consequência desse século de obstinada ocultação e não ditos é o baixíssimo nível da psicologia em meio a uma cultura de elevado nível intelectual. Pois como poderia se desenvolver uma ciência profunda da alma sem transparência e sinceridade? Como propagar a clareza, se justamente os homens chamados a transmitir o conhecimento – professores, pastores, artistas, eruditos – são, eles próprios, hipócritas culturais ou incultos? Ignorância, porém, sempre leva a severidade. Assim, uma geração de pedagogos sem piedade – e sem noção – é enviada para enfrentar uma juventude inteira. E esses pedagogos, com o eterno ditado de "ser moral" e de "controlar-se", produzem danos irreversíveis. Pressionados pela puberdade sem conhecer a mulher, adolescentes que buscam a única válvula de escape possível para o corpo são feridos pela sábia advertência desses mentores "esclarecidos" de que praticam um terrível "vício" que destrói a saúde, sendo assim arremessados à força em um sentimento de inferioridade, uma culpa mística. Estudantes universitários (eu próprio ainda vivenciei isto) recebem justo de professores designados pela florida expressão "eminentes pedagogos" folhetos informando que toda doença sexual, sem exceção, é incurável. É com esse tipo de canhão que a vertigem moral de então abre fogo contra os nervos, sem dó nem piedade. É com esses tacões rústicos que a ética pedagógica massacra o mundo dos adolescentes. Não admira que esse violento estímulo ao medo em almas ainda inseguras faça soar um revólver a cada instante. Não admira que essa pressão violenta abale o equilíbrio interior de incontáveis pessoas, fabricando-se em série um tipo de neurastênicos que carregam seus medos de meninos pela vida afora. Sem aconselhamento, milhares desses rapazes aleijados pela moral hipócrita vagam de médico em médico. Mas, como os profissionais da medicina ainda não conseguem desvendar a raiz da doença, ou seja, a sexualidade, e como a psicologia da era pré-freudiana, por conveniência ética, não ousa adentrar esses territórios silenciados – porque devem continuar silenciados –, os neurologistas também se veem sem rumo diante desses casos. Sem saber o que fazer, mandam para estabelecimentos hidroterápicos os perturbados de alma que ainda não estão prontos para a clínica ou o asilo. Ali são encharcados de brometo e tratados com vibrações elétricas na pele, mas ninguém tem coragem de se aproximar das verdadeiras causas.

Com mais furor ainda a insensatez acossa os que têm predisposição anormal. Marcados pela ciência como seres eticamente inferiores, como portadores de uma carga genética negativa, e pela lei como criminosos, passam a vida inteira carregando o seu segredo mortal como um jugo invisível – atrás de si os chantagistas, diante, a prisão. Não conseguem encontrar quem lhes dê conselho ou auxílio. Se, na era pré-freudiana, um homossexual se dirigisse a um médico, esse franziria a testa, indignado com o fato de o paciente importuná-lo com tais "porcarias". Tais assuntos privados não deviam entrar em um consultório. Mas, então, onde entram? A quem deve se dirigir o homem perturbado ou desviado em sua vida afetiva, que porta se abre para aconselhar e libertar esses milhões de pessoas? As universidades se esquivam, os juízes se aferram aos parágrafos da lei, os filósofos (com exceção do valente Schopenhauer) preferem sequer notar em seu universo essas formas de desvio do Eros tão naturais em todas as culturas anteriores, a opinião pública faz vista grossa por princípio e declara que essas coisas constrangedoras não devem ser discutidas. Basta não haver nenhuma palavra nos jornais, na literatura, nenhuma discussão na ciência: a polícia foi informada, é o suficiente. Para esse século altamente moral e tolerante, é tão sabido quanto indiferente que centenas de milhares de cativos estejam se revirando na refinada masmorra desse segredo – importa é que nenhum grito venha à tona, que a auréola da cultura, do mais moral dos mundos, se conserve intacta aos olhos do mundo. Pois, para essa época, a aparência moral é mais importante do que a essência humana.

Durante um século terrivelmente longo essa covarde conspiração do silêncio "moral" domina a Europa. De repente, uma voz vem rompê-lo. Sem qualquer intenção revolucionária, um belo dia um jovem médico se levanta no círculo dos seus colegas e, a partir de suas pesquisas sobre a natureza da histeria, fala das perturbações e dos recalcamentos do mundo das pulsões e de como eles podem ser postos a descoberto. Não emprega grandes gestos patéticos, não proclama agitado que é tempo de apoiar as concepções morais em novas bases, de discorrer livremente sobre a questão da sexualidade: esse jovem médico rigorosamente objetivo não representa de forma alguma o papel de pregador civilizatório no meio acadêmico. Limita-se a fazer uma palestra diagnóstica das psicoses e de suas origens. Mas é justo a calma e a naturalidade com que constata que muitas – ou todas – as neuroses têm sua origem na repressão do desejo sexual que provoca um espanto horrorizado entre os colegas. Não que declarassem falsa tal etiologia – ao contrário, a maior parte deles muitas vezes já intuíra ou experimentara essas coisas; todos, no âmbito privado, têm plena consciência da importância do sexo para a constituição geral do indivíduo. Mas, como representantes de sua época, escravos da moral civilizatória, imediatamente sentem-se feridos por essa referência aberta a um fato cristalino, como se a mera indicação diagnóstica por si já fosse um gesto indecente. Entreolham-se embaraçados – afinal, esse jovem docente ignora o acordo tácito de que não se fala sobre temas espinhosos, muito menos numa sessão pública da honorabilíssima Sociedade dos Médicos? Sobre o capítulo da sexualidade, os colegas se comunicam com piscadelas – o novato deveria conhecer e respeitar essa convenção! Brinca-se sobre o tema durante uma partida de cartas, mas no século XIX, um século tão culto, jamais se expõem semelhantes teses a um fórum acadêmico! Para os colegas de faculdade, já a primeira aparição pública de Sigmund Freud – a cena aconteceu de fato – tem o efeito de um tiro de pistola numa igreja. E os mais benévolos entre eles logo deixam claro que, pelo bem de sua carreira acadêmica, seria preferível que ele abdicasse dessas pesquisas constrangedoras e impuras, pois elas não levam a nada – ou pelo menos a nada passível de ser discutido em público.

Mas, para Freud, o que importa não é a convenção, e sim a sinceridade. Encontrou uma pista e a persegue. O próprio sobressalto de seus colegas lhe revela que sem querer pôs o dedo na ferida e que, logo de primeira, chegou muito próximo do nervo do problema. Não desiste. Não se deixa intimidar nem pelas advertências bem-intencionadas dos colegas mais velhos nem pelas lamentações de uma moral ofendida que não está habituada a ser abordada de maneira tão brusca *in puncto puncti* – em relação à sexualidade. Com a tenaz intrepidez, com a coragem humana e a energia intuitiva que, juntas, formam o seu gênio, não cessa de pressionar cada vez mais firme aquele ponto sensível, até o abscesso do silêncio finalmente estourar, até a ferida ficar exposta e o processo de cura poder começar. Nesse primeiro ataque ao desconhecido, o jovem médico solitário ainda não pressente o quanto haverá de descobrir em tais trevas. Apenas intui a profundidade que sempre atrai magneticamente o espírito criador.

É simbólico, e não casual, que – apesar da aparente insignificância do motivo – já esse primeiro encontro de Freud com a sua geração tenha se transformado em choque. Não são apenas o pudor ofendido e uma dignidade moral adotada como hábito que se incendeiam com uma teoria isolada: não, com a clarividência nervosa de quem se sente ameaçado, o método obsoleto de silenciar logo percebe um real adversário. Não é *como* Freud toca nessa esfera, mas o *fato* de ele ousar tocar nela, que soa como uma provocação para uma batalha decisiva. Pois desde o primeiro momento o que está em jogo não são melhorias, e sim uma transformação. Não se trata de dogmas, e sim de princípios. Não se trata de detalhes, mas do todo. Cara a cara, duas formas de pensamento, dois métodos tão diametralmente opostos que entre eles não há e jamais poderá haver uma comunicação. A velha psicologia pré-freudiana, assentada na ideologia da supremacia do cérebro sobre o sangue, exige do indivíduo culto e civilizado que reprima seus impulsos via razão. Freud responde de maneira curta e grossa: as pulsões não podem ser reprimidas, e é superficial querer supor que elas desapareçam do mundo se forem reprimidas. Na melhor das hipóteses, podem ser recalcadas do consciente para o inconsciente. Mas ali se acumulam, perigosamente retorcidas nesse espaço da alma, produzindo, com sua constante fermentação, agitação nervosa, perturbação e doença. Sem ilusões, descrente no progresso, sem indulgência e de maneira radical, Freud constata que as forças das pulsões da libido, estigmatizadas pela moral, formam uma parte indestrutível do ser humano, que renasce em cada embrião, elemento que jamais poderá ser eliminado, mas, na melhor hipótese, transformado em atividade inofensiva ao ser transportado para o nível da consciência. Portanto, Freud considera um processo saudável precisamente aquilo que a velha ética social declara um pecado capital, ou seja, a conscientização. E prova que o perigo é justo o que era considerado saudável: o recalcamento. Onde o velho método recomendava ocultar, Freud exige a exposição. Quer identificar em vez de ignorar. Enfrentar em vez de esquivar-se. Aprofundar em vez de desviar a vista. Descobrir em vez de encobrir. As pulsões só podem ser disciplinadas por quem as compreende. Os demônios só podem ser dominados por quem os tira do abismo e os encara de frente. A medicina tem tão pouca relação com a moral e o pudor como com estética ou filologia. Sua principal tarefa não é silenciar os mais misteriosos segredos do homem, mas trazê-los à tona através da fala. Sem se importar com o puritanismo do século, Freud expõe esses problemas do autoconhecimento e da autoconfissão do inconsciente e do que foi recalcado. Com isso, dá início ao tratamento não apenas de inúmeros indivíduos, mas de toda uma época moralmente enferma, transportando da hipocrisia para a ciência o seu conflito fundamental latente.

Esse método revolucionário de Freud transformou a nossa concepção de alma e também mudou os rumos de todas as questões básicas da nossa cultura e sua genealogia. Por isso, qualquer pessoa que, com o olhar de 1890, quiser julgar a façanha de Freud como mera questão da área médica estará cometendo uma grosseira desvalorização e um grave equívoco intelectual, por confundir – consciente ou inconscientemente – o ponto de partida com o objetivo. Freud rompeu a muralha da velha ciência da alma por acaso a partir de uma abordagem médica: isso é correto do ponto de vista histórico, mas irrelevante do ponto de vista da sua façanha. Pois o que importa num criador não é de onde veio, mas para onde foi e aonde chegou. Freud veio da medicina, assim como Pascal da matemática e Nietzsche da filologia antiga. Sem dúvida, essa origem confere um determinado matiz à sua obra, mas não determina nem limita a sua grandeza. Porque agora, quando ele completa setenta e cinco anos, está na hora de constatar que sua obra e seu valor já não se baseiam mais no detalhe sobre se a psicanálise cura, ano após ano, algumas dúzias a mais ou a menos de neuróticos, muito menos em artigos teóricos ou hipóteses de sua lavra. Se a libido tem ou não "carga" sexual, se o complexo de castração e o narcisismo e não sei quais artigos de fé codificados devem ou não ser canonizados para a eternidade – tudo isso já foi objeto de brigas escolásticas entre acadêmicos e não tem a menor importância diante da decisão histórica que Freud impôs ao nosso mundo com a sua descoberta da dinâmica da alma e a sua nova técnica de fazer perguntas. Estamos falando de um homem que, com um olhar criador, transformou a esfera interior – e os próprios representantes da geração moribunda foram primeiros a reconhecer a revolução que o "sadismo da verdade" de Freud provocou no tocante a todas as questões psicológicas e o aspecto perigoso de sua doutrina (para eles). Os ilusionistas, os otimistas, os idealistas, os advogados do pudor e da boa e velha moral logo perceberam horrorizados que ali estava um homem que ignora todas as placas de advertência, que não recua ante nenhum tabu e não se deixa intimidar por nenhuma contradição, para quem nada é "sagrado". Instintivamente perceberam que, logo depois de Nietzsche, o Anticristo, Freud foi o segundo grande destruidor das antigas tábuas da lei, um anti-ilusionista cujo olhar impiedoso perscruta como um raio X todos os planos de fachada, que enxerga o sexo na libido, o homem primitivo na criança inocente, as antigas e perigosas tensões entre pai e filho na doce intimidade familiar e o ardente fervilhar do sangue nos sonhos aparentemente mais inócuos. Desde o primeiro instante, um pressentimento desconfortável os aflige: um homem como Freud, que não vê outra coisa nos seus mais sagrados valores – cultura, civilização, humanidade, moral e progresso – senão sonhos e desejos, não irá ainda mais longe em sua sondagem cruel? Esse iconoclasta não terminará por transferir sua desavergonhada técnica analítica da alma individual para a alma coletiva? E não acabará golpeando os fundamentos da moral do Estado e os complexos familiares a muito custo aglutinados, dissolvendo o sentimento de pátria e até o sentimento religioso com seus ácidos violentamente cáusticos? E, de fato, o instinto do mundo moribundo do pré-guerra enxergou certo: nada deteve a coragem incondicional e a intrepidez intelectual de Freud. Indiferente às objeções e invejas, ao ruído e ao silêncio, continuou aperfeiçoando a sua alavanca de Arquimedes com a paciência inabalável e sistemática de um artesão, até por fim poder usá-la no próprio universo. Aos setenta anos de vida,

Freud empreendeu a última façanha – a de experimentar na humanidade inteira e até em Deus o método que experimentara no indivíduo. Teve a coragem de avançar mais e mais, até o supremo Nada, além das ilusões, até aquele grandioso infinito onde já não existem fé, esperanças ou sonhos, nem mesmo os do céu ou de um sentido e de uma missão da humanidade.

Admirável obra de um indivíduo: Sigmund Freud deu à humanidade uma noção mais clara de si mesma – digo mais clara, não mais feliz. Aprofundou a concepção de mundo de toda uma geração – digo aprofundou, não tornou mais bela. Pois o que é radical nunca traz felicidade, apenas decisões. Mas não faz parte do dever da ciência embalar o eterno coração pueril da humanidade com novos sonhos tranquilizadores. Sua missão é ensinar os homens a caminharem direitos e firmes em nosso áspero planeta. Nesse trabalho indispensável Sigmund Freud fez uma parte exemplar: em sua obra, a dureza se fez força, o rigor se tornou lei inflexível. Nunca, em nome do consolo, Freud apontou ao homem uma saída confortável, um refúgio em paraísos celestes ou terrenos, sempre indicou somente o caminho que conduz para dentro, o trajeto perigoso que leva às próprias profundezas. Sua clarividência não foi indulgente: seu modo de pensar não aliviou em nada a vida das pessoas. Aguda e cortante como um vento glacial, sua irrupção na atmosfera sufocante dissipou muitos nevoeiros dourados e nuvens róseas do sentimento, mas limpou o horizonte e abriu uma nova perspectiva para a vida espiritual. Graças à sua façanha, uma nova geração contempla uma época nova com um olhar diferente, mais livre, mais conhecedor, mais honesto. Se a perigosa psicose da hipocrisia, que intimidou os costumes europeus durante um século, está definitivamente afastada; se nós aprendemos a olhar para a nossa vida sem falsa vergonha; se palavras como "vício" e "culpa" despertam horror em nós; se os juízes, cientes da supremacia das pulsões na natureza humana, hesitam às vezes em proferir sentenças incriminadoras; se hoje os professores já aceitam coisas naturais com naturalidade, e a família, coisas abertas com mais abertura; se a moral tem mais sinceridade e a juventude mais camaradagem; se as mulheres aceitam mais livremente a sua vontade e o seu sexo; se aprendemos a respeitar a singularidade de cada ser e a compreender com criatividade o segredo no nosso próprio ser espiritual – todos esses elementos de um melhor e mais ético crescimento reto, devemos, nós e nosso novo mundo, em primeira linha a esse homem que teve a coragem de saber o que sabia e a tríplice coragem de impor esse seu conhecimento a uma moral obstrutiva e covardemente resistente de sua época. Alguns detalhes de sua obra podem ser passíveis de discussão, mas o que importam as minúcias?! As ideias vivem tanto da confirmação quanto da sua negação, assim como uma obra não vive menos do amor que do ódio que suscita. O único triunfo decisivo de uma ideia – e o único que ainda hoje estamos dispostos a venerar – é passar a viver. Pois na nossa época de justiça incerta nada reacende tanto a fé no predomínio do espírito quanto o exemplo vívido de que sempre basta que um só homem tenha a coragem para a verdade a fim de multiplicar a veracidade em todo o universo.

Retrato

Sinceridade é a fonte de toda genialidade.
LUDWIG BOERNE

Faz meio século que a vida particular de Sigmund Freud está encerrada atrás da porta austera de um prédio de aluguel em Viena; somos quase tentados a dizer que ele nem teve vida privada, tão modesta transcorre a sua existência pessoal. Setenta anos na mesma cidade, mais de quarenta anos na mesma casa, o consultório no mesmo cômodo, a leitura na mesma poltrona, o trabalho literário na mesma escrivaninha. *Pater familias* de seis filhos, sem nenhuma necessidade pessoal e nenhuma outra paixão a não ser a do ofício e da vocação. Nenhum grão sequer de seu tempo – utilizado de modo ao mesmo tempo parcimonioso e generosamente produtivo – dispendido em fanfarronices vaidosas, em cargos ou dignidades; jamais o criador se gaba da obra que criou: nesse homem, o ritmo da vida está submetido única e totalmente ao ritmo incessante, uniforme e paciente do trabalho. Cada uma das milhares de semanas de seus setenta e cinco anos descreve o mesmo ciclo de atividade contínua, cada dia transcorre exatamente como o anterior: durante o período em que foi da Academia, uma conferência por semana na universidade; toda quarta à noite, um simpósio intelectual com os discípulos segundo o método socrático; todo sábado à tarde, uma partida de cartas; fora isso, da manhã à noite, ou melhor, até a meia-noite, cada minuto aproveitado até o último segundo e dedicado à análise, ao tratamento, ao estudo, à leitura e ao trabalho científico. Essa impiedosa agenda ignora folhas em branco, a extensa jornada de Freud no decorrer de meio século não contabiliza uma só hora em que o intelecto não foi usado. A atividade constante é tão natural para esse cérebro sempre em movimento como são as batidas para o coração. Para Freud, o trabalho não é uma ação submetida à vontade e sim uma função totalmente natural, constante e fluida. Precisamente a constância da sua vigilância e da atenção é o que mais surpreende em sua personalidade intelectual: a normalidade, aqui, transforma-se em fenômeno. Há quarenta anos, Freud realiza oito, nove, dez, às vezes até onze análises por dia; isso quer dizer: nove, dez ou onze vezes ele se concentra durante uma hora inteira com uma atenção extrema, quase febril, na vida de um estranho, escutando e pesando cada palavra, enquanto, ao mesmo tempo, sua memória infalível compara as afirmações dessa psicanálise com as de todas as sessões anteriores. Portanto, vivencia o interior da personalidade de uma outra pessoa, enquanto ao mesmo tempo a observa de fora, com os métodos do diagnóstico psicológico. E, de repente, no final da sessão, já precisa se concentrar em outra pessoa, o próximo paciente, oito ou nove vezes num só dia, memorizando e observando centenas de vidas até suas ramificações mais delicadas, sem anotações ou outros recursos mnemônicos. Um esforço de trabalho que se modifica constantemente e exige uma vigilância intelectual, uma disposição psicológica e tensão nervosa que outra pessoa não aguentaria por mais de duas ou três horas seguidas. Mas a surpreendente vitalidade de Freud, essa sua força extrema dentro da energia intelectual, não conhece esgotamento nem cansaço. Quando, tarde da noite, termina a atividade analítica, a jornada de nove ou dez horas com seres humanos, começa o processamento intelectual dos resultados, aquele trabalho que o mundo inteiro considera ser sua única obra. E toda essa gigantesca façanha, praticada incessantemente com milhares de pessoas e que repercute em outros milhões, acontece há meio século sem ajudantes, sem secretários, sem assistentes; cada carta é escrita de próprio punho; cada investigação, levada a cabo solitariamente; cada obra, moldada até sua forma final. Só a regularidade grandiosa do seu poder criador sob a superfície banal de sua existência trai o aspecto verdadeiramente demoníaco. É apenas na esfera da criação que essa vida aparentemente normal revela sua singularidade e incomparabilidade.

Um tal instrumento de precisão, que durante décadas nunca falha, nunca para, só pode ser concebido com um material perfeito. Como nos casos de Händel, Rubens e Balzac, outros criadores torrenciais, a abundância intelectual de Freud deriva de uma saúde esplêndida. Até os seus setenta anos, esse grande médico nunca adoeceu seriamente, esse fino observador dos nervos nunca ficou nervoso, esse clarividente pesquisador de todas as anormalidades da alma e notório sexualista viveu uma vida inteira terrivelmente uniforme e saudável em todas as suas manifestações pessoais. Esse corpo não conhece por experiência própria nem as doenças mais ordinárias e cotidianas que perturbam o trabalho intelectual e quase nunca dores de cabeça e fadiga. Durante décadas, Freud nunca precisou consultar um colega médico ou cancelar um horário por indisposição. Só em idade patriarcal uma doença maligna tenta alquebrar essa saúde policrática. Mas em vão! Mal a ferida cicatriza, a velha energia é imediatamente restaurada, seguindo a pleno vapor. Para Freud, estar com saúde significa respirar, estar desperto significa trabalhar, criar significa viver. Tão intenso e denso como sua tensão durante o dia é o relaxamento noturno nesse corpo férreo. Um sono breve, porém completo, renova a cada manhã esse vigor grandiosamente normal e ao mesmo tempo anormal do espírito. Quando dorme, Freud dorme profundamente e, quando acorda, está incrivelmente desperto.

O aspecto exterior condiz com esse total equilíbrio das forças interiores. Perfeita proporção em todos os traços, aparência harmônica. Nem alto, nem baixo, nem demasiado pesado, nem muito esguio: sempre entre os extremos, uma média verdadeiramente exemplar. Durante muitos anos os caricaturistas se desesperam diante desse rosto, cujo oval de perfeita regularidade não dá margem alguma ao exagero do desenho. Em vão, enfileiram várias fotos de sua juventude para descobrir algum traço predominante, alguma característica. Mas as feições do homem de trinta, quarenta ou cinquenta não revelam mais do que um belo homem viril, cavalheiro de traços regulares, quase excessivamente regulares. É bem verdade que o olhar escuro e concentrado revela o intelectual, mas mesmo com a maior boa vontade não se encontra nessas fotografias amareladas nada além de um daqueles típicos rostos de médico de uma virilidade idealizada, barba bem-tratada, como Lenbach e Makart adoravam retratar – escuro, suave e sério, mas no fundo nada revelador. Conclui-se que é melhor desistir de qualquer estudo caracterológico diante desse rosto encerrado em sua própria harmonia. É quando, de repente, os últimos retratos começam a falar. Só a idade, que na maioria dos casos dissolve os traços individuais e os desfaz em barro cinzento, só a fase da velhice e da doença cinzelam irrevogavelmente uma fisionomia a partir de um mero rosto. A partir do momento em que os cabelos encanecem, a barba começa a fazer menos sombra à boca séria; quando o relevo ósseo e plástico de seu rosto começa a predominar, aparece algo severo, incontestavelmente ofensivo: a vontade impiedosa e quase irritadiça de sua natureza. O olhar, antes apenas observador, agora nos perfura mais sombrio, mais penetrante, mais agudo; uma amarga ruga de desconfiança fende como uma ferida a testa descoberta e sulcada, e desce. E os lábios finos e crispados se fecham como que sobre um "não" ou "não é verdade". Pela primeira vez sente-se no rosto de Freud o rigor e a veemência de seu ser, e se percebe que esse não é um bom velhinho grisalho, um *good grey old man* que a idade tornou manso e sociável, mas um analista impiedoso que não se deixa enganar por ninguém e nem quer se deixar enganar a respeito de nada. Um homem diante do qual teríamos medo de mentir porque, com esse olhar desconfiado de artilheiro que acerta no escuro, acompanha cada subterfúgio e prevê cada artimanha – um rosto talvez mais opressor do que libertador, mas dotado de uma magnífica intensidade perscrutadora; um rosto não de um mero contemplador, mas de um psicólogo inexorável.

Que não se tente suavizar essa pitada de severidade bíblica, essa enérgica intransigência que flameja no olhar quase ameaçador de velho lutador. Porque, se alguma vez tivesse faltado a Freud essa determinação cortante, aberta e implacável, faltaria o que há de melhor e mais decisivo em sua obra. Se Nietzsche filosofava com o martelo, Freud filosofou a vida inteira com o bisturi, ambos instrumentos que não podem ser manejados por mãos indulgentes e condescendentes. A obsequiosidade, a polidez, a compaixão e a complacência eram totalmente incompatíveis com o pensamento radical de sua natureza criadora, cuja missão e sentido eram unicamente a revelação dos extremos, não a sua harmonização. A determinação combativa de Freud exige sempre o pró ou o contra bem claro, o sim ou o não, sem "porém" e "todavia", "quem sabe" e "talvez". Quando se trata de razão ou de ter razão nos domínios do intelecto, Freud não conhece reservas nem considerações, compromissos nem piedade: como Jeová, prefere perdoar a um desertor do que a alguém que duvida sem muita convicção. Meias verdades não têm valor para ele, só a verdade cem por cento o seduz. Toda penumbra vaga, tanto nas relações pessoais quanto naquelas faltas de clareza do pensamento humano que chamamos de ilusões, desafiam a sua necessidade violenta e quase exacerbada de compartimentalizar, delimitar, organizar – seu olhar sempre quer ou precisa repousar nos fenômenos com a acuidade da luz direta. Ver, pensar e agir com clareza, no entanto, não significa, para Freud, um esforço ou um ato de vontade; nele, a necessidade de analisar é genuína, inata e irrefreável. Quando ele não compreende algo de maneira imediata e incondicional, é incapaz de se comunicar; o que ele não enxerga com total clareza, ninguém pode lhe explicar. Seu olhar e seu espírito são autocráticos e totalmente intransigentes; e justo na luta, quando ele se vê só contra a supremacia, desencadeia-se o pleno prazer de atacar dessa vontade de raciocinar que a natureza transformou em afiado cutelo.

Duro, severo e impiedoso com os outros, Freud revela ser não menos duro e desconfiado consigo próprio. Treinado para farejar até mesmo a inverdade mais oculta nas teias secretas do inconsciente; para desmascarar por trás de cada camada uma outra, mais profunda; atrás de cada confissão uma outra, mais sincera; atrás de cada verdade outra ainda mais verdadeira, também aplica a si próprio a mesma vigilância analítica do autocontrole. Por isso, a expressão corriqueira "pensador audaz" parece-me inadequada para Freud. Suas ideias não têm nada de improviso ou de intuição. Não é leviano nem apressado em suas formulações. Às vezes, hesita anos a fio antes de transformar uma suposição em afirmação. Para um gênio construtivo como o dele, saltos no pensamento ou conclusões precipitadas seriam verdadeiros contrassensos. Dando um passo depois do outro, cauteloso, sem se deixar levar pela exaltação, Freud é o primeiro a perceber qualquer trecho impreciso. Em seus escritos, encontram-se incontáveis advertências que fez a si próprio, como "isso não passa de uma hipótese" ou "sei que nesse ponto tenho pouco de novo a dizer". A verdadeira coragem de Freud começa tarde, só quando adquire certeza total. Só quando ele, impiedoso, sem se iludir, convence a si mesmo e vence a própria desconfiança de que pode estar acrescentando um novo sonho à ilusão mundial, aí é que apresenta sua concepção. Mas, a partir do momento em que ele descobre uma ideia e a defende publicamente, ela entra no seu sangue e na sua carne, tornando-se parte de sua existência intelectual, e nenhum Shylock seria capaz de extirpar uma fibra sequer de seu corpo. A certeza de Freud demora a aparecer. Uma vez conquistada, porém, não pode mais ser rompida.

Irritados, os adversários de Freud chamaram de dogmatismo essa tenacidade em se aferrar aos seus pontos de vista, e até seus partidários se queixaram dela – na surdina ou em voz alta. Mas essa incondicionalidade de Freud é indissociável de sua natureza: deriva de uma atitude não voluntariosa, e sim espontânea, de um modo particular de ver as coisas. O que o seu olhar criador abrange, ele enxerga como se ninguém antes dele tivesse enxergado. Quando pensa, esquece tudo o que outros antes dele pensaram sobre esse objeto. Compreende seus problemas de modo natural e obrigatório, e onde quer que abra o livro sibilino da alma humana cai sempre numa página nova, e antes que o seu raciocínio a aborde criticamente o seu olhar já realizou a criação. Um erro de opinião pode ser corrigido, mas a percepção criadora de um olhar nunca pode ser modificada. A visão está fora de qualquer influência, a criação além da vontade; pois o que chamamos de criação senão esse dom de ver as coisas antigas e imutáveis como se nunca tivessem sido iluminadas pela estrela de um olhar humano, ou de pronunciar algo que já foi mil vezes dito de maneira virginal, como se jamais a boca de um ser humano o houvesse pronunciado? Impossível de ser aprendida, essa magia do olhar do pesquisador intuitivo é também impossível de ser ensinada, e a obstinação de uma natureza genial em sua primeira e única visão não é teimosia, e sim uma profunda necessidade.

Por isso, Freud jamais tenta induzir, persuadir, convencer seus leitores ou ouvintes de seus pontos de vista. Expõe-nos, apenas isso. Sua sinceridade incondicional abre mão de servir mesmo as ideias que lhe são mais caras de maneira poeticamente sedutora, e de tornar mais palatáveis para mentes mais suscetíveis certas partes duras e amargas, através de uma expressão mais doce. Comparada à prosa inebriante de Nietzsche, que sempre faz jorrar os mais ousados fogos de artifício da arte, a de Freud a princípio parece sóbria, fria e pálida. A prosa de Freud não agita, não seduz, renuncia totalmente a toda poetização, a qualquer ritmo musical (como ele próprio admite, falta-lhe qualquer inclinação para a música – ao que parece, no sentido de Platão, que a acusa de perturbar o pensamento puro). É o que Freud pretende; ele age de acordo com as palavras de Stendhal: "*Pour être bon philosophe, il faut être sec, clair, sans illusion*; para ser um bom filósofo, é preciso ser seco, claro, sem ilusões." A clareza, na linguagem como em todas as outras expressões humanas, é para ele o que há de melhor e supremo. A essa nitidez e luminosidade, subordina todas as obras de arte como secundárias, e é à acuidade diamantina dos contornos assim obtida que seu estilo deve sua plasticidade vital. Prosa latina, romana, totalmente sem adornos, objetiva e rígida, ela nunca rodeia poeticamente o seu objeto, mas o expressa com palavras duras e compactas. Ela não adorna, não acumula, não mistura nem assedia; é econômica ao extremo com imagens e comparações. Mas, quando ela emprega uma comparação, seu poder de convencer é sempre um tiro certeiro. Algumas das formulações linguísticas de Freud têm a sensualidade translúcida de pedras lapidadas e, em sua prosa cristalina, parecem camafeus engastados, cada uma inesquecível em si mesma. Nem uma única vez Freud abandona o caminho retilíneo em suas explanações filosóficas. Odeia tanto os desvios linguísticos quanto os circunlóquios intelectuais, e em toda a sua vasta obra não existe uma só frase que não possa ser compreendida sem esforço mesmo por um inculto. Sempre a sua expressão e o seu pensamento tendem a uma precisão geometricamente determinada. Por isso, só um estilo de aparente humildade, mas em verdade da maior luminosidade, podia servir ao seu desejo de clareza.

Todo gênio, diz Nietzsche, usa máscara. Freud escolheu uma das mais difíceis de serem retiradas: a da discrição. Sua vida exterior oculta uma capacidade de trabalhar demoníaca por trás de uma vida burguesa sóbria, quase mesquinha, e o seu rosto, o gênio criador atrás de feições regulares e calmas. A sua obra, revolucionária e ousada como poucas, reveste-se humildemente de método universitário cientificamente exato. E, com sua frieza incolor, sua linguagem engana e oculta a arte cristalina do seu poder criador. Gênio da sobriedade, Freud gosta de manifestar o que há de sóbrio em seu ser, e não o aspecto genial. A princípio, só a medida aparece; o que extravasa essa medida se revela depois, em toda a sua profundidade. Em todas as coisas, Freud é muito mais do que deixa entrever, contudo em cada expressão de sua natureza é inequivocamente o mesmo. Pois sempre que a lei de uma unidade superior impera num homem, ela transparece e se incarna de maneira sensual e vitoriosa em todos os elementos de seu ser – linguagem, obra, aparência e vida.

Ponto de partida

"Não senti nenhuma preferência especial pela posição ou pela atividade de médico em minha juventude e nem depois", admite Freud sem meias palavras, com a franqueza que o caracteriza, em suas memórias. Essa confissão, no entanto, é complementada por palavras muito sugestivas: "Era movido, antes, por uma espécie de sede de saber que no entanto se voltava mais para as relações humanas do que para os objetos naturais." Nenhum curso vem ao encontro dessa sua vocação íntima, pois o programa de estudos médicos da Universidade de Viena desconhece qualquer matéria intitulada "Relações humanas". E, como o jovem estudante muito cedo tem que pensar em ganhar seu pão, não pode se entregar durante muito tempo às suas preferências e se vê obrigado a percorrer pacientemente com os outros colegas o caminho da medicina durante doze semestres. Já como estudante Freud trabalha seriamente em pesquisas independentes; os deveres universitários, cumpre-os – segundo admite – "com bastante negligência", alcançando o doutoramento "com bastante atraso" em 1881, aos vinte e cinco anos de idade.

É a mesma sorte de inúmeras outras pessoas: nesse homem tão inseguro quanto ao caminho a seguir já há uma vocação intelectual pronta, mas ele primeiro precisa trocá-la por uma profissão prática que nunca almejou. Pois o exercício prático da medicina, a parte acadêmica e a técnica de curar jamais atraíram esse espírito voltado para as coisas universais. Psicólogo nato no fundo de sua alma – sem sabê-lo ainda durante muito tempo –, o jovem médico instintivamente busca transportar o seu campo de atividade teórica pelo menos para perto da alma. Como especialidade, escolhe a psiquiatria, ocupando-se da anatomia do cérebro, pois na época ainda não se ensina ou pratica nas salas de aula da Faculdade de Medicina uma psicologia do indivíduo, essa ciência para nós há muito indispensável. É Freud quem haverá de inventá-la. Toda irregularidade da alma, naquele tempo de concepção mecanicista, é considerada apenas uma anomalia dos nervos, uma alteração doentia; predomina a ilusão de que, graças a um conhecimento cada vez mais preciso dos órgãos e com base em experiências no mundo animal, poderá ser possível um dia calcular o mecanismo da alma e corrigir qualquer desvio. Por isso, a ciência da alma recebe um primeiro espaço no laboratório fisiológico, onde se acredita exercer uma ciência psicológica medindo tremores e vibrações dos nervos com ajuda de bisturi, lanceta, microscópio e aparelhos de reação elétrica. Freud, assim, também se vê obrigado a se sentar à mesa de dissecção, buscando com auxílio de toda sorte de aparelhos técnicos as causas que, na verdade, nunca se revelam na dimensão grosseira de uma visibilidade material. Durante anos, trabalha no laboratório com os famosos anatomistas Brücke e Meynert, e ambos, mestres no seu ramo, logo identificam no jovem assistente a vocação autônoma e criadora inata ao descobridor. Ambos tentam conquistá-lo como colaborador permanente em seu campo específico. Meynert chega a oferecer ao jovem médico que dê aulas sobre anatomia do cérebro em seu lugar. Mas inconscientemente Freud resiste. Quem sabe seu instinto pressinta a decisão – seja como for, declina do honroso convite. De qualquer maneira, seus trabalhos histológicos e clínicos feitos até então, com precisão acadêmica, já são suficientes para nomeá-lo docente de ciências dos nervos na Universidade de Viena.

Docente de neurologia: na Viena daquela época, isso significa um título invejado e bem-remunerado para um jovem médico de vinte e nove anos e sem posses. Bastaria a Freud passar anos a fio tratando seus pacientes de acordo com o método universitário prescrito para obter o título de professor extraordinário, chegando, quem sabe, a conselheiro da corte. Mas já então se revela aquele instinto tão característico de autocontrole que a vida inteira o levará a avançar e se aprofundar cada vez mais. Pois esse jovem docente reconhece com honestidade o que os demais neurologistas, medrosos, ocultam dos outros e até de si mesmos, ou seja, que toda a técnica do tratamento nervoso dos fenômenos psicogênicos, tal como era ensinada em 1885, está num beco sem saída, sem poder ajudar em nada. Mas como praticar outro tratamento se em Viena não se ensina nenhuma outra técnica? Tudo o que se podia aprender com os professores vienenses em 1885 (e ainda muito depois) o jovem docente aprendeu até o último detalhe, trabalho clínico meticuloso, anatomia de uma precisão perfeita, além das virtudes fundamentais da escola médica de Viena, que são a mais rigorosa meticulosidade e uma impiedosa disciplina de trabalho. O que aprender além disso com homens que não sabem mais do que ele? Por isso, a notícia de que há alguns anos se pratica psiquiatria em Paris numa direção bem diferente exerce uma poderosa e irresistível atração sobre Freud. Surpreso e desconfiado, ao mesmo tempo seduzido, ouve dizer que Charcot, embora especialista em anatomia do cérebro, faz singulares experiências com ajuda daquela malfadada e infame hipnose excomungada por Viena desde que Franz Anton Mesmer foi expulso da cidade. À distância, só através dos relatos de jornais médicos, é impossível ter uma ideia clara acerca dessas experiências, e Freud logo percebe que é preciso observá-las pessoalmente para poder opinar. Imediatamente, com aquele misterioso faro interior que faz os criadores intuírem seu verdadeiro rumo, o jovem estudioso se dirige a Paris. O mestre Brücke apoia a petição do jovem médico sem posses por uma bolsa de viagem, que lhe é concedida. E, em 1886, o jovem professor parte para Paris para recomeçar, para voltar a aprender antes de ensinar.

Imediatamente, ingressa em uma outra atmosfera. Embora Charcot venha da anatomia patológica, assim como Brücke, já a ultrapassou. Em seu famoso livro *A fé que cura* (*La foi qui guérit*), o francês investigou as condições psicológicas dos milagres de fé religiosos, repelidos até então como inverossímeis, constatando certas regularidades típicas em suas manifestações. Em vez de negar os fatos, começou a interpretá-los, e com a mesma naturalidade se aproximou de todos os outros sistemas de curas milagrosas, entre elas o famigerado mesmerismo. Pela primeira vez, Freud encontra um estudioso que, ao contrário de sua escola de Viena, não rechaça e despreza de antemão a histeria como simulação, e sim usa essa doença psicológica, a mais interessante e mais plástica, para provar que suas crises e seus surtos são consequência de abalos internos e que, por isso, é preciso interpretá-los a partir de suas origens mentais. Em aulas abertas, Charcot demonstra em pacientes hipnotizados que as conhecidas paralisias típicas podem ser provocadas ou suprimidas a qualquer momento no estado de sonambulismo com ajuda da sugestão, ou seja, que não constituem simples reflexos fisiológicos, mas que obedecem à vontade. Ainda que as particularidades de sua doutrina nem sempre pareçam convincentes ao jovem médico vienense, ele fica muito impressionado com o fato de, em Paris, no campo da neurologia, não se levar em conta e valorizar apenas causalidades físicas, mas também psíquicas e até mesmo metapsíquicas. Compraz-se em perceber que a psicologia se reaproxima da antiga ciência da alma e se sente mais atraído por esse método espiritual do que pelos aprendidos até então. Também nesse seu novo círculo, Freud tem a sorte – é possível chamar de sorte o que, no fundo, é apenas a eterna e recíproca intuição instintiva dos espíritos superiores? – de despertar o interesse especial de seus mestres. Como Brücke, Meynert e Nothnagel em Viena,

Charcot também identifica imediatamente a natureza criadora em Freud e o atrai para o seu círculo mais íntimo. Encarrega-o de traduzir suas obras para o alemão e o honra com sua confiança. Quando Freud volta para Viena alguns meses mais tarde, sua visão do mundo está mudada. Sente vagamente que o caminho de Charcot ainda não é de todo o seu, pois esse pesquisador também ainda se ocupa demais com o experimento físico e muito pouco com suas provas em termos psíquicos. Mas os poucos meses amadureceram no jovem médico um novo ânimo e um novo desejo de independência. Agora pode começar o seu trabalho criador autônomo.

Antes disso é preciso cumprir uma pequena formalidade. Todo bolsista da universidade é obrigado a fazer um relatório sobre suas experiências científicas no exterior, depois de voltar. É o que Freud faz na Sociedade dos Médicos. Fala sobre os novos caminhos de Charcot e narra os experimentos hipnóticos na Salpêtrière. Mas desde o episódio de Franz Anton Mesmer ainda há na lide dos médicos vienenses uma desconfiança acre contra qualquer procedimento hipnótico. A notícia de Freud de que é possível provocar artificialmente os sintomas da histeria é repelida com um sorriso de superioridade, e sua mensagem de que existem até mesmo casos de histeria masculina produz risadas abertas entre os colegas. Primeiro, dão-lhe tapinhas benevolentes no ombro, dizendo que foi ludibriado em Paris. Mas, como não desiste, o rebelde é proibido de frequentar o sagrado espaço do laboratório de anatomia cerebral, onde – graças a Deus! – ainda se pratica a ciência da alma com "seriedade científica". Desde então, Freud permaneceu sendo a *bête noire*, a ovelha negra, da Universidade de Viena, nunca mais pisou a sala da Sociedade dos Médicos, e somente graças à proteção particular de uma paciente de grande fortuna (como ele próprio admitiu, divertido) alcançou depois de anos o título de professor extraordinário. Mas a digníssima faculdade só muito a contragosto se lembra de que ele faz parte do corpo docente acadêmico. Por ocasião de seu septuagésimo aniversário, prefere mesmo *não* se lembrar expressamente, evitando qualquer saudação ou felicitação. Nunca ganhou uma cátedra ou se tornou conselheiro da corte, continuando a ser apenas o que foi desde o início: um professor extraordinário entre tantos outros, ordinários.

Com a sua rebeldia contra o procedimento mecanicista da neurologia praticado em Viena, que tentava curar doenças psíquicas exclusivamente a partir do estímulo da pele ou de influências medicamentosas, Freud não apenas prejudicou sua carreira acadêmica como também o seu consultório médico privado. Precisa seguir só em sua senda. Nesse início, ele não sabe muito mais do que o lado negativo, ou seja, que não se pode esperar fazer descobertas psicológicas decisivas nem no laboratório de anatomia cerebral nem com o uso de aparelhos de medir reações nervosas. Só um outro método, bem diferente, vindo de outro ponto de partida, pode se aproximar dos misteriosos entrelaçamentos da alma. Encontrá-lo – ou melhor: inventá-lo – há de ser o foco dos esforços apaixonados dos próximos cinquenta anos de sua vida. Paris e Nancy lhe forneceram algumas indicações sobre o rumo a seguir. Mas, assim como na arte, também na esfera da ciência nunca basta um único pensamento para a forma definitiva. Também na pesquisa, a verdadeira fecundação só acontece pelo cruzamento de uma ideia com uma experiência. Basta um impulso, por menor que seja, para dar vazão à força criadora.

Esse impulso é dado – tão densa já é a tensão – pela convivência amistosa com um colega mais velho, o dr. Josef Breuer, que Freud conhecera anteriormente no laboratório de Brücke. Médico de família muito ocupado, muito ativo no campo da ciência sem ser ele mesmo um criador, já relatara a Freud antes de sua viagem a Paris o caso de histeria de uma jovem que conseguira curar de um modo insólito. Essa jovem apresentava as manifestações conhecidas dessa que é a mais plástica de todas as doenças nervosas: paralisias, contraturas, inibições e consciência turvada. Ora, Breuer observara que aquela moça se sentia aliviada toda vez que podia lhe falar bastante sobre si mesma. O sábio médico, portanto, escutava-a pacientemente, pois constatara melhoras temporárias toda vez que a paciente conseguia expressar sua fantasia afetiva em palavras. A jovem contava, contava, contava. Mas, em todas essas confissões abruptas e desconexas, Breuer notou que a paciente sempre passava ao largo daquilo que importava de verdade e que era decisivo para o desenvolvimento de sua histeria. Percebeu que ela sabia algo de si mesma que não queria saber e, por isso, reprimia. Para desembaraçar o caminho obstruído até o evento oculto, Breuer teve a ideia de hipnotizar a moça com regularidade. Nesse estado, em que toda vontade é suprimida, esperava poder varrer definitivamente todas as "inibições" (pergunta-se que outro vocábulo usaríamos se a psicanálise não o tivesse inventado) que ainda se opunham ao esclarecimento definitivo dos fatos. De fato, a sua tentativa é bem-sucedida; no estado de hipnose, em que todo pudor é suprimido, a moça fala livremente o que até então omitira do médico e sobretudo de si própria, ou seja, que experimentara e reprimira certos sentimentos na cabeceira da cama do pai doente. Portanto, tais sentimentos, recalcados por motivos de decência, encontraram – ou melhor, criaram – como desvio os sintomas doentios. Pois toda vez que a moça confessa livremente tais sentimentos durante a hipnose o sintoma histérico logo desaparece enquanto manifestação substituta. Breuer decide prosseguir o tratamento sistematicamente. E, à medida que explica à paciente sobre si mesma, as perigosas manifestações histéricas se apagam – tornaram-se inúteis. Depois de alguns meses, a paciente, curada por completo, tem alta.

Breuer tinha relatado esse caso curioso e especialmente notável ao jovem colega. O que o deixava satisfeito nesse tratamento era sobretudo o fato de ter resultado na cura bem-sucedida de uma doente neurótica. Freud, no entanto, com seu instinto profundo, logo intui que por trás da terapia narrada por Breuer há uma lei muito mais ampla: a de que "energias psíquicas são deslocáveis", de que deve existir no "subconsciente" (essa palavra tampouco existia) uma determinada dinâmica que transforma os sentimentos reprimidos de seus efeitos naturais, convertendo-os em outras ações psíquicas ou físicas. É como se o caso encontrado por Breuer iluminasse a partir de um outro foco os conhecimentos trazidos de Paris, e os dois amigos decidem trabalhar juntos para seguirem nas trevas os rastros descobertos. As obras que escrevem juntos, *Sobre o mecanismo psíquico dos fenômenos histéricos*, de 1893, e *Estudos sobre a histeria*, de 1895, representam o primeiro registro dessas novas ideias. Nelas, brilha pela primeira vez a aurora de uma nova psicologia. Nas investigações conjuntas fica constatado pela primeira vez que a histeria não se baseia em um adoecimento orgânico, físico, como até então se acreditava, e sim em um transtorno causado por um conflito interior do qual o próprio doente não se dá conta e cuja pressão acaba formando os "sintomas", as transformações doentias. Assim como a febre é causada por uma inflamação interna, as perturbações psíquicas surgem de uma retenção dos sentimentos. E, assim como a febre cede no corpo tão logo a supuração encontra um caminho, esse violento deslocamento e a contração da histeria se dissolvem no momento em que se consegue fazer fluir o sentimento reprimido e barrado, "dirigindo para caminhos normais, onde pode fluir para fora, a força afetiva usada para a manutenção do sintoma que havia sido desviada para caminhos errados e estava, por assim dizer, aprisionada".

A princípio, Breuer e Freud empregam a hipnose como instrumento de liberação psíquica. Naquela era pré-histórica da psicanálise, no entanto, ela não significa de forma alguma a cura em si, mas apenas um meio. Apenas deve ajudar a dissolver a contração do sentimento, é como se fosse a anestesia antes da operação. Só quando os obstáculos à consciência caem por terra é que o paciente exprime livremente o que omitiu, e o mero fato de confessar diminui a pressão perturbadora. Uma alma sufocada conseguiu se abrir, começa aquela liberação de tensão que já a tragédia grega louva como elemento de libertação e de prazer, razão pela qual Breuer e Freud a princípio chamam o seu método de "catártico", no sentido da catarse de Aristóteles. Através do conhecimento, do autoconhecimento, o ato falho artificial e doentio se torna supérfluo e o sintoma, que tinha apenas uma função simbólica, desaparece. Falar, portanto, significa também esgotar o sentimento, e o conhecimento se torna libertação.

Breuer e Freud haviam chegado juntos até esses resultados importantes, e mesmo decisivos. Mas o seu caminho se bifurca. Temendo os perigos das incursões ao domínio da alma, Breuer, o médico, volta-se de novo à medicina, interessado sobretudo nas possibilidades de cura da histeria e na eliminação de seus sintomas. Já Freud, que só agora descobriu o psicólogo dentro de si, fica fascinado justamente pelo mistério iluminador desse processo de transformação, o fenômeno psíquico. O fato recém-descoberto de que sentimentos podem ser recalcados e substituídos por sintomas atiça cada vez mais a sua curiosidade. Percebe que toda a problemática do mecanismo psíquico reside ali. Pois, se sentimentos podem ser recalcados, quem os recalca? E, sobretudo: para onde são recalcados? Que leis transmutam as forças psíquicas e físicas, em que espaço se dão essas inevitáveis mudanças que o homem ignora, mas por outro lado conhece, no momento em que é obrigado a conhecê-las? Delineia-se diante de Freud uma esfera desconhecida, na qual a ciência até então não ousou penetrar. Percebe um novo mundo em contornos vagos: o inconsciente. A partir dese momento, sua paixão vital é consagrada à "descoberta da parte inconsciente na vida anímica individual". Começou a descida às profundezas.

O mundo do inconsciente

Querer esquecer algo que se sabe, voltar artificialmente de um nível mais elevado para uma concepção mais ingênua, sempre exige um esforço particular. Assim acontece já hoje em dia quando queremos imaginar como o mundo científico de 1900 lidava com o conceito de inconsciente. A psicologia pré-freudiana já sabia que o nosso desempenho psíquico não se esgota totalmente com a atividade racional consciente, que atrás dela existe outro poder do nosso ser e pensar, que age como se estivesse na sombra. Só não sabia o que fazer com esse conhecimento, pois jamais tentou processar aquele conceito de fato com ajuda da ciência e da pesquisa. A filosofia daquela época se ocupava com as manifestações psíquicas apenas até o ponto em que penetram no círculo iluminado da consciência. Mas lhe parece uma contradição em termos, *contradictio in adjecto*, querer transformar o inconsciente em objeto da consciência. O sentimento apenas é considerado sentimento quando se torna nitidamente palpável e a vontade, só quando se torna ativa. Porém, enquanto as manifestações psíquicas não se elevam acima da superfície da vida consciente, a psicologia da época as elimina das ciências humanas, por não serem mensuráveis.

Freud adota para a psicanálise o termo técnico "inconsciente", mas lhe atribui um significado totalmente diverso daquele da filosofia acadêmica. Para ele, não apenas o consciente é um ato psíquico e o inconsciente, por conseguinte, uma categoria completamente diversa ou até subordinada; ao contrário, ele ressalta com veemência: em primeira instância, todos os atos psíquicos são eventos inconscientes; aqueles que se tornam conscientes não formam uma categoria distinta ou superior, mas sua conscientização é apenas uma qualidade que vem de fora, como a luz que recai sobre um objeto. Uma mesa é sempre uma mesa, não importa se está invisível numa sala escura ou se a lâmpada elétrica acesa a tornou perceptível ao olhar. A luz apenas torna sua existência material compreensível pelos sentidos, mas não gera a sua existência. Sem dúvida: nesse estado de maior visibilidade é mais fácil de ser mensurada do que no escuro, embora também lá seja possível constatar a sua presença com outros métodos – apalpando, tateando. Mas logicamente a mesa invisível no escuro também faz parte do mundo dos objetos físicos, da mesma forma que a mesa visível, e assim, na psicologia, o inconsciente faz parte do espaço psíquico tanto quanto o consciente. "Inconsciente", em Freud, portanto, pela primeira vez não significa mais "incognoscível" e, com esse novo significado, ingressa na ciência. A extraordinária exigência de Freud de sondar sob o nível do consciente com uma nova atenção e outro instrumento metodológico – o escafandro de sua psicologia profunda – e de não permanecer apenas na superfície das manifestações psíquicas, mas iluminar o seu subsolo mais profundo, fez com que a psicologia acadêmica finalmente voltasse a ser ciência da alma, uma ciência vital aplicável na prática e que pode trazer a cura.

Essa descoberta de um novo terreno de pesquisa, essa transformação radical e imensa ampliação do campo de força da alma representa a verdadeira façanha genial de Freud. Com um só golpe, a esfera psíquica visível foi ampliada e teve multiplicado o seu conteúdo anterior, e além da dimensão da superfície oferece à pesquisa também o acesso a um mundo de profundidade. Através dessa mudança aparentemente insignificante – *a posteriori*, as ideias decisivas sempre parecem simples e óbvias –, todas as dimensões se alteram dentro da dinâmica psíquica. E é provável que uma futura história das ideias classifique esse momento criador da psicologia entre os maiores e decisivos para o mundo, assim como as simples mudanças de óptica de Kant e Copérnico transformaram toda a maneira de pensar de sua época. Pois já hoje julgamos a concepção de alma das universidades no início do século tão tosca, falsa e estreita como um mapa de Ptolomeu, que considerava uma mísera fração do universo geográfico como sendo o nosso cosmo inteiro. Como aqueles cartógrafos ingênuos, os psicólogos pré-freudianos simplesmente designam os territórios inexplorados como terra incógnita. "Inconsciente", para eles, é uma palavra que substitui "incognoscível" e "não reconhecível". Suspeitam que em algum lugar deve existir um reservatório escuro e abafado da alma para onde fluem nossas lembranças não usadas para ali virarem lama, um depósito em que o esquecido e o ocioso ficam largados, um depósito de material em que, na melhor das hipóteses, a lembrança vai buscar de vez em quando algum objeto para a consciência. Mas a concepção fundamental da ciência pré-freudiana continua sendo a mesma: esse mundo inconsciente é totalmente passivo, inativo, vida que deixou de viver e morreu, um passado descartado e, portanto, sem qualquer influência ou força sobre o nosso presente espiritual.

A essa concepção, Freud contrapõe a sua: o inconsciente não é de forma alguma o rejeito da vida psíquica, mas a matéria originária da qual apenas uma minúscula parte alcança a superfície iluminada do consciente. Nem por isso, no entanto, a parte principal que não aparece, o chamado inconsciente, morreu ou deixa de ser dinâmica. Na verdade, ativa e viva, influencia o nosso pensar e o nosso sentir, talvez seja mesmo a parte mais plástica da nossa existência psíquica. Erra, portanto, quem não considerar a vontade inconsciente em todas as decisões, por deixar de fora o estímulo essencial das nossas tensões internas; assim como não se pode avaliar o impacto de um iceberg pela parte que emerge da água (o verdadeiro volume segue oculto debaixo do mar), ilude-se quem achar que nossos pensamentos claros como o dia, nossas energias conscientes determinam sozinhas nosso sentir e nosso agir. Toda a nossa vida não flutua livremente na esfera do racional, mas se encontra sob pressão constante do inconsciente; cada momento que passa traz para o nosso cotidiano vivo uma onda de um passado aparentemente esquecido. Nosso mundo superior não pertence à vontade desperta e à razão planejadora na medida magnífica que supomos: as centelhas das decisões partem daquela nuvem escura, os golpes bruscos que abalam nosso destino vêm das profundezas daquele mundo das pulsões. É ali que reside, de maneira concentrada, o que na esfera do consciente fica separado pelas fronteiras vítreas das categorias espaço e tempo: desejos de uma infância esquecida que julgamos para sempre enterrados ali se movem, gananciosos, irrompendo às vezes no nosso cotidiano, ardentes e famintos; o terror e o medo, há muito esquecidos pela memória, de inopino lançam seus uivos pelo fio condutor dos nervos; cobiças e desejos não apenas do próprio passado, mas de gerações apodrecidas e antepassados bárbaros, ali se enredam como raízes em nosso ser. Dessa profundeza surgem as nossas verdadeiras ações, desse mistério que nos é oculto brotam as súbitas iluminações, o poder supremo que domina o nosso. Desconhecido para nós, é ali no crepúsculo que reside aquele "eu" primevo que o nosso "eu" civilizado já não conhece ou não quer conhecer; de repente, no entanto, ele se ergue e rompe a exígua camada de civilização, e seus instintos, os primevos e indomados, fluem perigosamente para dentro do nosso sangue, pois a vontade mais violenta do inconsciente é ascender para a luz, tornar-se consciente e se transformar em ação. "Existo, logo devo agir." A cada segundo, a cada palavra que pronunciamos ou a cada ação que fazemos, precisamos reprimir – ou, melhor, recalcar – impulsos inconscientes; nosso sentimento cético ou civilizatório precisa se defender incessantemente contra o desejo bárbaro de prazer dos instintos. E assim – grandiosa visão, pela primeira vez conjurada por Freud – toda a nossa vida psíquica aparece como uma batalha infindável e patética entre o querer consciente e o querer inconsciente, entre o fazer responsável e a irresponsabilidade das nossas pulsões. Mas até o que é aparentemente inconsciente tem um sentido em cada uma de suas manifestações, mesmo quando essas permanecem incompreensíveis para nós; e fazer cada indivíduo reconhecer esse sentido de seus movimentos inconscientes é a tarefa futura de uma nova e necessária psicologia exigida por Freud. Só quando conseguimos iluminar as regiões subterrâneas de um indivíduo é que conhecemos o seu mundo de sentimentos; só quando conseguimos descer ao fundo de sua alma é que podemos investigar o verdadeiro motivo de suas perturbações e desordens. O psicólogo ou psicoterapeuta não precisa mostrar o que o homem sabe conscientemente. O médico só pode socorrer o paciente onde este não conhece o seu inconsciente.

Mas como descer a esses reinos crepusculares? A ciência contemporânea não conhece nenhum caminho. Com seus aparelhos mecânicos exatos, nega rispidamente a possibilidade de apreender os fenômenos do subconsciente. Por isso, só à luz do dia, só no mundo consciente a antiga psicologia podia levar adiante as suas pesquisas. Passava indiferente, sem lançar um olhar sequer, pelo mundo ou por aqueles que falavam em sonho. Freud destroça essa concepção como se fosse um pedaço de madeira podre e a joga num canto. De acordo com a sua convicção, o inconsciente não é mudo. É verdade que se exprime por sinais e símbolos distintos dos usados pela língua consciente. Por isso, quem quiser sair da sua superfície para mergulhar em suas próprias profundezas precisa primeiro aprender a língua desse mundo novo. Assim como os egiptólogos fizeram com a Pedra de Roseta, Freud começa a interpretar sinal por sinal, elaborando um vocabulário e uma gramática daquela língua do inconsciente a fim de tornar compreensíveis aquelas vozes que ecoam, em forma de tentações ou advertências, atrás das nossas palavras e da nossa vigília, e às quais em geral sucumbimos mais facilmente do que à nossa vontade ruidosa. Quem entende uma nova língua também compreende um novo sentido. Assim, o novo método de psicologia profunda de Freud abre um mundo psíquico desconhecido; só graças a ele a psicologia científica deixa de ser apenas a observação teórica dos processos do consciente para ser aquilo que sempre deveria ter sido: a ciência da alma. Aquele hemisfério do cosmo interior já não repousa despercebido à sombra da ciência. E, à medida que se iluminam nitidamente os primeiros contornos do inconsciente, revela-se de maneira cada vez mais inegável uma nova perspectiva na estrutura grandiosa e cheia de sentidos do nosso mundo psíquico.

Interpretação dos sonhos

> Comment les hommes ont-ils si peu réfléchi jusqu'alors aux accidents du sommeil, qui accusent en l'homme une double vie! N'y aurait-il pas une nouvelle science dans ce phénomène? ... il annonce au moins la désunion fréquente de nos deux natures. J'ai donc enfin un témoignage de la supériorité qui distingue nos sens latents de nos sens apparents.*
>
> BALZAC, *Louis Lambert*, 1833

O inconsciente é o segredo mais profundo de qualquer pessoa; ajudá-la a descobri-lo é a tarefa a que se propõe a psicanálise. Mas como se revela um segredo? De três maneiras. Pode-se arrancar à força de um homem o que ele oculta: não foi em vão que vários séculos mostraram como abrir até os lábios mais crispados com ajuda da tortura. Pode-se tentar adivinhar algo escondido aproveitando os breves momentos em que seus contornos fugidios emergem por um segundo da escuridão, como as costas de um golfinho por sobre o impenetrável espelho do mar. E é possível, ainda, esperar com muita paciência a oportunidade em que, num estado de vigilância afrouxada, o segredo se conta por si mesmo.

A psicanálise exerce alternadamente essas três técnicas. Primeiro, tenta obrigar o inconsciente a falar através da hipnose. A psicologia sempre soube que o homem sabe mais de si mesmo do que admite conscientemente para si próprio e para os outros, mas nunca conseguiu chegar perto desse inconsciente. O mesmerismo foi pioneiro ao mostrar que no estado de sono hipnótico artificial muitas vezes se pode tirar mais coisas de um homem do que no estado de vigília. Como a pessoa em transe, anestesiada em sua vontade, não sabe que está falando diante dos outros, acreditando estar a sós no espaço nesse estado flutuante, expressa ingenuamente os seus desejos e

* "Como é que até hoje os homens refletiram tão pouco sobre os acidentes do sono que acusam no homem uma dupla vida! Não haveria nesse fenômeno uma nova ciência? ... ele anuncia no mínimo a frequente desunião de nossas duas naturezas. Tenho afinal a prova da superioridade que distingue nossos sentidos latentes de nossos sentidos aparentes." Em francês no original. (N.T.)

segredos mais íntimos. Por isso, no começo a hipnose parecia ser o método mais promissor; mas logo em seguida (por razões que demandariam detalhes demais para serem explicadas) Freud desiste dessa maneira de penetrar à força no inconsciente, por considerá-la imoral e improdutiva. Assim como a justiça, em sua fase mais humana, renuncia voluntariamente à tortura para substituí-la pela arte mais sofisticada do interrogatório e dos indícios, a psicanálise passa da primeira fase, em que arranca a confissão à força, para outra, em que adivinha combinando dados. Todo animal, mesmo o mais ágil e ligeiro, deixa rastros. E assim como o caçador consegue descobrir na menor pegada da caça a espécie e a maneira de se locomover, assim como o arqueólogo consegue constatar num fragmento de um vaso antigo a marca da geração de toda uma cidade soterrada, assim a psicanálise em seu período mais avançado exercita a sua arte de detetive naqueles sinais do presente em que a vida inconsciente se trai na consciente. Já em suas primeiras pesquisas nesse sentido, Freud descobre uma pista surpreendente: os chamados atos falhos. Sob o conceito de atos falhos (para todo novo conceito Freud também encontra os termos mais certeiros) a psicologia profunda abarca erros ou trocas ao falar, ler, escrever, lapsos, falhas de memória – todos aqueles estranhos fenômenos que em alguns idiomas a linguagem, a maior e mais antiga mestra da psicologia, há muito identificou como sendo um grupo uniforme, caracterizado por um mesmo prefixo. Ínfimos detalhes, sem dúvida: a pessoa troca as sílabas, toma uma palavra pela outra, pega uma coisa em vez de outra, escreve errado – coisas que acontecem a cada de um de nós dez vezes por dia. Mas de onde vêm esses errinhos diabólicos da vida cotidiana? Qual a causa dessa revolta da matéria contra a nossa vontade? Nada – mero acaso ou cansaço, respondia a velha psicologia, quando se dignava a julgar esses enganos irrisórios do dia a dia. Alheamento, distração, desatenção. Mas Freud vai mais fundo: desatenção não significa precisamente não ter a atenção onde a queremos ter? E, se a intenção não se realiza, por que um outro ato, não desejado, entra em seu lugar? Por que dizemos uma palavra diferente daquela que pretendíamos dizer? Considerando que, no ato falho, em vez do ato desejado é realizado outro, alguém deve ter se imiscuído a fim de fazê-lo acontecer. Deve existir alguém que busca essa palavra errada no lugar da certa, que esconde o objeto que se quer achar, que coloca ardilosamente a coisa errada na nossa mão, no lugar daquela que procuramos conscientemente. Acontece que Freud (e essa ideia domina toda a sua metodologia) jamais admite que, no âmbito psíquico, algo possa acontecer sem sentido, ao acaso. Para ele, cada acontecimento psíquico tem um significado exato, toda ação tem seu ator; e como nesses atos falhos não é o consciente que age e aparece, pois ele é recalcado, que força pode ser essa senão o inconsciente, há tanto tempo procurado em vão? O ato falho, para Freud, não significa portanto desatenção, e sim o triunfo de um pensamento recalcado. Alguma coisa se exprime nesse lapso, alguma coisa que a nossa vontade consciente não queria deixar falar. E essa "alguma coisa" fala a língua desconhecida do inconsciente, que ainda precisa ser aprendida.

Com isso, fica esclarecida uma questão de princípio: primeiro, em cada ato falho, em toda ação aparentemente errada se exprime alguma vontade subterrânea. E segundo: na esfera consciente deve ter havido uma resistência ativa contra essa manifestação do inconsciente. Se, por exemplo (escolho os próprios exemplos de Freud), um professor num congresso diz do trabalho de um colega: "Não há como subestimar suficientemente esse achado", sua intenção inconsciente era dizer "superestimar", mas no íntimo ele pensou "subestimar". O ato falho trai sua verdadeira atitude, para seu próprio espanto divulga o segredo de que, no íntimo, preferiria diminuir a exaltar a realização do colega. Ou quando aquela senhora numa excursão turística às Dolomitas se queixa de que encharcou de suor a blusa e a camisa, prosseguindo: "Quando chegarmos em calça e pudermos trocar de roupa...", quem é que não entende que originalmente ela queria fazer o relato completo e contar que suou a blusa, a camisa e a calça? O conceito "calça" estava prestes a se tornar palavra, mas no último momento a senhora se dá conta da falta de decoro da situação, a consciência trava diante da palavra e a recalca. Mas a vontade oculta não foi completamente aniquilada. E assim, aproveitando a confusão momentânea, a palavra "pula" para a próxima frase e vira ato falho. Ao nos enganarmos, dizemos aquilo que não queríamos dizer, mas que pensamos de fato. Esquecemos o que interiormente de fato queríamos esquecer. Perdemos o que queríamos perder. Quase sempre o ato falho é uma confissão e uma autotraição.

Por ser a mais divertida e a menos chocante, essa descoberta psicológica – irrisória, quando comparada aos verdadeiros achados de Freud – foi reconhecida, entre todas as suas observações, com menos dissensões. Dentro de sua doutrina, no entanto, não representa mais do que uma transição. Porque esses atos falhos são relativamente raros, só nos fornecem minúsculos fragmentos do subconsciente, muito poucos e dispersos no tempo para que possam compor um mosaico completo. Mas naturalmente a curiosidade observadora de Freud continua tateando a partir deles toda a superfície da nossa vida psíquica para descobrir se não existem outros desses fenômenos "sem sentido" que possam ser interpretados de acordo com essa nova orientação. E não precisa ir muito longe para topar com algo que ocorre com frequência na nossa vida psíquica e que é igualmente considerado a quintessência do absurdo. O próprio uso linguístico designa o sonho, esse visitante diário do nosso sono, como intruso confuso e errante na estrada ordinariamente lógica e clara do cérebro: *Träume sind Schäume*, sonhos são mera espuma! São considerados um nada vazio e oco, colorido, sem função ou sentido, uma miragem, e suas imagens não "significam" nada. Nada temos a ver com nossos sonhos, somos inocentes em relação aos pueris jogos demoníacos da nossa fantasia, argumenta a velha psicologia, rejeitando qualquer interpretação racional. Para a ciência, não tem sentido nem valor entrar em uma discussão séria com esse mentiroso e bufão.

Mas quem, nos nossos sonhos, fala, cria imagens, narra, age e dá forma? A antiguidade mais remota já intuía que outra pessoa que não o nosso "eu" acordado falava, agia e queria. Explicava que os sonhos nos eram "inspirados", introduzidos, por um poder superior. Que era uma vontade extraterrena, além do próprio eu, que se manifestava. Mas para toda vontade externa ao homem o mundo mítico só conhecia uma interpretação: os deuses! Pois quem, além deles, teria o poder transformador e a força suprema? Eram eles, habitualmente invisíveis, que se aproximavam dos homens em sonhos simbólicos, murmurando-lhes mensagens, preenchendo-lhes o ânimo com terror ou esperança e desenhando na parede negra do sono aquelas imagens coloridas – de advertência ou de conjuração. Todos os povos primitivos, acreditando ouvir vozes sagradas e divinas nessas revelações noturnas, punham o seu extremo fervor a serviço de traduzir em palavras humanas essa linguagem divina chamada "sonho" e reconhecer nela a vontade dos deuses. Por isso, a interpretação dos sonhos é uma das primeiras ciências do início da humanidade: na véspera de cada batalha ou de cada decisão, na manhã depois de uma noite de sonhos, os sacerdotes e sábios examinam os sonhos e interpretam seus acontecimentos como símbolos de uma alegria vindoura ou de um perigo ameaçador. Pois em oposição à psicanálise, que quer revelar o passado de um homem, a antiga arte de interpretar os sonhos acreditava que através deles os imortais anunciavam o porvir aos mortais. Durante milênios, essa ciência mística floresce nos templos dos faraós e nas acrópoles da Grécia, nos santuários de Roma e sob o céu ardente da Palestina. Para centenas e milhares de povos e gerações, o sonho era o verdadeiro mensageiro do destino.

A nova ciência empírica naturalmente rompe com essa concepção, que considera supersticiosa e ingênua. Como não reconhece deuses e mal admite o divino, não vê nos sonhos nenhuma mensagem dos céus nem outro sentido qualquer. Para ela, o sonho é um caos sem valor, sem sentido, mero ato fisiológico, um eco tardio, atonal e dissonante das excitações nervosas, bolhas e gases do cérebro cheio de sangue, um resto de impressões não digeridas do dia e trazidas à tona pela onda negra do sono. A essa mistura desconexa falta naturalmente qualquer sentido lógico ou psíquico. Por isso, a ciência não atribui às sequências de imagens dos sonhos nem uma finalidade, nem uma verdade, nem lei nem significado. Por isso, a psicologia nem tenta dar sentido ao absurdo ou interpretar algo que considera irrelevante.

É só com Freud que, dois ou três mil anos depois, recomeça uma avaliação positiva do sonho enquanto ato revelador do destino. Mais uma vez a psicologia profunda encontrou uma ação ordenada onde a psicologia antiga supunha existir apenas um caos, uma confusão desregrada: o que para seus antecessores parecia um labirinto confuso sem saída e sem objetivo, é para ela a *Via Regia*, a avenida principal que liga a vida inconsciente à consciente. O sonho é o intermediário entre o mundo dos nossos sentimentos recônditos e aqueles submetidos à nossa razão: graças a ele podemos saber muita coisa que nos recusamos a saber no estado de vigília. Nenhum sonho é inteiramente absurdo, afirma Freud, cada um, enquanto ato psíquico completo, tem um determinado significado. Todo sonho é revelação não de uma vontade divina suprema, sobre-humana, mas muitas vezes do desejo mais íntimo e secreto do homem.

É preciso dizer, no entanto, que esse mensageiro não fala a nossa língua habitual, a língua da superfície, e sim a da profundeza, da natureza inconsciente. Por isso, não compreendemos logo o seu sentido e sua missão, precisamos primeiro aprender a interpretá-los. Uma nova ciência que ainda está por ser criada precisa nos ensinar a apreender, perceber e traduzir de volta para uma linguagem compreensível tudo o que passa em imagens, com uma velocidade cinematográfica, na tela negra do sono. Porque, como todas as línguas primitivas da humanidade, a dos egípcios, dos caldeus, dos mexicanos, a língua dos sonhos se exprime só por imagens, e cada vez nos vemos diante da tarefa de traduzir seus símbolos imagéticos em conceitos. Essa transposição da linguagem dos sonhos em linguagem do pensamento é empreendida pelo método freudiano com um fim novo e caracterológico. Se a antiga interpretação profética dos sonhos queria sondar o futuro do homem, a nova interpretação psicológica pretende antes de tudo revelar o seu passado psicológico e, assim, o seu presente mais íntimo. Pois só aparentemente o "eu" que somos no sonho é o mesmo do estado de vigília. Como no sonho não existe o tempo, no momento em que sonhamos somos simultaneamente tudo o que já fomos alguma vez e somos agora, o menino e o adolescente, a mesma pessoa de ontem e de hoje, o "eu" total, a soma não só da nossa vida, mas também de tudo o que vivemos, enquanto no estado de vigília percebemos só o nosso "eu" momentâneo. Toda vida, portanto, é dupla. Ali embaixo, no inconsciente, somos nossa totalidade, o antes e o hoje, o homem primitivo e o civilizado no sentimento mesclado e confuso, restos arcaicos de um "eu" mais amplo, ligado à natureza, enquanto em cima, na luz clara e cortante, somos apenas o "eu" consciente no tempo linear. E essa vida universal, porém mais abafada, praticamente só se comunica durante a noite com a nossa existência atual através desse misterioso mensageiro, o sonho: é através dele que sabemos o que de mais essencial adivinhamos sobre nós mesmos. Ouvi-lo, entender a sua mensagem, portanto, significa conhecer a nossa essência mais íntima. Só quem conhece a sua vontade não apenas no espaço consciente, mas também nas profundezas de seus sonhos, consegue de verdade avaliar a soma de vida vivida e temporal que chamamos de nossa personalidade.

Mas como lançar uma sonda nessas profundidades impenetráveis e incomensuráveis? Com que nitidez reconhecer o que jamais se revela com clareza, apenas erra confusamente pelos corredores de sombra do nosso sono, se exprime em linguagem de oráculo em vez de falar normalmente? Encontrar uma chave, descobrir o código revelador que traduz para a língua consciente a inconcebível linguagem dos sonhos parece exigir magia, uma intuição de vidente. Mas, em seu laboratório psicológico, Freud possui uma chave mestra que lhe abre todas as portas. O seu método é quase infalível: para atingir o mais complicado, sempre parte do mais primitivo. Sempre coloca a primeira forma ao lado da forma final; sempre, para compreender a flor, desce primeiro até a raiz. Por isso, em sua psicologia do sonho, Freud parte da criança no lugar do adulto consciente e culto. Pois no consciente infantil ainda há menos coisas fixas no espaço da imaginação, o círculo dos pensamentos ainda é restrito, a associação mais fraca e, portanto, ainda é mais fácil abarcar o material de sonhos. O sonho infantil só exige um mínimo de interpretação para se enxergar a base dos sentimentos por baixo de uma fina camada de pensamentos. Uma criança passou por uma loja de chocolates, os pais se recusaram a comprar alguma coisa – assim, a criança sonha com chocolates. Totalmente sem filtro ou cor, o cérebro infantil transforma cobiça em imagem, desejo em sonho. Ainda lhe faltam pudor, inibições intelectuais, morais, previsão ou consideração. Com a mesma ingenuidade com que a criança expõe seu corpo nu sem vergonha a qualquer pessoa, também revela abertamente seus desejos mais recônditos no sonho.

Assim já se prepara de certa forma a futura interpretação. As imagens simbólicas do sonho ocultam, quase sempre, desejos não satisfeitos e recalcados que não puderam se realizar durante o dia e agora voltam para a nossa vida pelo caminho do sonho. O que, por alguma razão, não pôde se transformar em ato ou palavra durante o dia se exprime em imagens brilhantes e fantasias coloridas; nus e despreocupados, todos os desejos e anseios do eu interior podem brincar nas águas não vigiadas do sonho. Aparentemente sem barreiras – logo Freud haverá de corrigir esse engano –, vivemos ali tudo o que não vem à tona na vida real: os desejos mais obscuros, as cobiças mais perigosas e proibidas. Nesse terreno inacessível finalmente a alma encarcerada durante o dia pode descarregar todas as suas tendências sexuais e agressivas: no sonho, o homem pode abraçar a mulher que se recusa a ele e até mesmo abusar dela, o mendigo pode se apoderar de riqueza, o feio vestir um belo sobretudo, o velho rejuvenescer, o desesperado se tornar feliz, o esquecido, célebre e o fraco, forte. Só ali o homem pode matar seus adversários, subjugar seu superior, vivenciar divinamente livre e em êxtase a sua vontade íntima e profunda. Todo sonho, portanto, não significa nada mais do que um desejo reprimido ou dissimulado durante o dia: tal parece ser a fórmula inicial.

O público mais amplo ficou nessa primeira constatação provisória de Freud, pois a fórmula "sonho = desejo não vivido" é tão cômoda e fácil de manejar que se pode brincar com ela como se fosse uma bola de cristal. De fato, em certos meios as pessoas acreditam estar praticando uma análise séria dos sonhos quando se divertem nesse joguinho de salão de procurar em cada sonho seus desejos e símbolos sexuais. Em verdade, ninguém celebrou mais do que Freud as múltiplas malhas da rede de sonhos e a arte mística de seus emaranhados desenhos. Desconfiado em relação a resultados muito rápidos, precisou de pouco tempo para se dar conta de que aquelas conclusões muito lineares e a compreensão imediata só valiam para o sonho infantil. No adulto, a fantasia imagética já se serve de um imenso material simbólico de associações e reminiscências. E aquele vocabulário de imagens, que no cérebro infantil abrange no máximo algumas centenas de representações distintas, aqui tece com uma presteza e velocidade incríveis milhões ou talvez bilhões de momentos vividos, formando uma trama de perturbadoras tessituras. No sonho do adulto já não existe mais aquela nudez sem pudor da alma infantil, que mostrava seus desejos sem entraves, já não há mais a fanfarronice despreocupada daqueles jogos noturnos de imagens; o sonho do adulto é não apenas mais diferenciado e requintado que o da criança, como também mais ardiloso, insincero, hipócrita: ele se tornou meio moral. Mesmo nesse mundo aparente particular, o eterno Adão dentro de cada um perdeu o paraíso da inocência, conhece o bem e o mal mesmo no sono mais profundo. A porta que leva à consciência social e ética já não se fecha mais completamente no sono, e com os olhos cerrados e sentidos flutuantes a alma do homem teme ser flagrada pelo seu disciplinador interno, a consciência – o *superego*, como o denomina Freud – ser flagrada em desejos indecentes ou atos criminosos no sonho. Portanto, não é através de uma via livre, aberta e desimpedida que o sonho leva suas mensagens do inconsciente, ele as contrabandeia por vias secretas, sob os disfarces mais insólitos. Por isso, Freud adverte expressamente que não se considere aquilo que o sonho conta como sendo o seu verdadeiro conteúdo. No sonho do adulto, um sentimento *quer* se expressar, mas não *ousa* se pronunciar *livremente*. Por medo do "censor", ele só fala através de distorções intencionais e muito sofisticadas, sempre antepondo algo absurdo para não deixar adivinhar seu verdadeiro sentido: como todo poeta, o sonho é um mentiroso da verdade, quer dizer, ele confessa *sub rosa*, em segredo, des-cobre um acontecimento interior, mas só através de símbolos. Portanto, é preciso distinguir cuidadosamente duas camadas: aquilo que o sonho "inventou" a fim de velar, o chamado "trabalho do sonho" (Traumarbeit), e os verdadeiros elementos de vivência que oculta atrás desses véus coloridos, o "conteúdo do sonho" (Trauminhalt). É tarefa da psicanálise destrinchar essa trama confusa das distorções, e nesse *roman à clef* – já que todo sonho é "poesia e verdade" – trazer à tona a verdade, a verdadeira confissão e, assim, o núcleo dos fatos. O que conduz ao espaço inconsciente da vida psíquica não é o que o sonho diz, mas o que ele *queria* dizer. Só ali está a profundidade que a psicologia profunda almeja.

Mas Freud, quando atribui especial importância à análise dos sonhos para o estudo da personalidade, não se refere a uma vaga interpretação dos sonhos. Ele exige um processo de pesquisa cientificamente exato, semelhante ao que o crítico literário aplica a uma obra poética. Assim como este se esforça por delimitar o ingrediente da imaginação do fato real vivido, perguntando-se o que poderia ter levado o autor àquela forma – assim como o crítico literário, por exemplo, reconhece no episódio de Gretchen, no *Fausto*, a vivência de Goethe com Friederike como impulso, o psicanalista busca na ficção e no adensamento do sonho o afeto decisivo do seu paciente. Para Freud, a imagem de uma personalidade se torna mais nítida a partir de sua estrutura; aqui, como sempre, ele reconhece o ser humano mais profundamente no estado produtivo. Como a verdadeira meta do psicanalista deve ser identificar a personalidade, cabe a ele servir-se da substância poética de cada pessoa e de seu material onírico, organizando-os ao mesmo tempo. Se evita os exageros, se resiste à tentação de inventar ele próprio um sentido, pode em muitos casos obter importantes indícios a respeito das camadas internas da personalidade. Sem dúvida, a antropologia deve a Freud muitos estímulos valiosos por essa descoberta produtiva dos sentidos psíquicos de certos sonhos; mas para além disso, no curso de suas pesquisas, Freud conseguiu ainda outro feito importante, o de interpretar pela primeira vez o sentido biológico do fenômeno do sonho como uma necessidade psíquica. A ciência já constatara há muito tempo a importância do sono na organização da natureza: renovação das forças esgotadas pela ação do dia, renovação da substância nervosa usada e queimada, interrupção do exaustivo trabalho consciente do cérebro por meio de um intervalo de repouso. Por conseguinte, a forma higiênica mais completa do sono deveria ser um vácuo negro, uma imersão semelhante à morte, uma parada de toda atividade cerebral, não ver, não saber, não pensar – por que, então, a natureza não concedeu ao homem essa forma de descanso, aparentemente a mais funcional? Por que a natureza, sempre sensata, lançou um jogo de imagens tão excitante e mágico nessa parede negra, por que interrompe todas as noites o vácuo total, esse imergir no nirvana, com todas essas aparições flutuantes e tentadoras para a alma? Para que os sonhos? Eles não interceptam, confundem, perturbam e entravam o descanso tão sabiamente concebido? Esses fenômenos supostamente sem sentido não seriam até mesmo um contrassenso da natureza que costuma ter um objetivo e um planejamento de longo prazo? Até então, a ciência da vida não tinha resposta para essa pergunta muito natural. Freud é o primeiro a constatar que os sonhos são necessários para estabilizar o equilíbrio de nossa alma. O sonho é uma válvula de escape da força dos nossos sentimentos. Pois nosso estreito corpo terrestre contém uma cobiça poderosa, prazer e vontade de viver desmesurados, e quão pouco dessas miríades de desejos o homem mediano pode verdadeiramente satisfazer em seu cotidiano burguês delimitado! Nenhum de nós realiza sequer um milésimo da nossa vontade de viver; e assim um desejo infinito, insaciado e insaciável pressiona o peito até do mais miserável aposentado, pensionista ou operário. Terríveis desejos fermentam furiosamente em cada um de nós, impotente vontade de ter poder, cobiça rejeitada e covardemente distorcida, vaidade deformada, paixões violentas e inveja. Inúmeras mulheres são provocadas todos os dias por uma breve cobiça, e todo esse querer e querer ter é represado no inconsciente, entrelaçado como cobras de línguas venenosas, do primeiro sino matinal até a noite. Não teria a alma que explodir ou descarregar-se em violências assassinas, sob essa pressão atmosférica, se o sonho noturno não conseguisse fazer escoar todos esses desejos represados? Ao liberarmos para os territórios neutros do sonho as cobiças que trancamos durante o dia inteiro, soltamos o pesadelo da nossa vida sentimental, desintoxicamos nossas almas de seu excesso de carga, assim como no sono libertamos o corpo da intoxicação da fadiga. Nesse mundo aparente que só nós podemos ver, transformamos todos os nossos atos criminosos, no sentido social, em atos virtuais descompromissados, em vez de ações passíveis de serem punidas. O sonho substitui a ação, muitas vezes nos poupa a ação, e por isso é tão magistral a fórmula de Platão: "Os bons são aqueles que se satisfazem em sonhar com aquilo que os outros fazem efetivamente." O sonho nos visita não para perturbar a nossa vida ou o nosso sono, mas para protegê-lo; em suas fantasias libertadoras a alma se livra da sobrecarga de suas tensões através de alucinações ("O que se acumula no fundo do coração sai num espirro no sonho", diz um provérbio chinês com muita plasticidade), fazendo com que, na manhã seguinte, o corpo refrescado encontre uma alma purificada, leve e que respira livremente, em vez de sobrecarregada.

Freud identificou nessa ação libertadora e catártica o sentido longamente ignorado e renegado do sonho para nossa vida, e essa solução libertadora vale tanto para o visitante noturno do sono como para as formas mais elevadas de todos os devaneios e sonhos diurnos, ou seja, vale também para a poesia e o mito. Pois o que almeja e quer a poesia senão libertar através do símbolo o homem carregado de tensões interiores, retirando a pressão de dentro dele para uma zona tranquila, que não inunda mais a própria alma? Em cada obra de arte genuína, a criação se torna um "sair de si mesmo", e, se Goethe admite que Werther se matou em seu lugar, expressa de maneira bela e plástica que, por transferir o planejado suicídio para uma figura imaginada, salvou a sua própria vida – portanto, falando de maneira psicanalítica, transferiu a sua ideia de suicídio para Werther. E, da mesma forma que, no sonho, os indivíduos se libertam de sua carga e do seu prazer particulares, os temores e desejos de povos inteiros se liberam naquelas construções plásticas que chamamos de mitos e religiões. Nos altares de sacrifício, o desejo de sangue, refugiado no símbolo, se purifica na confissão e na prece, a pressão psíquica se transforma em palavra redentora. A alma da humanidade sempre se revelou só na poesia, enquanto fantasia criadora – senão, o que saberíamos a respeito dela? Devemos um pressentimento da sua força criadora unicamente aos seus sonhos encarnados em religiões, mitos e obras de arte. Portanto – e foi Freud que impôs esse conhecimento à nossa época – nenhuma ciência da alma que observe apenas a ação acordada e responsável de um homem pode atingir a essência da sua personalidade. Ela também precisa descer à profundeza da alma, onde a sua natureza é mito e forma no elemento flutuante da criação inconsciente a imagem mais verídica de sua vida interior.

A técnica da psicanálise

> Curioso que a vida interior do homem tenha sido observada de maneira tão medíocre e recebido tratamento tão insípido. Quão pouco se utilizou a física para a alma e a alma para o mundo exterior.
>
> NOVALIS

Em alguns raros pontos da nossa multifacetada crosta terrestre, o precioso petróleo jorra das profundezas em súbitas e inesperadas erupções; noutros, o ouro se revela na areia dos rios ou o carvão jaz à flor da terra. Mas a técnica humana não espera que tais ocorrências insuficientes se dignem a se manifestar. Não confia no acaso, perfura a terra para fazer as fontes jorrarem, escava galerias nas profundezas, milhares em vão para uma única vez conseguir alcançar o precioso minério. Da mesma forma, uma ciência da alma ativa não pode se satisfazer com confissões casuais como as que são reveladas aqui e acolá pelos sonhos ou pelos atos falhos. Para atingir a verdadeira camada do inconsciente, também precisa aplicar a psicotécnica, uma arte de construir no subterrâneo que chega ao núcleo mais interior num trabalho sistemático e focado. Freud encontrou esse método e o chamou de psicanálise.

Em nada lembra os métodos anteriores da medicina ou da psicologia. É completamente autóctone e novo, um método autônomo ao lado de todos os demais, uma psicologia que se coloca ao lado e abaixo de toda outra anterior, sendo chamada por isso por Freud de psicologia profunda. O médico que quiser aplicá-la precisa tão pouco dos conhecimentos aprendidos na faculdade que logo surge a pergunta se um psicanalista precisa mesmo ter uma formação médica especializada; e efetivamente, depois de muita hesitação, Freud liberou a chamada análise leiga, ou seja, o tratamento feito por médicos não diplomados. Pois o curador de almas no sentido freudiano deixa para o fisiólogo a investigação anatômica; o seu esforço é somente no sentido de tornar visível algo que é invisível. Como não se busca nada mecânico palpável ou tangível, não é preciso nenhum aparelho; assim como na Ciência Cristã, a poltrona do médico é a única ferramenta dessa terapia da alma. A Ciência Cristã, no entanto, ainda empregava narcóticos e anestésicos espirituais em seus tratamentos. Para eliminar o sofrimento, vacinava as almas inquietas com determinados remédios estimulantes, como Deus e fé. Já a psicanálise evita qualquer intervenção, seja psíquica ou física. Pois sua intenção não é a de *colocar* algo dentro do homem, seja medicamento ou fé, e sim de *tirar* algo que já está dentro dele. Só o autoconhecimento ativo traz a cura no sentido da psicanálise; só quando o paciente é trazido de volta para si, para sua própria personalidade (e não para uma entre dúzias de crenças na saúde), torna-se dono e senhor de sua doença. Assim, o trabalho com o paciente não é feito a partir de fora, e sim inteiramente dentro de seu elemento psíquico.

Nesse tipo de tratamento, o médico não contribui com nada além de sua experiência supervisora, indicando cuidadosamente o rumo. Não tem remédios à mão como o médico prático, nem uma fórmula mecânica como o cientista cristão: seu verdadeiro saber não está já prescrito e pronto, mas será destilado a partir do conteúdo de vivências do paciente. O paciente, por sua vez, não traz para o tratamento nada além do seu conflito. Só que não o traz aberto, claro, e sim nas embalagens, nas distorções e sob os véus mais insólitos e enganadores, fazendo com que a natureza do seu distúrbio num primeiro momento não seja clara nem para ele nem para o médico. O que o neurótico mostra e admite é apenas mero sintoma. Mas os sintomas, na psicologia, nunca revelam claramente a doença, ao contrário, ocultam-na, pois segundo a concepção (de vanguarda) de Freud, as neuroses em si não têm conteúdo, apenas uma causa. O neurótico não sabe o que o perturba, ou não quer saber, ou não sabe conscientemente. Há anos, vai empurrando um conflito interno em tantas obsessões e tantos sintomas diferentes que por fim nem sabe mais em que ponto se encontra. É quando o psicanalista interfere. Sua tarefa é ajudar o neurótico a resolver o enigma cuja solução é ele mesmo. Juntos, num "conhecimento ativo a dois", tateiam a parede espelhada dos sintomas em busca das verdadeiras imagens originais do distúrbio. Passo a passo, ambos percorrem juntos a vida psíquica do paciente, retrospectivamente, para a definitiva compreensão e construção da clivagem interior.

Num primeiro momento, essa técnica do tratamento psicanalítico lembra muito mais a criminologia do que a medicina. Em cada neurótico, cada neurastênico, houve em algum momento, segundo Freud, um rompimento na unidade da personalidade, e a primeira medida tem que ser a investigação o mais precisa possível dos fatos: lugar, horário e forma de manifestação daquele evento interno esquecido ou recalcado devem ser reconstruídos na memória da alma com a maior exatidão possível. Mas já nesse primeiro passo o procedimento psicanalítico se vê diante de uma dificuldade que o método jurídico desconhece. Pois no procedimento psicanalítico o paciente, até um determinado grau, é tudo ao mesmo tempo. É simultaneamente aquele que sofreu a ação e o seu autor. Devido aos sintomas, é promotor e testemunha de acusação, e ao mesmo tempo, quem de maneira terrível renega e obscurece os fatos. Em algum lugar recôndito e profundo, sabe o que se passou, mas ao mesmo tempo não sabe mais; o que aponta como causa não é origem. Não quer saber o que sabe, e de alguma forma sabe o que não sabe. Mais fantástico ainda! – esse processo não se inicia agora, com a consulta ao neurologista; na realidade já começou há muitos anos dentro do neurótico e prosseguiu de modo ininterrupto, sem conseguir chegar a um fim. E o que essa intervenção psicanalítica quer obter, em última instância, é apenas concluir esse processo; é para essa solução, para esse desfecho que o paciente chama (inconscientemente) o médico.

Mas a psicanálise não tenta tirar o neurótico, o sujeito que perdeu seu rumo no labirinto da alma, de seu conflito imediatamente, através de uma rápida formulação. Ao contrário: primeiro faz com que o paciente com transtorno recue e percorra de volta todos os caminhos até o ponto decisivo em que começou o grave desvio. Pois, para corrigir um tecido com falhas na tessitura, para reatar o fio, o tecelão precisa sempre recolocar a máquina exatamente no lugar onde o fio arrebentou. Da mesma forma, a fim de renovar a continuidade da vida interior, é inevitável que o psicólogo (não existe nenhum trabalho veloz com intuições, não existe clarividências) volte sempre até exatamente o ponto onde, por causa daquele misterioso ato de violência, houve a quebra, o rompimento. Schopenhauer, num domínio vizinho à psicanálise, já formulara a suposição de uma possível cura total de doenças mentais, se se conseguisse avançar até o ponto em que o choque decisivo ocorreu na vida das representações mentais; a fim de compreender o que há de murcho na flor, é preciso investigar até a raiz, o inconsciente. Trata-se de um caminho labiríntico, longo e cheio de voltas, pleno de responsabilidades e perigos; assim como o cirurgião se torna mais cuidadoso e prudente à medida que se aproxima do nervo no delicado tecido, a psicanálise, nessa matéria mais do que suscetível, tateia devagar de uma camada de vida para a próxima, mais profunda. O tratamento não dura dias ou semanas, mas às vezes meses ou até anos, exigindo do médico uma concentração permanente até então desconhecida na medicina, uma concentração longa, talvez comparável aos exercícios dos jesuítas! Nesse tipo de tratamento, tudo acontece sem anotações, sem qualquer ferramenta auxiliar, unicamente através da observação por longos períodos de tempo. O paciente se deita em um divã, de maneira que não veja o médico sentado atrás de si (para evitar possíveis entraves do pudor e da consciência) e fala. Mas, ao contrário do que muitas vezes se supõe, equivocadamente, não fala em uma sequência encadeada. Não faz uma confissão. Visto pelo buraco da fechadura, o tratamento ofereceria um espetáculo grotesco, pois ao longo de muitos meses aparentemente nada mais acontece do que uma pessoa falando e a outra escutando. O psicanalista recomenda expressamente ao paciente que ao longo do relato renuncie a qualquer reflexão consciente e não interfira no processo fluido como advogado, acusador ou juiz, ou seja, não deve querer nada além de se entregar totalmente aos pensamentos espontâneos (pois esses pensamentos não vêm de fora, e sim de dentro, do inconsciente). Não deve buscar aquilo que julga fazer parte do assunto, porque, no fundo, o distúrbio psíquico significa precisamente que a pessoa não sabe o que é o seu "problema", a sua doença. Se soubesse, seria psiquicamente normal, não criaria sintomas e não precisaria ir ao médico. Por isso, a psicanálise rejeita todos os relatos preparados de antemão, tudo o que é escrito, limitando-se a pedir ao paciente que se descontraia e produza o máximo que puder em reminiscências psíquicas. O neurótico deve contar tudo o que puder, falar através de monólogos, sem ordem preestabelecida, contar tudo o que lhe passa pela cabeça, mesmo as coisas aparentemente mais insignificantes, pois justo as lembranças espontâneas, inconscientes, casuais são as mais importantes para o médico. Só por meio dessas "questões colaterais" é que o médico pode se aproximar da questão principal. Certo ou errado, importante ou insignificante, teatral ou sincero: o principal dever do paciente é contar o máximo que puder, fornecer tanto material de vivência, ou seja, substância biográfica e psicológica, quanto possível.

É quando começa a verdadeira tarefa do analista. Desse imenso monte de entulhos de uma vida, formado pouco a pouco por mais de cem carregamentos, desses milhares de reminiscências, observações e relatos de sonhos, o médico, com ajuda do filtro psicológico, deve separar a escória, aquilo que é irrelevante e, num longo processo de refundição, extrair o verdadeiro minério da observação a partir do material bruto: a matéria psicanalítica. Nunca pode reconhecer de boa-fé como inteiramente válida a mera matéria-prima do relato. Sempre deve se lembrar que "as comunicações e lembranças do paciente são apenas distorções daquilo que se busca; alusões, a partir das quais se deve adivinhar o que há por trás". Pois para detectar a doença o que importa não é o que o paciente viveu (isso há muito tempo já foi descarregado de sua alma), mas aquilo que o neurótico *ainda não viveu*, os elementos emocionais excedentes que continuam nele, intocados, como um bolo de alimento não digerido que pesa e pressiona para ser expelido, mas acaba sendo contraído de volta por uma vontade contrária. É esse elemento inibido e sua inibição que o médico precisa determinar em cada manifestação psíquica "com igual e sutil atenção", a fim de chegar aos poucos a uma suspeita, e da suspeita até a certeza. Mas, principalmente no início do tratamento, esse observar calmo, objetivo, feito de fora, é ao mesmo tempo facilitado e dificultado pelo paciente por causa daquele sentimento quase inevitável que Freud chama de "transferência". Antes de ir ao médico, o neurótico passa muito tempo carregando consigo aquele excesso de sentimentos não utilizados, não vivenciados, sem jamais poder se livrar dele. Empurra-o através de dúzias de sintomas de um lado para outro, brinca com o seu próprio conflito inconsciente nos jogos mais insólitos; mas no momento em que encontra pela primeira vez na figura do psicanalista alguém que escuta profissionalmente, um parceiro no jogo, lança sobre ele o seu fardo como se fosse uma bola – tenta jogar no médico seus sentimentos não utilizados. Amor ou ódio, não importa, ele constrói uma determinada relação com ele, uma intensa relação emocional. Pela primeira vez, tudo o que, no mundo das aparências, se contraía sem sentido, sem jamais conseguir se descarregar, pode agora ser fixado, como se fosse numa chapa fotográfica. Só essa "transferência" cria de fato a situação psicanalítica: todo doente incapaz dela é considerado inapto para o tratamento. Pois o médico precisa ver o conflito se desenrolando diante de seus olhos de uma forma emocional e viva a fim de reconhecê-lo: paciente e médico precisam *vivenciá-lo* conjuntamente.

Na psicanálise, o trabalho conjunto consiste, para o paciente, em produzir – ou melhor, reproduzir – o conflito e, para o médico, em interpretar o seu sentido. Ao apontar o sentido e interpretar, no entanto, ele não deve absolutamente contar com a ajuda do paciente (como seria de se supor); em tudo o que é psicológico predomina a ambiguidade e a dualidade dos sentimentos. O mesmo paciente que procura um psicanalista a fim de se livrar de sua doença, da qual conhece apenas o sintoma, ao mesmo tempo se apega inconscientemente a ela, pois essa sua doença não é nenhum corpo estranho, mas o seu próprio produto, sua própria realização, parte ativa e característica do seu "eu" que ele não quer entregar. Dessa forma, agarra-se à sua doença, pois prefere conviver com seus sintomas desagradáveis que com a verdade, a qual teme e a qual o médico (contra a sua vontade) quer lhe explicar. Como sente e argumenta de maneira ambígua, a partir ora da vontade consciente, ora do inconsciente, ele é, ao mesmo tempo, caçador e caça; só uma parte do paciente, portanto, é ajudante do médico, a outra é seu adversário mais ferrenho, e enquanto uma mão aparentemente lhe entrega confissões, a outra confunde e esconde os verdadeiros fatos. Conscientemente, portanto, o neurótico não tem como ajudar quem o ajuda, não pode lhe dizer "a" verdade, porque esse "não saber" ou "não querer saber" a verdade é precisamente o que o tirou do equilíbrio e jogou no distúrbio. Mesmo nos momentos em que quer ser sincero, mente sobre si. Sob cada verdade se esconde sempre outra, mais profunda, e quando alguém confessa, em geral isso acontece apenas a fim de ocultar algo ainda mais secreto por trás dessa confissão. Vontade de confessar e vergonha cooperam e se enfrentam misteriosamente, e à vontade de confessar inevitavelmente se contrapõe a inibição. Algo se contrai como um músculo, quando outra pessoa quer se aproximar do nosso segredo mais íntimo: toda psicanálise, por isso, é em verdade uma luta!

Mas o gênio de Freud sabe sempre transformar o inimigo mais ferrenho no melhor ajudante. Precisamente essa oposição muitas vezes trai a confissão involuntária. Para um observador atento, o homem trai-se duplamente na conversa: primeiro naquilo que diz e depois naquilo que omite; por isso, a arte de detetive de Freud fareja com mais certeza a proximidade do mistério decisivo quando percebe que o interlocutor quer falar mas não consegue: a inibição, traiçoeira, torna-se ajudante, indicando o caminho correto. É o próprio inconsciente que fala quando o paciente fala muito alto ou baixo, quando acelera as palavras ou quando gagueja. Essas várias pequenas resistências, oscilações, hesitações, esse falar alto ou baixo tão logo nos aproximamos de um determinado complexo mostram, através da inibição, aquilo que quer ser barrado, em suma, o conflito oculto e encoberto.

Porque sempre, no decorrer de uma psicanálise, trata-se de revelações ínfimas, cacos de acontecimentos vividos os quais, depois, compõem pouco a pouco a imagem interior de vida. Nada mais ingênuo do que a ideia, corriqueira nos salões e cafés, de que basta lançar os sonhos e as confissões sobre o psicanalista, como se fosse um autômato, e girar a alavanca com algumas perguntas para o diagnóstico sair pronto. Na realidade, toda cura psicanalítica é um processo terrivelmente complicado, nada mecânico e até mesmo artesanal, comparável talvez ao trabalho de restauração de uma tela antiga, suja e repintada por uma mão inábil, em que é preciso recuperar, num admirável e milimétrico trabalho de paciência, cada camada de uma matéria sensível e preciosa, antes que a imagem original ressurja em suas cores naturais. Embora ininterruptamente ocupada com detalhes, a psicanálise, em seu trabalho construtivo, sempre visa ao todo, à renovação da personalidade como um todo: por isso, numa verdadeira análise nunca se pode considerar um único complexo separadamente; a cada vez, toda a vida psíquica de uma pessoa precisa ser reconstruída a partir da base. Paciência, portanto, é a primeira virtude que esse método exige, uma paciência ativa aliada a uma atenção constante porém ao mesmo tempo não muito ostensivamente tensa do espírito, pois sem demonstrá-lo o médico precisa repartir sua atenção imparcial e neutra entre aquilo que o paciente conta e aquilo que ele omite, sem deixar de atentar para as nuances do relato. Precisa confrontar o relato de cada consulta com todos os anteriores a fim de perceber que episódios o seu interlocutor repete de maneira ostensiva, em que pontos a narrativa se contradiz, sem trair jamais durante essa vigilância a intenção de sua curiosidade. Pois, no momento em que o paciente sente que está sendo espionado, ele perde a sua espontaneidade – precisamente aquela naturalidade que, sozinha, conduz aos breves lampejos fosforescentes do inconsciente nos quais o médico identifica os contornos dessa paisagem desconhecida da alma. Mas também não deve impor ao seu paciente a sua própria interpretação, pois o sentido da psicanálise é justamente fazer o doente se autocompreender, fazer com que o acontecimento interior seja vivido até o fim. O caso ideal de cura só acontece quando o paciente enfim reconhece como supérfluas as suas manifestações neuróticas e não gasta mais as suas energias afetivas com loucuras ou sonhos, e sim com a vida e com atos reais. Só então o paciente pode ter alta da análise.

Mas quantas vezes – espinhosa questão! – a psicanálise chega a uma solução médica tão perfeita? Temo que não seja muito frequente. Pois a sua arte de perguntar e escutar exige uma tal sofisticação do coração, uma tal clarividência da emoção, uma tal liga entre substâncias espirituais das mais preciosas que só alguém verdadeiramente predestinado e com vocação para a psicologia pode ajudar. A Ciência Cristã, o método Coué podem se dar ao luxo de formar simples mecânicos de seu sistema. Basta que aprendam algumas fórmulas gerais: "Não existe doença!", "A cada dia que passa eu me sinto melhor!" Com esses conceitos grosseiros, mesmo as mãos mais duras martelam sem grande perigo sobre as almas frágeis, até destruir por completo o pessimismo da doença. Já no tratamento psicanalítico, o médico verdadeiramente responsável tem o dever de encontrar o seu próprio sistema para cada caso individual, e tal capacidade criadora de se adaptar não pode ser aprendida com aplicação e razão. Exige um conhecedor de almas nato e experimentado, dotado da faculdade de penetrar nos destinos mais insólitos, e também muito tato humano e uma paciência que observa em silêncio. Além disso, um psicanalista realmente criativo ainda teria que irradiar um certo elemento mágico, um fluxo de simpatia e de segurança a que toda alma alheia se confiasse de forma voluntária e apaixonadamente servil – qualidades que não podem ser aprendidas e que só em caso de graça estão reunidas num único homem. Na raridade desses verdadeiros mestres da alma, a meu ver, reside a limitação que faz com que a psicanálise seja sempre a vocação de alguns poucos e nunca – como infelizmente hoje em dia ocorre – um ofício e um negócio. Mas a esse respeito Freud demonstra uma curiosa indulgência, e quando diz que o manuseio eficaz de sua arte de interpretação exige tato e exercício, mas "não é difícil de ser aprendido", que nos seja permitido um gordo e quase furioso ponto de interrogação. Pois só a palavra "manuseio" já me parece infeliz para um processo que exige as forças mais espirituais e inspiradoras do conhecimento psíquico, e a referência à facilidade de se aprendê-lo me parece até mesmo perigosa. Porque o mais zeloso estudo da psicotécnica é tão pouco capaz de produzir um verdadeiro psicólogo quanto o conhecimento das técnicas dos versos consegue gerar um poeta, e só a um perscrutador de almas nato e sensível deveria ser permitido intervir nesse que é o órgão mais sofisticado, sutil e suscetível de todos. Arrepiamo-nos ao imaginar quão perigoso poderia se tornar, em mãos grosseiras, um processo perscrutador que o espírito criador de Freud inventou com a maior delicadeza e responsabilidade. Nada, provavelmente, prejudicou tanto a reputação da psicanálise como o fato de não ter sido limitada a um grupo pequeno e aristocraticamente eleito, mas ter ensinado aquilo que não se pode ensinar nas escolas. Pois ao passarem de modo precipitado e irrefletido de mão em mão, vários de seus conceitos se tornaram mais grosseiros e impuros; o que hoje, no Velho e mais ainda no Novo Mundo, se faz passar por tratamento psicanalítico, seja profissional ou diletante, muitas vezes não é mais que uma triste paródia da prática original de Sigmund Freud, baseada na paciência e no gênio. Justamente quem quiser julgar de maneira imparcial será obrigado a constatar que é só devido a essas análises amadorísticas que falta hoje qualquer avaliação sincera daquilo que a psicanálise é capaz de realizar em termos de cura e se ela algum dia, devido à intervenção de leigos duvidosos, poderá confirmar a validade absoluta de um método clinicamente exato. Essa decisão não cabe a nós, e sim ao futuro.

A técnica psicanalítica de Freud, só isso é certo, ainda não representa a última e decisiva palavra no domínio da ciência da psicologia. Mas guarda para sempre a glória de ter sido a primeira página desse livro que permaneceu tanto tempo lacrado, a primeira tentativa metodológica de compreender e curar o indivíduo a partir do material de sua própria personalidade. Com seu instinto genial, um único homem reconheceu o vácuo existente na medicina moderna, o fato inconcebível de que há muito tempo a menor parte do homem alcançara tratamento adequado – dentes, pele, cabelos –, enquanto as mazelas da alma ainda não tinham encontrado refúgio na ciência. Os pedagogos ajudavam o jovem imaturo até a idade adulta, depois o abandonavam, indiferentes. E esqueciam-se totalmente daqueles que ainda não tinham conseguido terminar de lidar com sua própria personalidade na escola, que não tinham acabado seus deveres e seguiam perplexos carregando consigo seus conflitos não resolvidos. Uma geração inteira desses indivíduos deixados para trás, presos em si mesmos – os neuróticos, os psicóticos, os encarcerados no mundo de suas pulsões –, não teve espaço ou consultório; a alma doente errava desamparada e em vão pelas ruas em busca de auxílio. Freud criou essa instância. O lugar que na antiguidade coube ao psicagogo, ao curador de almas, ao mestre de sabedoria, e nos tempos de devoção ao sacerdote, Freud o atribuiu a uma ciência nova e moderna que ainda precisa conquistar seus próprios limites. Mas a tarefa está grandiosamente definida, a porta foi aberta. E onde quer que o espírito humano sinta a vastidão e profundezas inexploradas, não descansa mais. Alça voo e desdobra suas asas infatigáveis.

O mundo do sexo

> O antinatural também faz parte da natureza. Quem não a vê por toda parte, não a vê direito em parte alguma.
>
> GOETHE

Não foi a intenção de Sigmund Freud tornar-se o fundador de uma ciência sexual da qual hoje não podemos mais prescindir. Mas parece fazer parte da misteriosa lei de sua trajetória que seu caminho sempre o impele para além daquilo que buscava originalmente, abrindo-lhe territórios que jamais teria ousado penetrar pela sua livre vontade. Aos trinta anos, Freud provavelmente teria sorrido, incrédulo, se alguém lhe tivesse vaticinado que ele, como neurologista, elevaria a objeto científico a interpretação dos sonhos e a organização biológica da vida sexual, pois em suas inclinações particulares ou acadêmicas nada parecia indicar de antemão o menor interesse por considerações tão disparatadas. Se Freud chegou até o problema sexual, não foi porque o quisesse; mas, na linha de raciocínio de suas investigações, o problema veio naturalmente ao seu encontro.

Para sua própria surpresa, veio ao seu encontro, sem ter sido chamado e de maneira inesperada, daquelas profundezas que ele descobrira com Breuer. Partindo da histeria, eles haviam encontrado juntos a fórmula reveladora de que as neuroses e a maioria dos distúrbios psicológicos se produzem quando uma pulsão é barrada em sua forma original de descarga, sendo recalcada para o inconsciente enquanto desejo não satisfeito. Mas a que categoria pertencem os desejos mais íntimos e mesmo incômodos que o homem civilizado recalca, que oculta do mundo e até mesmo de si próprio? Não demora para que Freud encontre a resposta impossível de ser ignorada. O primeiro tratamento psicanalítico de uma neurose revela afeições reprimidas. O segundo também, o terceiro idem. E logo Freud sabe: sempre – ou quase sempre – a neurose se deve a uma pulsão sexual que não consegue atingir seu objeto de prazer e agora, transformada em inibições e retenções, pressiona a vida psíquica. O primeiro sentimento de Freud ante esse achado involuntário pode ter sido o espanto de que um fato tão evidente tivesse escapado a todos os seus predecessores. Ninguém, então, deu-se conta dessas causalidades tão diretas? Não, não constam de nenhum manual. Mas então Freud de repente se lembra de certas alusões e conversas de seus famosos professores. Quando Chrobak lhe indicou uma paciente histérica para tratamento, informara-lhe discretamente que a mulher, casada com um homem impotente, permanecera virgem apesar de dezoito anos de casamento. Com um gracejo grosseiro, acrescentou a sua opinião pessoal, dizendo com que intervenção fisiológica essa neurótica poderia ser curada. Da mesma forma, o seu mestre Charcot em Paris, a respeito de um caso semelhante, tocara na origem de um distúrbio nervoso: "*Mais c'est toujours la chose sexuelle, toujours* – Mas é sempre a coisa sexual, sempre!" Freud se espanta. Então seus mestres, e provavelmente inúmeras autoridades médicas antes deles, sabiam daquilo. Mas – indaga-se em sua ingenuidade sincera – se sabiam, por que mantiveram em segredo, só mencionando o assunto durante conversas íntimas, nunca em público?

Uma lição enérgica logo fará o jovem médico compreender por que aqueles homens experientes ocultavam do mundo o que sabiam. A partir do momento em que, calmo e objetivo, Freud comunica a sua descoberta pela fórmula "As neuroses aparecem onde motivos externos ou internos entravam a satisfação real das necessidades eróticas", uma revolta encarniçada parte de todos os lados. A ciência, então ainda inabalável porta-estandarte da moral, recusa-se a reconhecer publicamente essa etiologia sexual; até o seu amigo Breuer, que o conduziu pela mão para descobrir o mistério, afasta-se precipitadamente da psicanálise, tão logo descobre que caixa de Pandora ajudou a abrir. Não demora e Freud é obrigado a se dar conta de que, com esse tipo de constatação no ano de 1900, tocou no ponto mais sensível da alma e do corpo, e que a vaidade da era da civilização prefere qualquer humilhação espiritual a ser lembrada de que a força sexual continua sendo determinante dentro de cada indivíduo e tendo participação decisiva nas mais elevadas criações da cultura. "A sociedade não acredita em maior ameaça à sua civilização do que aquela que se produziria pela libertação das pulsões sexuais e pelo retorno destas aos seus objetivos originais. A sociedade, portanto, não gosta de ser lembrada dessa parte delicada de seus alicerces. Não tem nenhum interesse em que se reconheça a força das pulsões sexuais e se esclareça a importância da vida sexual para o indivíduo. Preferiu, com intenção pedagógica, seguir o caminho que desvia a atenção de todo esse domínio. Eis por que ela não suporta o resultado das investigações da psicanálise e preferiria estigmatizá-lo como esteticamente repugnante e moralmente condenável e perigoso."

Desde o primeiro passo essa resistência de toda uma visão de época se atravessa no caminho de Freud. Faz parte de sua probidade não apenas ter aceitado a luta com determinação, mas também tê-la tornado ainda mais difícil pela sua intransigência inata. Pois Freud teria podido dizer tudo ou quase tudo sem chocar muito se apenas se mostrasse disposto a descrever sua genealogia da vida sexual com mais cuidado, prudência, precaução. Teria bastado revestir suas convicções com um manto de palavras bonitas, maquiá-las com um pouco de poesia, e elas teriam sido contrabandeadas para o público sem grande alarde. Talvez tivesse bastado chamar mais educadamente de Eros ou de amor, em vez de libido, a selvagem pulsão fálica, cuja virulência e irrupção ele quis mostrar ao mundo em toda a sua nudez. Pois então teria soado no máximo como algo platônico o fato de nossa vida psíquica ser dominada por Eros. Mas Freud, o vilão pouco inclinado a meias palavras, usa expressões duras, incisivas, inconfundíveis, não foge à clareza: diz diretamente libido, impulso do prazer, sexualidade, pulsão sexual em vez de Eros e amor. Freud é sempre demasiado sincero para circunscrever com prudência quando escreve. *"Il appelle un chat un chat"*, ele chama um gato de gato, chama todas as coisas sexuais e diferentes do normal pelos seus nomes alemães naturais, com a mesma naturalidade com que um geógrafo denomina suas montanhas e cidades e um botânico, suas plantas e ervas. Com sangue-frio clínico, examina todas as manifestações sexuais, inclusive as estigmatizadas como vícios e perversões, indiferente às explosões de indignação dos moralistas e aos gritos de horror dos pudicos; penetra como que de ouvidos tapados, paciente e calmo, no problema surgido de maneira insuspeitada e começa sistematicamente o primeiro estudo psicogeológico do mundo das pulsões humanas.

Pois Freud, esse pensador conscientemente materialista e profundamente antirreligioso, vê na pulsão a camada mais profunda, ardente e líquida do nosso mundo interior. Segundo sua concepção, não é a eternidade que o homem almeja, não é uma vida espiritual que a alma deseja: ela só deseja cegamente a partir das pulsões. O desejo universal é o primeiro sopro de toda vida psíquica. Assim como o corpo anseia por alimento, a alma anseia pelo prazer; a libido, esse desejo de prazer primevo, fome insaciável da alma, impele-a para o mundo. Mas – e nisso consiste o verdadeiro achado de Freud para a ciência sexual – essa libido não tem inicialmente um conteúdo determinado. Seu sentido é apenas libertar a pulsão de dentro de si. E como, segundo a constatação criativa de Freud, as energias psíquicas são sempre deslocáveis, ela pode dirigir sua virulência ora para esse, ora para aquele objeto. Nem sempre, portanto, o prazer precisa necessariamente ocorrer no antagonismo entre homem e mulher; é uma força cega que pressiona para ser descarregada, é a tensão do arco que ainda não sabe o que a flecha está mirando, a força torrencial do rio que ainda não conhece a foz em que desembocará. Ela apenas é impelida rumo à sua distensão sem saber qual é. Pode se descontrair e liberar em atos sexuais puros, normais, mas também se espiritualizar em atos sublimados na atividade artística ou religiosa. Pode substituir o objeto do desejo e se desviar, projetando a sua cobiça nos objetos mais inesperados, além do domínio genital, e afastando completamente a pulsão sexual original da esfera corpórea por meio de inúmeras ligações intermediárias. Do cio animal até as mais sofisticadas vibrações do espírito humano, é capaz de assumir todas as formas, ela própria sem forma definida, impalpável e, mesmo assim, intervindo sempre no jogo. Sempre, porém, em todos os atos banais e nas mais elevadas poesias, ela libera o mesmo desejo primordial do homem, o desejo de prazer.

Com essa fundamental transvaloração de Freud, a concepção quanto ao problema sexual muda de uma hora para a outra. Como a psicologia até então, desconhecendo a capacidade de transformação de todas as energias psíquicas, equiparava grosseiramente o sexual com as funções dos órgãos sexuais, a ciência considerava a sexualidade uma mera explanação das funções do baixo-ventre e, por isso, constrangedora e impura. Ao separar a ideia de sexualidade da atividade sexual fisiológica, Freud liberta-a ao mesmo tempo de sua estreiteza e da difamação enquanto ato psicofisiológico "menor". Revela como verdade biológica a afirmação premonitória de Nietzsche: "O grau e o tipo de sexualidade de uma pessoa manifestam-se até as esferas mais elevadas de seu espírito." Através de inúmeros casos isolados, prova como a mais vigorosa tensão do homem se descarrega por meio de misteriosos conroles à distância, ao longo de anos e décadas em manifestações totalmente insuspeitadas de sua vida psíquica e como, através de inúmeras transformações e dissimulações, nas mais singulares formas de desejo e atos substitutos, o estranho comportamento da libido sempre volta a se manifestar. Portanto, onde quer que apareça uma bizarrice psíquica, uma depressão, uma neurose, um transtorno obsessivo, o médico pode, na maioria dos casos, deduzir confiante que existe algo de estranho ou anormal na vida sexual; então, segundo o método da psicologia profunda, tem o dever de conduzir o paciente de volta até aquele ponto onde algum acontecimento fez com que a pulsão se desviasse do seu percurso preestabelecido. Esse novo tipo de diagnóstico leva Freud mais uma vez a uma descoberta insuspeitada. Já as primeiras psicanálises haviam lhe demonstrado que os acontecimentos sexuais perturbadores para o neurótico datam de muito tempo. Nada mais natural, portanto, do que procurá-los nos tempos primordiais do indivíduo, no tempo verdadeiramente plástico em termos psicológicos, pois só o que se grava durante o tempo de moldagem da personalidade no disco ainda maleável (e portanto absorvente) da consciência em formação permanece de fato indelével e determinante para o destino de cada indivíduo. "Que ninguém creia poder sobrepujar as primeiras impressões da juventude" (Goethe). Portanto, em cada caso clínico Freud volta tateando até a puberdade – num primeiro momento, um tempo anterior não lhe parece estar em questão, pois como poderiam as impressões sexuais se formar antes do período de aptidão sexual? Ainda considera totalmente absurda a ideia de rastrear a vida das pulsões sexuais além daquela zona limítrofe até a infância que, feliz e inconsciente, ainda não intui nada das tensões das seivas que urgem ser postas para fora. As primeiras pesquisas de Freud, portanto, param na puberdade.

Mas, em face de tantas confissões insólitas, Freud logo não pode mais se esquivar de reconhecer que, em vários dos seus pacientes, a psicanálise trouxe para a luz do dia com irrefutável nitidez reminiscências de acontecimentos sexuais muito mais antigos, por assim dizer pré-históricos. Confissões muito claras de seus pacientes conduziram-no à suspeita de que o período antes da puberdade, portanto a infância, também deve conter pulsões sexuais ou ao menos certas representações delas. No curso da investigação, cada vez mais a suspeita se firma. Freud se lembra daquilo que governantas e professores têm a relatar sobre essas manifestações precoces de curiosidade sexual, e subitamente a sua própria descoberta da diferença entre vida psíquica consciente e inconsciente clareia a situação. Freud reconhece que a consciência sexual não é introduzida no corpo só na fase da puberdade – pois de onde viria? –, mas que, como a língua (mil vezes mais psicológica do que todos os psicólogos acadêmicos) já exprimira com maravilhosa plasticidade, a pulsão sexual do ser humano apenas "desperta" no adolescente, ou seja, já devia estar dormindo (quer dizer: estava latente) há muito tempo no corpo da criança. Assim como as crianças têm nas pernas os movimentos de andar antes de propriamente saberem andar e a vontade de falar antes de falar, assim a sexualidade – claro, sem a intuição de uma ação objetiva – já está pronta na criança. A criança – fórmula decisiva! – sabe da sua sexualidade. Apenas ainda não a compreende.

Aqui apenas suponho em vez de saber: mas para mim Freud, no primeiro momento, assustou-se com sua própria descoberta. Pois ela derruba as concepções mais corriqueiras de maneira quase profana. Se já era audacioso enfatizar – e, como todos os demais afirmam, exagerar – a importância psíquica do sexo na vida do adulto, que desafio à moral social essa concepção revoltante de querer descobrir vestígios de afetividade sexual na criança, com a qual a humanidade proverbialmente associa a ideia de pureza absoluta, de condição de anjo sem quaisquer pulsões! Como? Então, até essa vida sorridente, delicada como uma flor, já conheceria o desejo sexual, ou ao menos sonharia com ele? Absurda, contraditória, ultrajante e até ilógica parece essa ideia à primeira vista, pois como os órgãos da criança ainda nem são capazes de reproduzir, disso então deveria resultar a fórmula terrível: "Se a criança tem uma vida sexual, só pode ser uma perversão!" Exprimir tal coisa no mundo de 1900 era suicídio científico. Mas Freud a exprime. Quando esse pesquisador implacável sente que o terreno é sólido, investe com a sua força perfuratriz até a camada mais profunda. E para sua própria surpresa descobre justamente na forma mais inconsciente do ser humano, no bebê, a imagem mais característica e primeva do impulso de prazer. Precisamente porque ali, no limiar da vida, nenhum lampejo de consciência moral ilumina o mundo livre das pulsões, esse minúsculo ser, o bebê, representa a forma mais plástica da libido: sugar o prazer, repelir o desprazer. De toda parte, esse minúsculo ser sorve o prazer para dentro de si, do seu próprio corpo e do meio ambiente, do seio materno, dos dedos da mão e do pé, da madeira e do tecido, da carne e da roupa; sem inibição, bêbado de sonho, deseja absorver para dentro de seu pequenino corpo macio tudo o que lhe dá prazer. Nessa fase primitiva do prazer, o ser vago que é o bebê ainda não distingue entre o "eu" e o "tu", não percebe ainda os limites, nem os físicos nem os morais, que mais tarde a educação erigirá em torno dele: um ser anárquico e pânico, que com uma sede de sugar insaciável tenta absorver o universo para dentro do seu "eu", levando tudo o que consegue alcançar com seus minúsculos dedos até a única fonte de prazer que conhece, a boca (razão pela qual Freud chama essa fase de oral). Brinca ingenuamente com seus membros, totalmente dissolvido em seu desejo balbuciante e sugador, ao mesmo tempo repelindo com furor tudo o que atrapalha esse ato onírico selvagem de sugar. No bebê, nesse vago "ainda não eu", a libido universal do homem pode viver desenfreadamente, sem fim e sem objeto. É quando o "eu" inconsciente ainda sorve avidamente todo o prazer dos seios do mundo.

Mas esse primeiro estágio autoerótico não dura muito tempo. Logo a criança começa a reconhecer que seu corpo tem limites: um pequeno clarão brota no minúsculo cérebro, estabelece-se a primeira diferenciação entre o exterior e o interior. Pela primeira vez, a criança percebe a resistência do mundo e constata que esse exterior é uma força da qual nos tornamos dependentes. A punição não tarda a ensinar-lhe dolorosamente que existe uma lei, para ela inconcebível, que não tolera que se extraia prazer de todas as fontes de modo ilimitado: proíbem-lhe mostrar-se nu, tocar nos excrementos e ter prazer com eles; impiedosamente, é forçada a renunciar à unidade amoral dos sentimentos e diferenciar entre determinadas coisas permitidas e outras, proibidas. A exigência da cultura começa a instalar nesse pequeno ser selvagem uma consciência social e estética, um aparelho de controle com ajuda do qual ele pode classificar suas ações em boas e más. Ao adquirir esse conhecimento, o pequeno Adão é expulso do paraíso da irresponsabilidade.

Ao mesmo tempo, no entanto, inicia-se dentro dele um certo retrocesso da vontade de prazer; à medida que a criança cresce, ela se retrai diante do novo impulso do autodescobrimento. Daquele ser vago inconscientemente movido pelos impulsos forma-se um "eu", e essa descoberta de seu "eu" significa para o cérebro uma tal tensão e ocupação que o desejo original de prazer, quase pânico, é deixado de lado, entrando em um estado de latência. Esse estágio de se ocupar consigo próprio tampouco se perde completamente no adulto, permanecendo como reminiscência, em alguns casos como tendência narcísica (como Freud expressa), uma perigosa tendência egocêntrica de se ocupar apenas consigo próprio, rechaçando qualquer ligação emocional com o mundo. O impulso do prazer, que no bebê revela sua forma universal e original, volta a se tornar invisível no adolescente, encapsulando-se. Entre a forma autoerótica e panerótica do bebê e o erotismo sexual do púbere há uma hibernação das paixões, um estado crepuscular ao longo do qual as forças e as seivas se preparam para serem descarregadas com um objetivo.

Quando na puberdade, a segunda fase de forte ênfase sexual, a pulsão latente volta a despertar; quando a libido novamente se volta para o mundo, buscando um objeto para o qual possa transferir sua tensão afetiva – nesse momento decisivo a vontade biológica indica ao novato com um aceno resoluto o caminho natural da reprodução. Flagrantes transformações no corpo durante a puberdade mostram ao jovem ou à moça madura que a natureza tem algum plano. E esses sinais apontam claramente para a região genital. Mostram o caminho que a natureza quer que o homem trilhe a fim de servir à sua secreta e eterna intenção: a reprodução. A libido agora não deve mais, como no bebê, ter prazer lúdico consigo mesma, mas se submeter de modo funcional ao inapreensível desígnio universal, que volta sempre a se cumprir no homem que procria e é procriado. Se o indivíduo entende esse aceno autoritário da natureza e obedece, se o homem se une no ato sexual criador à mulher e a mulher ao homem, se ele esqueceu todas as possibilidades diferentes de prazer de sua volúpia primeva universal, então seu desenvolvimento sexual ocorreu corretamente, dentro das regras, e a sua pulsão individual se desenvolve na direção normal, natural.

Esse "ritmo em dois tempos" determina o desenvolvimento de toda a vida sexual humana, e para milhões de pessoas o impulso do prazer se subordina sem tensão a esse processo: o prazer universal e o autoerotismo na criança, o impulso de procriar no adulto. O ser humano normal serve com toda a espontaneidade à intenção da natureza, que quer usá-lo exclusivamente para a sua finalidade metafísica da reprodução. Mas em casos isolados, relativamente raros, em particular naqueles que interessam ao médico da alma, torna-se perceptível um distúrbio fatal nesse processo retilíneo e sadio. Um bom número de indivíduos, por um motivo que precisa ser descoberto caso a caso, não consegue se decidir a canalizar o seu impulso de prazer de maneira integral na forma recomendada pela natureza; neles a libido, a energia sexual, busca outra direção, diferente da normal, para se converter em prazer. Entre esses anormais e neuróticos, por uma falha no caminho de suas vivências, a inclinação sexual foi para um trilho errado, não conseguindo mais sair de lá. Segundo a concepção de Freud, os perversos não têm uma carga genética diferente, não são doentes nem criminosos psíquicos, e sim em geral pessoas que se lembram de maneira fatidicamente leal de alguma outra forma de obtenção de prazer da época pré-genital, de um acontecimento de prazer erótico em seu período de desenvolvimento, e que, numa obsessão trágica de repetição, buscam o prazer sempre e unicamente nessa direção. Assim é que – figuras infelizes – em plena vida se acham pessoas adultas com formas de desejo infantis que, por causa de suas obsessões, não encontram nenhum prazer na atividade sexual normal para sua idade e considerada natural pela sociedade. Sempre querem reviver prazerosamente aquele acontecimento (geralmente, tornado inconsciente) e buscam um substituto dessa lembrança na realidade. Em sua impiedosa autobiografia, Jean-Jacques Rousseau nos revelou um caso clássico de uma tal perversão originada em um único acontecimento da infância. Quando era criança, sua professora severa, a quem ele amava em segredo, açoitava-o frequentemente com violência, mas para sua própria surpresa o menino sentira um prazer nítido com a dor infligida pela pedagoga. No estado latente (tão admiravelmente definido por Freud), Rousseau esquece esse episódio por completo, mas o seu corpo, a sua alma, o seu inconsciente não o esquecem. E, quando, já homem maduro, busca satisfação no intercurso normal, nunca chega a uma realização física plena. Para que possa se unir a uma mulher, ela precisa primeiro repetir o processo histórico de flagelação com uma vara, e assim pelo resto de sua vida Jean-Jacques Rousseau paga o despertar precoce fatídico e desviado de sua afetividade sexual com um masoquismo incurável que, apesar de seu protesto interior, sempre volta a impeli-lo àquela única forma de prazer. Portanto, os perversos (Freud classifica com esse conceito todos aqueles que buscam a satisfação do prazer por outros caminhos que não o que serve à procriação) não são nem doentes, nem naturezas obstinadas e anárquicas que se insurgem consciente e audazmente contra as leis comuns, mas prisioneiros contra sua vontade, acorrentados a um acontecimento da primeira fase de sua vida, atolados num infantilismo e transformados em neuróticos e psicóticos pela vontade violenta de lutar contra as suas pulsões desviadas. Por isso, uma libertação dessa obsessão jamais será conseguida pela justiça que, com suas ameaças, mergulha o desviado ainda mais em seu enredamento interior, muito menos pela moral, que apela à "razão", e sim unicamente pelo médico da alma, que busca fazer o paciente compreender o acontecimento, expondo-o claramente de maneira participativa. Pois só a autocompreensão do conflito interno – eis o axioma de Freud na ciência da alma – é capaz de suprimi-lo: para curar-se, é preciso primeiro conhecer o sentido da doença.

Segundo Freud, portanto, todo distúrbio psíquico decorre de uma vivência pessoal geralmente com carga erótica, e mesmo aquilo que chamamos de tendência e hereditariedade não são senão marcas de acontecimentos vividos por gerações passadas e que se gravaram nos nervos. Portanto, para a psicanálise, a experiência vivida é decisiva para toda formação psíquica, e por isso ela tenta compreender cada indivíduo a partir do passado por ele vivido. Para Freud, só existe psicologia individual e patologia individual: nada no espaço vital psíquico pode ser visto a partir de uma regra, de um esquema, as causalidades sempre precisam ser descobertas em sua unicidade. Claro que isso não exclui que a maioria das experiências sexuais precoces, embora tenham seu matiz pessoal, assemelham-se sob certas formas típicas; assim como, no sonho, inúmeros indivíduos experimentam a mesma categoria – o sonho de voar, o sonho do exame, o sonho da perseguição –, Freud crê reconhecer na vida sexual precoce certas atitudes sentimentais típicas quase neuróticas, e dedicou-se com especial paixão a pesquisar e reconhecer essas categorias, os "complexos". O mais célebre deles, e também o mais mal-afamado, é o chamado complexo de Édipo, que Freud inclusive qualifica de um dos pilares fundamentais de seu edifício psicanalítico (enquanto a mim parece apenas um daqueles esteios que, terminada a obra, podem ser eliminados sem risco). De lá para cá, ganhou uma popularidade tão fatídica que quase não se precisa explicá-lo em detalhes. Freud supõe que a funesta afetividade que se realizou tão tragicamente na lenda grega de Édipo, em que o filho mata o pai e possui a mãe, que essa situação – a qual nos parece bárbara – exista até hoje em estado de desejo em cada alma infantil, porque – tal é a hipótese mais polêmica de Freud! – a primeira afeição erótica do filho sempre visa à mãe e a primeira tendência agressiva, ao pai. Freud acredita poder provar a existência desse paralelogramo de forças entre amor materno e ódio paterno enquanto o primeiro agrupamento natural e inevitável em toda vida psíquica infantil, e ao lado dele coloca uma série de outros sentimentos subterrâneos, como o medo da castração, o desejo de incesto – sentimentos que também assumiram formas figurativas nos mitos primitivos da humanidade (pois, segundo a concepção cultural-biológica de Freud, os mitos e as lendas dos povos nada mais são do que sonhos de desejos extravasados de suas épocas primitivas). Portanto, tudo o que a humanidade há muito tempo rechaçou por considerar incivilizado – o desejo de matar, o incesto, o estupro –, todos esses sombrios desvarios dos tempos das hordas voltam a lampejar enquanto breves desejos na infância, esse período pré-histórico da alma humana: cada indivíduo é obrigado a repetir simbolicamente em seu desenvolvimento ético toda a história da civilização. Carregamos ainda no nosso sangue – invisíveis, por serem inconscientes – antigos instintos bárbaros, e nenhuma civilização protege totalmente o homem de um insuspeitado lampejar de tais instintos e desejos estranhos a ele mesmo. Misteriosas correntes em nosso inconsciente nos conduzem sempre de volta para aqueles tempos primevos anteriores a qualquer lei ou moral. Mesmo se nos empenharmos ao máximo para manter esse mundo das pulsões longe da nossa atividade consciente, na melhor das hipóteses podemos apenas torná-las férteis no sentido espiritual e moral, mas nunca nos libertarmos totalmente delas.

Por causa dessa concepção supostamente "inimiga da civilização", que, num certo sentido, considera inútil o milenar esforço da humanidade por um controle total das pulsões, enfatizando sem parar a invencibilidade da libido, os adversários de Freud denominaram sua doutrina sexual de pansexualidade. Acusam-no enquanto psicólogo de superestimar a pulsão sexual, atribuindo-lhe uma influência exagerada em nossa vida psíquica, e enquanto médico de exagerar ao tentar associar todo transtorno psíquico unicamente a esse ponto e curá-lo a partir dele. A meu ver, essa objeção mistura verdades com inverdades de forma pouco nítida. Porque, na realidade, Freud nunca apresentou o princípio de prazer como única força motora do mundo. Sabe muito bem que toda tensão, todo movimento – e o que é a vida, senão isso? – decorre unicamente do *polemos*, da polêmica. Por isso desde o início opôs teoricamente à libido, a pulsão centrífuga que tende a ultrapassar o "eu" e procura se ligar, uma outra pulsão, que chamou primeiro de pulsão do eu, depois de pulsão agressiva e afinal de pulsão da morte – a pulsão que tende à destruição e não à reprodução, à aniquilação e não à criação, ao nada e não ao tudo. Só que – e nesse ponto seus adversários não deixam totalmente de ter razão – Freud não conseguiu representar essa pulsão contrária com tanta força persuasiva e plástica como a pulsão sexual. O reino das chamadas "pulsões do eu" permaneceu bastante vago em sua imagem filosófica do mundo, pois quando Freud não enxerga com clareza, isto é, quando se move no espaço puramente especulativo, falta-lhe a maravilhosa plasticidade de sua capacidade representativa delimitadora. Portanto, deve, sim, haver uma certa supervalorização do aspecto sexual em sua obra e em sua terapia, mas essa forte ênfase foi condicionada historicamente pelo sistemático silenciar e subvalorizar de tudo o que é sexual durante décadas. Foi preciso exagerar para conquistar a época para essa ideia; e somente ao romper à força o dique do silêncio é que Freud deu fluência à discussão. Na realidade, esse tão comentado exagero do aspecto sexual nunca significou um real perigo, e tudo o que havia de exagerado nas primeiras experiências há muito já foi superado pelo eterno regulador de todos os valores: o tempo. Hoje, decorridos vinte e cinco anos desde as primeiras exposições de Freud, até o mais medroso pode se tranquilizar: o conhecimento científico novo, sincero e melhor sobre o problema da sexualidade não tornou o mundo mais sexual, mais erótico ou amoral; ao contrário, a doutrina freudiana apenas reconquistou um patrimônio psíquico perdido pelo pudor da geração anterior: a naturalidade do espírito diante de tudo o que é físico. Toda uma geração aprendeu – e já se ensina isso nas escolas – a não mais evitar as decisões interiores, a não ocultar os mais importantes e mais íntimos problemas, mas, ao contrário, a se dar conta com a maior clareza possível precisamente dos perigos e riscos das crises internas. Todo autoconhecimento significa liberdade perante si mesmo, e sem dúvida essa nova moral sexual mais livre mostrará ser eticamente muito mais criativa para a futura camaradagem entre os sexos do que a velha moral de dissimulação. Ter acelerado e definido a sua eliminação cabal faz parte dos inegáveis méritos desse homem ousado e independente. Sempre uma geração inteira deve sua liberdade interna a um só homem; sempre toda nova ciência começa com um primeiro que fez os demais se darem conta do problema.

Olhar crepuscular ao longe

> Todo olhar se transforma em observação, toda observação em reflexão, toda reflexão em associação, e assim podemos dizer que teorizamos já ao lançarmos um olhar atento ao mundo.
>
> GOETHE

O outono é o tempo abençoado da avaliação. Os frutos foram colhidos, a tarefa está feita: puros e claros, o céu e o horizonte distante iluminam a paisagem da vida. Quando Freud, aos setenta anos, lança pela primeira vez um olhar retrospectivo e crítico sobre a obra que realizou, sem dúvida se surpreende quão longe o conduziu seu caminho criador. Um jovem neurologista dedica-se a um problema, a interpretação da histeria. Mais rápido do que supunha, esse caminho o leva longe. Mas ali, no fundo do poço, já acena um novo problema: o inconsciente. Examina-o e constata: é um espelho mágico. Não importa sobre que objeto espiritual projeta sua luz, sempre se ilumina num novo sentido. E assim, armado de um dom interpretativo ímpar, misteriosamente guiado por uma missão interior, Freud avança de revelação em revelação, de um panorama espiritual para outro, mais elevado, mais vasto – *una parte nasce dall'altra successivamente*, dizia Leonardo da Vinci –, e cada um desses círculos que ascendem em espiral se encadeiam em uma imagem uniforme do mundo espiritual. Há muito já foram transpostos os reinos da neurologia, da psicanálise, da interpretação dos sonhos, da investigação da sexualidade, e surgem sempre outras ciências se oferecendo para serem modernizadas. A pedagogia, as ciências da religião, a mitologia, a poesia e a arte devem importantes enriquecimentos aos seus estímulos. Do alto de sua idade, o pesquisador idoso mal consegue vislumbrar até onde chegará sua influência no futuro. Como Moisés no topo da montanha, no entardecer da vida Freud ainda enxerga um infinito terreno não arado e fecundo para a sua doutrina.

Caçador de mistérios e buscador da verdade durante cinquenta anos, esse pesquisador trilhou sem cessar o caminho da luta; seu espólio é incalculável. Quanta coisa não planejou, intuiu, criou, ajudou? Quem é capaz de contabilizar essas façanhas em todos os domínios do espírito? Agora ele poderia descansar, esse velho homem. E, de fato, algo dentro dele começa a ansiar por uma perspectiva mais doce, menos responsável. Seu olhar, que, severo e examinador, observou tantas almas negras, gostaria agora de abranger livremente, numa espécie de devaneio intelectual e de maneira descomprometida, a imagem total do universo. Aquele que sempre arou nos abismos deseja agora contemplar os píncaros e as planícies da existência. Aquele que enquanto psicólogo pesquisou e perguntou sem cessar a vida toda gostaria agora de encontrar uma resposta enquanto filósofo. Aquele que empreendeu incontáveis análises individuais gostaria de ousar uma vez compreender o sentido da comunidade e pôr à prova sua arte interpretativa numa psicanálise da época.

É antigo esse desejo de contemplar uma vez o mistério do universo pelo espírito, em esforço puramente intelectual. Mas a vida inteira o rigor de sua tarefa proibiu Freud de se entregar a inclinações especulativas; primeiro, era preciso investigar as leis da estrutura psíquica em inúmeros indivíduos antes de ousar aplicá-las à coletividade. Seu senso de responsabilidade sempre achava que era cedo demais. Mas agora que anoitece, agora que cinquenta anos de trabalho infatigável lhe dão o direito de olhar com pensamentos sonhadores para além do caso individual, ele dá um passo e olha para longe, tentando aplicar na humanidade como um todo o método que experimentou em milhares de pessoas.

Um pouco hesitante, um pouco temeroso, ele, o mestre normalmente tão seguro de si, começa a tarefa. Quase diríamos: é com a consciência pesada que ele ousa ultrapassar o seu reino da ciência exata dos fatos para adentrar o domínio em que não há provas, pois ele, que desmascarou tantas ilusões, sabe como é fácil ser seduzido por sonhos filosóficos. Até agora, rechaçara duramente qualquer generalização especulativa: "Sou contra fabricar concepções de mundo." Portanto, é com peso no coração – e não com a velha certeza inabalável – que se volta então para a metafísica (ou, como prefere dizer, cuidadoso: a metapsicologia), quase pedindo desculpas por essa audácia tardia: "Em minhas condições de trabalho ocorreu uma mudança cujas consequências não posso negar. Antigamente, eu não fazia parte daqueles que não conseguem manter uma suposta novidade em segredo até ela ser confirmada... Mas então o tempo à minha frente era vasto, *oceans of time*, oceanos de tempo, como diz um estimado poeta, e o material afluía a mim com tanta riqueza que eu mal podia me resguardar das experiências... Tudo isso agora mudou. O tempo à minha frente é limitado, não é totalmente aproveitado pelo trabalho, a oportunidade de ter novas experiências não é mais tão frequente. Se penso divisar algo novo, não tenho certeza se posso esperar a confirmação." Vê-se que esse cientista tão rigoroso sabe de antemão que, dessa vez, enfrentará toda sorte de problemas insidiosos. Numa espécie de monólogo, de conversa consigo mesmo, aborda algumas das questões que o oprimem, sem exigir ou dar resposta completa. Esses seus livros tardios, *O futuro de uma ilusão* e *O mal-estar na civilização*, talvez não sejam tão densos quanto os anteriores, mas são mais poéticos. Contêm menos ciência demonstrável, porém mais sabedoria. No lugar do dissecador implacável, revela-se enfim o pensador que resume grandiosamente; no lugar do médico de uma ciência natural exata, o artista há tanto tempo pressentido. E é como se, pela primeira vez, por trás do olho perscrutador surgisse o homem Sigmund Freud por tanto tempo escondido.

Mas é um olhar sombrio que aqui contempla a humanidade, um olhar escurecido por ter visto tanta coisa sombria. Durante cinquenta anos, ininterruptamente, as pessoas só o procuravam com suas preocupações, seus tormentos, suas dores e seus distúrbios, reclamando, perguntando, gemendo, histéricas e selvagens; sempre apenas doentes, deprimidos, torturados, loucos; durante uma vida inteira, só o lado passivo e melancólico da humanidade esteve voltado para esse homem. Encarcerado na caverna do seu trabalho, raramente via a outra face da humanidade, a face serena, alegre, confiante; os generosos, despreocupados, alegres, levianos, animados, felizes e saudáveis; sempre apenas doentes, melancólicos, transtornados, apenas almas sombrias. Sigmund Freud foi médico durante tempo demais para que, aos poucos, não visse a humanidade inteira como um doente. E sua primeira impressão ao deixar o seu laboratório de pesquisas e olhar para o mundo já antepõe a todas as investigações vindouras um diagnóstico terrivelmente pessimista: "Para toda a humanidade, assim como para o indivíduo, a vida é difícil de suportar."

Palavras fatidicamente sombrias, que prometem pouca esperança – mais um suspiro interno do que uma revelação! Vê-se que Freud se aproxima de sua tarefa cultural-biológica como do leito de um doente. Acostumado a observar como um médico de alma, acredita ver sintomas claros de um distúrbio psíquico em nossa época. Como a alegria é estranha ao seu olhar, só enxerga falta de felicidade em nossa civilização e começa a investigar analiticamente a neurose dessa alma. Como pode ser, pergunta-se, que tão pouco bem-estar anime a nossa civilização, a qual no entanto elevou a humanidade acima de todos os pressentimentos e esperanças de gerações anteriores? Afinal, não superamos mil vezes em nós o velho Adão, já não somos mais semelhantes a Deus que a ele? O ouvido já não escuta os continentes mais distantes graças ao telefone? O olho não vê miríades de estrelas graças ao telescópio e um cosmo inteiro numa gota d'água graças ao microscópio? A nossa voz não salta o espaço e o tempo em um segundo, zombando da eternidade, fixada num disco de gramofone? O aeroplano não nos transporta com segurança através do elemento que por milhares de anos esteve interdito ao mortal? Por que então, apesar dessa semelhança divina, não existe um sentimento de vitória na alma do homem, mas somente a consciência opressora de que somos apenas senhores "emprestados" dessa maravilha, apenas "deuses próteticos" (expressão decisiva!), e que nenhuma dessas conquistas técnicas satisfaz e alegra nosso "eu" interior? Onde está a origem dessa inibição, desse distúrbio, onde está a raiz dessa doença da alma?, indaga Freud, olhando para a humanidade. Sério, severo e metódico, como se se tratasse de um caso específico de seu consultório, Freud se põe a investigar as origens do mal-estar na nossa civilização, dessa neurose da humanidade contemporânea.

Ocorre que Freud inicia cada psicanálise pela investigação do passado: e assim também procede com a civilização de alma doente, lançando um olhar retrospectivo sobre as formas primitivas da sociedade humana. No início, vê o homem pré-histórico (de certa forma, o bebê lactente), ignorante de costumes e leis, livre como um animal e totalmente desinibido. Movido por uma força egoísta concentrada, descarrega suas pulsões agressivas em assassinato e canibalismo e a sua pulsão sexual em pansexualidade e incesto. Mas, assim que esse homem original forma hordas e clãs, dá-se conta de que sua cobiça encontra limites na resistência de seus companheiros: toda vida social, mesmo no estágio mais primitivo, exige restrições. O indivíduo precisa se contentar em considerar certas coisas como proibidas; estabelecem-se a lei e a moral, convenções comuns que pedem punição para cada transgressão. Esse conhecimento das interdições, esse temor da proibição logo se transfere para dentro e cria uma nova instância no cérebro até agora soturno como um animal – um *supereu*, por assim dizer um sinal que avisa a tempo que não se deve transpor os trilhos dos costumes para não ser atingido pela punição. Com esse supereu, a consciência, nasce a civilização, e, ao mesmo tempo, a ideia religiosa. Pois todos os limites que a natureza opõe de fora ao impulso de prazer humano – frio, doença, morte –, o temor cego primitivo da criatura percebe como tendo sido enviados sempre apenas por um adversário invisível, um Deus pai, que tem todo o poder de punir e de recompensar, um Deus do medo a quem se deve obedecer e servir. Supremo ideal do "eu" enquanto imagem original do poder perfeito e, ao mesmo tempo, figura temida, por ser a origem de todo o terror, a suposta presença de um Deus pai onisciente e onipotente impele o homem rebelde, com ajuda da consciência no papel de beleguim, de volta aos seus limites; com essa autolimitação, com a renúncia, a disciplina e a autodisciplina, o ser selvagem e bárbaro começa aos poucos a se civilizar. Mas quando as forças humanas originalmente prontas para o combate se unem para uma atividade conjunta criadora, em vez de apenas combaterem de maneira assassina e sanguinária, aumenta a capacidade espiritual, ética e técnica da humanidade, e aos poucos ela priva o seu próprio ideal – o Deus – de boa parte de seu poder. O raio é aprisionado, o frio domesticado, a distância superada, o perigo das feras dominado pelas armas, todos os elementos – água, terra, fogo e ar – são aos poucos subjugados à comunidade civilizada. A humanidade ascende cada vez mais a escada celeste rumo ao divino, graças às suas forças criadoras e organizadas, e, senhora dos cumes e dos abismos, superando o espaço, cheia de saber e quase onisciente, ela, que se originou do animal, já pode se considerar semelhante a Deus.

Mas, em meio a ese belo sonho de uma futura civilização criadora de felicidade universal, Freud, o incurável desilusionista, indaga, assim como Jean-Jacques Rousseau mais de cento e cinquenta anos antes: por que a humanidade não se tornou mais feliz e alegre apesar dessa semelhança divina? Por que o nosso "eu" mais profundo não se sente enriquecido, libertado e liberado por todos esses triunfos civilizatórios da comunidade? E ele próprio responde, implacavelmente duro e incisivo: porque esse enriquecimento pela civilização não nos foi simplesmente dado de presente, mas é pago com uma imensa restrição da liberdade das nossas pulsões. O reverso de todo ganho de civilização da espécie é uma perda de felicidade no nível do indivíduo (e Freud sempre toma partido do indivíduo). Ao ganho de civilização conjunta da humanidade se opõe uma perda de liberdade, uma diminuição da força emocional de toda alma individual. "Nosso atual sentimento do 'eu' é apenas uma parte atrofiada de um sentimento vasto e mesmo universal que corresponde a uma ligação mais íntima do 'eu' com o mundo que o circunda." Cedemos demais das nossas forças inquebrantadas à sociedade, à coletividade, para que nossas pulsões originais, a sexual e a de agressão, ainda pudessem revelar sua unidade e poder antigos. Quanto mais a nossa vida psíquica se dispersa em canais finos e ramificados, mais perde de sua torrencial força elementar. As restrições sociais que se tornaram cada vez mais rígidas ao longo dos séculos estreitam e distorcem nossa força emocional, "sobretudo a vida sexual do homem civilizado é gravemente prejudicada. Às vezes, dá a impressão de uma função em pleno retrocesso, assim como parece ocorrer com os nossos órgãos, nossa dentição e os nossos cabelos". Misteriosamente, porém, a alma humana não se deixa enganar: foi privada de algum outro tipo de prazer mais pleno, mais selvagem, mais natural, em troca de um sem-número de novas e mais elevadas formas de satisfazer o prazer, como as que nos querem fazer crer diariamente as artes, as ciências, a técnica, a dominação da natureza e outros confortos. Alguma coisa dentro de nós, talvez biologicamente escondida em algum canto dos labirintos do cérebro e fluindo no sangue das nossas veias, lembra-se misticamente, em cada um de nós, daquele estágio original de suprema desinibição: todos os instintos há muito superados pela civilização – incesto, parricídio, pansexualidade – assombram nossos desejos e sonhos. E mesmo na criança mais mimada, nascida da maneira mais suave e indolor de uma mãe altamente culta no luxo de um consultório particular esterilizado, iluminado e aquecido, volta a despertar o velho homem primitivo; ela precisa percorrer de novo passo a passo todos os milênios, das pulsões pânicas originais até a autolimitação, revivendo e sofrendo em seu pequeno corpo em crescimento toda a evolução para a civilização. Assim, uma lembrança da nossa velha soberba permanece indestrutível dentro de nós, e em alguns momentos nosso "eu" moral anseia selvagemente pela anarquia, pela liberdade nômade, pela condição animal de nossas origens. Permanentemente, os ganhos e as perdas se equilibram em nossa percepção de vida, e, quanto maior o abismo entre a ligação cada vez mais estreita com a comunidade e a primitiva liberdade, tanto mais se agrava na alma individual a desconfiança de que na verdade terá sido roubada por esse progresso e espoliada do seu "eu" mais íntimo pela socialização do "eu".

Algum dia a humanidade conseguirá dominar definitivamente essa inquietação, esse despedaçamento de sua alma?, pergunta Freud. Cambaleando desorientada entre o temor a Deus e o prazer animal, entravada por interdições, oprimida pela neurose obsessiva da religião, encontrará ela uma saída desse dilema civilizatório? Os dois poderes originais – a pulsão agressiva e a pulsão sexual – não se submeterão enfim voluntariamente à razão moral, fazendo com que possamos abrir mão, por supérflua, da "hipótese utilitária" de um Deus que castiga e julga? Será que o futuro, falando em termos psicanalíticos, ao tornar-se consciente desse seu mais secreto conflito sentimental, também o superará de maneira definitiva? Será que conseguirá um dia se curar totalmente? Pergunta perigosa, essa! Pois ao perguntar se a razão alguma vez será capaz de se assenhorear da nossa vida pulsional, Freud entra em um conflito trágico. De um lado, a psicanálise nega a supremacia da razão sobre o inconsciente – "os homens são pouco acessíveis aos motivos da razão, são movidos por desejos pulsionais" –, mas, de outro, afirma que "não temos outro meio para dominar nossas pulsões a não ser nossa inteligência". Enquanto doutrina teórica, a psicanálise defende a supremacia das pulsões e do inconsciente – como método prático, aplica a razão como único meio de cura do homem e, com isso, de toda a humanidade. Aqui já há muito se oculta na psicanálise uma contradição secreta que chega a níveis incomensuráveis conforme as dimensões da observação: agora, Freud teria que tomar uma decisão definitiva, justamente no domínio filosófico deveria pronunciar-se pelo predomínio da razão ou da pulsão. Mas essa decisão se torna muito difícil para ele, que não sabe mentir e nunca quer mentir para si próprio. Como decidir? Com um olhar perturbado, o velho homem acaba de ver a sua doutrina da supremacia das pulsões sobre a razão consciente confirmada pela psicose de massa da guerra mundial: nunca, antes desses quatro anos apocalípticos, ficara mais terrivelmente evidente quão fina é ainda a camada de humanidade por sobre a mais desinibida e odienta violência sanguinária, e que basta um único empurrão do inconsciente para fazer ruir todas as edificações artísticas do espírito e todos os templos da moral. A religião, a cultura, tudo o que enobrece e eleva a vida consciente do homem, ele viu sendo sacrificado em nome do prazer mais selvagem e primevo da destruição; todos os poderes sagrados e santificados mais uma vez se provaram puerilmente fracos contra a pulsão surda e sanguinolenta do homem primitivo dentro da humanidade. Ainda assim, algo dentro de Freud se recusa a reconhecer a validade da derrota moral da humanidade na guerra mundial. Pois para que servem a razão e o seu próprio serviço de décadas à verdade e à ciência, se no fim toda a conscientização da humanidade por meio da educação permanece impotente contra o inconsciente? Incorruptivelmente sincero, Freud não ousa negar a eficácia da razão, mas tampouco a imprevisibilidade da pulsão. Assim, por fim ele empurra a resposta à pergunta que ele próprio coloca para um cuidadoso "talvez", ou "quem sabe, um dia", para um distante terceiro reino da alma, pois não quer voltar totalmente desconsolado dessa incursão tardia. Para mim, é comovente ouvir como se tornou doce e conciliadora a sua voz normalmente tão severa, agora que, no anoitecer de sua vida, ainda quer colocar uma pequena luz de esperança para a humanidade no fim do seu caminho: "Não importa quantas vezes enfatizamos que o intelecto humano é fraco comparado com a vida das pulsões humanas, e podemos até ter razão nisso. Mas há algo de especial nessa fraqueza. A voz do intelecto é baixa, mas não descansa até se fazer ouvir. No final, depois de tantas vezes repelida, consegue-o. Esse é um dos poucos pontos em que ainda se pode continuar sendo otimista em relação ao futuro da humanidade, mas ele não significa pouca coisa. O primado do intelecto certamente se situa em um lugar longínquo, porém não inatingível."

São palavras maravilhosas. Mas esse pequeno clarão tremula muito distante na escuridão e é por demais incerto para poder aquecer a alma que questiona e que treme de frio com a realidade. Toda probabilidade é apenas um fraco consolo e nenhum "talvez" satisfaz a sede insaciável de acreditar em certezas mais elevadas. Mas aqui nos encontramos diante da verdadeira e intransponível fronteira da psicanálise: seu poder termina onde começa o reino da fé interior, da confiança criadora – conscientemente sem ilusões e inimiga de todo delírio, ela não voa nessas esferas superiores. Ciência voltada exclusivamente para o indivíduo, para a alma individual, não sabe e nem quer saber nada de um sentido comum ou de uma missão metafísica da humanidade. Por isso, ilumina apenas fatos psíquicos, mas não aquece a alma humana. Só pode dar saúde, mas saúde sozinha não basta. Para se tornar feliz e criadora, a humanidade precisa sempre ser fortalecida pela crença em um sentido de sua existência. Acontece que a psicanálise não oferece opiáceos como a Ciência Cristã, êxtases embriagadores como as promessas ditirâmbicas de Nietzsche – não promete nada e prefere silenciar a consolar. Essa sua veracidade, que corresponde inteiramente ao espírito severo e sincero de Sigmund Freud, é maravilhosa no sentido moral. Mas em toda veracidade pura há inevitavelmente um grão de amargura e ceticismo, sobre tudo o que é simplesmente razoável, esclarecedor e analítico paira uma certa sombra trágica. Há, sem dúvida, algo de des-divinizador na psicanálise, algo que tem sabor de terra e de cinzas, que, como tudo o que é apenas humano, não nos torna livres e felizes. A sinceridade pode enriquecer grandiosamente o espírito, mas nunca satisfaz por completo o sentimento, nunca ensinará a humanidade a querer se lançar para fora dos próprios limites, esse seu prazer tão tolo, porém tão necessário. Mas o homem – e quem o provou melhor do que Freud? – não consegue viver sem sonhos nem no sentido físico. O seu corpo estreito explodiria sob a supremacia dos sentimentos não vividos. Como, então, a alma da humanidade suportaria existir sem a esperança de um sentido mais elevado, sem sonhos de fé? Ainda que toda ciência possa provar sempre o absurdo de seu jogo de criação divina, a sua alegria criadora sempre terá de se esforçar por um novo sentido do mundo a fim de não cair no niilismo, pois essa alegria do esforço já é em si mesma o sentido mais profundo de toda vida espiritual.

Para essa fome de fé da alma, a objetividade rígida e fria da psicanálise não tem alimentos. Ela oferece autoconhecimento, nada mais, e como lhe falta a fé no mundo, só pode ser sempre uma concepção da realidade e nunca se tornar concepção do mundo. Eis o seu limite. Mais do que qualquer outro método espiritual anterior, conseguiu aproximar o homem de seu próprio "eu", mas não – o que seria necessário para o holismo do sentimento – levá-lo de novo para além desse "eu". Ela resolve e divide e separa, mostra a cada vida o seu próprio sentido, mas não consegue unir esses milhares de unidades num sentido comum. Para complementar de maneira criativa essa forma de pensar que divide e ilumina teria que existir outra, que une e funde – a psicossíntese. Quem sabe a união entre psicossíntese e psicanálise será a ciência de amanhã. Por mais longe que Freud tenha avançado, acima dele ainda existem muitos espaços livres para contemplação. Depois que sua arte de interpretação apontou à alma seus entraves secretos, outros poderiam ensinar-lhe de novo sua liberdade, o fluir e transbordar de seu próprio ser para dentro do universo.

O alcance no tempo

> Não queremos deixar o indivíduo – que se origina do uno e do múltiplo e carrega em si, desde o nascimento, tanto o definido quanto o indeterminado – se desvanecer no ilimitado antes de termos uma visão sobre todas as suas séries de representação, que intermediam o uno e o múltiplo.
>
> PLATÃO

Duas descobertas, de uma simultaneidade simbólica, ocorrem na última década do século XIX: em Würzburg, um físico até então desconhecido, chamado Wilhelm Röntgen, prova, através de uma experiência inesperada, que é possível perscrutar o corpo humano até então supostamente impenetrável. Em Viena, um médico igualmente desconhecido, Sigmund Freud, descobre a mesma possibilidade para a alma. Os dois métodos não só modificam os fundamentos de sua própria ciência como também fecundam todos os domínios vizinhos. Por um insólito cruzamento, a medicina tira proveito da descoberta do físico, e a do médico enriquece a psicofísica, doutrina das forças da alma.

Graças à grandiosa descoberta de Freud, hoje ainda longe de estar esgotada no que diz respeito à sua eficácia, a doutrina científica da alma finalmente ultrapassa as fronteiras acadêmicas e teóricas e desemboca na vida prática. Com Freud, a psicologia pela primeira vez se torna aplicável enquanto ciência a todas as formas do espírito criativo. Pois o que era a psicologia antes? Mera disciplina acadêmica, pesquisa teórica especial, aprisionada nas universidades, encapsulada em seminários, engendrando livros em uma linguagem insuportável e ilegível. Quem a estudava não sabia sobre si e suas próprias leis individuais mais do que se tivesse estudado sânscrito ou astronomia, e de maneira instintiva a opinião pública percebia seus resultados laboratoriais como insignificantes, por serem totalmente abstratos. Ao reorganizar a pesquisa da alma, passando-a da teoria para o indivíduo e elevando a cristalização da personalidade a objeto de investigação, Freud transfere a psicologia do seminário para a realidade e a torna de importância vital para o homem, por ser aplicável. Só agora a psicologia pode servir e auxiliar a pedagogia na formação do ser humano, a medicina na cura, a justiça no julgamento daquele que erra, a arte na compreensão da criação. Ao buscar explicar a individualidade sempre única de cada um a ele próprio, ajuda ao mesmo tempo a todos os outros. Pois quem alguma vez conseguiu compreender o ser humano em si mesmo o compreenderá em todos os homens.

Assim, orientando a psicologia para a alma individual, Freud inconscientemente libertou a vontade mais íntima da época. Nunca o homem teve mais curiosidade pelo seu "eu" interior, pela sua personalidade, do que nesse nosso século da crescente monotonização da vida exterior. Cada vez mais o século da técnica uniformiza e despersonaliza seus cidadãos e os transforma em tipos incolores; divididos nas mesmas classes salariais, morando nos mesmos prédios, usando a mesma roupa, cumprindo as mesmas jornadas nas mesmas máquinas, e depois se refugiando nas mesmas formas de diversão, o mesmo rádio, o mesmo disco, o mesmo esporte, vão-se tornando todos espantosamente parecidos, as cidades com as mesmas ruas cada vez menos interessantes, as nações cada vez mais homogêneas; o imenso cadinho da racionalização funde todas as distinções aparentes. Uma vez que a nossa superfície é cada vez mais polida, quanto mais os homens são classificados por séries e dúzias, tanto mais importante se torna para cada um, em meio à crescente despersonalização das formas de vida, a única camada que não pode ser acessada ou influenciada de fora: a sua personalidade única e irrepetível. Ela se tornou a medida suprema e quase única do homem, e não é por acaso que todas as artes e ciências agora servem com tanta paixão à caracterologia. A doutrina dos tipos, a ciência da descendência, a teoria da hereditariedade, as pesquisas sobre a periodicidade individual se esforçam por separar cada vez mais o particular do geral. Na literatura, a biografia amplia a ciência da personalidade, e métodos supostamente obsoletos de pesquisa da fisionomia interior, como astrologia, quiromancia, grafologia, reflorescem em nossos dias de maneira inesperada. De todos os enigmas da existência, nenhum outro é mais importante para o homem de hoje do que o seu próprio ser e devir, a condicionalidade especial e a particularidade única de sua personalidade.

Freud reconduziu a ciência da alma, que já se tornara abstrata, a esse centro vital interior. Pela primeira vez, desenvolveu de forma quase poeticamente grandiosa a dimensão dramática na construção da personalidade de cada indivíduo, esse ardente e denso vai-vém no reino ambíguo entre consciente e inconsciente, onde o menor estímulo produz os efeitos mais amplos e o passado se liga ao presente nos entrelaçamentos mais maravilhosos – um mundo deveras universal no estreito ciclo sanguíneo do corpo, impossível de se abranger em sua totalidade e, no entanto, a ser observado prazerosamente como uma obra de arte em suas abissais e imperscrutáveis leis. Mas as leis que governam o homem – essa é a perturbadora mudança de sua doutrina – não podem jamais ser julgadas segundo um esquema acadêmico, e sim experimentadas, vividas, revividas e, a partir dessa vivência, reconhecidas como únicos valores válidos. Nunca se poderá compreender uma personalidade a partir de uma fórmula rígida, somente a partir da sua forma própria de destino, marcada por vivências: por isso, qualquer cura no sentido médico, qualquer ajuda moral, para Freud, pressupõe o conhecimento – um conhecimento afirmativo, sabedor e compassivo. O respeito da personalidade, desse "mistério manifesto" no sentido goethiano, por isso, é o início obrigatório de toda ciência da alma e de toda terapia da alma, e Freud ensinou como ninguém mais a se respeitar de novo esse apreço como um mandamento moral. Foi só através dele que milhares e centenas de milhares de pessoas compreenderam pela primeira vez a fragilidade da alma, especialmente da alma infantil, e começaram a perceber, em face das feridas que ele apontou, que todo tratamento grosseiro, toda intervenção brutal (às vezes, só com palavras!) nessa matéria hipersensível, dotada de uma força fatídica de reminiscência, pode destruir uma vida. Ou seja, que toda punição, castigo, ameaça e flagelação impensados carregam o algoz com uma responsabilidade até então desconhecida. O respeito da personalidade, mesmo em seus desvios particulares – foi Freud quem o reintroduziu de modo cada vez mais profundo na consciência do nosso presente, em escolas, igrejas, tribunais, esses lugares de obstinação e rigidez, disseminando com esse melhor conhecimento da alma também mais compreensão e indulgência no mundo.

Nenhum método contemporâneo estimulou tanto quanto a doutrina da personalidade de Freud a arte da compreensão mútua, a mais importante dentre as relações humanas e cada vez mais importante entre as nações, essa única arte que pode nos ajudar a construir uma humanidade mais elevada. Foi só graças a Freud que nossa época se apercebeu, de um modo novo e ativo, da importância do indivíduo, do valor insubstituível de cada alma humana. Não há na Europa, em todos os ramos da arte, da pesquisa e da ciência da vida, um único nome cujas concepções não tenham sido influenciadas direta ou indiretamente pelos pensamentos de Freud, seja por atração ou oposição: em toda parte esse homem excepcional atingiu o centro da vida, a dimensão humana. E enquanto os especialistas até hoje não conseguem se conformar que essa obra não se comporte segundo as regras acadêmicas da medicina, das ciências naturais e da filosofia, enquanto sábios e eruditos ainda brigam a respeito de detalhes e do valor definitivo, a doutrina de Freud há muito tempo já provou ser irrefutavelmente verdadeira, naquele sentido criador que Goethe nos legou com a inesquecível expressão: "Só o que é fértil é verdadeiro."

Posfácio

Stefan Zweig e Sigmund Freud: Guerras ou A generalizada sensação de desordem

Alberto Dines

> Cada período histórico prestes a se renovar começa por transferir para um indivíduo a encarnação de um ideal. Para entender sua própria feição, o espírito do tempo escolhe um homem como modelo e, ao elevar esse personagem, não raro escolhido por acaso, muito acima de sua dimensão, de certa maneira se entusiasma com o próprio entusiasmo. As ideias e os sentimentos novos sempre são inteligíveis apenas para um grupo de privilegiados; a massa nunca é capaz de apreendê-los em abstrações, exige formas concretas... No lugar da ideia, um homem, um símbolo...

Stefan Zweig sobre Sigmund Freud? Não: Stefan Zweig sobre Erasmo de Roterdã, três anos depois de *A cura pelo espírito*. Nessa biografia, publicada após a vitória nazista, no pedestal preparado para receber Erasmo de Roterdã (que Zweig elegeu para o papel de anti-Hitler e designou como Príncipe dos Humanistas) quem melhor se encaixa é outro nome: o do pai da psicanálise.

Teólogo, tradutor, professor, o holandês-suíço Erasmo, padrinho da *Utopia* de Thomas More, tentou evitar o grande cisma luterano e o furor do fanatismo que a ele se seguiria. Não conseguiu: o apóstolo da tolerância não tinha a estatura – ou a energia – para encarnar um novo cristianismo. Freud, ao contrário, concebeu e liderou uma revolução através de um novo olhar sobre o homem, livrando-o dos lobos interiores que o acossam antes mesmo de ele nascer.[1]

1. *Triumph und Tragik des Erasmus von Rotterdam*, primeira obra de Zweig depois do rompimento com a Insel Verlag, foi editada pelo amigo Herbert Reichner (Viena, 1934). No

O tríptico de perfis *A cura pelo espírito* colocou Freud no circuito das celebridades mundiais e pôs à disposição dessa audiência ansiosa para livrar-se das inibições algumas percepções menos simplistas para os debates que então se travavam. Já conhecido pela moderação, alguns amigos se espantaram com a súbita militância pró-psicanálise do jovem Zweig: não estavam preparados para encarar suas contradições.

Oskar Maurus Fontana, jornalista e crítico teatral vienense, definia-o como "observador de ondas", ora aqui, ora acolá, nunca num ponto certo. Um surfista?[2] Mediador genuíno, capaz de captar angústias e devolvê-las sob a forma de esperança, Zweig preferia combater à sombra, persuadir. Por pudor ou para se preservar. Naqueles "tempos modernos" e bem antes do cinema falado, quando as pessoas passaram a valer pelos discursos proferidos e as insígnias exibidas na lapela, Zweig preferia ser identificado pelo que escrevia. E escrevia como pensava, cuidadoso nos juízos, prudente nas adesões, temeroso em alimentar incêndios. Militou em diferentes vanguardas sem abusar da exposição pessoal, nem radicalizar. Só não foi moderado no horror à guerra.

Na autobiografia excedeu-se em matéria de discrição: secundarizou-se, terceirizou-se: não aguentaria arcar com toda a carga de inquirições naquela que sabia ser a derradeira obra. Porém livros de memórias exigem histórias completas, sobretudo quando póstumos. Leal aos leitores, para mantê-los ligados e acesos entreabriu portas, destampou frestas, forçou brechas, certo de que a sua prosa, a fluidez do relato e a força dos fatos

Brasil foi publicada pela Editora Globo de Porto Alegre (1936) e só postumamente incluída na Edição Uniforme das Obras de Stefan Zweig (vol.XVII) da Editora Guanabara, disfarçada pelo título *Caminhos da verdade*, junto com o perfil *Américo Vespúcio*. O atraso do editor e amigo Abraão Koogan explica-se pelo temor de ser tomado como opositor do Estado Novo e da Igreja católica.

2. Cf. Jean-Pierre Lefebvre (org.), *Stefan Zweig, Romans, nouvelles et recits* (Paris, Gallimard, Pléiade, vol.1, p.XXXV-VI). O mesmo Lefebvre sugere, maliciosamente, uma explicação para os bigodes de Zweig: esconder as palavras que seus lábios murmuravam. Injustiça: embora diferenciados ao longo do tempo, os bigodes adotados por Zweig nunca chegaram a encobrir inteiramente o lábio. Nunca usou barba, sequer cavanhaque, ao contrário dos mestres (Verhaeren portava um farto bigode de estilo nietzschiano, Rolland usou bigode mais volumoso que o de Zweig e Freud sempre usou barba bem aparada e completa).

compensariam lapsos (freudianos ou zweiguianos), mas não levou em conta que o saudoso mundo de ontem seria completado no mundo de hoje. Pagou por isso: o que ficou em branco converteu-se em buraco negro, preenchido por outros fetiches – os mesmos que sempre evitou.

Das figuras que nomeou como mestres – o poeta belga Émile Verhaeren, o humanista francês Romain Rolland e o médico-filósofo vienense Sigmund Freud –, apenas os dois primeiros mereceram descrições detalhadas dos primeiros encontros com o jovem Zweig. Freud, ao contrário, não irrompe na história como super-herói: pulsa nela desde sempre, presente nos recantos de Viena, nas remissões ao espírito do tempo e nas inquietações diante de desordens iminentes.

Único judeu do grupo de mentores, Freud foi também o único com quem Zweig jamais rompeu. Afastou-se de Verhaeren no meio da Grande Guerra, quando o poeta capitulou aos rancores chauvinistas, e separou-se de Rolland na véspera do morticínio seguinte, ao perceber que seu contagiante humanismo agora servia mais ao stalinismo; porém manteve-se apegado a Freud até o fim. À sua maneira – apressado, impaciente, desastrado, enrolado –, porém fiel.

Não explicitou quando, onde e de que maneira se encontraram pela primeira vez, como se a convergência fosse inevitável. Filhos do mesmo radioso apocalipse vienense que de um fez o pesquisador rigoroso, obsessivo, e do outro, o *Dichter*, poeta aberto, oferecido. Freud estava ali, à espera. Também Zweig. Disponíveis ambos, sensíveis às mesmas trepidações porém treinados para responder aos desafios de formas diferenciadas: um através da inflexível investigação, o outro nas asas da exaltação.

Ao certo sabe-se que a primeira carta de Freud para Zweig data de 3 de maio de 1908 – 31 anos e quatro meses antes da derradeira –, mas o breve e cerimonioso texto sugere evento anterior. Não necessariamente primordial. Ao receber o volume com a primeira incursão teatral de Zweig, *Tersites*, Freud refere-se à obra precedente, os versos de *Frühen Kränze* (Coroas precoces, 1906), que recebera antes.

Esclarecida uma incógnita, logo outras se atropelam, empurradas pela ânsia de juntar pontos, traçar retas e compor sentidos. Parte da enxurrada de equívocos sobre a vida de Zweig tem origem nas lacunas que por pressa ou delicadeza ele deixou abertas justamente ao descrever seus primeiros passos como poeta, sonhador e pupilo de tão importantes mestres. O visionário Zweig jamais poderia imaginar que na era das celebrações – a sucessora da sua "dourada era de segurança" – cada hipótese teria função e validade, mesmo se estapafúrdia, deletéria, inverossímil, inverídica. Amigo de juventude, o veneziano Benno Geiger encarregou-se de espalhar versões bizarras, pretensamente picantes, intrigas em estado puro, depois reproduzidas ingenuamente como testemunhos "históricos" e fidedignos.[3] Emil Ludwig disseminou outras perversidades claramente baseadas em fofocas e envolvendo justo Freud e Zweig, os quais detestava com igual empenho. Segundo Ludwig, o escritor teria procurado o famoso médico em 1910 por conta de supostas "depressões".[4]

A primeira menção a Freud aparece nos diários de Zweig a 12 de setembro de 1912 de forma casual e mundana, referido como médico de uma certa madame Goldschmidt cujos problemas com o marido dezessete anos mais velho, além das naturais inibições, eram agravados por sua incontrolável tagarelice durante o sono.[5]

A figura de Freud não entrou por acaso na vida do jovem artista. Antes do primeiro bilhete Zweig já estabelecera uma ponte com a atmosfera da chamada *Nervenkunst*, a arte psicológica – na verdade a busca de

---

3. Oliver Matuschek em sua biografia (*Stefan Zweig, Drei Leben*, 2006) repete o equívoco de levar Oskar Maurus Fontana a sério e, principalmente, servir-se dele fora do contexto – "No erótico não tenho nenhuma consciência dos limites", escreveu Zweig em 1926 a propósito das obscenidades da peça "Volpone" de Ben Johnson, que traduziu e adaptou. Ao lado de um mexerico de Thomas Mann em carta a uma amiga, lançando a suspeita de que Zweig matou-se porque temia um escândalo sexual, as duas perfídias se completam e avolumam.

4. Em 1910 Freud estava envolvido com o ensaio biográfico sobre Leonardo da Vinci, enquanto Zweig dedicava-se a retratar Verhaeren, na sua primeira experiência de biografar um personagem vivo. Não há registro de depressões em 1910 na vasta correspondência mantida por Zweig com seus amigos (Cf. Herbert Lehmann, *The Psychoanalitic Quarterly*, Nova York, vol.32, 1963, p.94-7.)

5. Os diários de Zweig começaram antes da primeira data anotada (10 set 1912). Quem garante é o próprio Zweig ao anotar na primeira linha: "Por escolha ou acaso, hoje – pela enésima vez – retomo meus diários..." Não há pistas sobre o destino dos cadernos anteriores.

si mesmo que em Viena era o *dernier cri*. A intensa correspondência com a não menos intensa sueca Ellen Key (libertária, darwinista, socialista, feminista, pacifista e, sobretudo, educadora), iniciada no começo do século, foi coroada quando se conheceram pessoalmente nas termas de Lucca, Toscana, provavelmente em 1907.[6] Atraído pela passionalidade da amiga mais velha, Zweig aproximou-se irremediavelmente do conceito de que "a criança é o pai do homem", do qual Freud teria sido o formulador.[7]

No mesmo ano, Zweig começa a correspondência com o neurologista, dramaturgo e escritor Arthur Schnitzler, mais tarde identificado pelo próprio Freud como seu duplo, alma-gêmea, *Doppelgänger*. Impregnado pela febre do autoconhecimento que se irradia a partir da psicanálise, Zweig encaminha-se para a arte biográfica como desdobramento natural das venerações literárias e existenciais por poetas da estirpe de Paul Verlaine e Émile Verhaeren. Intuitivamente – como sempre –, empreendeu a busca do outro sem perceber que iniciava algo mais penoso, interminável como o castigo de Sísifo: a busca de si mesmo.

---

6. Cerca de 25 anos mais velha do que Zweig (nasceu em 1849, ele em 1881), na condição de revolucionária integral, Ellen Key exerceu forte influência em diferentes círculos intelectuais europeus. Incluem-se aí os poetas Émile Verhaeren e Rainer Maria von Rilke, próximos de Zweig, com quem ela começou a corresponder-se no início do século XX, logo depois da publicação do livro que a celebrizou, *O século das crianças* (1900, traduzido para o inglês em 1909). Zweig pretendia dedicar a Ellen Key a série de sonetos intitulada "Die Nacht der Gnaden" (A noite das graças), parte do seu segundo livro de poesias, *Die frühen Kränze* (1906), porém não teve tempo de obter a anuência da homenageada. Inconformado, dedicou-lhe em 1911 o volume *Erstes Erlebnis* (Primeira vivência), com suas quatro histórias sobre o mundo das crianças: "Para Ellen Key, lembrança sincera dos radiosos dias de outono em Bagni di Lucca." Ellen Key faleceu em 1926.

7. O escritor estreante envia ao futuro mestre seu livro *Erstes Erlebnis* e, de volta, recebe graciosa e bem-humorada desculpa: Freud só conseguira ler a primeira novela, porque o círculo de leitores em sua casa lhe arrebatara o volume das mãos. Com isso Zweig ganhara inúmeros jovens leitores no lugar de apenas um, mais idoso e previamente conquistado. Mesmo excluído, Freud não deixa de oferecer breve e categórica opinião sobre os aportes psicológicos da novela que leu (*Segredo ardente*). Ver a carta de 7 de dezembro de 1911, à p.300 deste volume.

O ENDEREÇO DOS FREUD em Viena – Berggasse, 19, hoje museu, uma das referências metafóricas e toponímicas mais conhecidas dos viajantes – figurava na lista dos correspondentes de Stefan mas certamente só foi visitado anos depois, quando o relacionamento transpôs a cerimoniosa esfera postal. No perfil incluído em *A cura pelo espírito*, Zweig menciona a casa, os 47 anos em que abriga a família, refere-se à coleção de antiguidades, produz do chefe do clã primoroso retrato psicofisionômico (ou "caracterológico"; tentou o mesmo com os demais parceiros do tríptico, sobre os quais dispunha de menos informações). Também minucia sua formidável capacidade de trabalho, sua rotina e invejável condição física, tomando cuidado para não omitir que "só em idade patriarcal uma doença maligna tenta alquebrar essa saúde policrática".[8] No início dos anos 1930, quando mencionou a enfermidade, a letalidade do câncer já suficientemente conhecida, Zweig sugeria nomeá-la de forma indireta, eufêmica. Não poderia comportar-se de outra maneira.

Apesar das oportunidades para abrir-se através da vasta rede de correspondentes ou nos diários, Zweig tranca-se quanto à questão central, sem revelar por que razão obrigou Freud a compartilhar com duas figuras de menor envergadura seu indiscutível protagonismo e precedência na façanha de curar o corpo através do espírito.[9] Na alça de mira desde 1925, quando Zweig o escolheu como patrono do tríptico *A luta com o demônio* e

---

8. Um inchaço no palato foi detectado em 1917, e seis anos depois foi extirpado um tumor do maxilar e do palato de Freud. Ao longo de dezesseis anos Freud foi submetido a cerca de trinta cirurgias, incluindo as adaptações para as próteses – uma tortura para alimentar-se, fumar e até mesmo falar. Nunca deixou de brincar: "Desculpe, minha prótese não fala francês", teria dito ao encontrar-se com Romain Rolland, ciceroneado por Zweig.

9. Friderike é a única a desrespeitar as interdições e reservas do marido, alongando-se em sugestões, acrescentando críticas e grande dose de veneração. Não era uma leitora ligeira, palpiteira, mas uma resenhista criteriosa. Sua opinião sobre *A cura pelo espírito* só foi dada quando acabou de ler o último dos três perfis, o de Freud (em 19 out 1930). Nada a fazer: àquela altura o livro estava praticamente concluído. O perfil de Mary Baker Eddy, provavelmente o primeiro a ser escrito, fora publicado no mensário *Die Neue Rundschau* (mai/jun/jul 1930). O ensaio sobre Mesmer, completado em junho de 1930, saíra em fascículos no jornal em que Zweig se iniciou como folhetinista, o *Neue Freie Presse* (13-17 ago). Em 17 de outubro, Stefan vai a Viena encontrar-se com Freud, talvez para tirar as últimas dúvidas.

o saudou com uma dedicatória calorosa e reverente,[10] agora Freud aceita dividir o pódio, certo de que o autor teve as melhores intenções e as mais prudentes razões. Isolado em biografia única, Freud teria que arcar sozinho com toda a carga de preconceitos e despeitos fermentada nos meios acadêmicos de uma cidade-vulcão como Viena, onde além disso imperavam o antissemitismo e a *Selbtshass* (a autoaversão dos judeus convertidos ou escondidos, como Karl Kraus e outros menos espirituosos).

A estratégia adotada por Zweig faz sentido: mais apropriado exibir Freud como continuador de uma tradição científica do que contemplá-lo como herói único desafiando a onipotência das sumidades vienenses que até aquele momento não o haviam reconhecido plenamente.[11] O cerimonioso Stefan chegou ao *Herr Professor* com um projeto definido, acabado, título escolhido e a pesquisa iniciada. A primeira parte do livro, informa Zweig, trataria de Franz Anton Mesmer, fisiologista e médico que um século antes, em 1785, tentara convencer os eméritos professores de Viena a aceitar as bases da sua teoria sobre o magnetismo animal; não conseguindo, preferira estabelecer-se em Paris. "Nesse trabalho sobre Mesmer o senhor encontrará inúmeros paralelos com sua própria trajetória." Depois de Mesmer viria "um interlúdio sobre *mistress Eddy* – meio sério e meio divertido". E a segunda parte seria inteiramente dedicada a Freud. No que se refere ao método de cura psíquica (ou "cura pelo espírito", que será o título do volume), Mesmer é a intuição, Freud, a revelação. Tão seguro se sente Zweig que num curto P.S. anuncia que começará a trabalhar no estudo sobre Freud em março, quando estarão terminados os textos sobre Mesmer e "a boa mrs. Eddy", e que o livro ficaria pronto antes do verão (junho-julho de 1930).[12]

Não cumpriu os prazos; a biografia de Maria Antonieta, desenvolvida em paralelo, levou mais tempo do que imaginara e *A cura pelo espírito* só

---

10. "Ao professor dr. Sigmund Freud – espírito agudo e fascinante – dedico este tríplice estudo do espírito criador." (*Der Kampf mit dem Dämon: Hölderlin, Kleist, Nietzsche*, 1925).
11. Freud esperou dezessete anos até que lhe concedessem o título de Professor Extraordinário. Colegas que se formaram no mesmo ano de Freud (1885) aguardaram a nomeação durante quatro anos, apenas. (cf. Peter Gay, *Freud, uma vida para nosso tempo*)
12. Ver a carta de 6 de dezembro de 1929, às p.318-20 deste volume.

ficou pronto em fevereiro de 1931. Sua opção, porém, mostrou-se correta: pressentia que não teria fôlego para centrar a obra exclusivamente no perfil de Freud. Contando com precursores dos séculos XVIII e XIX, Zweig conseguiu agilizar o relato e passar a ideia de que a cura pelo espírito, ou a busca da relação corpo–mente, não era modismo efêmero, mas um desafio filosófico mais ancestral e consistente.[13]

(Menos controversa – historicamente justificada e legítima –, a inclusão de Mesmer na tríade poderia ser facilmente explicada também se Zweig tivesse chegado a ela através de uma das coincidências que tanto o fascinavam. Para que a casualidade se efetivasse seria necessário que tivesse frequentado o número 19 da Berggasse com mais assiduidade. Atentando para o endereço, sua curiosidade poderia levá-lo a alguma enciclopédia e a descobrir que o advogado Nicolas Bergasse, revolucionário francês da corrente mais liberal, adepto da Monarquia parlamentar inglesa e da República americana, sobreviveu ao Terror, convertendo-se, ao deixar a política, em extremado defensor das teorias de Franz Anton Mesmer sobre o magnetismo animal. Bergasse ou Berggasse, com a diferença de apenas um g, Mesmer entraria nessa história graças à magia da prosa e aos dotes de narrador de Zweig, e não como o criador da hipnose que Freud conheceu através do professor Charcot, seu mestre em Paris.)

Apesar de promissora, a aproximação Freud-Zweig encerra-se abruptamente em 1911, três anos depois de começada. A se confiar plenamente na integralidade da correspondência entre Freud e Zweig,[14] o longo intervalo de nove anos (1911-20) causa estranhamento, diante dos bons fluidos com que a aproximação se iniciou e depois se restabeleceu.

---

13. Se no lugar de Mesmer tivesse escolhido Spinoza (embora seus aportes como patriarca da neurociência fossem ainda desconhecidos no início do século XX), tanto Freud como Zweig, admiradores do ousado pensador judeu de origem portuguesa, teriam ficado mais confortáveis em lidar com uma hipótese tão fascinante e desafiadora.

14. As traduções mais conhecidas desta correspondência incluem advertências dos organizadores para o fato de se tratar de um conjunto que se acredita completo. Não é impossível que venham a aparecer outras mensagens e dedicatórias.

A Grande Guerra de 1914-18 interrompe tudo, mas quem os separa tão abruptamente é a entrada em cena de Romain Rolland, a quem Zweig, depois de muitas indagações, conseguiu localizar no quinto andar de uma casa muito simples, estreita, atulhada de livros, perto do bulevar Montparnasse, Paris. Começava naquele momento uma amizade que, "como as que tive com Freud e Verhaeren, tornou-se uma das mais férteis, e em alguns momentos, até a mais decisiva para a minha vida".[15]

As turbulências que envolveram Zweig a partir de 1913 já o preparavam para inquietações menos estéticas, mais profundas, verdadeiramente existenciais, em grande parte deflagradas pelo autor de *Jean Christophe*. O humanista-europeísta-pacifista Stefan Zweig não se fez num passe de mágica: o convívio com Verhaeren (o Walt Whitman belga, poeta do progresso e da comunidade) derrubou-o da torre de marfim e o ajudou a se transformar num quixote algo épico, generoso e impaciente. Rolland preparou-o para exercer a velha função de profeta, "aquele que avisa em vão". Entre quixotadas e jeremiadas, foi sendo moldado algo maior do que um "caçador de almas" (como Rolland o apelidou): um inspirado fomentador de quimeras.

Zweig deixou-se envolver momentaneamente pelo entusiasmo patrioteiro, logo atalhado pela percepção do desastre que se articulava. Perplexo, dividido, desnorteado, escreveu alguns *feuilletons* para o *Neue Freie Presse* até que um texto de Rolland, enviado de Genebra, onde se refugiara, produziu o solavanco para empurrá-lo de volta e em definitivo na direção da sua porção europeísta-pacifista gerada durante a última viagem a Paris.[16]

No esforço para reequilibrar-se, despencou em profunda depressão, a primeira de uma série e, tal como a derradeira, nitidamente antibelicista. Já com Friderike ao lado e o estímulo à distância oferecido pelo incansável Rolland, não ocorreu a Zweig procurar o mais famoso psicanalista de Viena, seu novo e afetuoso correspondente Sigmund Freud, para tratar a depressão. Tal como voltou a se repetir duas décadas depois, a psicanálise o fascinava como doutrina, consciência crítica ou ferramenta literária; não

15. Stefan Zweig, *Autobiografia: o mundo de ontem*, Rio de Janeiro, Zahar, 2014, p.186.
16. Cf. Stefan Zweig, *O mundo insone e outros ensaios*, Rio de Janeiro, Zahar, 2013, p.197-203.

conseguia enxergá-la como solução terapêutica para si mesmo. Não atentou para a contradição, não foi a única.[17]

Também Freud foi mobilizado pelas emoções e pelo *pathos* produzido pela guerra recém-deflagrada. Seus três filhos varões (Martin, Oliver, Ernst) e um dos genros serviam em diferentes frentes de batalha. Não obstante um rápido equívoco patriótico nos primeiros dias, admirava a Inglaterra e sua cultura, principalmente Shakespeare, não disfarçava restrições e aversões à Alemanha. As dificuldades econômicas vividas no Império austro-húngaro interromperam drasticamente a atividade clínica de Freud e também sua intensa militância acadêmica, já que a maioria dos psicanalistas do seu círculo foram recrutados pelos hospitais militares. Faltava tudo numa casa onde até então imperara a fartura. Sucessivos racionamentos chegaram a incluir papel e papel de carta, o que talvez tenha contribuído para explicar a brusca suspensão do contato postal entre mestre e discípulo. No auge da crise Freud chegou a pedir, em artigo publicado na imprensa diária, que as consultas fossem pagas com alimentos.

As esperanças de uma guerra rápida logo se esvaziaram, diante das novas brutalidades trazidas diariamente pelos jornais, e só reforçaram o ceticismo de Freud no tocante à vulnerabilidade da natureza humana, sua dependência dos mais primitivos instintos e a precariedade do que designou como "civilização". As indagações e reflexões subsequentes se incorporaram definitivamente ao *corpus* da teoria psicanalítica.

Quando a guerra começou, Freud já completara o ousado *Totem e tabu*, cruzamento de antropologia social com teoria política, e acabara de romper com Gustav Jung, que depois se demitiria da presidência da Sociedade Psicanalítica Internacional.[18] Intransigente em matéria conceitual, não era

17. E novamente na contramão do rival Arnold Zweig, que, embora refugiado na Palestina em 1933, quando os nazistas assumiram o poder, iniciou uma terapia psicanalítica com o dr. S., que o ajudou a superar diversas enfermidades (embora citado na intensa correspondência de Arnold Zweig com o "pai" Freud, o dr. S. é mantido em rigoroso anonimato). Estabelecido com a família em Haifa, Arnold Zweig ficara distante de Max Eitingon, residente em Jerusalém, recomendado por Freud e com quem manteve forte amizade.
18. *Totem e tabu* foi publicado em 1913, mesmo ano do rompimento com Jung.

propriamente belicoso; as divergências frontais com Jung, chamado de "príncipe herdeiro" quando se conheceram, contudo, chegaram a ser ásperas. Mas a guerra moderna e total tinha a capacidade de transpor as frentes de combate e trazê-las para as ruas e para dentro das casas. Cada ser pensante, embora não estivesse na alça de mira das novas metralhadoras, dos poderosos canhões, dos gases tóxicos, dos aviões e submarinos, era uma vítima potencial – e um ser pensante como Freud, transcendental e seminal, não poderia alhear-se ou defender-se dos chamamentos e convocações que irradiavam dos acontecimentos.

Apesar das dificuldades cotidianas, do pressentimento de lutos, aflições com os filhos e da idade (tinha 58 anos quando a guerra começou), num tempo em que sexagenários recolhem-se para contemplações Freud produziu textos fundamentais, com reflexões e pesquisas sobre guerra, morte e a agressividade do ser humano.[19] Até hoje não se esclareceu, contudo, o enigma relacionado com a ordem para que sete dos seus doze ensaios sobre metapsicologia fossem destruídos.

Também se ignoram as reações de Freud à obra que efetivamente livrou Zweig da depressão durante a Primeira Guerra – seu primeiro êxito internacional, única obra dedicada à primeira mulher, Friderike: o drama bíblico em versos *Jeremias*. Publicado em Viena, em pleno 1917, o veemente apelo antibélico vendeu em poucas semanas 20 mil exemplares, sem sofrer qualquer corte ou constrangimento oficial. Por mais excitado que estivesse naquele momento – e estava –, Zweig não poderia esquecer o compromisso de remeter um exemplar autografado para um ídolo, e logo de uma obra que imaginava tão significativa para ambos. *Jeremias*, no entanto, está ausente da biblioteca pessoal de Freud cuidadosamente preservada pelo próprio, depois pela caçula, Anna, em seguida por dedicados funcionários. Esse acervo de livros, imagens e peças da Antiguidade foi engendrado para servir à história, nada se extraviava. É possível admitir, então, que o exigente mestre não se encantou com o texto, preferiu ignorá-lo. Não lhe

19. Entre os novos trabalhos citam-se "Sobre a transitoriedade" (1915), "Reflexões sobre guerra e morte" (1915) e "Além do princípio do prazer" (1920).

agradou o preito ao derrotismo entoado por Zweig como recurso para desestimular guerras?

O próprio Zweig confessou mais tarde que "não pretendia escrever uma peça pacifista" nem declamar em versos platitudes como "a paz é melhor do que a guerra. ... Sempre me seduziu mostrar o endurecimento interior que toda forma de poder gera nas pessoas".[20] Triunfalismo é uma forma de poder, a percepção de uma derrota induz a conciliações. Rolland aceitou o *deffautisme* de Zweig (pelo menos no plano moral), Freud aparentemente o descartou: não satisfazia suas premissas sobre repressão sexual. Guerra perdida ou ganha é sempre uma guerra e, como todas, uma irrupção do irracional e do primitivo. Antes do rompimento com Jung, Freud tentou convencê-lo a assinar um compromisso de jamais abandonar a sua teoria. A obsessão fazia sentido: comprovada a inexorabilidade dos instintos agressivos na sociedade humana, o único meio de controlá-la seria através de instituições, códigos e tratados capazes de eludir as guerras.

Anos adiante, com a Segunda Guerra já iniciada, uma das últimas anotações de Freud em seu diário foi: "Pânico da guerra." Semanas depois, para distraí-lo das dores, Max Schur, médico e amigo, perguntou-lhe sobre o desenrolar do conflito, e Freud respondeu debilmente: "Minha última guerra." Também para Zweig.

20. Stefan Zweig, *Autobiografia: o mundo de ontem*, op.cit., p.228.

Anexo
A correspondência Stefan Zweig/Sigmund Freud

3 de maio de 1908
Viena IX, Berggasse 19

Prezado doutor,
Estive fora de Viena nos primeiros dias da semana passada e, ao voltar, encontrei tanto trabalho pela frente que o agradecimento pela sua gentil remessa[1] foi assim atrasado. Depois de ler *Frühe Kränze*[2] sei que o senhor é um poeta, e os belos versos que fluem magnificamente quando abro o livro me prometem uma hora de grande deleite que, em breve, arrancarei ao meu trabalho. Intuo o desenrolar da história e percebo que o senhor tem a piedade de fazer morrer o homem que, segundo os antigos poetas, voltou inteiro de Troia.

Aceite novamente os meus melhores agradecimentos.
Do seu devotado
Freud

4 de julho de 1908
Viena IX, Berggasse 19

Prezado doutor,
Muito obrigado pelo *Balzac*,[3] que li de um só fôlego. Ele arrebata o leitor para o redemoinho que o senhor descreve. O homem combina bem com

1. Trata-se da peça *Tersites* (1907), a primeira obra teatral de Stefan Zweig.
2. *Die Frühen Kränze* (As primeiras coroas, 1906), o segundo volume de poesias de Zweig.
3. O ensaio "Balzac" foi primeiramente publicado como introdução à coletânea *Aus der Gedankenwelt grosser Geister* (org. Lothar Brieger-Wasservogel, 1908) e depois como parte de *Drei Meister: Balzac, Dickens, Dostojewsky* (1920, no Brasil incluído no volume *Os construtores do mundo: Balzac, Dickens, Dostoiévski, Hölderlin, Kleist, Nietzsche*).

o senhor, não sei quem foi o seu Napoleão mas vejo que recebeu uma boa parte da pulsão de dominação de ambos, que agora exerce na linguagem; durante a leitura não pude me livrar da imagem de um cavaleiro audaz em um nobre ginete. Consigo facilmente penetrar nos seus pensamentos, como se fossem velhos conhecidos.

O *Tersites* foi muito bonito, embriagador em alguns trechos, mas por que representar de maneira tão extremada um ou outro personagem, por que um protagonista tão caricaturado? Uma pessoa objetiva como eu faz facilmente todo tipo de perguntas.

Acho muito bom que esteja disposto a enviar-me a sua *opera*[4] e pergunto se posso retribuir com quaisquer outras produções, naturalmente bem diversas.

Do seu devotado
Freud

7 de dezembro de 1911
Viena IX, Berggasse 19

Excelentíssimo doutor,
Aceite meus melhores agradecimentos pelo envio de suas sutis – e psicologicamente significativas – histórias infantis.[5] Infelizmente, o vasto círculo de leitores aqui em casa me arrancou o livro, pelo menos temporariamente, mal eu acabara de ler a primeira. Mas talvez não fique tão aborrecido por ter conquistado muitos leitores jovens no lugar de um velho.

Respeitosamente, o seu devotado
Freud

4. "Obras." Em latim no original.
5. *Erstes Erlebnis: Vier Geschichten aus Kinderland* (Primeira vivência: quatro histórias do país das crianças, 1911). A história *Segredo ardente* pode ser lida em *Novelas insólitas* (Rio de Janeiro, Zahar, 2015).

19 de outubro de 1920
Viena IX, Berggasse 19

Prezado doutor,
Depois de finalmente ter alcançado os primeiros momentos de tranquilidade por aqui, lembro-me do dever de agradecer o belo livro[6] que encontrei e li ainda em meio à confusão das primeiras duas semanas, li com deleite, caso contrário nem precisaria escrever-lhe. A perfeita empatia, unida à magistral expressão linguística, causa uma impressão de rara satisfação. Interessou-me principalmente a forma gradativa com que as palavras vão se acumulando em suas frases para se aproximar, às apalpadelas, da essência mais íntima daquilo que descrevem. É como o acúmulo de símbolos no sonho, que deixa transparecer com cada vez mais nitidez o que está encoberto.

Se me fosse permitido medir a sua caracterização com parâmetros bem severos, diria o seguinte: Balzac e Dickens foram dominados com êxito total. Mas isso não foi tão difícil, em se tratando de tipos simples e retilíneos. Mas o maldito russo não saiu muito a contento. Notam-se lacunas e enigmas deixados para trás. Permita-me trazer à tona algum material que a minha condição de leigo disponibiliza a esse respeito. Pode ser também que o psicopatologista – que tem uma atração fatal por Dostoj. – tenha aqui alguma vantagem.

Acho que não deveria ter mantido a sua suposta epilepsia de D. É altamente improvável que ele fosse epilético. A epilepsia é uma afecção orgânica do cérebro exterior à constituição psíquica, geralmente associada a uma redução e simplificação do desempenho psíquico. Só se conhece um único exemplo dessa doença em alguém intelectualmente destacado, um gigante do intelecto de cuja vida afetiva se conhece muito pouco (Helmholtz). Todos os outros grandes intelectuais supostamente epiléticos eram simples histéricos (o fantasioso Lombroso ainda não era capaz de estabelecer um diagnós-

6. *Drei Meister: Balzac, Dickens, Dostojewsky* (ver nota 3). Ao longo das cartas Freud se referirá ao escritor russo Fiodor Dostoiévski como "o maldito russo", "Dostoj" e apenas "D.".

tico diferencial). Essa diferenciação não é nenhum pedantismo médico, e sim algo bastante essencial. A histeria tem a sua origem na própria constituição psíquica[,] é uma expressão da mesma força arcaica que se desenvolve na genialidade artística. É ainda o sinal de um conflito especialmente forte e não resolvido, que se desenvolve furiosamente entre essas inclinações primitivas e depois cinde a vida psíquica em dois campos distintos. Penso que o D. inteiro poderia ter sido construído a partir de sua histeria.

Por mais avassalador que seja o fator da tendência constitutiva numa histeria como a de D., é interessante que o outro fator que a nossa teoria valoriza também pode ser provado nesse caso. Mostraram-me um trecho de uma biografia sobre D. que associava o sofrimento do homem já adulto a uma punição do menino pelo pai, ocorrida em condições muito graves – tragicamente, passa pela minha cabeça: será que com razão? Por motivos de "discrição" obviamente não se especificou de que se tratava. O senhor terá mais facilidade do que eu para encontrar essa passagem. Foi essa cena da infância – não preciso nem explicar ao autor de *Erstes Erlebnis* [*Primeira vivência*] – que conferiu à futura cena da execução a força de se repetir enquanto surto, e toda a vida de D. será a partir de então dominada pela postura dupla em relação ao pai (a autoridade): a submissão prazerosamente masoquista e a revolta rebelde. O masoquismo inclui o sentimento de culpa, que impele à "liberação".

Aquilo que, evitando a expressão artificial, o senhor chama de dualismo, nós chamamos de ambivalência. Essa ambivalência dos sentimentos é também uma herança da vida psíquica primitiva, que se conservou muito melhor e de modo mais consciente no povo russo do que em outros lugares, como pude registrar há alguns anos a partir da história clínica detalhada de um genuíno paciente russo. Junto com o trauma infantil, essa forte inclinação para a ambivalência pode ter determinado a violência incomum da doença histérica. Os russos não neuróticos e os protagonistas de D. em quase todos os seus romances também são nitidamente ambivalentes.

Quase todas as singularidades da obra de D., das quais o senhor não deixou escapar nenhuma, podem ser atribuídas à sua constituição psíquica anormal para nós, mais comum para os russos – o correto seria dizer: sua constituição sexual, e que poderia ser bastante bem demonstrada em detalhe. Em princípio, tudo o que atormenta e é estranho. Não se pode compreendê-lo sem psicanálise, quero dizer, ele nem precisa dela, pois a explica com cada personagem, com cada frase. Um exemplo é o fato de *Os irmãos Karamázov* tratar do problema mais íntimo de D., o parricídio, confirmando a hipótese analítica da equiparação do ato real e da intenção inconsciente. Mesmo a singularidade do seu amor sexual, que pode ser uma atração animal ou uma compaixão sublimada, a insegurança de seus protagonistas sobre se amam ou odeiam, quem amam, quando amam etc., mostra em que solo especial germinou a sua psicologia.

Não preciso recear, de sua parte, o mal-entendido de que ressaltar o chamado aspecto patológico quisesse diminuir ou explicar a grandiosidade da força criadora poética de D. Termino essa carta já excessivamente longa, não por ter esgotado o tema, com novos agradecimentos e meus cordiais cumprimentos

Freud

3 de novembro de 1920
Salzburgo, Kapuzinerberg 5

Veneradíssimo professor,
Se apenas hoje escrevo para agradecer a sua carta profunda e tão preciosa para mim, essa demora se deve apenas ao fato de eu só ter voltado ontem para Salzburgo, depois de uma turnê de palestras de três semanas. O senhor bem pode imaginar o quanto me interessa a sua concepção do retrato patológico de Dostoiévski, que, comparado ao meu, evidentemente conta com o valor do conhecimento de causa. Sei que Dostoiévski, sabedor de todas as coisas, tampouco desconhecia essa forma fingida da epilepsia – afinal, revelou-a na figura de Smerdiákov, deixando transparecer que existem pessoas capazes de, até certo ponto, reproduzir a doença de maneira quase consciente. Imagino agora que nele próprio houvesse

efetivamente, vindo de um misterioso sentimento de prazer, o *desejo* de determinadas formas de surtos. Eis aqui decerto um dos segredos ainda mais atraentes para um psicopatologista.

Para mim foi ao mesmo tempo um constrangimento e uma felicidade constatar quanto esforço o senhor despendeu com o meu ensaio,[7] e por favor acredite que valorizo tal dedicação com a mais profunda gratidão. Faço parte da geração intelectual que, mais do que a qualquer outro, deve ao senhor tantas revelações, e sinto, junto com essa mesma geração, que está próxima a hora em que a ampla relevância de suas descobertas sobre a alma se tornará patrimônio comum, ciência europeia. Toda carta que recebo da Inglaterra, da América me traz perguntas sobre o senhor e sua obra – quem sabe também a nossa pátria aos poucos se dê conta do quanto o senhor nos enriqueceu, infinitamente. E espero que em breve me seja dada a oportunidade de expressar isso em público e de maneira abrangente.

Com grata admiração
O seu devotado
Stefan Zweig

Viena, 27 de outubro de 1922
[cartão-postal]

Estimado doutor,
Recebido o seu belo livro,[8] a ser lido "com prazer". As linhas escritas à mão são imerecidas.

Cordialmente,
Freud

---

7. *Drei Meister: Balzac, Dickens, Dostojewsky*; ver nota 3.
8. Freud se refere a *Amok: Novellen einer Leidenschaft*, coletânea que veio a ser o primeiro grande sucesso internacional de Zweig e firmou-o como mestre da novela psicológica. A novela *Carta de uma desconhecida*, aí incluída, pode ser lida em *Três novelas femininas* (Rio de Janeiro, Zahar, 2013).

[início de maio de 1924]
Temporariamente em
Viena IX, Garnisonsgasse 10

Veneradíssimo professor,
Romain Rolland, que está passando alguns dias em Viena, pediu-me que lhe transmitisse o seu desejo de lhe fazer uma visita e pergunta a que horas seria bem-vindo. Para mim, é uma honra repassar esse pedido ao senhor, prezado professor; espero que nada se interponha ao grande desejo de Rolland de conhecê-lo pessoalmente.

Posso pedir que responda diretamente a ele (Linke Wienzeile 4, a/c Rieger)* ou a mim (Garnisonsgasse 10)? Por telefone só posso ser encontrado de manhã, entre 8h30 e 9h30, porque durante o resto do dia o estou acompanhando (número 16327).

Aproveito com prazer a oportunidade, prezado professor, de lhe expressar a minha afetuosa devoção e minha sempre renovada veneração.

Seu devotado Stefan Zweig

* Favor não divulgar o seu endereço, R.R. está fisicamente muito debilitado e não deseja ver ninguém exceto os melhores.

11 de maio de 1924
Viena IX, Berggasse 19

Estimado doutor,
Ao ler no jornal que R. Rolland está em Viena, imediatamente despertou-se em mim o desejo de conhecer pessoalmente esse homem que eu já venerava à distância. Mas não sabia como chegar a ele. Tanto mais me alegrou a sua mensagem de que ele deseja me visitar, e eu me apresso em lhe apresentar minhas propostas para nosso encontro. Tenho livre entre as 14h e as 16h30, horário no qual, a partir de terça-feira, poderia recebê-los, ambos, desde que seja previamente informado. Melhor ainda

seria se ambos me dessem o prazer de tomar um chá comigo às 20h30 (depois do jantar) num círculo íntimo. Além das mulheres da minha casa, não haverá mais ninguém. Para uma visita nesse horário, estaríamos disponíveis já na segunda-feira.

Lamento muito saber que Rolland se encontra em frágil constituição física. Preciso poder contar com a sua presença, pois a minha fala foi bastante danificada por uma cirurgia[9] no último semestre, e principalmente o meu francês deve estar imprestável para a conversa. Além disso, pretendo usar a oportunidade para lhe apresentar uma questão particular.

Com cordiais saudações ao senhor e ao seu grande amigo,

Freud

Segunda-feira [12 de maio de 1924]
Viena IX, Garnisonsgasse 10

Veneradíssimo professor,
Muito obrigado pela boa notícia! Nos próximos dias, Rolland participará à noite do festival de música e, por razões de saúde, precisa sempre voltar logo para casa. Por isso, permitir-se-á ir à sua casa *quarta-feira um pouco depois das 14h*, e se eu lhe contar da alegria de Rolland por poder visitá-lo, não posso omitir a minha de poder acompanhá-lo e revê-lo, sr. professor.

Com a maior veneração,

Stefan Zweig

9. Freud fora operado em abril, por conta de um tumor na boca que jamais seria curado.

5 de novembro de 1924
Viena IX, Berggasse 19

Estimado e prezado doutor!
Cela va sans dire![10] Se de alguma forma precisar associar o meu nome à sua nova obra[11] e se não recear indicar um padrinho desvantajoso para esse seu filho – para mim, está tudo certo. Recebo a sua dedicatória como uma honra e lerei o trabalho com o mesmo interesse – e provavelmente o mesmo deleite – que tive na sua penúltima obra.[12]

Agradeço os bons votos e desejo-lhe uma capacidade de trabalho contínua e um belo sucesso.

Freud

Com cordiais saudações,
Anna Freud[13]

14 de abril de 1925
Viena IX, Berggasse 19

Estimado doutor!
Muito obrigado pelo belo livro![14] Li de um só fôlego o primeiro ensaio, sobre Hölderlin, talvez o mais artístico de todos, com alguns intervalos para respirar e refletir.

Preciso lhe dizer que o senhor lida com o idioma como, creio, mais ninguém. Sabe como amoldar a expressão ao objeto de maneira que seus detalhes mais sutis se tornem palpáveis e que o leitor creia compreender relações e qualidades até então nunca expressas em palavras. Eu já tinha me

---

10. "Está claro." Em francês no original.
11. Zweig dedicou a Freud o volume *Der Kampf mit dem Demon: Hölderlin, Kleist, Nietzsche* (1925), no Brasil incluído no volume *Os construtores do mundo: Balzac, Dickens, Dostoiévski, Hölderlin, Kleist, Nietzsche.*
12. Freud se refere a *Amok*, publicado em 1922 (ver nota 7).
13. Anna Freud (1895-1982), a filha mais jovem de Freud e também psicanalista. É sempre a Anna que Zweig e Freud se referem nessas cartas quando mencionam "filha".
14. Freud se refere a *Der Kampf mit dem Demon* (ver nota 10).

atormentado durante muito tempo para encontrar uma comparação para o seu modo de trabalhar. Ontem, finalmente, tive uma luz, propiciada pela visita de um amigo epigrafista e arqueólogo. É o procedimento de se fazer um molde em papel de uma inscrição. Como se sabe, coloca-se um papel úmido sobre a pedra, obrigando a matéria macia a se amoldar às menores reentrâncias da superfície da escrita. Não sei se essa comparação lhe bastará.

A minha admiração é tanto maior porque não existe uma representação exata para aquilo que o senhor descreve, e essa lacuna precisa ser superada através do emprego das comparações mais diversas derivadas de outros campos da percepção.

Teria muito a falar ainda sobre a questão fundamental, a luta contra o demônio, mas agora isso levaria longe demais. Nosso modo objetivo de lutar contra o demônio é descrevê-lo como sendo um objeto palpável da ciência.

Cordiais saudações,

Freud

Salzburgo, 15 de abril de 1925
Kapuzinerberg 5

Venerado professor,
Para mim é uma honra e uma emoção que o senhor, tão ocupado, tenha aberto o meu livro logo, e suas palavras significam muito para mim. Se coloquei o seu nome no começo do livro não foi só por gratidão respeitosa. Sem o senhor, eu não teria sido capaz de escrever alguns capítulos como "A patologia do sentimento", no ensaio sobre Kleist, ou a "Apologia da doença", no texto sobre Nietzsche. Não digo que sejam o resultado de um método psicanalítico, mas o senhor nos ensinou a ter a *coragem* de nos aproximarmos das coisas *sem medo* e sem qualquer falso pudor – tanto da aparência exterior quanto da essência íntima dos sentimentos. E a coragem é imprescindível para a veracidade, é o que a sua obra nos demonstra como nenhuma outra do nosso tempo.

Espero poder voltar a visitá-lo em Viena – a vontade é grande, mas o respeito pelo seu tempo é ainda maior.

Com muitas saudações para a estimada srta. sua filha, e com respeito e lealdade

Stefan Zweig

3 de junho de 1925
Viena IX, Berggasse 19

Prezado doutor,
Já enviei a minha contribuição para o *Liber amicorum* de R. Rolland.[15]

Agora tenho uma pergunta: seu convite não menciona a necessidade de colaborações. Como será financiada a publicação? Peço-lhe que me sinalize o montante da contribuição desejada para os custos.

Cordiais saudações,
Freud

Salzburgo, 15 de junho de 1925
Kapuzinerberg 5

Veneradíssimo professor,
Acabo de voltar do Festival Händel de Leipzig e tive a grande felicidade de encontrar sua carta. Que bom que o senhor mandou uma colaboração! Evidentemente, não é preciso contribuir, ao contrário, a obra servirá a outro fim, caritativo, por conter nomes como o seu.

Talvez aprecie ouvir que o meu livro,[16] enobrecido pela dedicatória ao senhor, está trilhando um bom caminho: os primeiros dez mil exemplares praticamente já foram vendidos e antes do Natal sairá uma nova edição.

Penso muito no senhor e sempre com os melhores votos para a sua saúde e o seu trabalho! Por favor, cumprimente a sua estimada filha e mantenha sua benevolência

Para com seu devotado Stefan Zweig

---

15. *Liber amicorum Romain Rolland*, volume editado e produzido coletivamente em homenagem aos sessenta anos do escritor, em 29 de janeiro de 1926. Além de Freud e Zweig, contribuíram com depoimentos nomes como Ernst Bloch, Albert Einstein, Arthur Schnitzler, Albert Schweitzer, Richard Strauss, Miguel de Unamuno e H.G. Wells, entre muitos outros.
16. Zweig se refere a *Der Kampf mit dem Demon* (ver nota 10).

5 de fevereiro de 1926
Viena IX, Berggasse 19

Prezado doutor!
O aniversário de Romain Rolland já passou. O *Liber amicorum* já deve ter sido publicado. Não recebi nenhum exemplar e não me surpreenderia ouvir que nem devo esperá-lo. Mas gostaria de saber, pois quero ter um de qualquer maneira. Volto-me, pois, para o senhor com a pergunta sobre se a editora pretende enviar o livro aos colaboradores, o que seria natural. Pergunta, não exigência.

Com cordiais saudações,
Freud

Salzburgo, 6 de maio de 1926
[telegrama]

Caro, votos de que passe o dia festivo[17] com alegria saúde e com justificado orgulho de realizações imorredouras. Stefan Zweig

Dr. Stefan Zweig
Salzburgo
Kapuzinerberg
Viena, 8 de maio [1926]
[telegrama]

Muito obrigado[18] não poderia ser mais digno e substancioso = Freud

---

17. Freud completava setenta anos nessa data.
18. É possível que Freud se refira ao artigo de Zweig "Pelo 70º aniversário de Sigmund Freud", publicado no jornal *Neue Freie Presse* naquela data.

Semmering
4 de setembro de 1926
Viena IX, Berggasse 19

Estimado doutor,

Quase desejaria nunca ter conhecido pessoalmente o dr. St. Zweig e que ele nunca tivesse sido tão amável e respeitoso comigo. Pois agora sofro pensando se meu julgamento não é influenciado pela simpatia pessoal. Se me caísse nas mãos um volume de novelas de um autor desconhecido, com certeza constataria, sem hesitar, estar diante de um autor de primeira categoria e de uma realização artística da máxima grandeza.

Acredito mesmo que essas três novelas – para ser mais rigoroso: duas delas – sejam obras-primas.[19] Já conhecia a primeira,[20] à época critiquei algum detalhe do qual já não me lembro mais. Ela despertara o meu especial interesse por permitir e mesmo exigir uma interpretação analítica, e porque, em diálogo com o senhor, convenci-me de que, sem nada saber daquele sentido secreto, o senhor conseguiu expressá-lo num disfarce perfeito. Provavelmente o senhor não reconhece uma tal possibilidade de interpretação, despreza-a até, mas não posso deixá-la de lado e, dessa vez, consegui aperfeiçoá-la muito mais. A análise nos permite supor que a grande e aparentemente inesgotável riqueza de situações e problemas tratados pelo autor pode ser atribuída a um pequeno número de "motivos originais", em sua grande maioria enraizados na substância vivida pela alma infantil, fazendo com que essas obras correspondam a reedições disfarçadas, embelezadas e sublimadas daquelas fantasias infantis. Isso pode ser demonstrado especialmente na primeira novela. O efeito é repugnante quando se expressa o núcleo inconsciente sem meias palavras. O tema é o da mãe que introduz o

---

19. Freud se refere a *Verwirrung der Gefühle* (1927), um dos maiores sucessos de Zweig, que reunia *24 horas na vida de uma mulher, Ocaso de um coração* e *Confusão de sentimentos*, que dá nome ao volume. A primeira novela pode ser lida em *Três novelas femininas* (Rio de Janeiro, Zahar, 2014) e a última em *Novelas insólitas* (Rio de Janeiro, Zahar, 2015).

20. Aparentemente Zweig enviara o manuscrito de *24 horas na vida de uma mulher* para Freud.

filho na relação sexual sacrificando-se a si mesma a fim de salvá-lo dos perigos da masturbação, os quais aparecem imensos e ameaçadores para a criança. Muita gente lembra até conscientemente desse tipo de fantasia da época de sua puberdade! No inconsciente, ela não falta nunca. E é também o fundamento de todas as poesias de libertação, por exemplo das óperas de Wagner. Na abordagem poética, a masturbação precisa ser substituída por algo diferente, por ser inaproveitável. Em sua novela, o jogo é o substituto correto. A obsessão, a irresistibilidade, as recaídas apesar das melhores e mais fortes intenções, a ameaça vital são traços diretos do antigo exemplo, a primeira descrição que a masturbação encontrou no quarto de crianças era a de "jogar" – um jogo perigoso, dizia-se ao menino, um jogo que enlouquece ou mata –, e em seu texto essa magistral ênfase nas mãos e em sua atividade é reveladora. Na masturbação, são as mãos que assumem a função genital. A sua novela alude de forma tão inequívoca ao papel de filho do jovem jogador que é difícil crer que o senhor não tenha tido uma intenção consciente. Sei, porém, que não foi assim e que o senhor deixou o seu inconsciente trabalhar. Assim, por exemplo, o jovem polonês tem 24 anos, a mesma idade do filho mais velho da mulher de 42 que se casou aos 17.

A frase na introdução da novela afirmando que toda mulher está exposta a impulsos imprevisíveis é a fachada destinada sobretudo a renegar o inconsciente. O conteúdo da novela, por outro lado, mostra que esses impulsos podem ser muito bem determinados. A viúva presa à fidelidade concentrou todo seu esforço em resguardar-se das tentações que partem de outros homens. Ela não sabe que, como mãe, também tem uma fixação libidinosa no filho, e é por esse flanco que o destino consegue agarrá-la. Isso, na novela, é apresentado de forma absolutamente correta, mas o que eu digo é analítico e não tenta fazer jus à beleza da obra.

A segunda novela, em contraposição, cai um pouco. Sente-se que o autor participa menos. O motivo analítico não carece de interpretação, é muito evidente. O ciúme do pai em relação à sexualidade da filha adolescente, que em tempos originais era o seu objeto sexual, a sua propriedade. Mas esse motivo nos estimula inconscientemente a tomar partido de forma hostil. Achamos que a exigência do pai prescreveu, que ele efetivamente não é um rival dos jovens, que cumpriu o seu dever e se tornou supérfluo depois de ter provido as mulheres na dimensão material. Assim, seu destino não nos interessa.

Na terceira novela tampouco há o que interpretar. O motivo original está claro: o homem a quem um outro oferece seu amor. Mas para muita gente – ao menos as pessoas consideradas normais – um problema surge nessa situação. Por que um homem não pode aceitar o amor físico de outro, mesmo que se sinta fortemente atraído em termos psíquicos? Não seria contra a natureza do Eros, que comemoraria um triunfo especial com a superação da rivalidade natural entre homens (inveja). Além disso, o amor entre homens seria mais fácil do ponto de vista da história do desenvolvimento, talvez trouxesse até mesmo mais satisfação, porque não precisa superar aquele último resto de estranheza entre homem e mulher e carece daquele ingrediente de sadismo que envenena as relações entre os dois sexos. Tampouco é contra a "natureza" humana, pois essa é bissexual, até mais do que isso, essa incapacidade não existiu sempre, parece existir apenas para nós, contemporâneos, e nem para todos. Onde ela existe, é insuperável. Quem se depara com ela está condenado a sofrer sem esperança. Qual é a justificativa para essa repulsa aparentemente elementar, mas que não pode ser explicada pelos elementos? Não se sabe e a novela não tenta explicar. Justificadamente, com certeza. Aponta para a relação anterior com o pai, mostra as tentativas de compensação através de um exagero excessivo da masculinidade, mas se contenta em descrever o problema da maneira como ele se apresenta.

Ocorre que essa descrição se dá com tanta arte, franqueza, amor à verdade e familiaridade, é tão livre de qualquer tipo de falsidade ou sentimentalismos típicos da nossa era, que admito de boa vontade: não consigo imaginar nada mais bem-sucedido. Sim, esse elogio está pronto a se transformar em uma crítica. Essa arte narrativa que consegue se amoldar a qualquer dobra do objeto descrito e dá voz a cada subtexto do afeto quase perturba o efeito sobre o leitor. Não deixa nada para que ele próprio possa adivinhar e complementar, e a admiração pelo apresentador quase se antepõe ao interesse pelo objeto apresentado.

A crítica dificilmente fará justiça a essa façanha. Não alcançará a sinceridade do autor e deslocará a ênfase a algo secundário, procurando a *Confusão dos sentimentos* na relação amorosa com a mulher do respeitado professor. Mas nesse caso a mulher é apenas um personagem de contraste. O conflito reside unicamente em que o jovem gostaria de responder ao amor do homem, mas não consegue fazê-lo por alguma misteriosa interdição interior.

Quando comparo as suas novelas com as obras daquele homem a quem temos de atribuir a mais profunda emoção causada pelo inconsciente recalcado, existe uma diferença a seu favor. D. é um neurótico altamente perverso; percebe-se, em sua produção, a tentativa egoísta de atenuar a sua própria tensão causada pela necessidade de uma satisfação ao menos simbólica, e nisso ele aproveita a oportunidade para assustar e maltratar o leitor. Já o senhor é um observador, um ouvinte que busca compreender a misteriosa grandiosidade com gentileza e amabilidade. O senhor não é violento.

Em vez de pedir-lhe desculpas por essa dose de vivissecção, agradeço e saúdo-o cordialmente,

Freud

Salzburgo, 8 de setembro de 1926
Kapuzinerberg 5

Veneradíssimo professor,
Além de sua obra intelectual, o senhor ainda exerce de modo maravilhoso uma grande arte: encabular pela bondade! Não apenas as palavras que me disse, mas já o fato de que, assoberbado, pressionado por pessoas e problemas, teve tempo, no momento de recuperar as forças, para olhar com profundidade uma obra que, todavia, tanto lhe deve.[21] Isso realmente me deixa embaraçado – ontem não fui sequer capaz de empunhar a caneta.

21. Zweig se refere à coletânea de novelas *Verwirrung der Gefühle* (ver nota 18).

Permita-me dizer claramente o que eu e tantos outros lhe devemos: a *coragem* na psicologia. Assim como fez com inúmeros indivíduos, o senhor *tirou as inibições* da literatura de toda uma época. Graças ao senhor, *vemos* e *dizemos* muitas coisas que, de outra maneira, não teriam sido vistas nem ditas. Nada disso está claro hoje em dia, porque nossos escritos ainda não são vistos a partir de uma perspectiva histórica e nem contemplados em suas formas mais básicas. Mais uma década ou duas, e se identificará aquilo que fez surgir de repente um Proust na França, um Lawrence e um Joyce na Inglaterra, e conferiu uma nova ousadia psicológica a alguns alemães. Foi o seu nome. E jamais haveremos de renegar esse grande pioneiro.

Para mim, a psicologia (e isso o senhor entende mais do que ninguém) hoje é, na verdade, *a* paixão da minha vida. E, um dia, quando me sentir pronto, gostaria de praticá-la no objeto mais difícil – eu próprio. Até a autobiografia na era pós-freudiana deve ser mais clara e ousada do que todas as da era anterior.[22] É nesse aspecto que estudo Tolstói no momento – todos os dias ele afirma ser ousado e verdadeiro. Acontece que ele evita as verdades realmente *claras*. Até agora, ninguém o abordou diretamente, e tenho muita vontade de fazê-lo. Dos mais novos, *ousado* (mas sem conhecimento suficiente) foi Hans Jäger em *Christianaboheme* e *Kranke Liebe*. Parece que o livro de Frank Harris – para mim, ainda inacessível – também o é. Mas acredito que o nosso tempo, fraco em termos de produção, deixará revelações e documentos – e deve ao senhor a coragem para tal.

Não tenho desejo mais ardente senão que sua saúde continue estável e sua obra continue crescendo: o senhor segue sendo decisivo na luta invisível com a alma, o único que nos explica de maneira criativa a mecânica do espiritual. Precisamos do senhor ativo, mais do que nunca.

Com afeto, gratidão e admiração,

O seu devotado Stefan Zweig

22. Cf. Stefan Zweig, *Autobiografia: O mundo de ontem* (Rio de Janeiro, Zahar, 2014).

Hôtel-Château Saint-Georges
Route de Fréjus-Cannes, 18 de março de 1927

Venerado professor,
Dois dias antes de partir ouso dirigir-lhe ainda uma palavrinha. Imagino que também deva estar sendo muito assediado por visitas durante o Festival Beethoven. Ainda assim, permito-me dirigir-lhe uma palavra introduzindo Jules Romains – não por ser um dos melhores escritores da França, mas por ter sido o primeiro entre os franceses a escrever na *Nouvelle Revue Française* aquele ensaio sobre a sua obra, que teve a maior influência. Estará em Viena durante o Festival Beethoven, e a ideia de poder visitar o senhor o deixaria muito feliz. Espero que a sua saúde lhe permita recebê-lo por meia hora.

Com admiração, sempre, e pensando com frequência no senhor,
Seu devotado Stefan Zweig

1º de maio de 1928
Viena IX, Berggasse 19

Estimado doutor,
Muito obrigado pelo seu mais recente presente.[23] Ler alguma coisa sua sempre significa para mim um intenso deleite. E como é fértil e produtivo! O senhor atingiu a perfeição enquanto "compreendedor de outros", mas amo ainda mais sua capacidade de criar (*Confusão de sentimentos*). Deduzo que tenha uma grande modéstia interior, característica rara entre artistas.

Cordialmente,
Freud

23. Freud se refere a *Três poetas da sua vida: Casanova, Stendhal, Tolstoi*, publicado em 1928.

Freud. Sanat. Schloss Tegel
Berlim-Tegel [19 de setembro de 1929]
[cartão-postal]

Muito agradecido pela sua nova bela remessa.[24]

Com deferência,
Freud

4 de dezembro de 1929
Viena IX, Berggasse 19

Prezado doutor,

Faço-o participar do meu espanto. Durante meu passeio, hoje, tive minha atenção desviada para um grande cartaz em que um sr. Ch. Maylan anuncia, com todos os recursos da propaganda, uma palestra contra mim, marcada para o dia 7 de dezembro. Bem, pode ser, trata-se de um palhaço maligno, um ariano fanático. Em Berlim, onde buscou formação psicanalítica, foi mandado embora depois de alguns meses, sob a alegação de ser anormal e inútil. Em seguida, provavelmente para se vingar e ganhar fama, publicou um livro psicanalítico sobre mim, que o dr. Drill designou de "vilania" no *Frankfurter Zeitung*, obteve da profª. Schmutzer, de maneira fraudulenta, a possibilidade de reproduzir a minha imagem, escreve-me cartas num misto de devoção e insolência etc.

Há três citações recomendando seus próprios livros nesse cartaz. A de cima é de C.G. Jung, a de baixo é anônima, de um jornal berlinense, e a do meio é sua. Como pode ser? Leu o livro? Escapou-lhe a sua intenção? Como pôde cair nisso? Ou essa é efetivamente a sua opinião?

Considerando a proximidade de nossas relações, gostaria realmente de saber.

Com deferência,
Freud

24. O então recém-publicado *Joseph Fouché, retrato de um homem político* (Rio de Janeiro, Zahar, 2015).

Salzburgo, 6 de dezembro de 1929
Kapuzinerberg 5

Veneradíssimo professor!
O que me disse em sua gentil carta me constrange *ao extremo*. Não conheço esse sr. Maylan e nunca me pronunciei publicamente sobre o livro dele. Na época, mandou-me um exemplar, junto com uma carta. Passei os olhos, *sem me deter muito*, principalmente porque a imagem do senhor estava estampada na primeira página e vi que era sobretudo disso que ele tratava. Escrevi-lhe então que o livro era importante para mim nesse momento porque estou ocupado com um ensaio grande sobre o senhor. Disse que achava interessante aplicar o método ao autor, mas que o modo como ele o faz me parecia algo labiríntico. Em seguida, recebi uma carta do sr. Maylan em que ele pedia que eu especificasse o que queria dizer com "labiríntico". Eu não lhe respondi – e agora, para o meu espanto, o senhor me conta que ele provavelmente tirou alguma frase educada da minha carta de agradecimento pelo livro enviado, colocando-a num cartaz. Nem sei o que ele usou e naturalmente não lembro o que lhe escrevi. Mas esse mau uso de frases soltas arrancadas de cartas está se tornando *realmente insuportável* e pedirei imediatamente a esse senhor que se abstenha disso. É mesmo preciso ter muito cuidado!!

Agradeço-lhe sinceramente, prezado professor, não ter acreditado em nenhum momento que eu estivesse a par dessas falcatruas. Nunca me senti mais próximo da sua obra e do senhor do que justamente agora, e por isso até mesmo uma interpretação equivocada e distorcida de sua obra não pôde deixar de soar interessante naquele momento (pretendo agora me debruçar detalhadamente sobre o livro). Pessoalmente, o senhor pode se irritar com várias interpretações equivocadas de sua doutrina – visto de fora, tudo isso nos parece diferente, sabemos que tais excrescências e desvios se formam em cada obra, mas que, com o decorrer do tempo, acabam caindo como folhas murchas, restando apenas o tronco puro, a *gestalt*. Li agora talvez quarenta ou cinquenta brochuras contra Mesmer escritas por contemporâneos seus, geralmente aqueles que primeiro serviram à sua doutrina, e elas apenas aumentaram o interesse pela pessoa dele, e de todas não sobrou mais nada além do autor da ideia criativa. Nesse trabalho sobre Mesmer o senhor encontrará inúmeros paralelos com sua própria trajetória, a mim parece quase um fatalismo que, depois de quase cem anos, a cura psicológica tenha sido refundada nessa mesma cidade, e que as academias e os professores de 1785 tivessem uma semelhança desesperadora com aqueles de 1885. Espero que o conceito do livro o interesse: para mim, Mesmer é Colombo, o descobridor do método de cura psíquica, mas também no sentido de que Colombo até o final da sua vida acreditava ter descoberto o caminho marítimo para as Índias, quando na verdade encontrou a América. Ao contrário do que fizeram outros, eu gostaria de mostrar que, sem saber e sem conhecer – porque suas fantasias medievais do magnetismo lhe obnubilavam a vista –, ele já chegara ao fenômeno da sugestão, da hipnose. Mas será possível provar que: primeiro, Mesmer jamais foi um charlatão, e sim um idealista e pesquisador sincero; e segundo, que as academias e as universidades passaram cem anos ignorando-o da maneira mais incompreensiva e invejosa imaginável.

Depois do grande ensaio sobre Mesmer segue um interlúdio sobre *mistress* Eddy – meio sério, meio divertido –, e a segunda grande parte do livro é então o texto há anos programado sobre o senhor e sua obra: ou seja, Mesmer sendo a intuição e o senhor, a revelação do método de cura psíquica, a *Cura pelo espírito*, como se chamará o livro.

Já pedi à estimada srta. sua filha a permissão para trabalhar durante oito ou quinze dias no arquivo psicanalítico em Viena, talvez com acesso a um ou outro material de cunho mais privado. Até por causa da analogia com Mesmer, preciso dos documentos que dizem respeito à resistência, ao opróbrio, às recusas, os documentos sobre o comportamento das universidades, as ironias em panfletos e no palco, e espero poder contar com o apoio dos seus amigos. Hoje já tenho clareza total sobre esse trabalho e talvez não seja arrogante dizer que será mais abrangente do que as demais biografias. Não pretendo me aprofundar tanto na cura em si, e sim na influência mundial, na reorganização de todo o quadro espiritual e moral a partir dessa descoberta.

Caro e prezado professor, agradeço novamente não ter me atribuído nenhuma corresponsabilidade nesse caso, e farei chegar a minha opinião àquele senhor ainda hoje de modo claro e inequívoco.

Com grande veneração,

Stefan Zweig

Pretendo iniciar em março o grande estudo sobre a sua obra (até lá o Mesmer e a boa mrs. Eddy estarão prontos) e espero completá-lo ainda antes do verão.

7 de dezembro de 1929
Viena IX, Berggasse 19

Prezado doutor,

Certamente não se enganou sobre a minha percepção do incidente.[25] Foi um abuso típico daquele farsante e a traição, nada típica do senhor. De qualquer maneira, gostaria de enfatizar a sua própria advertência para se ter cuidado. Desde que os métodos americanos da publicidade predatória penetraram na Europa, é preciso exagerar na discrição em relação às próprias afirmações. As palavras que lhe são atribuídas, e que copiei hoje de um cartaz afixado numa coluna, diziam: "Extraordinariamente essencial. É mais profundo e chega a ilações mais misteriosas do que a maioria dos que tentam escrever sobre Freud."

Suas informações sobre a parte dedicada a mim em seu novo livro[26] naturalmente me interessam mais do que a palestra de M. Como imagino ser difícil querer demovê-lo de sua intenção, não me resta senão apoiá-la. Nosso diretor editorial A. Storfer reuniu no "arquivo" verdadeiros "tesouros" em termos de depoimentos de profissionais contemporâneos e que certamente lhe disponibilizará. Não se preocupe com qualquer tentativa de influenciar sua posição. Gostaria apenas de dizer

25. Freud se refere ao caso Maylan.
26. Ver o perfil de Freud traçado por Zweig nas p.205-86 do presente livro.

uma coisa a favor dos círculos oficiais de Viena e que contradiz a analogia com Mesmer: simplesmente me ignoraram, o que foi bom. O que eu poderia ter feito com uma cadeira de Psiquiatria ou mesmo de ΨA? Teria atrapalhado e sido inútil. Quem se comportou mesmo mal foram meus ditos discípulos dissidentes, como Jung, Adler e Stekel. "Humanamente vulgares", como diz Heine.

Cordialmente,

Freud

Salzburgo, 9 de dezembro de 1929
Kapuzinerberg 5

Veneradíssimo professor!
Os mais profundos agradecimentos pela sua amável carta. Confesso que há muito tempo anseio por esse trabalho e também acredito que a justaposição com Mesmer apenas pretende significar a oposição entre intuir e saber – o primeiro experimento ingênuo que fareja o problema, sem abarcá-lo ainda, e, cem anos depois, o verdadeiro avanço. No meio disso, a meu ver, estão cem anos quase só de mal-entendidos, indiferença, superstição e charlatanismo. Não sei se posso ousar dispor um pouco do seu tempo em Viena e pedir que leia também o ensaio sobre Mesmer daqui a dois ou três meses. Talvez alguma coisa me tenha escapado – o que me seduz, nele, é apenas o problema trágico de uma pessoa que está a um palmo da verdadeira descoberta e, em vez de ir em frente, dá um passo na direção errada. Além disso, quero salvar a honra de Mesmer, que nunca foi um charlatão ou um vil mercenário, como foi descrito, e sim um realista muito prudente, apesar de resquícios medievais – nenhum gênio, mas alguém com um talento instintivo e, em termos de erudição universal, superior a todos os doutores. Fico contente desde já em poder coletar material sobre a sua obra também no arquivo do dr. Storfer e lhe agradeço por me dar total liberdade em relação a ele. Pois o método de

cura, que para o senhor é o mais importante, no meu trabalho não é o que há de mais essencial. Acho que a revolução que o senhor desencadeou no campo da psicologia e da filosofia e em toda a estrutura moral do nosso mundo impacta muito mais do que a mera parte terapêutica das suas descobertas. Pois todos os que nada sabem a seu respeito, qualquer pessoa anterior a 1930, mesmo sem nunca ter escutado o nome "psicanálise", já é hoje influenciada pela sua transformação psíquica, e seria preciso re*construir* a mentalidade psicológica de 1880 para tornar palpável a façanha desse meio século. Por isso, os documentos do espanto, da resistência, do desconforto são tão necessários para mim, mas não pela razão mesquinha de querer denunciar o antagonismo então existente. Afinal, preparei-me durante anos para esse trabalho, e mesmo que tenha só metade do êxito já sei que ele vem fomentar algo essencial e, quem sabe, poderá ser um grão a mais na balança para o reconhecimento, enfim, do Prêmio Nobel, que agora já não pode mais demorar.

Com a profunda veneração de sempre,
Stefan Zweig

Salzburgo, 31 de dezembro de 1929
Kapuzinerberg 5

Veneradíssimo professor!
Receba os meus mais profundos agradecimentos pela sua extraordinária obra,[27] que me ocupou bastante por esses dias e ainda haverá de ocupar. Imediatamente perguntei ao *Wiener Tageblatt* se ainda teria tempo de expressar ali minhas palavras de admiração. Ainda aguardo a resposta e espero então poder escrever o quão importante considero esse ápice intelectual de sua obra. Por isso, permita que hoje limite o meu agradecimento a essas rápidas palavras. Seu tempo é por demais precioso para cartas, e o

27. Zweig se refere a *O mal-estar na cultura*, de 1929.

que tenho a dizer gostaria de expressar para muitos. Fico feliz em pensar que o senhor esteja sendo tão produtivo, pois isso é também um aval do seu bem-estar físico. Uma análise intelectual desse jaez só pôde ser escrita a partir da energia concentrada do ser.

Com profunda admiração,
Seu devotado
Stefan Zweig

[Hamburgo, 12 de agosto de 1930]
[cartão-postal]

Venerado professor,
Permita-me enviar minhas felicitações pelo Prêmio Goethe: que ele venha preparar o caminho para o há muito tempo merecido Prêmio Nobel. Recolhi-me antes do Festival em Hamburgo para me dedicar com tranquilidade ao ensaio a seu respeito: terei terminado em setembro, e se alguma coisa nele vier a lhe proporcionar alegria, o trabalho não terá sido em vão.

Com leal admiração,
Stefan Zweig

Hamburgo Alsterglacis 10, a/c Jaffé
Grundlsee
14 de agosto de 1930
Viena IX, Berggasse 19

Estimado doutor,
Agradeço as suas gentis palavras. O Prêmio Goethe foi uma surpresa para mim – há muito tempo eu tinha deixado de esperar reconhecimentos públicos. Agora permita que eu anseie por ler o ensaio que está escrevendo em Hamburgo,[28] cidade que tão bem conheço. Não me comprometo a

28. O perfil de Freud traçado por Zweig ficou pronto em dezembro de 1930.

esperar o outro prêmio, com o qual quer me seduzir a atingir uma idade de Matusalém. Admito que já cheguei a desejá-lo, mas existem também desejos que perdem o sabor.

Cordialmente,

Seu devotado Freud

[Barcelona, fevereiro de 1931]
[cartão-postal]

Venerado professor,
Peço que tenha a bondade de me desculpar por não lhe mandar o meu livro pessoalmente,[29] mas estou longe demais para solicitar que Leipzig me mande exemplares e pedirei que lhe enviem diretamente.

Com respeito e lealdade,

Stefan Zweig

Antibes, Hôtel du Cap
[fevereiro de 1931]
[cartão-postal]

Venerado professor,
Espero que meu livro já esteja em suas mãos e desejo que não encontre muitos erros nele.

Seja saudado com profunda veneração pelo seu leal

Stefan Zweig

29. O presente *A cura pelo espírito*, publicado em 1931.

17 de fevereiro de 1931
Viena IX, Berggasse 19

Prezado doutor,
Recebi e reli a sua última obra,[30] dessa vez naturalmente com mais envolvimento pessoal do que nas suas fascinantes produções anteriores. Se me for permitido expressar-lhe minhas impressões de modo crítico, diria: o texto mais harmônico, justo e elegante me parece ser o de Mesmer. Também penso, como o senhor, que a verdadeira essência da sua descoberta, ou seja, a sugestão, até hoje não foi constatada e que aí continua havendo espaço para algo novo. No caso de Mary E.B. [!] me irrita um pouco o fato de o senhor ter trabalhado tanto o fator da intensidade. A nós, que não conseguimos nos livrar do ponto de vista patológico, ele não impressiona muito. Sabemos que, no surto, o raivoso libera forças que não tem normalmente. O aspecto da loucura e do sacrilégio não ganha tanta importância na sua representação, tampouco a indizível tristeza do pano de fundo americano.

Que uma biografia não agrade o biografado ou que seja muito difícil reconhecer-se nela, isso é um fato corriqueiro e bem conhecido. Por isso, apresso-me em expressar a minha satisfação por ter identificado o mais importante no meu caso, ou seja: quando se trata de considerar as realizações, essas não são tanto produto do intelecto, e muito mais do caráter. Eis o núcleo da sua perspectiva, e eu próprio também acho isso. Não fosse assim, poderia criticar que o senhor enfatizou exageradamente o elemento correto e pequeno-burguês em mim, afinal o homem é um pouco mais complicado; na sua narrativa falta dizer que tive, sim, minhas dores de cabeça e cansaço como qualquer outra pessoa, que fui um fumante apaixonado (gostaria de sê-lo ainda) o qual atribuiu ao charuto a maior parte do seu autocontrole e da perseverança durante o trabalho; que, apesar da tão falada simplicidade, sacrifiquei-me muito pela minha coleção de antiguidades gregas, romanas e egípcias e li, na

30. Freud se refere ao presente *A cura pelo espírito*.

verdade, muito mais sobre arqueologia do que sobre psicologia; que, até a Guerra e depois pelo menos uma vez, eu precisava passar vários dias ou mesmo semanas em Roma etc. Sei, dos espetáculos de variedades, que o formato obriga o artista a simplificações e omissões, mas então surge facilmente uma imagem equivocada.

Provavelmente não me engano ao supor que o senhor desconhecia o conteúdo da doutrina psicanalítica antes de escrever esse livro. Tanto mais merece reconhecimento por ter-se apropriado de tanta coisa de lá para cá. Há dois pontos passíveis de crítica. O senhor quase não menciona a técnica da livre associação, que para muitos parece ser a novidade mais relevante da psicanálise, sendo a chave metodológica para os resultados da análise, e o senhor descreve que eu obtive a compreensão dos sonhos a partir do sonho infantil, o que não condiz com a história e só é apresentado dessa maneira com intenção didática.

Também a sua última dúvida – se a análise se adéqua a ser exercida por pessoas comuns – pode ser atribuída ao desconhecimento da técnica. Nos tempos em que o microscópio era um instrumento novo nas mãos do médico, era possível ler nos manuais de fisiologia as habilidades raras que devia ter o microscopista. As mesmas exigências foram feitas depois para o cirurgião. Hoje, qualquer estudante aprende a manusear o microscópio e os bons cirurgiões são cultivados em escolas. Contra o fato de que nem todo mundo é igualmente bom não há remédio, em nenhum campo.

Com cordiais saudações e votos de boas férias,

Freud

Hôtel du Cap d'Antibes
Antibes, 20 de fevereiro de 1931

Veneradíssimo professor,
Agradeço profundamente as suas palavras e o fato de não renegar a dificuldade que é descrever uma obra em desenvolvimento e que ainda está longe de ter delimitada a sua esfera de influência. Meu intuito nunca foi o de contemplar criticamente o método, o sistema – para tal, faltam-me a expe-

riência e a ousadia. O que tentei fazer foi caracterizar de modo aproximado a importância da figura, a extraordinária singularidade do personagem e a obra *total*. Digo aproximadamente, pois para uma descrição detalhada seriam necessários dois volumes. O que cortei já daria um tomo inteiro.

Tampouco acredite, por favor, ser uma audácia arrogante se em alguns trechos enfatizei o caráter independente, "de fora", da observação. Teria sido uma brincadeira para mim reprimir as poucas objeções, substituindo-as por ressalvas, mas acreditei ser politicamente importante elevar a figura muito acima de todas as outras do seu tempo e, simultaneamente, mostrar que não se trata de um ensaio "aprovado". O senhor deve ter observado que nem sequer menciono todos os outros nomes que normalmente são pronunciados junto com o seu, porque nenhum deles, em sua época, atingiu altura e relevância que o tornasse visível ao lado da sua obra: Nietzsche é o único nome que menciono nesse contexto. É *isso* que importa para mim: mostrar o *nível* da obra, e não os detalhes, e tentar vê-la dentro do contexto do tempo. Ninguém sabe melhor do que eu que haveria muito a dizer ainda, e as anotações que não utilizei enchem seis cadernos – mas a ordem era condensar e isso, admito, gera uma certa brutalidade de Procusto. Importante para mim, no êxito pelo qual anseio, é que influencie de modo decisivo a batalha pelo Prêmio Nobel, porque se poderá entregar finalmente aos senhores literatos algo que não toma partido – importante, para mim, que o meu livro obrigue mesmo os resistentes a terem algum respeito diante da obra *total*; *precisamente* porque essa gente sempre se aferra a algum detalhe, deixei intencionalmente de especificar as teses.

Os equívocos biográficos poderão ser retificados numa reimpressão, o que decerto será feito com cuidado. Peço que me desculpe um ou outro erro e tenha certeza de que poucos estão tão convencidos interiormente da relevância de sua obra como eu. Fico satisfeito que os conhecidos importantes para mim percebam que eu desviei a discussão sobre a sua obra das minúcias, do puramente médico, para o reino da psicologia e que – para o bem e para o mal – deixe de ser possível a repugnante discussão rasa e estreita que hoje ocorre. E que, a partir de agora, apesar da minha incompetência nos detalhes, será preciso olhar um pouco mais para cima quando se contempla a sua obra, e que a comparação com Jung, Adler,

Wyneken e outros, ainda menores, finalmente terá um fim. Se eu tiver contribuído nesse sentido, ficarei feliz, pois apesar da falta de competência terei servido a uma verdade.

Com admiração e lealdade

E muitas lembranças para a sua filha,

O seu devotado Stefan Zweig

Salzburgo, 6 de maio de 1931
[telegrama]

Receba com veneração inquebrantável os mais intensos votos pela 75ª repetição do dia ao qual o nosso mundo deve um mundo de ideias e o exemplo de uma vida grandiosa e verdadeiramente exemplar. Com admiração e lealdade, Stefan Zweig

Viena, maio de 1931
[cartão impresso]

Agradecimento pela gentil lembrança do meu 75º aniversário depois de tantos outros sinais de amizade.[31]

Freud

Salzburgo, 16 de junho de 1931
Kapuzinerberg 5

Venerado professor,

Espero que, como "conhecedor dos altos e baixos", não tome como totalmente supérfluo o impresso anexo que envio apenas a um círculo *muito*

31. Por ocasião do 75º aniversário de Freud, em 6 de maio de 1931, Zweig publicou um artigo laudatório no *Central Verein Zeitung*. Freud enviou-lhe um cartão impresso de agradecimento, acrescentando à mão as palavras "depois de tantos outros sinais de amizade".

estreito: aquelas nove cartas escritas por Mozart aos 21 anos, uma das quais publico aqui na íntegra, jogam uma luz psicológica muito estranha em seu erotismo, que, mais fortemente do que o de qualquer outra pessoa importante, revela infantilismo e uma coprolalia apaixonada. Seria um objeto de estudo interessante para algum dos seus discípulos, pois todas as cartas, sem exceção, giram em torno do mesmo tema.

Aproveito o ensejo para lhe expressar a minha admiração e os mais cordiais votos para a sua saúde, e sigo sendo o seu sempre leal

Stefan Zweig

25 de junho de 1931
Viena IX, Berggasse 19

Estimado doutor,

Obrigado pelo impresso! Já sabia – não sei mais de onde – que Mozart amava e cultivava as "vulgaridades". Não há objeção à explicação que o senhor dá. Em várias análises com músicos notei um interesse especial, que retrocede à infância, pelos ruídos dos intestinos. Não sei se isso deve ser visto apenas como um caso especial do interesse geral pelo mundo dos sons ou se se deve supor que o talento para a música (para nós, desconhecido) contenha um forte componente anal.

Saudações cordiais,

Freud

28 de novembro de 1931
Viena IX, Berggasse 19

Estimado doutor,

Um aniversário de 50 anos não pode me impressionar muito. Aliás, pela minha própria experiência, odeio cruelmente qualquer festa de aniversário. Se, no entanto, escrevo-lhe hoje por ocasião de seus 50 anos, isso ocorre porque um anseio que vem crescendo ao longo dos tempos urge ser posto para fora, e eu poderia ter que esperar muito tempo por uma oportunidade ou mesmo acabar perdendo-a, devido à minha idade. É a necessidade de lhe dizer uma vez algo agradável, amável, em vez de fazer sempre reclamações como alguém que encomendou um retrato e acha que não ficou muito bom. Então, dizer-lhe o quanto me deleito com as minhas prediletas entre as suas criações, *Jeremias*,[32] *Confusão de sentimentos*, o seu mergulho na vida da alma de pessoas demoníacas;[33] o quanto admiro a sua linguagem artística, que se amolda às ideias como os trajes diáfanos de algumas estátuas antigas aos corpos; com quanta satisfação sigo os seus esforços de manter viva uma União Internacional dos melhores e mais fortes espíritos, mesmo nesses tempos desestruturados. Mas basta, o essencial é o sentimento de cordialidade com o qual venho me somar aos outros que o parabenizam.

Seu leal
Sigm. Freud

Salzburgo, 29 de novembro de 1931
Kapuzinerberg 5

Veneradíssimo professor,
É ao mesmo tempo uma felicidade e um constrangimento saber que o senhor, para quem cada minuto é importante, se lembra de mim com bondade. O que vejo como dádiva (e não realização) da minha vida foi sempre sentir – e depois reconhecer, dentro dos limites das minhas capacidades – quais os valores essenciais: o meu encontro interior com a sua obra faz parte desses casos afortunados. O senhor sabe que não estou totalmente satisfeito com o retrato que fiz, apenas no sentido de que ele ajudou a colocar qualquer nova consideração de suas realizações em uma certa esfera de respeito, exigindo um olhar para cima em vez de uma mera contemplação crítica. Nesse sentido, fico feliz em saber que o meu livro sairá publicado durante as próximas semanas simultaneamente na França,

---

32. *Jeremias*, poema dramático de Zweig, publicado em 1917.
33. Freud se refere provavelmente ao livro *Der Kampf mit dem Demon* (ver nota 10).

na Inglaterra, na América e na Itália, depois que a Noruega já se antecipou, e também está sendo traduzido para o russo. Talvez eu possa retomá-lo e dizer algumas coisas sobre as quais ganhei clareza desde então – mas talvez, também, o sentido do meu trabalho seja fomentar e estimular outros trabalhos: acabo de ser responsável por três peças teatrais de outros sobre Mary Baker Eddy, e duas pessoas começam agora uma biografia detalhada de Mesmer. Quem sabe o meu livro estimule alguém a escrever o livro decisivo sobre o senhor, estaria mais do que na hora.

Sempre com afeto e admiração, o seu leal
Stefan Zweig

2 de junho de 1932
Viena IX, Berggasse 19

Estimado doutor,
Depois de entregar algum livro para ser publicado passo um bom tempo sem vontade de me ocupar com o seu conteúdo. Lamentaria se o senhor também fosse assim, pois pretendo voltar sua atenção àquele seu livro no qual dedicou uma terça parte a mim e à minha obra.

Um amigo esteve por esses dias em Veneza, viu ali em uma livraria a tradução italiana da *Cura pelo espírito* e me deu o livro de presente. Foi um ensejo para reler partes do seu ensaio. Então descobri na p.272 um equívoco que não deve ser visto com indiferença e que, na verdade, também minimiza o meu mérito, se quiser ter essa condescendência para comigo. Consta ali que a paciente de Breuer[34] confessou durante hipnose que, no leito do pai doente, sentiu e reprimiu determinados *"sentimenti illeciti"*[35] (ou seja, de natureza sexual). Na verdade, ela não disse nada disso, apenas deixou transparecer que queria esconder diante do enfermo o seu estado de excitação, especificamente a sua preocupação afetiva. Se tivesse sido como diz no seu texto, tudo teria sido diferente. Eu não teria sido surpreendido pela descoberta

34. Freud se refere ao relato de caso de "Anna O.", incluído nos *Estudos sobre a histeria* (1895), escrito por ele e Josef Breuer.
35. "Sentimentos ilícitos." Em latim no original.

da etiologia sexual, Breuer teria tido dificuldade de contrariá-la e eu provavelmente jamais teria renunciado à hipnose, que possibilita confissões tão sinceras. O que aconteceu de verdade com a paciente de B. eu consegui adivinhar muito depois do nosso rompimento, quando de repente me lembrei de uma comunicação que Br. certa vez, antes do tempo do nosso trabalho conjunto, me fez num outro contexto e nunca mais repetiu. Na noite daquele dia em que todos os sintomas da paciente haviam sido controlados, ele foi novamente chamado para vê-la, encontrou-a confusa e se contorcendo em cólicas. Perguntada sobre o que estava acontecendo, ela respondeu: agora vai nascer o filho que eu tive com o dr. Br. Naquele momento, ele tinha a chave para abrir o caminho até as mães,[36] mas deixou-a cair. Com todos os seus grandes dotes intelectuais, ele não tinha nada de fáustico. Num horror convencional, fugiu e deixou a paciente para um colega. Ela ainda lutou meses num sanatório para se recuperar.

Senti-me tão seguro dessa minha reconstrução que a publiquei em algum lugar. A filha mais nova de Br. (nascida pouco depois daquele tratamento, o que também pode ser importante para associações mais profundas!) leu o meu texto e questionou o pai (isso foi pouco antes de sua morte). Ele confirmou e ela me fez saber.

Com cordial dedicação,

Freud

Salzburgo, 2 de junho de 1932
Kapuzinerberg 5

Veneradíssimo professor,
Agradeço muito a sua bondosa carta. Nesse trecho, a tradução italiana sem querer ficou mais grosseira, mas ali como nas futuras edições alemãs eu pretendo corrigir para gerar mais clareza. Ninguém melhor do que eu sabe o quanto o meu texto não é totalmente interpretativo: o volume já me obrigou a reduções e à supressão de muitos aspectos que, na verdade, estavam todos preparados;

36. No *Fausto*, de Goethe, o "caminho até as mães" significava alcançar as imagens originárias, que decifram os últimos mistérios.

a verdadeira obra sobre a sua obra ainda está por ser escrita e me sinto apenas um modesto *pacemaker*, um marcador de passos. Seja como for, o texto já funcionou no sentido de estimular a atenção e um respeito que infelizmente ainda não existe na medida devida, principalmente na França, onde saíram trinta edições dentro de um prazo mínimo, e também nas traduções inglesa, espanhola, italiana, sueca, norueguesa, às quais se somam agora também a polonesa e a holandesa. Assim, minha pequena força acabou ampliando o raio do interesse, e onde fui insuficiente em minha representação, muito leitor está buscando o texto original e a doutrina do mestre *ipsis verbis*.

A caligrafia de sua carta revela (a mim, que normalmente não confio tanto na grafologia) uma maravilhosa firmeza. Espero que seja indicativa de um total bem-estar do corpo; no que diz respeito à liberdade e ao frescor do espírito, não me sinto apreensivo. Que em breve tenhamos uma prova criadora disso!

Com fiel admiração,
Seu sempre devotado
Stefan Zweig

20 de outubro de 1932
Viena IX, Berggasse 19

Estimado doutor,
Graças à sua generosidade, li até agora quase todos os seus livros, descrições de homens e destinos, e sinto-me tentado a dizer que nenhum deles me pareceu tão convincente, humanamente emocionante, e talvez tão compatível com a verdade histórica insubstituível e quase impalpável como esse último sobre a infeliz Maria Antonieta,[37] como o senhor diz projetada para ser pequena e forjada pelo destino a ser grande. Também a linguagem amadurecida, libertada de um certo excesso patético, e a limitação da narrativa ao mais imediato, ao mais necessário, atestam que estamos diante de um mestre.

37. O então recém-publicado *Maria Antonieta: Retrato de uma mulher comum* (Rio de Janeiro, Zahar, 2013).

Meu maior interesse foi provocado naturalmente por aquela parte em que o senhor faz o trabalho do psicanalista – ao tratar da história conjugal da mulher e da acusação de incesto contra a mãe. Isso decerto ocorreu como o senhor descreve. A vida humana certamente se tornou um pouco mais compreensível desde que podemos tratar desses aspectos humanos. Assim como no caso de Alexandre da Sérvia, o senhor captou aqui com um olhar certeiro a interligação – confusa, também para o historiador – de detalhes aparentemente pequenos com o que há de inegavelmente grande, ruidoso, destacado.

Sabe que a sua análise do moleque real, que acusa a mãe (e a tia) de sedução, é absolutamente confiável? Assim fazem até hoje todos os neuróticos que nós analisamos. Encobrem o fato do seu onanismo infantil com a fantasia da sedução e escolhem para o papel de sedutores justamente aqueles que os puniram ou criticaram por causa do prazer proibido. Há sempre uma pequena dose de verdade atrás da fraude, pois a primeira oportunidade para a excitação genital geralmente ocorreu durante os cuidados com o bebê, e a figura da babá se funde depois com a da mãe, se não foi a própria. Mas é somente sob a pressão da análise que os nossos pacientes nos revelam essas fantasias inconscientes. Existe uma preocupante permeabilidade da estrutura psíquica quando essas fantasias se tornam conscientes enquanto acusações reais. No caso do delfim, o ambiente degradante e hostil à mãe certamente contribuiu, mas à mãe não escapara antes a inclinação à mentira baseada na fantasia.

Com cordiais saudações,

Freud

Salzburgo, 21 de outubro de 1932
Kapuzinerberg 5

Veneradíssimo professor,

Permita-me agradecer a sua especial bondade – sei o quanto significa um homem de seu nível e com tal volume de trabalho dedicar o seu tempo a um livro; tudo o que escrevo é influenciado pelo senhor e talvez o senhor sinta que a coragem para a veracidade, que possivelmente é a essência dos meus livros, vem do senhor: o senhor foi um exemplo para toda uma geração.

No caso do delfim, eu tinha bem mais material do que aquele que usei. Mas achei por demais cruel citar o que ele disse diante de testemunhas credenciadas: "*Quand guillotinera-t-on enfin ces sacrées putaines?*"[38] Provavelmente, ouviu isso e, achando divertido (talvez com um ódio secreto), repetiu.

Um médico francês, dr. Cabanès, coletou muito material sobre todas essas coisas em suas *Indiscretions de l'histoire, Les morts mysterieux* etc. Esse homem colecionou com empenho admirável e investigou do ponto de vista médico todas as curiosidades sexuais da história – infelizmente, sem ter ideia alguma de psicanálise, fazendo com que todos esses tesouros estejam por aí, sem valor. Talvez possa chamar a atenção de seus discípulos para essa série, a fim de que eles possam analisar o precioso material (devo a ele as primeiras indicações decisivas para a *Maria Antonieta*, que depois persegui e que ele próprio não soube trabalhar em termos psicológicos). Ele tem o instinto, o zelo, percebeu a dimensão interessante, mas infelizmente não é capaz de interpretar os fenômenos, porque não conhece o seu método, apenas os enumera. Mas nos vinte pequenos volumes há uma mina inteira de conhecimento.

Permita-me, venerado e caro mestre, expressar o desejo de que o seu magnífico e incomparável frescor psíquico e sua curiosidade criadora ainda se conservem durante muito tempo para nós; uma época tão pobre de espírito como a nossa necessita de autoridade intelectual. E como são poucos aqueles que nos guiam e nos ensinam!

Com leal veneração,
Seu sempre devotado
Stefan Zweig

---

38. "Quando é que essas malfadadas putas finalmente serão guilhotinadas?" Em francês no original.

Salzburgo, 30 de dezembro de 1932
Kapuzinerberg 5

Veneradíssimo professor!

Hoje, penúltimo dia do ano, leio com verdadeiro prazer espiritual as suas maravilhosas palestras.[39] Do puro ponto de vista artístico teríamos muito a aprender com essa prosa que abarca e abrange com tanta clareza as ideias, e me parece quase inacreditável que a idade, a qual nos outros normalmente obscurece o espírito, produz no senhor uma nitidez ainda maior. Não ouso apontar detalhes hoje, mas não gostaria de deixar passar o ano sem ter lhe desejado, bem como a seus admiradores e ao mundo inteiro, que o senhor possa se comprazer de saúde plena e alegria no trabalho no ano novo, permitindo que nós nos deleitemos, com renovado prazer, com os frutos desse empenho.

Com profunda veneração,
Seu sempre devotado
Stefan Zweig

[Salzburgo, junho de 1933]

Veneradíssimo professor,

O senhor conhece (além da minha veneração) o respeito que tenho pelo seu tempo, e que eu não ousaria introduzir um mero curioso em sua casa. Mas se H.G. Wells, o grande inglês, cultiva o grande desejo de se encontrar unicamente com o senhor durante a sua estadia secreta em Viena, creio poder afirmar que essa visita certamente lhe daria prazer. Talvez tenha a bondade de dizer-lhe quando poderá visitá-lo. Com leal veneração e afeto

Seu sinceramente devotado
Stefan Zweig

---

39. Zweig se refere a *Novas conferências introdutórias à psicanálise*, publicado no final de 1932.

Londres [outubro/novembro de 1935]
11 Portland Place

Veneradíssimo professor,
Prometi ao *Sunday Times* uma resenha por ocasião da publicação de sua autobiografia[40] na Inglaterra; cá está, infelizmente com vários entretítulos, cortes (principalmente no final) e uma tradução bastante medíocre. Mas o senhor haverá de compreender que eu tinha muito interesse em ver a sua obra apreciada com o devido respeito nesse que é o jornal mais lido. Foi uma medida tática e espero que o senhor não contemple o seu valor artístico. Apenas fico contente com qualquer oportunidade de poder expressar a minha veneração pelo senhor.

Com os votos mais cordiais,
O seu admirador devotado
Stefan Zweig

5 de novembro de 1935
Viena IX, Berggasse 19

Estimado e prezado doutor,
Agradeço-lhe a carta e o recorte do *Sunday Times*. Sua resenha é a mensagem de um amigo, mais do que o que está escrito me alegrou o que há entre as linhas no sentido do autor. Não foi sem surpresa, no entanto, que soube, através dele, que receberei o tão desejado Prêmio Nobel por indicação da Universidade de Viena. Essa notícia pode ser uma das distorções que, como se queixa, o jornal cometeu no seu texto. Possivelmente, uma outra "medida tática" sua. No último caso, provavelmente quedará sem efeito. O senhor precisaria saber contra quantas dificuldades e objeções recebi em 1930 o Prêmio Goethe da cidade de Frankfurt.

40. Trata-se de ensaio sobre Freud incluído em *Die Medizin der Gegenwart in Selbstdarstellungen* (1925), que teve uma reedição em 1935, para a qual Freud fez atualizações.

Depois de sua visita em 15 de set eu me recriminei seriamente por ter detalhado o conteúdo do *Moisés* em vez de perguntar-lhe sobre seus trabalhos e projetos. O *Moisés* jamais verá a luz da opinião pública.[41]

Muito obrigado e saudações,

Freud

P.S.: Na ocasião, também me esqueci de lhe perguntar se não teria interesse em se dedicar ao problema Shakespeare-Oxford.[42] Estou quase convencido de que Edward de Vere, o 17º duque de Oxford, foi o verdadeiro Shakespeare. Infelizmente a sua visita foi muito breve.

Viena, Hotel Regina, 13 de setembro de 1935
(Tel: A 23-5-85)

Veneradíssimo professor!

Tentei hoje ligar para o senhor em Grinzing. O dr. Kris teve a bondade de me dar o número do seu telefone. É muito importante para mim esclarecer um mal-entendido. Quando passei um mês e meio aqui na primavera, alguém me disse logo no segundo dia, quando me anunciei, que o senhor não estava recebendo visitas. Com isso, naturalmente não ousei comunicar-lhe minha presença e respeitei o seu retiro. Agora, para minha alegria, o dr. Kris me disse que o senhor está em ótimas condições, trabalhando mais do que nós todos, e gostaria apenas de lhe dizer quão feliz fiquei em ouvir isto. Quem sabe terei a oportunidade de visitá-lo nos poucos dias que ainda ficarei por aqui!

Com a antiga veneração,

Seu sempre devotado

Stefan Zweig

---

41. *Moisés e o monoteísmo* foi afinal publicado em versão integral em 1939. Ensaios individuais saíram entre 1934 e 1938.

42. Freud se refere às especulações sobre a identidade de Shakespeare levantadas por estudiosos do autor.

7 de novembro de 1935
11 Portland Place, London W1
(Tel: Langham 1069)

Venerado professor!
Meu profundo agradecimento pelas suas gentis palavras. Naturalmente, irritei-me muito com o fato de que na tradução da minha observação sobre a influência da universidade a palavra "evitou" foi traduzida por "fomentou".[43] Ernest Jones também já me ligou e lhe expliquei que não tenho culpa alguma. Se mencionei o Prêmio Nobel, foi porque quero sempre lembrar o quão importante seria uma ação coletiva de todos os homens de boa vontade para esse objetivo. Sei que Thomas Mann e Rolland estiveram bastante envolvidos nesse sentido. Desde já anseio por ir brevemente a Viena em dezembro e poder lhe contar muita coisa.

Com leal admiração,
Sempre seu
Stefan Zweig

4 de maio de 1936
49 Hallam Street, London W1
Langham 3693

Veneradíssimo professor!
Sei que o senhor não gosta que se comemore o seu aniversário, mas o egoísmo da natureza humana, que o senhor conhece tão bem, exige seus direitos. Pois é um equívoco pensar que hoje seja o *seu* dia festivo. Antes de tudo, é o *nosso*, um dia de gratidão de todos os intelectuais dessa Terra. Nós, que por princípio não simpatizamos com os *Führer*, seríamos os mais ingratos se não pensássemos com amor e gratidão naqueles que nos conduziram a revelações espirituais e intelectuais. Não seja, pois, prezado

43. Zweig se refere ao artigo no *Sunday Times* mencionado nas cartas de novembro.

professor, excessivamente severo nesse dia e nos deixe o prazer de o festejarmos com todo o coração e todo o amor.

Thomas Mann lhe levará daqui a dois dias uma folha com assinaturas.[44] Nós, que iniciamos essa pequena coleção, tivemos a grande satisfação de ver com quanta gratidão todas essas pessoas aproveitaram a oportunidade de lhe mostrar a sua veneração pelo menos com uma assinatura. Sim, até nos agradeceram a oportunidade. Boa quantidade de nomes ainda virá depois, pois vivemos numa terrível diáspora, e grande parte das pessoas essenciais está permanentemente em trânsito, só podendo ser encontrada com atraso. Peço que receba com condescendência uma pequena saudação pelo seu aniversário que eu escrevi e que sairá em uma série de jornais na América, na França e outros lugares. Destina-se a círculos mais amplos de leitores, a fim de fazer compreender àqueles que ainda não o reconhecem quem o senhor é para nós e ainda virá a ser num futuro mais justo.

Estimado e querido professor, o que devo desejar-lhe nessa data? Saúde, antes de tudo, e a consciência de ter criado algo duradouro e eterno em meio a um mundo que oscila e rui, e de ter ajudado milhões de pessoas. Não conheço mais ninguém que pudesse dizer hoje a respeito de si próprio o mesmo e com o mesmo direito, e a quem devamos tanto.

Lembrando tanta bondade e com profunda veneração,

Stefan Zweig

18 de maio de 1936
Viena IX, Berggasse 19
XIX Strasserg. 47

Estimado doutor,
Espero que me perdoe se respondo apenas hoje. Enfim passou o período cansativo, repleto de demandas.

---

44. Trata-se da mensagem de felicitações pelo 80º aniversário de Freud, idealizada por Zweig, Mann e Romain Rolland.

Antes de responder, reli a sua carta. Consegui esquecer que foi um mestre do estilo que a escreveu, ela soa tão simplesmente verdadeira. Quase me convenceu da minha importância. Não que eu duvide do teor de verdade das minhas doutrinas, mas é-me difícil acreditar que elas poderiam manifestar uma influência comprovável sobre o desenvolvimento do futuro próximo. Assim, sinto-me bem menos importante do que o senhor descreve, e prefiro permanecer naquilo que consigo reconhecer com muito mais segurança: a bondade que o senhor expressou nos esforços pela comemoração do meu aniversário. A bela saudação a mim endereçada que redigiu junto com Thomas Mann e a palestra de Mann em Viena[45] foram os dois acontecimentos que me reconciliaram com o fato de ter me tornado tão velho. Pois, embora tenha sido incrivelmente feliz na minha casa, com mulher e filhos, principalmente uma filha que satisfaz numa rara dimensão todas as exigências de um pai, não consigo gostar da miséria e do desamparo da velhice, e espero com uma espécie de nostalgia a transição para o nada. Não posso poupar meus entes queridos da dor da separação.

Minha posição especial junto ao senhor também terá um fim. Pois acho que, na galeria de notáveis que o senhor construiu – o seu panóptico, como costumo brincar – certamente não sou a pessoa mais interessante, mas a única viva. Talvez eu deva muito dessa circunstância ao calor da sua simpatia. Pois, assim como ocorre com o analista, no caso do biógrafo também existem fenômenos que resumimos no conceito de "transferência".

Com afetuosa gratidão,

Sigm. Freud

---

45. "Freud e o futuro", disponível em *Pensadores modernos: Freud, Nietzsche, Wagner e Schopenhauer* (Rio de Janeiro, Zahar, 2015).

[10 de junho de 1936]
49 Hallam Street, London W1
Langham 3693
[cartão-postal]

Venerado professor,
Esse cartão é apenas um modesto agradecimento pela sua gentil carta e um pedido de desculpas pelo fato de o meu novo livro[46] ser enviado diretamente pelo editor: Viena-Viena é mais fácil do que Viena-Londres-Viena, e a minha veneração pelo senhor, afinal, já está inscrita.

Do seu leal
Stefan Zweig

Viena, 16 de outubro de 1936
[cartão-postal]

Obrigado pelos belos volumes *Corrente* e *Caleidoscópio*!

Cordialmente,
Freud

Viena, 7 de novembro de 1937 (?)
[cartão-postal]

Obrigado pelo belo presente novo![47]

Freud

---

46. Zweig se refere a uma seleção de escritos seus em dois volumes, *Corrente* e *Caleidoscópio*, publicados em 1936.
47. Não foi possível precisar a que presente Freud se refere.

15 de novembro de 1937
49 Hallam Street, London W1
Langham 3693

Estimado e venerado professor,
Só quero lhe dizer uma coisa: o quanto fiquei feliz em ver a sua letra e com quanto amor e lealdade penso no senhor (falei aqui longamente a seu respeito com Arnold Zweig). E mais uma coisa: tal alegria, hoje, é infinitamente preciosa. Não posso lhe dizer o quanto sofro com o nosso tempo, algum deus mau me deu o dom de prever muita coisa e há quatro anos sinto nos nervos o que está eclodindo agora. Não estivesse vivendo aqui, não seria capaz de trabalhar – felizes os que são abençoados com "ilusões"! Por esses dias, o senhor receberá ainda um "livro marginal", o *Magalhães*;[48] estou trabalhando num romance muito pesado, psicológico mas não muito longo, que deverá se chamar *Mord durch Mitleid*[49] e mostrar que a fraqueza, a meia compaixão, que não chega ao sacrifício derradeiro, é mais letal do que a violência. É uma volta ao seu mundo, e o livro entra na área médica – é o meu consolo. O verdadeiro livro que se deveria escrever seria a tragédia do judaísmo, mas temo que a realidade, por mais que aumentássemos a intensidade do livro, superará nossas fantasias mais ousadas. O senhor tem direito ao consolo: completou a sua obra, inesquecível e inabalável, provou que não estivemos aqui totalmente em vão, ainda que talvez não se escute o que dizemos – ainda assim, permanece a obrigação de tentar o melhor.

Quando lembro de Viena e me torno sombrio, penso no senhor! A cada ano que passa, o seu rigor austero se torna mais exemplar para mim, e me sinto ligado ao senhor por uma gratidão crescente.

Com leal veneração,
Stefan Zweig

---

48. Zweig se refere a *Magalhães, o homem e sua façanha*, publicado em 1938.
49. O romance foi publicado em 1939 e acabou se chamando *Ungeduld des Herzens*, no Brasil *Coração inquieto*.

17 de novembro de 1937
Viena IX, Berggasse 19

Estimado doutor,
Difícil dizer se a sua gentil carta mais me alegrou ou mais me doeu. Sofro com nosso tempo, como o senhor, e da mesma forma encontro consolo no sentimento de pertencimento com poucas outras pessoas, na certeza de que as mesmas coisas nos permaneceram caras e os mesmos valores, indiscutíveis.

Mas posso, com amizade, invejá-lo por conseguir se defender através de um belo trabalho. Que consiga cada vez mais êxitos! Já de antemão me deleito com o seu *Magalhães*.

Meu trabalho ficou para trás, como o senhor mesmo diz. Ninguém é capaz de prever como tempos futuros o julgarão. Eu próprio não tenho tanta certeza, pois a dúvida é indissociável da pesquisa, e certamente não conseguimos obter mais do que um minúsculo fragmento da verdade. O futuro próximo é sombrio, também para a minha psicanálise. Nas semanas ou nos meses que ainda tenho a viver não verei nada muito alegre.

Contra a minha intenção, comecei a me queixar. Quero dizer, quis me aproximar humanamente do senhor, não queria ser festejado como a rocha no mar, contra a qual as ondas batem em vão. Mas ainda que a minha resistência seja muda, continua sendo resistência e – *impavidum ferient ruinae.*[50]

Espero que não me deixe aguardar muito pela leitura de seus próximos livros belos e corajosos.

Com afetuosa saudação,
Seu velho
Freud

---

50. "As ruínas ferirão o destemido." Em latim no original.

[Janeiro/fevereiro de 1938]
Estoril (Portugal), por pouco tempo
[cartão-postal]

Venerado professor,
De Londres alegram-me com a notícia de que chegou o seu *Moisés* (ou aquilo que o senhor mostra dele ao mundo). Estarei de volta daqui a quatro semanas e poderei agradecer-lhe então com calma. Aqui, o ar é indescritivelmente claro e ensolarado – ah! Quanto desejaria ao senhor um *intermezzo* meridional como esse.

Com leal veneração,
Stefan Zweig

2 de março de 1938
49 Hallam Street, London W1
Langham 3693

Veneradíssimo professor,
A primeira coisa que fiz depois da minha volta de Portugal foi ler o seu ensaio sobre Moisés, e admiro honestamente a coragem com a qual o senhor explica enquanto hipótese aquilo que parece tão absolutamente convincente em sua representação. Ideias não têm pátria no mundo. Flutuam no ar entre os povos, entre as pessoas, e praticamente não existe conhecimento, fé ou religião que não misture elementos próprios a elementos transmitidos, assim como não existe poesia pura: tudo o que é inventado foi encontrado. Talvez o senhor se depare com um nacionalismo judaico tolo porque apresenta a religião judaica em parte como uma religião estranha e absorvida, mas apenas mentes obtusas se deixam guiar por tal vaidade coletiva. Um fato não é diminuído porque alguém o sonhou antecipadamente; se o Moisés real, físico, era dessa tribo ou daquela não diminui a figura do criador que transmitiu o monoteísmo à humanidade enquanto problema, e nem a do povo que, com a sua língua e o seu espírito, tornou essa ideia uma concepção de valor universal.

Para mim, esse volume aparentemente secundário mantém uma ligação central com o seu ser e a sua obra, uma das mais belas provas de sua coragem espiritual, de sua firmeza humana. Quantos, depois de mim, ainda haverão de lhe agradecer o fato de, numa idade em que mesmo os mais firmes começam a ceder e os mais ousados se tornam medrosos, ter escolhido como campo de batalha espiritual o problema mais difícil e talvez menos refletido de todos, o religioso! Que exemplo! E digo de uma vez por todas: não nos ajudou menos com a sua postura humanitária do que com a sua obra; muitas vezes, quando estou indeciso, olho em meu íntimo para o senhor e volto a me sentir corajoso.

Também pensei muito no senhor nesses dias críticos. Poderia estar contente, até mesmo me sentir superior, por já ter decidido romper com a pátria há quatro anos, resistindo a todo o falatório. Mas sofro, como se fosse na própria pele, com todos aqueles que agora estão em Viena, cheios de preocupação. Que a sua editora viesse para cá com seus livros, o senhor sabe, sempre alertei a esse respeito: a sua obra precisa estar acessível e presente, justamente por conter tanto futuro dentro de si. Que a saúde acompanhe a sua alegria no trabalho, e esteja certo do afeto leal e respeitoso do seu

Stefan Zweig

[início de junho de 1938]
49 Hallam Street, London W1
Langham 3693

Caro e venerado professor,
Não lhe escrevi para Viena, embora a mão e o coração o exigissem com fervor, mas todos os meus pensamentos estiveram diariamente com o senhor – respiro aliviado sabendo que está em segurança aqui.[51] *Incipit vita nuova!*[52]

---

51. Zweig soubera da iminente emigração de Freud para Londres, o que ocorreu entre os dias 3 e 5 de junho.

52. "Começa uma nova vida." Em latim no original.

Imagino o quanto está sendo assediado e o quanto vai necessitar de calma. Por isso, somente o procurarei quando assim o senhor me permitir (tenho telefone que não está no catálogo). E o senhor sabe quanto prazer terei em visitá-lo, a qualquer hora do dia, nada é mais importante para mim do que ver que o senhor passou bem por essa prova mais amarga.

Com muitas saudações aos seus,
O seu leal e devotado
Stefan Zweig

10 de junho de 1938
39 Elsworthy Road, London NW3

Estimado doutor,

Que montanha acachapante de impressões, solicitações e compromissos nesses primeiros dias! O que sobressai é a amabilidade, cumprimentos e felicitações de amigos, adeptos e conhecidos, mas bem a metade de desconhecidos que não querem mais senão expressar simpatia e alegria, sem pedir nada de volta! E, além disso, naturalmente uma contribuição de tolices, tratados e evangelhos recebidos, pedidos de autógrafos, de entrevistas em jornais e convites para fornecer textos supostamente bem pagos. Até mesmo algumas consultas médicas, mas não muitas, tudo indica que aqui não conseguirei viver bem de minha profissão de médico.

Sua gentil carta estava entre as primeiras. Verdade, estou bastante cansado, mas isso só se refere à motilidade – o meu coração agora exige ser muito poupado. Mas essa é minha 11ª carta hoje, e não tenho razão de me impedir o prazer daquilo pelo que anseio há semanas quando pensava em Londres: vê-lo e conversar com o senhor. Estou quase sempre em casa, e se quiser ligar proximamente para Primrose 2940 será fácil combinar uma visita.

Até muito breve, então!
Cordialmente,
Freud

Prof. Siegmund [!] Freud
23 ou 39 Elsworthy Road,
London NW3
[16 de junho (?) de 1938]
[cartão-postal]

Estimado e venerado professor,
Refugiei-me no campo para um fim de semana bastante prolongado e darei notícias logo após a minha volta.

Seu fiel
Stefan Zweig

Prof. Sigmund Freud
[aprox. 10 de julho de 1938]
49 Hallam Street, London W1
Langham 3693

Venerado professor,
Salvador Dalí, o grande pintor, que é um admirador fanático da sua obra, gostaria de vê-lo, e não sei de ninguém que poderia ser mais interessante para o senhor. Amo a obra de Dalí, extraordinária, e ficaria feliz se pudesse recebê-lo.

Com veneração e lealdade,
Stefan Zweig

15 de julho de 1938
49 Hallam Street, London W1
Langham 3693

Estimado e venerado professor!
É intenso o meu anseio de poder revê-lo, e agora vai estar aqui na semana que vem outra pessoa que adoraria me acompanhar nessa visita, um de seus maiores admiradores, e, apesar de todas as suas pequenas loucuras,

talvez o único gênio da pintura moderna, Salvador Dalí, cujo nome e cuja obra o senhor decerto conhece. Infelizmente, passará apenas alguns dias aqui, segunda e terça, e me permitirei ligar para o senhor na segunda pela manhã para ver se podemos visitá-lo um desses dois dias.

Ainda falarei com o sr. seu filho sobre aquele assunto americano.[53] Naturalmente, estou disposto com a maior alegria, caso o senhor não tenha ninguém melhor.

Com lealdade e veneração,
Stefan Zweig

18 de julho de 1938
49 Hallam Street, London W1
Langham 3693

Estimado e venerado professor!
Só uma palavrinha para a sua informação. O senhor sabe que sempre evitei ciosamente levar pessoas ao seu encontro, mas amanhã será realmente uma exceção. Para mim, Salvador Dalí (por mais disparatadas que possam ser algumas de suas obras) é o único *gênio* da pintura da época atual e o único que sobreviverá a ela, fanático em suas convicções e o discípulo mais leal e grato que o senhor tem entre os artistas. Há anos esse verdadeiro gênio deseja conhecê-lo (diz que a ninguém deve tanto em sua arte quanto ao senhor). Assim, iremos amanhã, ele e a mulher, sendo que ele gostaria de aproveitar a oportunidade de, enquanto falarmos, fazer um esboço seu – os grandes retratos ele sempre faz da memória interior. Para legitimá-lo, levaremos para o senhor ver a última obra dele, de propriedade de Edward James. Acredito que, desde os antigos mestres, ninguém encontrou tais cores, e nos detalhes, por mais simbólicos que possam parecer, encontro uma perfeição contra a qual tudo o que é pictórico nesse tempo parece empalidecer. O quadro se chama *Narciso* e talvez também tenha nascido por sua influência.

53. Não foi possível averiguar de que assunto se tratava.

Isso tudo como justificativa, se chegarmos à sua casa numa pequena caravana. Mas acredito que alguém como o senhor deveria encontrar uma vez o artista a quem influenciou como ninguém mais, e que sempre considerei um privilégio conhecer e estimar. Está apenas aqui por dois dias, vindo de Paris (é catalão), e não atrapalhará o nosso encontro. Estou feliz pelo fato de o senhor vir a conhecer esse que talvez seja o maior entre os seus adeptos. Que o senhor não considere impróprios esses altos elogios. O quadro poderá surpreendê-lo num primeiro momento, mas não consigo imaginar que não venha a lhe revelar o valor desse artista.

Cordialmente e com profunda veneração,

Stefan Zweig

Salvador Dalí teria adorado mostrar-lhe seus quadros aqui numa exposição, mas como sabemos que o senhor não gosta de sair e praticamente nunca deixa a casa, levaremos conosco essa sua obra mais recente – e, ao que me parece, a mais bela.

19 de julho de 1938
49 Hallam Street, London W1
Langham 3693

Estimado e venerado professor,
Espero que não o tenhamos importunado durante muito tempo, mas Salvador Dalí já viajou uma vez – em vão! – de Paris para Viena a fim de vê-lo.

Esse jovem, Edward James, que o acompanhou, precisaria urgentemente de um tratamento psicanalítico. A nosso ver, é indecentemente rico e gostaria muitíssimo de um tratamento desse (parece que Tilly Losch, sua ex-mulher, não foi capaz de curá-lo). O senhor só lhe meteu um pouco de medo ao dizer que poderia obstruir o trabalho literário. Mas creio que um dia ele irá procurá-lo de mote próprio!

Tudo de bom, respeitosamente e com lealdade,

Stefan Zweig

20 de julho de 1938
39 Elsworthy Road, London NW3

Estimado doutor,
Realmente lhe agradeço que tenha trazido à minha casa os visitantes de ontem. Pois até então eu tendia a tachar os surrealistas, que aparentemente me escolheram como patrono, de loucos absolutos (digamos: 95%, como no caso do álcool). Esse jovem espanhol com seus olhos candidamente fanáticos e uma inegável maestria técnica me fez mudar minha avaliação. De fato, seria interessante investigar psicanaliticamente o surgimento de um tal quadro. Criticamente, seria sempre possível afirmar que o conceito de arte não aceita ampliação se a relação quantitativa entre material inconsciente e processamento subconsciente não respeitar determinados limites. Mas, de todo modo, sérios problemas psicolog.[54]

Quanto ao outro visitante, gosto de dificultar a vida do candidato a fim de examinar o nível de sua propensão e obter um maior grau de espírito de sacrifício. A análise é como uma mulher que quer ser seduzida mas sabe que será menosprezada se não resistir. Se mr. J. hesitar muito tempo, poderá mais tarde procurar outro, Jones ou minha filha.

Fui informado de que o senhor esqueceu alguma coisa aqui ao sair, luvas ou algo no gênero – o senhor sabe que equivale a uma promessa de voltar.

Cordialmente,
Freud

P.S.: O "Herr" do endereço em vez de "mr." é um sintoma de bem-estar.

54. Frase incompleta no original.

[agosto de 1938]
49 Hallam Street, London W1
Langham 3693

Estimado e venerado professor,
Não me comuniquei com o senhor nos últimos dias porque um amigo próximo[55] precisou ser operado de algo maligno e vou sempre visitá-lo no hospital. Mas irei ver o senhor amanhã, já impaciente.

Um fotógrafo compatriota, Marcel Sternberger, que fez maravilhosas fotografias de Shaw, Wells etc., adoraria poder fazer também o seu retrato. Pede insistentemente que lhe conceda dez minutinhos, e como para ele seria uma grande ajuda moral (ele vai para a América) e hoje em dia temos de ajudar, e como ele de fato faz ótimos retratos, eu o recomendo ao seu bondoso coração. Com a maior lealdade,

Stefan Zweig

24 de agosto de 1938
49 Hallam Street, London W1
Langham 3693

Caro e venerado professor,
Não considere o meu silêncio deslealdade ou indolência – um bom amigo teve uma operação complicada, preciso ir visitá-lo com frequência, e minha mãe morreu aos 85 anos em Viena. Percebemos que tempos são esses em que vivemos quando não sentimos tristeza e sim consolo por ela não precisar continuar vivendo naquele inferno de Viena, sem poder viajar para cá.

Darei sinal amanhã, espero poder vê-lo em breve. Aquele jovem Edward James, acredito, irá se decidir, falei com ele na semana passada.

Com admiração e lealdade,

Stefan Zweig

55. Não identificado.

16 de setembro de 1938
49 Hallam Street, London W1
Langham 3693

Estimado e venerado professor!
Tentei em vão descobrir onde o senhor se encontra nesse momento e como está de saúde. Espero que logo esteja bem a ponto de poder receber visitas. Basta me avisar quando poderei ir, tenho todo o tempo para o senhor.

Afetuosamente,
Stefan Zweig

[final de setembro de 1938]
49 Hallam Street, London W1
Langham 3693

Estimado e venerado professor,
Não imagine que seja por indiferença que não apareci na semana passada. Mas preciso fazer revisões urgentes[56] e a primeira coisa, quando voltar a respirar, será procurá-lo. Já estou ansioso por vê-lo e muito esperançoso de que se sinta de novo perfeitamente bem.

Seu leal e devotado
Stefan Zweig

Prof. Dr. Siegmund [!] Freud
20 Maresfield Gardens, London NW3
[Londres, 16 de novembro de 1938]
[cartão-postal]

Venerado e caro professor,
Faz muito tempo que não apareço, mas somente por temor de levar para a sua casa a minha perturbação interior sobre as coisas alemãs. E gosta-

56. Zweig se refere ao livro *Coração inquieto*, publicado em 1939.

ria de ver o *senhor* sempre de coração aberto! Permito-me anunciar-me amanhã.

Com admiração e lealdade,
Stefan Zweig

Sigmund Freud, Esq
20 Maresfield Gardens, London NW3
[Nova York, 7 de janeiro de 1939]
[cartão-postal]

Venerado professor,
Estimo que esteja bem em Londres. Corro de um lado para outro, como um pacote jogado daqui para lá, mas estou inteiro e já anseio por revê-lo em Londres.

Com admiração e lealdade,
Stefan Zweig

16 de março de 1939
49 Hallam Street, London W1
Langham 3693

Estimado e venerado professor,
Acabo de voltar e preciso primeiro tirar do caminho uma montanha de cartas. Mas já estou terrivelmente ansioso por vê-lo e irei humildemente procurá-lo nos próximos dias.

Com as mais cordiais saudações e veneração,
Stefan Zweig

31 de maio de 1939
49 Hallam Street, London W1
Langham 3693

Caro e venerado professor,
Todos os dias, desde que voltei de Bath, quero vê-lo. E a cada dia os que chegam refugiados aos magotes de Viena e de toda a Alemanha devoram o meu tempo. Finalmente, tudo parece *um pouco* mais calmo e me anunciarei amanhã ou depois de amanhã. Já estou tão ansioso por revê-lo.

Cordialmente,
Seu leal
Stefan Zweig

Bath [7 de junho de 1939]
The Spa Hotel
Professor Siegmund Freud [!]
20 Maresfield Gardens, London NW3

Estimado, caro e venerado professor,
Não cumpri minha palavra, mas não aguentei mais estar em Londres, onde as visitas me impedem diariamente de trabalhar, e voltei para o meu refúgio em Bath. Mas aparecerei em breve, impaciente, como estou, por vê-lo, caro mestre.

Stefan Zweig

[Bath/Somerset, 24 de julho de 1939]
Professor Siegmund Freud [!]
20 Maresfield Gardens, London NW3

Estimado e venerado professor,
Só queria dizer-lhe que, ainda que me encontre espacialmente em Bath, estou com o senhor em pensamentos, esperando que se sinta melhor de saúde e em breve possa voltar a pensar em trabalho produtivo.

Com leal admiração,
Stefan Zweig

[Para Anna Freud]
Bath, 4 de agosto de 1939
Lansdown Lodge
Lansdown Road

Estimada e venerada senhorita!
Li aqui em um jornal que o respeitado sr. seu pai teve alguns maus dias. Espero que o perigo já tenha passado. Queria me informar por telefone, mas tive medo de incomodar nesses dias em que certamente teve muitas outras solicitações. No momento em que o sr. seu pai puder receber visitas de novo, gostaria de ir imediatamente, e não temerei a viagem.

Tudo de bom ao venerado amigo e a toda a sua família
Do seu
Stefan Zweig

14 de setembro de 1939
Bath, Lansdown Lodge

Meu caro e venerado amigo e mestre,
Quando o reverei? No momento parece difícil: a minha naturalização estava prestes a se resolver, mas como fui arrogante e não pressionei, não tinha sido assinada ainda. Assim, agora sou um *"enemy alien"*,[57] sem poder me distanciar mais do que cinco milhas da praça do mercado de Bath. *Sic transit gloria mundi*[58] – assim, o valor literário se derrete diante de uma ordem policial, e eu vegeto aqui, burro e inútil, incapaz de trabalhar e longe de todos os amigos.

Eu poderia rir dessa tolice – afinal, eu poderia ser mais útil do que sete funcionários do Ministério da Propaganda –, mas ela me priva da alegria de vê-lo, e isso me deixa triste. Espero que o senhor sofra apenas com o nosso tempo, como todos nós, e não com dores físicas. Precisamos

57. "Estrangeiro inimigo." Em inglês no original.
58. "Assim passa a glória do mundo." Em inglês no original.

nos manter firmes – seria sem sentido morrer antes de ver os criminosos descendo para o inferno.

Os mais afetuosos cumprimentos aos seus! Com a velha veneração, eternamente leal,

Stefan Zweig

FSC
www.fsc.org
MISTO
Papel produzido
a partir de
fontes responsáveis
FSC® C019498

A marca FSC® é a garantia de que a madeira utilizada na fabricação do papel deste livro provém de florestas de origem controlada e que foram gerenciadas de maneira ambientalmente correta, socialmente justa e economicamente viável.

Este livro foi composto por Mari Taboada em Dante Pro 11,5/16 e impresso em papel offwhite $80g/m^2$ e cartão triplex $250g/m^2$ por Geográfica Editora em janeiro de 2017.

Publicado no ano do 60º aniversário da Zahar, editora fundada sob o lema "A cultura a serviço do progresso social".